国家哲学社会科学成果文库

NATIONAL ACHIEVEMENTS LIBRARY
OF PHILOSOPHY AND SOCIAL SCIENCES

域外资源与晚清语言运动：
以《圣经》中译本为中心

赵晓阳　著

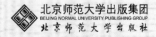

北京师范大学出版集团
BEIJING NORMAL UNIVERSITY PUBLISHING GROUP
北京师范大学出版社

作者简介

赵晓阳 历史学博士，中国社会科学院近代史研究所研究员。研究方向为中国基督宗教史、近代社会史、中西交流史。先后赴牛津大学、哈佛大学、明尼苏达大学、耶鲁大学、开普敦大学等进行学术访问。1996年和1998年两次作为中国政府派出专家（外交部全权证书），参加联合国第十八届、第十九届地名专家组会议和第七届地名标准化会议。

出版专著《基督教青年会在中国》《当代中国基督宗教史研究》，译著《革命之火的洗礼：美国社会福音和中国基督教青年会》《北京的行会》《寻找老北京》《南部非洲地名词典》等，在《近代史研究》《中共党史研究》《世界宗教研究》《清史研究》《经济学动态》等发表中英文论文60余篇。主编《中国近代思想家文库·吴耀宗卷》《中国近代思想家文库·赵紫宸卷》《基督宗教与近代中国》《旧京歌谣》等六部论著。

《国家哲学社会科学成果文库》
出 版 说 明

为充分发挥哲学社会科学研究优秀成果和优秀人才的示范带动作用，促进我国哲学社会科学繁荣发展，全国哲学社会科学规划领导小组决定自 2010 年始，设立《国家哲学社会科学成果文库》，每年评审一次。入选成果经过了同行专家严格评审，代表当前相关领域学术研究的前沿水平，体现我国哲学社会科学界的学术创造力，按照"统一标识、统一封面、统一版式、统一标准"的总体要求组织出版。

全国哲学社会科学规划办公室
2011 年 3 月

序　一

我曾在一首小诗中这样概括自己的生平："环宇岂无真知己，海外偏留文字缘。"晓阳虽然是中国同胞，与我却在海外巧遇结识。

那是在 2007 年暑假，我与妻子应邀到牛津大学学术休假。8 月 20 日到达，我在当天日记中简单记录道："牛津建筑古朴，历史文化氛围浓厚。Hancock 在 Hertford 学院宿舍迎候，中国社科院近史所赵晓阳亦携带食品来，稍做情况介绍后各自散去。"Hancock 是牛津大学基督教研究中心负责人，晓阳显然是临时被邀来协助接待的。

我与近史所关系很深，但与晓阳却是在牛津萍水相逢。其时她在牛津的研究工作已近结束，每天都在安格斯图书馆紧张复印珍贵文献，但仍抽出宝贵时间为我们提供必要的工作乃至生活上的关照。她于 8 月 26 日离开牛津，此前 5 天，几乎每天都挤出时间为我们帮忙。我的日记也有简要记录。例如，8 月 21 日："草草早餐，小赵来，同去 Bodleian 图书馆，办阅览证并参观相关馆室，特别是至新馆了解基督教在华情况之馆员与收藏处所。中午，小赵又引导至商店购买日用器皿并熟悉来回路线，下午近 3 时始归去。"8 月 23 日："上午至远东图书馆，小赵陪同与东方部馆员正式接触，赠中英文馆藏相关书目各一。抄杨格非在汉出版书目，为数甚多。晚 Hancock 夫妇在郊外的'狐狸'餐馆宴请，小赵及《牛津分析》总编作陪。询 Dr. Bates 事迹甚详，似有备而来。"8 月 25 日："老馆、新馆均关门，整日在旧书店看牛津大学出版的珍贵史书。晚，在上海餐厅为小赵饯行，店主误认为一家三口。"

当时晓阳已经专注于圣经中译本研究。早先，她在哈佛燕京图书馆初步接触数量众多的圣经中译本及基督教在华传播史料。以后除在国内各大图书馆辛勤搜集以外，她还于2006年专程到美国圣经会、纽约市图书馆、旧金山大学图书馆苦苦寻索。可惜我当时的工作主要是把"牛津以后的贝德士"带回牛津，并且追踪年轻贝德士在牛津留下的足迹，未能与她交流圣经中译本研究的进展。

她离开牛津以后，Hancock又请已在牛津任教的司马懿（Chloe F. Starr）就近照料我们的工作与生活，她当时正在主编《阅读中文圣经：19世纪的文本》（*Reading Christian Scriptures in China*），与晓阳的研究有更多交集，而与我在学术上的交流则更为密切。我在牛津只待了一个月，先后结识两位潜心研究圣经版本的女学者，以后都成为基督教研究的长期合作者，确实是意料之外的收获。特别令人高兴的是，她俩在此后10年各有上乘佳作问世。司马懿的《阅读中文圣经》一书已于2008年出版，并且应聘前往耶鲁大学神学院任教。2015年她曾应邀来我校讲学，主题分别是"明清基督教文本中的中欧交流""民国时期的文学研究：以徐宗泽和赵紫宸为例"，颇受听众好评。晓阳因为在北京近代史所工作，所以与我交流的机会更多。10年来，她勤奋治学，成果累累，早已脱颖而出。年初，她给我寄来的《域外资源与晚清语言运动：以〈圣经〉中译本为中心》更显示出大家风范，堪称多年来圣经研究的总结与汇萃。她与司马懿都不满足于就文本训诂文本的老路，分别从不同路径、不同视角，做多学科的整合研究，体现出真正的开拓与创新。

从20世纪80年代末开始进入基督宗教研究以来，我深知此项工作的艰难困苦。就中国大陆学界而言，基督宗教研究者只是弱势群体，不仅人数不多，而且还得不到应有的理解与支持，甚至还难免引起某些莫须有的猜疑。加以对外语与宗教方面的学养要求较高，成果发表的机率很小，学成后的就业问题难以妥善解决。即令在高校或研究机构谋得一个位置，申报研究课题乃至获得奖励晋升也比别的学科困难，这样就更使青年学者视为畏途。晓阳在书稿的绪论自称"且行且走，一路艰辛"，对此我有更多的感慨。她2002年才进入近史所工作，挂靠在经济史组，实际上是单枪匹马，势单力薄，连经费都需要自己筹集。但可能正因为艰难困苦砥砺心志，多数基督宗教研究者颇能耐得住冷清与寂寞，几十年如一日沉潜在自己的研究世界里，专心致志，锲而不舍，且自得其乐。

摆在我面前的这本厚重新著，就是作者这十多年的拼搏写照与心智结晶。仅就她认真阅读过的圣经中文译本而言，就有 81 种，其中包括最早白日升译本的手写稿，所谓"二马"（马士曼与马礼逊）的多种译本，中国各种地方方言与官话的译本。其中很多都是平素难得一见的珍稀典籍。或许可以说，她是目前国内圣经中文译本涉猎最广的学者之一。但她并不满足于此，还借助各种民族社会历史调查报告与相关著作，对苗语滇东北方言圣经译本、苗语川滇黔次方言土语圣经译本、彝族东部方言滇东北次方言葛泼土语圣经译本、彝语北部方言诺苏话圣经译本、哈尼语碧卡方言卡多土语圣经本、汉藏语系藏缅语族景颇语支圣经译本、汉藏语系藏缅语族彝语支西傈僳文圣经译本、汉藏语系藏缅族彝语支纳西语圣经译本、汉藏语系藏缅语族彝语支拉祜文圣经译本、南亚语系孟高棉语族佤崩龙语支圣经译本、汉藏语系藏缅语族彝语支东傈僳文圣经译本，分别给以简要说明。我并不觉得枝蔓，因为这才真实地体现了中国确实是一个多元一体的伟大国家。长期以来，我曾不断呼吁，必须进一步清除某些潜在而又不易觉察的大汉族主义消极影响，以增进各民族的真诚团结。现在，我从晓阳的新著中获得若干慰藉。

当然，本书的主要贡献还是把圣经中译本作为"域外资源"探讨其中译工作与晚清语言运动的关系，因为过去我们很少注意对这一陌生领域的考察与探讨。作者广征博引，条分缕析，明确指出："近代中国的语言文化交流是从基督宗教传教士来华开始的。圣经是一部集宗教价值、文学价值、史学价值于一身的基督教经典，也是一部浓缩古希伯来文化与古希腊文化精华的巨著，更是西方文学取之不尽、用之不竭的艺术源泉。圣经翻译对于德、英、法等欧洲国家语言来讲，不仅是对宗教教义的传播，更促进了民族共同语的形成，对输入国的语言、文学、思想、文化产生了巨大影响。"她从这一思路出发，并根据中国实际国情，从汉语语体角度把圣经汉译本分为三类，即文言浅文理译本、半文半白浅文理译本与白话体译本。同时，她又根据汉语文字形式把圣经译本分为七类：汉字本、教会方言罗马字本、王照官话注音字母本、国语注音字母本、盲文字本、快字本、威妥玛拼音本，此外，她还从文本形式与版本角度，分门别类，力求网罗无遗，其工作量之大与条分缕析之细密，均属难能可贵！我想，这种学风的踏实严谨，可能是由于她早先在地名研究所工作整整七年，且曾作为政府派出专家参加联合国 18、19 两届联合国地名专家组会议，并参与制订英、德、西地名汉字译写国家标准，在实践中受过多方面的严格训练，因而在当今众多新生代学者中成为少有的异数。当然，书中所涉及的若干重要问题，仍有继续拓展与深化的空间，希望作者再接再厉，继续艰苦探索，为我们不断提供新的成果。

我为晓阳新著的出版面世感到欣慰，但毕竟已是衰暮之年，视力与脑力均受限制。谨书以上读后感聊以充序，思滞笔枯，尚祈各方先进不吝指正。

章开沅

丁酉初夏于桂子山

序　二

赵晓阳曾在中国人民大学清史所攻读博士学位，潜心研究《圣经》翻译及其与晚清语言变革的关系问题多年，最终完成了一篇颇见功力的学位论文。答辩之时，即得到各位专家的一致好评。毕业后，她又对论文反复打磨、增补完善，这就形成了目前这部题为《域外资源与晚清语言运动：以〈圣经〉中译本为中心》的厚重书稿。现该书得以公开出版，作为指导教师，我在感到欣慰之余，又得先睹之快。因略写几点感想于前，聊充序文。

晓阳治学，以基督教史为大宗。来人民大学攻读学位之前，已经学有所成。入学不久，她就出版了专著《基督教青年会在中国》，史料翔实，论述谨严，颇受同道称赞。在进行相关研究的过程中，她曾长期留意收集各种类型的圣经中译本，特别是在哈佛燕京学社图书馆工作的两年期间，收获最大；后又赴英美等国和台湾、香港地区的各大图书馆寻珍淘宝，所获益多。在动笔写作之前，她所掌握的各种汉字、教会罗马字和少数民族文字的圣经译本已达81种。章开沅先生称她或许是"目前国内圣经中文译本涉猎最广的学者之一"，我对此亦有同感。可能还不限于国内，甚至包括国外。由是也可见其用心之专、用力之勤和积累之富。此种长期养成的资料收集功夫，使得她有条件对《圣经》中译本及其语言文化影响的研究，一开始就站在了一个相当高的起点上，从而给人留下深刻印象。

在此书中，作者先是对最早期的圣经中译史予以简略钩沉，尤其是关于"二马译本"的探究，很有学术贡献，这对于整体把握中文圣经话语体系的形成，具有基础意义。所谓"二马"，是指在印度传教的英国浸礼会传教士马士曼（Joshua Marshman）和首位来华传教的英国伦敦会新教传教士马礼逊（Robert Morrison），他们二人曾分别于 1822 年、1823 年在印度和马六甲，公开出版了历史上两部最早的完整《圣经》汉译本。但这两部一前一后的汉译本之间究竟是何种关系，一直以来都是学界未能真正弄清的问题。作者根据所掌握的较为充分的资料，详细对勘二者以及此前来华的天主教传教士白日升未曾出版的《新约》译本，终于得出了令人信服的结论：原来两人开始翻译出版《新约》圣经部分时，都曾"严重依赖和参考了白日升译本"，但关于《旧约》圣经的翻译部分，则属于各自独立完成的成果。1813 年以前，马士曼曾单独翻译出版部分《新约》，不过质量较差。1813 年以后，他参照马礼逊出版的《新约》全文和马礼逊寄给他的白日升译本，重新大规模修改了自己的《新约》翻译。因此，最终出版的完整的"二马译本"虽都有新的创造部分，且两译者彼此之间也始终有沟通，但就《新约》那部分翻译本身而言，"马士曼译本（还是）更多地参照了马礼逊译本"。这一点，马士曼本人未予承认，马礼逊则因为自己的翻译同样以白日升译本为基础的缘故，亦不愿公开提及。

通过这一精细的对勘研究，作者不仅弄清了一大公案，还使今人对于白日升译本——那部从未正式出版、一直收藏于大英博物馆的《新约》译本——在圣经神学专名的创译上延续至今的"无可替代的影响"有了更为清晰和明确的认识，而"二马译本"又推进了这一中西宗教话语的转换过程。由此深入，作者进而集中透视了基督教圣经话语体系向中文整体转换的关键问题。这一透视是从两个角度切入的：首先是抓住其主神名号（如"Deus"或"God"）的翻译过程和中国人的接受历程，深入揭示其间所历经的长时间的各种争论（如是译成"天主""神"还是"上帝"），它所包涵的西方教会不同的传教策略、对待中国传教区域本土文化的不同态度，以及在中国的不同传播方式与接受效果等；其次是抓住重要的圣经新译词的形成和流布，对它们的结构特点和主要语词的源流予以考证。作者有关这一话语体系中西转换的研究很见功夫，其所呈现的内容既构成晚清语言变革的组成部分，也成为深入考察分析圣经中译与晚期语言运动其他部分之历史关系的前提和基础。

但本书最吸引我的部分，还是关于圣经中译对晚清语言运动历史影响的研究。19 世纪 60 年代至 20 世纪 20 年代，是圣经中译最为活跃的时期，也是汉语言文字变化极为剧烈的阶段。圣经中译对汉语汉字的变革和少数民族语言文字的创制发展，产生了重要的影响，这也是作者最为关切的核心主题。

该书从追求"言文一致"的圣经白话翻译实践、"欧化白话"的形成及结构特点、用罗马字母"拼写汉字"的各种尝试与努力，以及西南少数民族文字的创制等多个方面，展开对上述主题的探讨，内容丰富、全面而系统，就其整体性把握与研究而言，在学术界尚属首次。书中对许多内容的呈现，都具有新鲜性；对不少具体问题的考察与分析，均具有探索性。如作者注意到圣经中译本是涉及中国各地的方言白话最多的书籍，白话圣经汉字本几乎包括了吴、闽、粤、客家等各种南方方言及其主要分支形式，乃至南北官话方言，因此首先细心地将其一一加以揭示，然后指出其清末实践和书写白话对于五四白话文运动的先驱意义，以及今日学者据此透视方言特性的语言史价值。层层推进，清晰明白。

在作者看来，此种白话实践既与基督教注重底层民众的传教取向有关，也与基督新教在华传播从方言最为复杂的东南沿海进入内地有关，还与基督教有别于天主教，各个差会都能各自为政有关。而其之所以能在中国开启现代白话的过程中发挥格外重要的作用，更在于其由此涵育了一种超越中国传统土白的"欧化白话"之风格与特质。这一点，正是古白话与现代白话的关键区别所在。书中以圣经汉译本为例，对"欧化白话"的诸多特点，诸如"句子的延长""被动式的增加""限定性词汇或句式增加""定语增加""状语后置"等一一落实，使五四时期和民国时代新文学的倡导者与实践者，如胡适、周作人、朱自清，以及王治心等基督教研究者关于圣经翻译曾有力地影响现代白话文学的言论，获得了生动具体的说明。

以拉丁罗马字母拼写汉字，被作者视为中国现代语言运动的另一重要方式。书中对各地方言罗马字圣经译本的搜集种类之繁令人惊奇，作者条分缕析，穷源溯流，娓娓道来，对传教士如何辨别汉字的读音，并在此基础上创制能准确表达语音符号系统的贡献，进行了深入细致的论述，并将其放置于晚清中国的汉字拼音化运动中，加以恰如其分的把握和评价。这也是本书的一个重要努力。倪海曙在《拉丁化新文字概论》一书中，曾强调"教会罗马字运动最重要的贡献，是替中国的拼音文字运动奠定了'拉丁化'和'拼写方言'的道路"①，由本书的具体讨论来看，的确所言不虚。

近代中国，西南少数民族的圣经中译本达到 96 种。在翻译和传播基督教圣经的过程中，传教士通过对西南少数民族地区的语言接触和调查，利用自己母语的拼音优势，为那些仅有语言而没有自己的文字的民族创制了 12 种民族文字，其中景颇文、西傈僳文、柏格里苗文、拉祜文等使用至今。这不仅深刻地体现了中西文化碰撞和交流的重要影响，也是近代中国语言运动的客观事实。本书对有关史事的梳理细致而系统，表述专业而清晰，不少内容，鲜为人知，可以说为后续的研究打下了坚实的基础。中华人民共和国成立后新创制或改进的文字，一般也都是基于本民族发音而采取拉丁字母来拼写，可以说直接借鉴了传教士的有关成果和经验，丰富了中华民族这个大家庭的语言文字。

圣经中译及其在华传播的语言文化影响是一个重要的研究课题，本书融合历史学、宗教学和语言学的有关知识和方法，将在华基督教史的研究带入一个更为宽广的视域，努力拓展出一片学术的新天地，这是难能可贵的。

当然，本书也还存在可以继续深化探讨之处。比如，在讨论圣经白话翻译，特别是"欧化白话"的影响时，似还可以进一步结合清末最早的白话报刊中的有关类型例句，将其与圣经中的示范表现进行对比分析；谈到清末各种汉语拼音方案时，也可以将其文字的具体拼法与圣经各罗马字本进行对比分析，从而对清末圣经罗马字翻译本的具体影响有更为细化的把握和揭示。好在晓阳已经自觉开始这方面的工作，我们可以期待她的后续成果。

是为序。

黄兴涛
于中国人民大学人文楼

---

① 倪海曙：《拉丁化新文字概论》，时代出版社 1949 年版，第 26 页。

目　　录

CONTENTS

绪　论

一、写作缘起：圣经中译本多元语言形式存在

据 2006 年世界联合圣经公会的报告，《圣经》新、旧约全书已有 301 种不同文字的译本，若包括地域性方言及部分翻译，《圣经》的翻译语言已经超过了 2 287 种。可以说，《圣经》已是世界上发行量最大、翻译语言最多、流行最广的书籍。

如果有人讲，在中国历史上，《圣经》是翻译版本最多、汉语言文字表现形式最多，同时拥有白话和文言两种语体、具有最多汉语方言文字形式的书籍，不仅由此创制了 12 种少数民族文字，还有近 20 种少数民族文字译本，而且还是近代史上出版发行量最大的书籍，肯定会有许多人不相信。

但事实就是这样。《圣经》中译本的确拥有如此众多的历史"之最"，这与汉语言文字的超发音、超方言性质有关，与清末民初进行的汉语言文字改革和文化转型有关，也与西南大多数少数民族只有语言没有文字的实际状况有关。圣经翻译最活跃兴盛的清末民初时期，即 19 世纪 60 年代至 20 世纪 20 年代，正是中国语言文字变化最为剧烈的时期，也是汉语文言文及其文化向白话文转化的时期、汉语拉丁化呼声甚高和努力实践的时期、语言文字改革最为活跃的时期。在清末民初汉语言文字的转型和改革中，我们的语言出现了多种因文字改革和语体变化而产生的表现方式，有些甚至是非常短暂的过渡性书写方式。《圣经》都曾以这些文字形式出版过不同的翻译版本。这可以从《圣经》中译本有文言、半文半白、白话文、方言汉字、方言教会罗马字、

王照官话注音字母、国语注音字母、国语罗马字、威妥玛式拼音、快字、多种少数民族文字、盲文等众多译本中，得到最好的印证。

中西方直接发生大规模的文化交流和互动关系，是近代世界重要的历史现象。这种文化关系不仅参与改变了世界范围内的文化和政治格局，更是极大地影响了中国文化和社会的发展。语言接触既是文化关系的重要组成部分，也是其他一切交流得以进行的重要前提。大规模、多语种的跨文化深度语言文化交流，是地理大发现之后，全世界范围内逐渐形成的一种现代性文化现象，也是在近代对外文化关系史中出现的以往历朝历代未曾出现过的文化全球化变局。

近代中外语言文化交流是从基督宗教传教士来华开始的。圣经是一部集宗教价值、文学价值、史学价值于一身的基督教经典，也是一部浓缩古希伯来文化与古希腊文化精华的巨著，更是西方文学取之不尽、用之不竭的哲学源泉。圣经翻译对于德、英、法、意等欧洲国家语言来讲，不仅是宗教教义的传播，更促进了民族共同语的形成，对输入国的语言、文学、思想、文化产生了巨大影响。

《圣经》在中国的翻译最早可推至唐朝。自635年（唐代贞观九年）景教入华编译圣经开始，圣经汉译在我国已有1 300余年的历史。圣经翻译活动虽然有中断，但却一直延续到了今天。在中国台湾和香港地区，圣经翻译仍然没有结束。作为基督宗教唯一经典的《圣经》，在基督宗教传播翻译的历史过程中，必然涉及怎样译成中国的本土语言、如何适应和影响本土思想文化的问题。从目前遗存的近百种圣经译本中，我们可从语言学的维度来看待圣经从古至今的各种译本。

从语言角度来看，圣经译本可分为汉语言和少数民族语言两大类。

中国是个多民族多语言多方言的国家。语言差距之大使人们难以互相沟通，各民族语言和方言的圣经译本于是应运而生。按现代语言学分类，中国境内各民族语言可分为5个语系、9个语族、19个语支。5个语系，即汉藏语系、阿尔泰语系、南岛语系、南亚语系、印欧语系，均有圣经译本。9个语族中，壮侗语族、藏缅语族、苗瑶语族、突厥语族、蒙古语族、满—通古斯语族、孟—高棉语族、斯拉夫语族8个语族有圣经译本。19个语支中，壮傣语支、藏语支、彝语支、景颇语支、缅语支、苗语支、西匈语支、蒙古语支、满语支、佤绷龙语支、东斯拉夫语支 11 个语支有圣经译本。

从汉语语体角度来看，圣经汉译本可以分为三类。

(1)文言译本，即深文理译本：历史上曾出现艾儒略《天主降生言行纪略》、阳玛诺《圣经直解》及白日升译本、马士曼译本、马礼逊译本、郭士立(一译郭实腊)译本、四人小组译本、委办译本(或代表译本)、裨治文译本、高德译本、太平天国刊印本、怜为仁译本、胡德迈译本、和合深文理译本。

(2)半文半白译本，即浅文理译本：历史上曾出现杨格非浅文理译本、施约瑟浅文理译本、包约翰/克陛存译本、和合浅文理译本。

(3)白话译本：中国是个多方言的国家，7 大方言中的 6 大方言有圣经译本。其中，吴、闽、粤、客家、官话 5 大方言的 9 个分支有圣经汉字本。它们是上海话译本、苏州话译本、宁波话译本、杭州话译本、福州话译本、厦门话译本、汕头话译本、广州话译本、客家话译本、三江话译本、南京话译本、北京话译本、汉口话译本。1919 年，还出现了白话体的集大成本和合官话译本。这是中国基督教会沿用至今的圣经译本。

从汉语文字形式来看，圣经译本基本可分为七类。

(1)汉字本：历史上曾有文言文汉字本、白话文汉字本(含方言汉字本)。

(2)教会方言罗马字本：这是传教士根据拉丁字母拼写各地方言的译本。6 大方言中的 15 个分支有罗马字本，是南京话译本、北京话译本、山东话译本、上海话译本、宁波话译本、杭州话译本、台州话译本、温州话译本、金华话译本、建宁话译本、邵武话译本、福州话译本、兴化话译本、厦门话译本、汕头话译本、建阳话译本、海南话译本、广州话译本、客家话粤台分支方言译本、客家五经富话译本、客家汀州话译本、客家建宁话译本。

(3)王照官话注音字母本：用王照官话注音字母来拼写圣经，出现过天津话、汉口话、河北话、胶东话的圣经译本。

(4)国语注音字母本：出现过福州话和胶东话的圣经译本。

(5)盲文字本。

(6)快字本：即早期速写方式的圣经译本。

(7)威妥玛拼音本。

从文本形式来看，圣经译本则有汉字本、汉字与外文对照本、汉字与国语注音字母对照本、汉字与王照官话注音字母对照本、汉字与教会罗马字对照本、教会罗马字与国语注音字母对照本等多种。就版本而言，有单卷本、多卷本以及《旧约全书》《新约全书》《新约附诗篇》《新旧约全书》等，总数超过千种。仅以曾影响最大、出版销售各种版本《圣经》的美国圣经会、英国圣经会和苏格兰圣经会来看，从 1814 年至 1934 年就销售了 225 000 000 册①；1814 年至 1950 年则销售了 279 351 752 册②。

新中国成立后，中国基督教会基本以和合官话本（后称和合白话本，现简称和合本）为教会专用的圣经译本，不再出版其他汉语文言文本或方言本的圣经。截止到 2007 年 12 月，中国基督教会已印刷发行和合白话本 5 000 万册，中国也因此成为世界上印刷圣经最多的国家之一。③

在圣经翻译的过程中，传教士利用自己拉丁母语的拼音优势，结合当地少数民族语言的发音，为那些只有口语而没有文字的西南少数民族创制了以拉丁字母形式为主的拼音文字，即滇东北柏格里苗文（老苗文）、框格式东傈僳文、富能仁西傈僳文（老傈僳文）、景颇文、载瓦文、拉祜文、布依文、佤文、花腰傣文、黑彝文等。传教士还借用了汉语的国语注音字母，修改创制了胡致中苗文、纳西文。他们翻译出版了景颇语、载瓦语、东傈僳语、西傈僳语、彝语诺苏话和葛泼话、拉祜语、佤语、纳西语、德宏傣文、西双版纳傣文、花腰傣语、花苗语、川苗语、黑苗语、布依语等语言文字的圣经全本或节译本。其中，景颇文、富能仁西傈僳文和柏格里苗文等至今还在社会上广泛使用，东傈僳文、胡致中苗文在贵州凯里地区的信教群众中仍然被使用着。这些译本不但结束了这些民族没有文字的历史，而且这种采用拉丁字母为西南少数民族创制文字的方法，为新中国成立后大规模地为少数民族创建文字的工作提供了极大的借鉴和启示。

在北方少数民族语言中，传教士还翻译出版了蒙古文（卡尔梅克蒙古文、喀尔喀蒙古文、布里亚特蒙古文），藏文（藏语文言文、藏语拉达克方言、藏语拉霍尔方言），满文，哈萨克文，朝鲜文的圣经译本。在中国台湾地区，传

---

① Marshall Broomhall，*The Bible in China*，London：British and Foreign Bible Society，1934，p. 2.

② 汤因：《中国基督教圣经事业史料简编》，《协进》1953 年第 9 期，第 48 页。

③ 《圣经印刷突破 5000 万册：中国已成为世界上印刷圣经最多的国家之一》，《天风》2008 年第 1 期。

教士以及今天的台湾基督教会还为台湾少数民族创建了使用至今的拉丁字母形式的拼音文字，翻译出版了圣经译本。

长期以来，佛经翻译对中国社会和文化的影响已为人们所熟知，但圣经翻译对中国语言文化的影响却不为人所重视。由于天主教和基督教的差异，基督教内部众多教派之间的分歧和隔阂；以及在社会政治意识形态影响下，学术界对此问题有意无意的忽视和欠缺，再加上圣经译本研究的客观难度较大（档案资料和各类译本绝大部分保存在国外，外文资料占多数），至今仍然没有一部对所有圣经中译本进行历史考察的学术研究专著。关于圣经中译对宗教、思想、语言、文化等方面影响的专题研究，更是付之阙如。甚至可以说，圣经翻译及其影响的研究，尚是一片尚待开发的处女地。

二、学术史回顾与存在问题

1. 圣经译者的著述和工作记录

圣经作为基督宗教唯一的经典，其意义不同一般。自16世纪来华后，基督教外国传教士一直不间断地进行着圣经翻译，同时也出版了许多有关文献档案、著述。这类档案著述多为基督教各教派对自己工作成果的汇报和介绍，大都局限于各自教派的宣传，缺乏学术性的深入探讨。

最早涉及圣经翻译的著述，都是由与基督宗教有关的人员和机构所作。第一篇有关中国圣经译本的记录文献是《圣经在中国》(*The Bible in China*)①，作者是曾任英国圣经会干事的传教士伟烈亚力(Alexander Wylie)。文章中记录了中国最早期的圣经翻译情况，是伟烈亚力的工作汇报。

在圣经翻译的记录文献中，最为全面和最具代表性的著述是传教士海恩波(Marshall Broomhall)撰写的《圣经在中国》(*The Bible in China*)②。海恩波是内地会在伦敦总部的总干事，负责编辑内地会最重要的刊物《中华亿兆》(*China's Million*)长达20年。另一本有关圣经翻译的书是由英国浸礼会传教士贾利言(A. J. Garnier)撰写的《汉文圣经译本小史》(*Chinese Versions of The*

---

① Alexander Wylie，The Bible in China，*The Chinese Recorder and Missionary Journal*，Nov. & Dec.，1868. 该文后来重印成小册子，在福州出版，流传甚广。

② Marshall Broomhall，*The Bible in China*，Shanghai：China Inland Mission，1934. 该书由蔡锦图译为中文（《道在神州：圣经在中国的翻译与流传》，香港国际圣经协会2001年版）。

Bible，1934）。他的这本著述，更常见的是其中文译本，即载入密立根（George Milligan）编《新约圣经流传史》（广学会 1934 年）的版本。这两本书篇幅都不长，大约有 10 万字，叙述了从古至今的圣经翻译概况，基本上是对圣经翻译的工作记录和介绍，时间截止到 1919 年传教士主译的三种和合本。不过，他们的著述对早期的天主教译本、清末民初的基督教少数民族语言译本和汉语方言译本等都语焉不详，太过简略，完全没有涉及一些具有代表性的华人译本。这些不是学术研究著作，对传教士的圣经翻译则多为宣教性的鼓动和宣传，属于教会的宣教作品。

近代中国历史上，外国机构或个人在华拥有许多出版销售机构，其中圣经独具专译专印专销性质。圣经中译基本上是由各国在华的圣经会承担的。在华的外国圣经会中，主要由美国圣经会、英国圣经会和苏格兰圣经会承担圣经中译的工作，包括圣经翻译的组织安排，经费资助，制定翻译原则，选择和确定翻译人员，出版、重印以及销售圣经等几乎所有与圣经翻译有关的主导性工作。关于英国圣经会的历史，迄今最详尽的著作是威廉姆·坎顿（William Canton）撰写的《英国圣经会历史》（*A History of the British and Foreign Bible Society*）①，书中全面介绍了英国圣经会 19 世纪在世界各地的工作。近年较重要的著作是莱斯顿·豪森（Leslie Howsam）撰写的《便宜的圣经：19 世纪的出版和英国圣经会》（*Cheap Bibles：Nineteenth-Century Publishing and the British and Foreign Bible Society*）②，其内容仍然以 19 世纪为主。英国圣经会在 20 世纪上半叶的历史，可参考詹姆斯·M. 罗（James M. Roe）撰写的《英国圣经会历史：1900—1954》（*A History of the British and Foreign Bible Society，1900-1954*）③。关于美国圣经会的历史著作，重要的是亨利·O. 德怀特（Henry O. Dwight）撰写的《美国圣经会的百年纪念》（*The*

---

① William Canton，*A History of the British and Foreign Bible Society*，London：John Murray，1904，1910.

② Leslie Howsam，*Cheap Bibles：Nineteenth-Century Publishing and the British and Foreign Bible Society*，Cambridge：Cambridge University Press，1991.

③ James M. Roe，*A History of the British and Foreign Bible Society，1900-1954*，London：British and Foreign Bible Society，1965.

Centennial History of the American Bible Society)①。该书介绍美国圣经会
19 世纪在世界各地的工作进展，中国的圣经翻译只是其中很小的一部分内
容。同年，美国圣经会在中国的总干事海格思（John R. Hykes）撰写的《圣经
的中文翻译》（*Translations of the Scriptures into the Languages of China and
Her Dependencies*)②，专门叙述了美国圣经会在中国的译经工作。这些专著
都介绍了各个圣经会在中国的传教工作，尤其是圣经的刊印和分发情况。

在传教士主编的《教务杂志》（*Chinese Recorder*）中，散见不同时代传教士
撰写的有关圣经翻译和各种译本出版的信息，或传教士对圣经翻译的各项事
务和研究的讨论。《教务杂志》是来华传教士主办了百余年的英文杂志。

上述学术回顾提及了大量的资料，但大部分都是传教士的工作记录和介
绍。在这些已出版的著作中，存在的主要问题是：（1）缺乏学术和严谨的分析
研究，仅为对圣经翻译史实内容的基本描述。（2）这些史实叙述内容过于简
单，而且存在基本史实的矛盾错误，需要进行史实考证和辨析。（3）基本上是
基督教会的著作和宣传品，内容并不包括天主教的圣经翻译；有比较强烈的
教会宣教利益观念，立场和表述方式都呈现出一定程度的非客观和排斥异己
的意识形态色彩。（4）这些作品的作者为外国传教士，其著述内容截止到 1919
年，即传教士主导的圣经翻译截止时期。此后圣经翻译的信息，尤其是 20 世
纪上半叶华人学者对圣经的翻译完全都没有得到体现，哪怕是非常粗浅的信
息都没有被记录下来。虽然这些记录都不是严格学术意义上的研究，但却构
成了学术研究的史料基础。

2. 学术研究：西文部分

施福来（Thor Strandenaes）于 1987 年毕业于瑞典乌普萨拉大学，他的博
士论文《中文圣经翻译的原则》（*Principles of Chinese Bible Translation*），是
最早以中文圣经为研究对象的博士论文。他特别倾向于不同中文圣经版本的
比较，从翻译学和基督教神学阐释的角度，对深文理马礼逊译本、深文理委

① Henry O. Dwight，*The Centennial History of the American Bible Society*，New
York：Macmillan，1916.

② John R. Hykes，*Translations of the Scriptures into the Languages of China and
Her Dependencies：Tabulated to December 31，1915*，New York：American Bible Society，
1916.

办译本、白话和合译本、天主教思高圣经译本、中国台湾现代中文译本 5 种圣经译本的翻译原则进行了分析，认为圣经翻译既具有强烈的继承性和互相影响性，同时天主教和基督教又具有相对的独立性，因此各自形成了自己独特的翻译风格和词汇系统。施福来是牧师，他的研究特别强调圣经翻译的神学因素和影响。①

尤思德（Jost Zetzsche）于 1999 年毕业于德国汉堡大学，他的博士论文《圣经在中国》（*The Bible in China：The History of the Union Version or the Culmination of Protestant Missionary Bible Translation in China*）②，则是近年研究圣经和合译本的力作。他亦是从基督教神学理论和教会使用的角度，讨论了圣经中译本中影响最大、发行量最大、基督教会沿用至今的和合圣经译本，得出了和合本是圣经翻译最大成果的结论。

伊爱莲（Irene Eber）的《犹太人主教和中文圣经译者施约瑟》（*The Jewish Bishop and the Chinese Bible：S. Schereschewsky*）③对圣经汉译史上最为著名的施约瑟主教以及他所翻译的多本圣经进行了深入的研究。

这些论文都从教会立场和神学角度，讨论了传教士对圣经翻译所持态度和演变过程，圣经翻译对中国基督教传播的作用，以及圣经的发行规模、圣经翻译和销售机构的演变等内容。对前期的各种译本，尤其是深文理译本，论文都有一定的历史概述，但没有涉及方言圣经译本和少数民族圣经译本，亦未讨论圣经作为基督教经典以外的其他意义和作用。这些论文还研究了和合本——《圣经》几十种译本中的一种——的不同语体版本的翻译，以及翻译和合本的神学基础、神学争议。大体说来，作者在论文中发挥了母语特长，均以基督教差会的档案资料，包括工作报告和信函、工作记录、圣经公会的

---

① Thor Strandenales，*Principles of Chinese Bible Translation as Expressed in Five Selected Versions of the New Testament and Exemplified by Mt 5：1-12 and Col 1*，Ph. D. diss.，Uppsala University，1987.

② Jost Oliver Zetzsche，*The Bible in China：the History of the Union Version or the Culmination of Protestant Missionary Bible Translation in China*，Sankt Augustin：Monumenta Serica Institute，1999. 该专著的中译本见蔡锦图翻译的《和合译本与中文圣经翻译》（香港国际圣经协会 2002 年版）。

③ Irene Eber，*The Jewish Bishop and the Chinese Bible：S. I. J. Schereschewsky，1831-1906*，Leiden：Brill，1999.

档案为主要资料来源，着重讨论某一方面的问题。

近年学术界在中文圣经翻译方面出现了较多研究成果，包括对个别译本或译经者的探讨。施福来的论文《匿名的圣经翻译者：本土语言者和圣经中译》(*Anonymous Bible Translators：Native Literati and the Translation of the Bible into Chinese，1817-1917*)①，探讨中国人在中文圣经翻译中担当的角色。由于传教士的文化自大心理，中国文人在圣经翻译方面的贡献和作用一直被忽视了。司马懿(Chole Starr)主编的《阅读中文圣经：19 世纪的文本》(*Reading Christian Scriptures in China*)②，是多篇论文组成的论文集，探讨了 19 世纪的中文圣经翻译以及对圣经最终集大成者和合本的影响。韩南(Patrick Hanan)的《作为中国文学的圣经：麦都思、王韬及委办译本》(*The Bible as Chinese Literature：Medhurst，Wang Yao and the Delegates' Version*)③，对委办译本进行了重要研究。

3. 学术研究：中文部分

截止到目前，汉语世界还没有开展对圣经译本的深入系统的历史考察和学术研究。在有关中国基督教史、中国近代印刷史、中国近代翻译史的著作中，只能略见一些概要性介绍。顾长声的《传教士与近代中国》(第 16 页)④、杨森富的《中国基督教史》(第 12 页)⑤、李宽淑的《中国基督教史略》(第 5 页)⑥、王治心的《中国基督教史纲》(第 4 页)⑦、陈玉刚的《中国文学翻译史稿》(第 5 页)⑧等，都是如此。

---

① Thor Strandenaes, *Anonymous Bible Translators：Native Literati and the Translation of the Bible into Chinese，1817-1917*, Stephen Batalden, Kathleen Cann & John Dean, eds., Sowing the Word：the Cultural Impact of the British and Foreign Bible Society，1804-2004, Sheffield：Sheffield Phoenix，2004，pp. 121-148.

② Chloe Starr edit, *Reading Christian Scriptures in China*, London：T&T Clark，2008.

③ Patrick Hanan, *The Bible as Chinese Literature：Medhurst，Wang Yao and the Delegates' Version*, Harvard Journal of Asiatic Studies，2003 (63).

④ 顾长声：《传教士与近代中国》，上海人民出版社 1991 年版。

⑤ 杨森富：《中国基督教史》，台湾商务印书馆 1968 年版。

⑥ ［韩］李宽淑：《中国基督教史略》，社会科学文献出版社 1998 年版。

⑦ 王治心：《中国基督教史纲》，上海古籍出版社 2004 年版。

⑧ 陈玉刚：《中国文学翻译史稿》，中国对外翻译出版公司 1992 年版。

　　比较深入的讨论基本上都指向了中文圣经翻译的理论探讨，最重要的是有关"译名问题"（Term Question）的讨论，有时也称"圣号问题"。这个问题涉及如何用中文称呼希伯来文的"YHWH"和"Elohim"、希腊文的"Theos"、拉丁文的"Deus"和英文的"God"，如何翻译"Holy Spirit""angel"或"baptism"等神学名称。如何将圣号翻译成为中文，这既是语言学问题、神学问题，也涉及中国人的宗教信仰内涵，同时还涉及一种语言文化如何被译为另一种语言文化。这是中国基督宗教史在翻译问题上历久不衰、莫衷一是的讨论题目，直到今天，在基督教内部仍然没有最终结论。赵维本的《中文圣经译名争论初探：神乎？帝乎？》①是中文著述中较早讨论译名之争的学术论文。李炽昌主编的《圣号论衡：晚清〈万国公报〉基督教"圣号论争"文献汇编》②，辑录了1877—1878 年 60 多篇主要由中国基督徒在《万国公报》上发表的关于"上帝"和"神"的译名的争论。它非常关注中国基督徒对此的意见和回应，是对许多著述和史料仅仅重视传教士而淡忘中国人的做法在史料上的很大纠正，很有意义。赵晓阳的《译介再生中的本土文化和异域宗教：以天主、上帝的汉语译名为视角》③，讨论了天主教和基督教在"译名问题"上长达 300 年的激烈争论。在西方宗教理念的阐释下，中国传统词汇"天主""上帝"逐渐地被基督教化，失去了其原有本土文化的内涵，再生演变为象征西方宗教的新词语。赵晓阳试图超越过去教会内部就译名讨论译名的狭窄神学范围，从更为广阔的视野来讨论这个文化的问题。程小娟的博士论文《圣经汉译中"God"的翻译讨论及接受》④，则较为全面地考察了西方传教士关于"God"翻译问题的讨论情况，以及中国人对"God"的接受历史，希冀在横向上构成对"传播—接受"这一完整文化交流的系统考察，在纵向上展示中外在不同历史处境和文化交流阶段发生的历史变迁。

――――――――――

　　①　赵维本：《中文圣经译名争论初探：神乎？帝乎？》，《中国神学研究院期刊》（香港）第 24 期，1997 年 7 月。
　　②　李炽昌主编：《圣号论衡：晚清〈万国公报〉基督教"圣号论争"文献汇编》，上海古籍出版社 2008 年版。
　　③　赵晓阳：《译介再生中的本土文化和异域宗教：以天主、上帝的汉语译名为视角》，《近代史研究》2010 年第 5 期。
　　④　程小娟：《God 的汉译史：争论、接受与启示》，社会科学文献出版社2013 年版。

蔡锦图的博士论文《委办本中文圣经翻译的取向和难题》①，专门讨论了众多深文理译本中的一种——委办译本，涉及它的翻译学原则、翻译活动、销售情况和中文助手的协助等内容，侧重于圣经翻译的神学理论探讨，以及这些神学理论对中国圣经翻译和基督教会发展的影响。任东升的博士论文《圣经汉译文化研究》②，则从翻译学的角度来探讨了圣经的文学、史学、神学的主题变化。

游汝杰的《西洋传教士汉语方言学著作书目考述》③一书，收录了不少对圣经各方言译本的简介。徐若梦的《古代圣经汉译与中西文化交流》④，对鸦片战争前的圣经汉译进行了叙述，但所述汉译本的基本史实存在较多失误。游斌的《被遗忘的译者：中国士人与中文圣经翻译》《王韬与中文圣经翻译》⑤，研究了圣经汉译过程中，华人翻译者或协助者所起的作用。

目前，学术意义层面的圣经中译本研究仍然不足，学术研究成果中水准较高的有马敏的《马希曼拙作、拉沙与早期的圣经中译》⑥、吴义雄的《译名之争与早期圣经的中译》⑦等少量论文，拙作《二马圣经译本与白日升圣经译本关系考辨》⑧、《太平天国刊印圣经底本源流考析》⑨、《抗战时期的蒋介石与圣经翻译》⑩或亦具有一定的参考价值。这几篇中文论文都是在发现中英文新资料的基础上，对圣经译本和外国圣经会的基本史实进行考证和辨析，并分述了各个时期圣经翻译、人事变动、圣经销售、版本鉴别及考证、翻译时的争

———————

①　蔡锦图：《委办本中文圣经翻译的取向和难题》，香港信义宗神学院，博士论文，2010 年。

②　任东升：《圣经汉译文化研究》，湖北教育出版社 2007 年版。

③　游汝杰：《西洋传教士汉语方言学著作书目考述》，黑龙江教育出版社 2002 年版。

④　徐若梦：《古代圣经汉译与中西文化交流》，中国文史出版社 2014 年版。

⑤　游斌：《王韬与中文圣经翻译》，《金陵神学志》2006 年第 3 期；《被遗忘的译者：中国士人与中文圣经翻译》，《金陵神学志》2007 年第 4 期。

⑥　马敏：《马希曼、拉沙与早期的圣经中译》，《历史研究》1998 年第 4 期。

⑦　吴义雄：《译名之争与早期圣经的中译》，《近代史研究》2000 年第 2 期。

⑧　赵晓阳：《二马圣经译本与白日升圣经译本关系考辨》，《近代史研究》2009 年第 4 期。

⑨　赵晓阳：《太平天国刊印圣经底本源流考析》，《清史研究》2010 年第 3 期。

⑩　赵晓阳：《抗战时期的蒋介石与圣经翻译》，《民国档案》2010 年第 3 期。

论和焦点等内容。不过，这些研究论文仅涉及了基督教传教士最早的译本，或近代史上著名政治人物蒋介石与圣经翻译的关系，没有涉及圣经的方言译本和少数民族语言译本，没有涉及后传教士时代华人圣经学者的译本。对于因圣经翻译而对中国社会的语言文字、语言改革、社会文化等方面引起的冲击和回应，也较少论及。

三、资料综述

1. 圣经译本的收集

圣经中译本研究是我心仪已久的研究题目。在以往进行中国基督教史研究的过程中，我时刻注意收集有关圣经研究资料和圣经中译本，至今已有十多年了。准确地说，赖于天赐机缘，2000 年我在美国哈佛燕京图书馆平生第一次看到了数量众多的圣经中译本和许多基督教史料。这使我将自己的研究方向最终确定为近代史上的基督教，且行且走，一路艰辛，直到今天的圣经中译本研究。除国家图书馆、中国社会科学院图书馆、北京大学图书馆、中国人民大学图书馆等图书馆、档案馆外，我还于 2006 年到美国圣经会、纽约市图书馆、旧金山大学图书馆，2007 年到英国牛津大学图书馆和大英图书馆，2008 年到中国香港中文大学和香港大学，2009、2013 年到台湾地区"中研院"、台湾大学，收集了大量的中外文研究资料，包括不同语体、不同版本、不同文字形式的珍稀圣经汉译本 81 种，为论文的完成提供了充实的基础性资料保证。虽然圣经译本是整个社会的文化财富，但由于基督宗教传入中国的特殊性，以及基督宗教传教方面的要求，圣经中译本的翻译、出版、销售等拥有专印专销特权，历史上都是由英国圣经会、美国圣经会和苏格兰圣经会专门刊印和销售的。因此，美国圣经会和英国圣经会保存了大量中国的包括少数民族语言文字和汉语言文字的各类圣经译本。

我已经收集到天主教的艾儒略译本、阳玛诺译本、白日升译本（手稿）、贺清泰译本（手稿），基督教的马士曼译本、马礼逊译本、郭士立译本、委办译本、裨治文译本、高德译本、南京官话译本、北京官话译本、杨格非浅文理译本、杨格非官话译本、施约瑟浅文理译本、和合深文理译本、和合官话译本等。这些都是传教士翻译的最重要基础性译本。同时，我还收集了大量各地方言汉字和罗马字的圣经译本，约 75 种。我也收集了 20 世纪上半叶华人圣经学者的圣经译本，包括基督教华人圣经学者翻译的王元德译本、朱宝惠译本、吕振中译本，天主教华人圣经学者的萧静山译本，蒋介石参与修订的天主教吴经熊译本，以及天主教思高译本。

在论文的写作过程中，我又与部分基督教会机构建立了联系。华东神学院图书馆①、香港圣经公会、香港天主教会等都又为我提供了一些教会研究资料和圣经译本的手抄本。

2. 圣经版本目录

除了圣经公会和传教士的报告之外，还有一些圣经译本编目可作为资料来看待。英国传教士伟烈亚力（Alexander Wylie）从 1863 年开始任英国圣经公会代理，他对当时出版的各类基督教书刊进行了详细的编目，出版了《1867年前来华传教士列传及著述》（Memorials of Protestant Missionaries to the Chinese Given a List of Their Publications and Obituary Notices of the Deceased，with Copious Indexes）。该书记录了早期来华传教士的生平事迹、著作目录和提要，圣经译本是其中非常重要的一部分，尤其记录了早期的圣经深文理译本和福音注释书，具有非常珍贵的史料价值②。

英国圣经会和美国圣经会都出版了由它们翻译出版的世界上不同语言的圣经译本编目，汉语译本和中国少数民族语言文字译本是其中的一部分。其中最重要的编目，是 20 世纪初由托马斯·H. 达罗（Thomas H. Darlow）和霍勒斯·F. 穆勒（Horace F. Moule）为英国圣经会整理的两册《英国圣经会出版圣经的历史编目》（Historical Catalogue of the Printed Editions of Holy Scripture in the Library of the British and Foreign Bible Society）③。上册是英文圣经版本的目录，下册则整理及略述了英国圣经会出版的其他国家和民族的 601 种语言的圣经版本。

---

①　2000 年，新中国成立前中华基督教协进会图书馆保存的大量中外文图书馆资料正式被移交至华东神学院。

②　Alexander Wylie，Memorials of Protestant Missionaries to the Chinese Given a List of Their Publications and Obituary Notices of the Deceased，with Copious Indexes，Shanghai：American Presbyterian Mission Press，1867.

③　Thomas H. Darlow，Horace F. Moule，Historical Catalogue of the Printed Editions of Holy Scripture in the Library of the British and Foreign Bible Society，2 vols.，London：British and Foreign Bible Society，1911.

　　在香港传教多年的英国传教士苏佩礼(Hubert W. Spillett)1967年退休回到英国后，将英国圣经会书目中的有关中国圣经译本的部分进行了整理和增订，打印(未正式出版)了《中国和台湾"中华民国"的圣经译本目录》(*A Catalogue of Scriptures in the Languages of China and "the Republic of China"*)①，分别存放在世界上几个著名大学的东亚图书馆和美国圣经会。这是唯一一本以中国圣经译本为主题的编目。

　　1938年，美国圣经会出版了由诺思(Eric M. North)编辑整理的《一千种语言的圣书》(*The Book of A Thousand Tongues，Being Some Account of the Translation and Publication of All or Part of The Holy Scriptures into More Than a Thousand Languages and Dialects with Over 1100 Examples from the Text*)②。该书以圣经译本的语言或译本名称为分类标准和栏目，编辑整理了美国圣经会翻译出版的世界各地语言的圣经译本，对译本历史、版本目录和提要，译经者团队、特殊个人以及差会进行了概述和目录简介。1972年，美国语言学会主席、圣经会学者奈达(Eugene A. Nida)对此目录和简介进行了修订和整理，再版了《一千种语言的圣书》修订本(*The Book of A Thousand Tongues*)③。在这两本书目中，中国圣经翻译和出版都是非常重要的一部分。2006年，我到美国圣经会访问时，Liana Lupas博士正在对1972年版本进行修订和增加，预计不远的将来，将会出版《两千种语言的圣书》。

　　1994年，北京图书馆编辑的《民国总书目·宗教卷》中，对国家图书馆、上海图书馆、重庆图书馆所收藏的圣经中译本进行了整理介绍。这是目前国内最大最全的民国年间宗教书目汇总。但据与国家图书馆收藏的圣经译本原本进行的对比核查，我发现该目录对部分圣经译本的判断有误，或没有进行

---

　　①　Hubert W. Spillett, *A Catalogue of Scriptures in the Languages of China and "the Republic of China"*, Hong Kong：British and Foreign Bible Society, 1975.

　　②　Eric M. North, *The Book of A Thousand Tongues，Being Some Account of the Translation and Publication of All or Part of The Holy Scriptures into More Than a Thousand Languages and Dialects with Over 1100 Examples from the Text*, New York：The American Bible Society, 1938.

　　③　Eugene A. Nida, *The Book of A Thousand Tongues*, New York：United Bible Societies, 1972.

译本的判断，因此有必要根据各图书馆和研究机构收藏进行再次整理。截至目前，国外出版的圣经中译本版本目录，比国内的版本目录在收藏情况的介绍和描述上更为详细。

四、研究方法与基本结构

本研究从历史学考辨和语言学分类入手，采用了叙事史的方法，对早期圣经汉译本、汉语方言汉字译本、汉语方言罗马字本、西南少数民族语言文字的圣经译本进行了系统、实证的考查，以期说明以圣经中译为代表的西方文化进入中国后，引发了汉语言表达方式的变化、汉语言文字形式的增加、汉语语法结构的变化、少数民族文字的创制、汉字拉丁化形式的开始、汉语词语的丰富。翻译过程对传统旧有词汇的借用达到的新词语的产生，对现代汉语和西南少数民族文字的形成起到了一点借鉴和启示的作用。在外来文化主动撞击中国的过程中，对传统中国语言的现代转型起到了借鉴和启示作用。本文想要说明，在西方强势文化和中国本土弱势文化的所谓"东西方文化相遇"之时，弱势文化除了本能性的抵抗外，还有被迫的学习和转变，而这种被迫学习则为新转型提供了机遇、装备和能力，成为语言转型的借鉴和操作手段。

随着 20 世纪西方语言研究的转向和深入，语言不再仅仅被看作一种交流沟通的工具，而更是一种认知方式、一种视界的深远图景。人类用语言给事物命名，通过语言的交流和定位来认识世界，每一种语言都凝结了这个民族在漫长历史进程中认识世界的经验和积累。从这种意义上讲，对另外一种语言的借用或转化，就意味着吸收一种新的认知图景和知识体系。尤其是不同语系的语言的引入，更是扩大和调整了认知的角度和思维方式。圣经中译本则含有这些性质和作用。

本研究第一章"寻求对等：早期圣经汉译"，主要考辨和叙述明末清初天主教早期圣经翻译的史实。基督宗教曾经先后四次进入中国，每次都涉及《圣经》翻译，其历史最早可追溯至唐朝的景教。明末清初，天主教再次来到中国，虽然没有完成第一本圣经全译本，但其圣经著述为以后的基督教圣经翻译打下了基础，尤其是圣经词语方面的基础。传教士面对的是拥有强大文本和经典传统的中国社会，他们只能与这种文化环境相调适。在华天主教传教士经过长期而艰苦的本土化努力，对中国社会、文化、语言的认知和理解能力都有了极大的提高，这才有可能创造和建立有别于其他宗教、反映其本身特质、便于中国人理解和信仰的基督宗教语境和话语体系，才可能出现对基督教圣经翻译产生重大影响的白日升译本，以及贺清泰译本。

第二章"'二马译本'：基督教最早圣经全译本"，考察了 1822 年和 1823 年分别在印度和马六甲出版的历史上最早的基督教《圣经》汉语完整译本——马士曼译本和马礼逊译本（统称"二马译本"）。"二马译本"开启了基督教新教翻译出版多达 30 余种汉语文言、白话和方言版本圣经的历史。在新约翻译上，"二马译本"都受到了天主教白日升译本的奠基性影响，而且马士曼译本还参考了马礼逊译本；在旧约翻译上，因其他事务产生的纠纷，导致了两人的独立翻译。在参考天主教译本的基础上，两个译本还开始了剥离天主教话语系统、创建基督教汉语圣经话语系统的尝试。对所进入文化的适应是基督教的特征。基督教脱离犹太教进入希腊文化和其他各种文化，并得以逐渐壮大，"皆福音的可译性使然"。它愿意并且能够与世界各种语言和文化交往，也正是这样的观念和努力成就了圣经中译事业。

第三章"译介再生：本土基督宗教话语体系的建立"，着重探究了中国本土基督宗教话语体系是如何通过圣经中译而得以建构的。翻译是建立在对不同语言文化之间假定存在对等关系基础上的，圣经的中文翻译不但涉及不同语言文字的译介，而且涉及作为传教方的异域西方宗教与被传教区域的中国本土文化之间的适应和转化，以及在中国本土文化中如何被认同的过程。本章以基督宗教唯一尊神的汉语译名为视角，讨论了天主教和基督教在不同理念下对此问题的争论和操作办法，以及中国传统词汇在西方宗教理念中再生演变为新词语，并如何被中国本土社会接受的社会历程。人类历史上的任何宗教，其主神名号都是凝聚了历史、文化、信仰、教义、政治、利益等中心价值的象征，其意义不仅涉及宗教教义和经典，而且还涉及更为广阔的文化语境。与其说它是一个有具体所指的专名，不如说它是承纳历史、汇聚信仰的象征，其终极意义是无法在所指和能指的二元关联中确立的，而是取决于这个专名被普遍言说且变化无限的文化语境，以及它赖以产生、流传、变异、被理解、被误解的整个文化系统。

第四章"言文一致：现代语言运动的方式和意义（一）"，关注了中国历史上范围最大、数量最多的方言白话作品——方言圣经汉字本。中国是个多方言国家，为了满足各地不同方言语境下的基督徒的需求，圣经方言译本应运而生。汉语 7 大方言中，有 5 大方言的 9 个分支、共 13 种方言有圣经汉字本，它们是吴方言太湖分支的上海话、苏州话、宁波话、杭州话；闽方言闽东分支的福州话，闽方言闽南分支的厦门话和汕头话；粤方言广府分支的广州话；客家方言粤台分支客家话和粤北分支的三江话；官话方言江淮分支的南京话，官话方言北京分支北京话，官话方言西南分支汉口话。这些数量众多的方言圣经译本留下了中国历史上范围最大、文学表现形式多样的方言白话作品，长达百万字的圣经全译本则为我们留下了非常完整的、成篇的方言研究语料。这些方言白话的作品成为清末白话文的最早实践者和先驱者之一。

　　第五章"拼写汉字：现代语言运动的方式和意义（二）"，考察了汉语拼音文字的开始——教会罗马字圣经译本的史实。为了让更多目不识丁的潜在基督教徒接触到上帝的福音，传教士采用罗马字母（拉丁字母）拼写当地方言，翻译出版了大量方言圣经。汉语 7 大方言系统中，有 6 大方言的 15 个分支有圣经罗马字本，它们是吴方言太湖分支的上海话、宁波话、杭州话、台州话，吴方言瓯江分支的温州话，吴方言婺州分支的金华话；赣方言抚州广昌分支的建宁话和邵武话；闽方言的闽东分支的福州话，闽方言莆仙分支的兴化话，闽方言闽南分支的厦门话和汕头话，闽方言闽北分支的建阳话，闽方言琼雷分支的海南话；粤方言广府分支的广州话；客家方言粤台分支客家话，客家方言不分片区的五经富话，客家方言汀州分支的汀州话；官话方言的江淮分支的南京话，官话方言胶辽分支的山东话。这些罗马字母同时被一般不识字的民众用作通信、记账的文字符号，也为民众教育家的注音或拼音文字运动，如何辨别标注汉字的读音，以及确立表达语音的符号上打下了坚固的基础，还为清末文字改革家提供了一些成功和失败的经验。汉字是表意表形的文字，如何表现汉语的发音的确一直是汉语言文字的弱项。教会罗马字为汉字注音的方式进入了中国人的汉语汉字领域，成为源于清末的文字改革大潮的历史浪花，替中国的拼音文字运动奠定了"拉丁化"和"拼写方言"的道路。

　　第六章"欧化白话：中国现代白话的开启"，探讨了在西方翻译作品影响下，古白话开始走出自我发展状态，逐渐形成了以"欧化"为重要标志的现代白话。本章通过对以往学术界较少关注的、鲁迅称之为"白话马太福音体"的基督教传教士文献——北京官话圣经译本，从语法的角度来探讨汉语欧化白话的来源和产生的时间和原因，提出了欧化白话开始于 19 世纪 60 年代的说法，将学术界对欧化白话的断限时间提早了 40 余年。在将印欧语言翻译成汉语白话的跨语言实践中，将印欧语中的一些语言形式向汉语"迁移"的实践，有助于现代白话的形成，有助于"言文一致"追求中"语"向"文"的提升。

第七章"新词语与文化拓展：圣经新词语溯源与流布"，集中探究了译介异质文化的必要途径——新词语创建的历史过程。词汇是语言的基本三要素之一，基督宗教的神学和思想、历史主要是通过词汇来表达和传递的。基督宗教既然是一种外来宗教，它所带来的肯定是中国历史文化中没有的思想和概念，也就带来了中国没有的新词语。本章选择了耶稣基督、亚当夏娃、摩西、犹太人、耶路撒冷、伊甸园、十字架、福音、洗礼、先知、圣灵、天使、五旬节、安息日、阿们、弥赛亚、撒但、以马内利 18 个外来词，讨论了它们在千余年的 10 多种圣经译本中的译写演变，包括从唐景教译本、明末天主教译本到基督教深文理本、浅文理本、官话译本，以及华人圣经学者译本、天主教思高译本，及其被汉语世界所接受的过程。基督宗教词汇千余年来走过了一条由纷繁多种到逐渐统一的道路，最终形成了天主教和基督教为两大分类的结局。最终进入中国世俗社会的，基本上是基督教圣经词语。

第八章"创制文字：西南民族圣经译本"，专述了西南少数民族语言文字的圣经译本。与北方少数民族不同，西南少数民族大多都仅有语言而没有自己的文字。传教士们利用自己拉丁母语的拼音优势，结合当地少数民族语言的发音，创制了景颇文、载瓦文、东傈僳文、西傈僳文、柏格里苗文、胡致中苗文、拉祜文、布依文、佤文、纳西文、花腰傣文、黑彝文 12 种文字，结束了这些民族没有文字的历史。其中，西傈僳文、东傈僳文、柏格里苗文、景颇文、拉祜文、布依文、佤文至今仍然在使用。西南少数民族的圣经译本涉及汉藏语系和南亚语系两个语系，其中汉藏语系的 5 个语支有圣经译本，即苗瑶语族苗语支，壮侗语族壮傣语支，藏缅语族彝语支、景颇语支、缅语支；南亚语系中的孟—高棉语族佤崩龙语支有圣经译本。新中国成立后，政府为西南地区少数民族创制了多种文字。这些新创制的文字全部都是基于发音的拉丁字母。传教士用拉丁字母为西南少数民族创制文字的方法，对新中国的民族识别和文字创制起到了相当大的启发和借鉴作用。

第九章"圣经中译本的传播：以美国圣经会为中心"，叙述了在中国境内的三大圣经公会之一的美国圣经会百余年的历史。通过研究它对圣经翻译的资助、出版、传播状况，我们能更多地了解圣经中译本的传播和范围。

第十章"结语"。本书所有史料的实证叙述所展现的历史发展脉络，都是建立在一个基点、一个主观预设上，即不同文化之间是"可通约的"，不同语言文化之间是可以力图实现"对等的"。作为"域外资源"的圣经中译本长达百余年的不同文体不同文字的表达形式，对晚清恰逢转型的汉语言文字的"语言运动"，具有借鉴和启发的性质和作用。诸多《圣经》翻译等活动汇集成了一条"域外资源"之河，进而与中国古代白话文所提供的本土"民间资源"等各种资源，经历了晚清时期的变革、选择、淘汰，共同交汇成为"五四"白话文运动的源头，促成了波澜壮阔的历史洪流。

第 一 章

寻求对等：早期圣经汉译

  《圣经》是基督宗教的唯一经典，包括《旧约》和《新约》两大部分。同时它也是世界上流传最广的著作，拥有翻译版本最多的著作。罗马天主教会、东正教会、基督教会，尽管在某些传统和信念上有差异，却共同认信以圣经为基础和准则，并由此决定各自的信仰和教义。

  《旧约》原是犹太教的经典，原文为希伯来文，共有 39 卷。《新约》原为希腊文，包括《福音书》《使徒行传》《使徒书信》和《启示录》四个部分，共有 27 卷，是耶稣门徒等的著述汇编。据现代考古学和圣经学的研究和考察，《圣经》文本是由不同时代、不同语言的不同人物历时千年写成。

  基督宗教先后在唐、元、明、清四次进入中国，每次都涉及《圣经》翻译，其历史最早可溯至唐朝的景教。景教也称聂斯脱利派（Nestorian Christianity），是早期基督宗教的一个派别，起源于小亚细亚与叙利亚，创始人是聂斯脱利。431 年，叙利亚教会分裂成为东西两派。西派又分裂为雅谷派和美尔基派，东派则是聂斯脱利派。聂斯脱利派离开本土，向东方发展。聂斯脱利派成为波斯的国教以后，沿着欧亚之间的商路，把教义和字母传到库尔德斯坦高原、土耳其、印度南部以及中国以西的地区和中国西北部。景教碑上有 1 900 个汉字，下部刻有 70 个直行的叙利亚字，碑的两旁还有叙利亚文和中文对照的人名。敦煌和新疆也发现过叙利亚文《圣经》，说明了景教当时在新疆地区的传教活动。叙利亚字母最重要的一种字体叫福音字体（Estrangela）①。

635年（唐贞观九年），基督宗教聂斯脱利派的叙利亚传教士阿罗本从波斯抵达唐都长安传教译经。据1625年（明天启五年）在西安出土的景净镌刻的叙利亚文与汉文双语碑——《大秦景教流行中国碑》，其中有"真经"、"旧法"（旧约）、"经留二十七部"（新约）和"翻经建寺"等语，表明已有翻译《圣经》的活动。1908年，人们在敦煌石窟发现了唐代景教文献《尊经》。虽然只是一篇书目，但从中可以看出，景教教徒已翻译了《浑元经》（《创世纪》）、《牟世法王经》（《梅瑟五书》）、《述略传》（《宗徒大事录》）、《宝路法王经》（《保禄书信》）等36部分的圣经内容。这是中国第一批《圣经》汉译本。② 这些都可以证实，在那时人们已经翻译了部分《新约》，并有译本出版与流传，但译本失传。③

13世纪，天主教开始传入中国。1305年（元大德九年）1月8日，天主教方济各会北京教区主教意大利人若望·孟高维诺（John de Mente Corvino）在寄给罗马教宗的信中提到，他已将《新约》和《圣咏集》译为鞑靼文，但未见流传。他的手稿已经丢失，因此我们难以断定其文字。一些学者认为，这里提到的鞑靼文是蒙古文④，另一些学者认为是汉文⑤，还有一些学者认为无法判断鞑靼文是蒙古文或其他文字⑥。

---

① 周有光：《世界文字发展史》，上海教育出版社2011年版，第202页。

② 汪维藩：《圣经译本在中国》，《世界宗教研究》1992年第1期，第71页。

③ Alexander Wylie, *Chinese Researches*, 1898, Taipei：Ch'eng-Wen Publishing Company, 1966, pp. 90-93；Marshall Broomhall, *The Bible in China*, London：British and Foreign Bible Society, 1934, pp. 22-23.

④ ［英］贾立言：《汉文圣经译本小史》，冯雪冰译，华文印刷局1944年版，第10页；汪维藩：《圣经译本在中国》，《世界宗教研究》1992年第1期，第74页。

⑤ Hubert W. Spillett ed., *A Catalogue of Scriptures in the Languages of China and the Republic of China*, Hong Kong：British and Foreign Bible Society, 1975；顾长声：《传教士与近代中国》，上海人民出版社1991年版，第435页；思高圣经学会：《圣经简介》，思高圣经学会1981年版，第121页；文庸：《圣经蠡测》，今日中国出版社1992年版，第32页。

⑥ Alexander Wylie, "The Bible in China", *Chinese Researches*（first printed in 1898, reprinted by Ch'eng-Wen Publishing Company, Taipei, 1966）, p. 96.

明末著名天主教徒徐光启曾提出将《圣经》译为汉文的计划，但没有被接受。①

一、早期耶稣会士的圣经译作

16 世纪，天主教再次进入中国。

按照天主教罗马教廷的规定，圣礼都必须用拉丁文举办。要想用当地语言来做弥撒，必须得到罗马教廷的特别批准。为了培养中国本地神职人员，耶稣会请求罗马教廷批准用汉文学习神学，举办弥撒，举行圣礼。这一请求最初遭到意大利耶稣会士范礼安（Alexandro Valignano，1539—1606）的拒绝。作为耶稣会远东教区的领导人，范礼安决定着这里的主要传教策略和方针。②意大利耶稣会士利玛窦（Matteo Ricci，1552—1610）去世后，中国教区的负责人龙华民（Nicolo Longobardi，1559—1654）推翻了这一决定。他派遣法国耶稣会士金尼阁（Nicolas Trigault，1577—1628）赴罗马请求获准用汉文学习神学，举办弥撒，背诵祈祷书，并用中文安排圣礼。

1615 年（明万历四十三年），教宗保禄五世在一封信中准许将汉文文言用于圣务日课和弥撒，设置本地神职班，亦准许把《圣经》译成汉文③，但不是方言土语，而是要译成“适合于士大夫的学者语言”④。虽然获得了教宗准许，但耶稣会士却没有着手翻译《圣经》，原因是当地的耶稣会教务负责人不准许做这项工作。因为翻译《圣经》是一项艰难、危险、漫长的工作，而且还很难说是必要的。在当时的历史条件下，不要说在即将开辟的新传教区域，即便在欧洲，普通的天主教教士手中也没有一本《圣经》，人们基本上都通过弥撒书这类书籍才得以接近《圣经》的。

但传教的急迫性需求让传教士们有了自己的变通措施。先期入华的天主教传教士们，如利玛窦与意大利耶稣会士罗明坚（Michaele Ruggieri，1543—1607）合作翻译了《祖传天主十诫》，收入利玛窦 1584 年出版的中文教理问答

---

① Marshall Broomhall, *The Bible in China*, London：British and Foreign Bible Society，1934，pp. 40-41.

② 参见孙尚扬、［比］钟鸣旦：《1840 年前的中国基督教》，学范出版社 2004 年版，第 377—378 页。

③ ［法］费赖之：《在华耶稣会士列传及书目》，冯承钧译，中华书局 1995 年版，第 117 页。

④ 孙尚扬、［比］钟鸣旦：《1840 年前的中国基督教》，学苑出版社 2004 年版，第 377—378 页。

书《畸人十规》中。这是《梅瑟五书》的早期汉文译本。① 正是这些原因，明末清初的天主教传教士一直都停留在对《圣经》的诠释和圣经史实的叙述上，已有的翻译《圣经》的尝试，大多是按弥撒书或祈祷书的形式来编译的。

1584 年（明万历十二年），罗明坚刻印了《天主实录》一卷。它是"欧罗巴人最初用华语写成之教义纲领"②，意义非常重大。1595 年（明万历二十三年），利玛窦刻印了《天主实义》③，虽然有《圣经》的经文，却是教义纲领，不能称之为正式的《圣经》翻译。1607 年（明万历三十五年），意大利耶稣会士利类思（Ludovico Buglio，1606—1682）翻译了《弥撒经典》五卷④，由葡萄牙耶稣会士安文思（Gabriel de Magalhāes，1609—1677）、比利时耶稣会士柏应理（Philippe Couplet，1624—1692）、鲁日满（Franciscus de Rougemont，1624—1676）等修订了《天主降生》四卷、《司铎日课》和《已亡日课经》等⑤。

1636 年（明崇祯九年），葡萄牙耶稣会士阳玛诺（Emmanuel Diaz，1574—1659）⑥刊印了《圣经直解》⑦。它以拉丁文《圣经》武加大译本（Vulgate Version）为基础，用文言文翻译了《四福音》中的许多经文，并配有注释索引⑧，以供礼拜日诵习。译文"文辞幽美深奥，非一般教徒所能了解"。截止到 1943 年，拉丁文武加大译本是所有天主教译本的钦定基础文本。

此外，1635 年（明崇祯八年），意大利耶稣会士艾儒略（Giulio Alèni，

① 罗光：《利玛窦传》，光启出版社 1960 年版，第 168 页。

② ［法］费赖之：《在华耶稣会士列传及书目》，冯承钧译，中华书局 1995 年版，第 29 页。

③ 《天主实义》有 1595 年（明万历二十三年）、1601 年（明万历二十九年）、1604 年（明万历三十二年）、1605 年（明万历三十三年）、1630 年（明崇祯三年）刻印本。

④ 《弥撒经典》有 1670 年（清康熙九年）的北京耶稣会刻印本。

⑤ 《司铎日课》有 1674 年（清康熙十三年）的北京耶稣会刻印本。

⑥ 阳玛诺，字演西，1574 年出生于葡萄牙卡斯特尔夫朗科，1592 年加入耶稣会，1610 年（明万历三十八年）来华，1659 年（清顺治十六年）在杭州去世。他在华活动约半个世纪，是当年在华耶稣会士中活动时间最长的一位。他曾在南昌、南京、上海、福州、杭州等地传教，1623 年被任命为中国教区副区长。

⑦ 《圣经直解》有 1636 年（明崇祯九年）北京刻本 14 卷、1644 年（明崇祯十七年）的手抄本、1790 年（清乾隆五十五年）北京刻本 14 卷、1866 年（清同治五年）的上海土山湾重刻本 8 卷、1915 年上海慈母堂刻本 2 卷。

⑧ 中文书有索引当始自此书，此言待考。

1582—1649)在北京刊印了《天主降生言行纪略》八卷①，这是一种以福音书为依据的耶稣生平编年。虽然仍然不能说它是《圣经》的译本，但其中所叙述的字句与《圣经》经文非常切合。其他还有一些部分《圣经》经文的译著，如利类思译的《圣母小日课》②等。还有一些属于对《圣经》史实的描述，如西班牙耶稣会士庞迪我(Didaco de Pantoja，1571—1618)的《受难始末》③等。

天主教方济各会士也曾尝试翻译《圣经》。意大利方济各会士梅述圣(Antonio Laghi，1668—1727)将《创世记》和《出谷记》的一部分译成汉语白话，并转交给了麦传世(Francesco Jovino，1677—1737)。麦传世修订了部分译稿，并继续翻译，但这些译稿似乎都没有保存下来④。

1732年(清雍正十年)，曾任清朝宫廷画师的天主教意大利布教会传教士马国贤(Matheo Ripa，1692—1745)在意大利那不勒斯创办了"中国学院"(College of China)，招收中国和远东国家的青年学习天主教神学。他在《马国贤神父留居北京宫廷为中国皇帝效劳十三年的回忆录》(*Memoirs of Father Ripa during Thirteen Years' Residence at the Court of Peking，with An Account of the Foundation of the College for the Education of Young Chinese at Naples*)中提到，中国学院有部分的《圣经》中文译本。"有一个中国学生诵读译为中文的《新经》的一些段落，听起来非常奇怪，因为大部分的词都是单音节的。"⑤法国传教士李明神父曾向法国国王路易十四的忏悔神父介绍说，

①　《天主降生言行纪略》有1643年(明崇祯十六年)刻本、1738年(清乾隆三年)刻本、1796年(清嘉庆元年)刻本，1853年(清咸丰三年)的北京慈母堂刻本8卷、1875年(清光绪元年)的河北河间胜世堂刻本、1887年(清光绪十三年)的上海慈母堂刻本、1903年(清光绪二十九年)的北京慈母堂刻本、1910年(清宣统二年)的河北河间胜世堂刻本。

②　《圣母小日课》有1676年(清康熙十五年)、1848年(清道光二十八年)的山东兖州府天主堂印书馆刻本，1915年北堂印书馆刻印本。

③　《受难始末》有1925年上海土山湾印书馆重刻本。

④　[比]钟鸣旦：《圣经在十七世纪的中国》，见孙尚扬、[比]钟鸣旦：《1840年前的中国基督教》，学苑出版社2004年版，第372页。

⑤　Marshall Broomhall，*The Bible in China*，London：British and Foreign Bible Society，1934，p.42；司德敷等编：《中华归主》下册，蔡咏春等译，中国社会科学出版社1985年版，第1035页。

罗马教宗已经接受了中文本的《弥撒书》，但"现在就使用它还是不方便的"①。他后来在《中国》一书中又说，天主教传教士"已将《圣经》完整地译成中文"，不过"现在就将其出版是很不慎重的"。② 新教传教士马礼逊（Robert Morrison）也说，天主教传教士曾在中国出版《祈祷书》。

二、白日升译本

对天主教在华传教来讲，真正意义上的《圣经》汉译是从白日升开始的。

1737 年或 1738 年，在荷兰东印度公司工作的英国人霍治逊（John Hodgson，1672—1755，一译鹤特臣、霍治逊）在广州发现了一份《圣经》译稿，并在精心抄录后带回了英国。1739 年 9 月，他将手抄稿献给了英国皇家历史学会会长汉斯·斯隆爵士（Sir Hans Solane，1660—1753，一译史安罗爵士、史路连）③，成为斯隆图书馆的收藏品。斯隆将其捐献给大英博物馆手稿部，编在斯隆手稿（Sloane Manuscript）中，中文题名为"四史攸编耶稣基利斯督福音之会编"（Quatuor Evangelia Sinice）。后图书和手稿从大英博物馆分离出来，被收入今天的大英图书馆。目前，该手稿编号仍为 Solane MS ♯3599，与多年前完全一致。直到 2007 年笔者阅读时，手稿保存之清洁完好，提取阅读之方便快捷，让人感叹敬佩。④

大英图书馆收藏的《圣经》译本手抄本共 377 面，全书以毛笔工整缮写，每面 16 行，每行 24 字；版面颇大，高 27 厘米，宽 24 厘米。它是依据拉丁文《圣经》武加大译本译成，已包含了大部分新约，包括《四福音书》《宗徒大事录》《保禄书信》和《希伯来书》第一章。《福音书》部分以合参的形式翻译，《宗徒大事录》及《保禄书信》是按经文次序翻译的，《希伯来书》第一章以后的经文

① Marshall Broomhall, *The Bible in China*, London：British and Foreign Bible Society, 1934, p. 42.

② Le Compte, *China*, p. 391，转引自 Robert Philip ed. *The Life and Opinion of the Rev. William Milne*, p. 140.

③ 在大英博物馆保存的白日升译本手抄稿开首的空白页面上，手写有以下英文内容："这抄本是由霍治逊先生授命于 1737 年和 1738 年在广州誊抄的，已经过仔细校勘，毫无错漏。1739 年 9 月呈赠斯隆爵士。"

④ 除大英图书馆外，香港思高圣经学会、梵蒂冈罗马传信部图书馆都还保存着白日升译本的抄写稿。香港大学冯平山图书馆马礼逊特藏室还收藏了马礼逊来华时，抄写的白日升译本手稿。

则没有译出或失传。由于手抄本并没有记录翻译者的姓名，加上历史资料的缺乏，多年以来人们仅知是某位天主教人士的译作，一直都不清楚更多的细节①。直到 1945 年 10 月，天主教学者韦利克教授（Rev. Bernward H. Willeke，1913—1997）在美国的《天主教圣经季刊》（*Catholic Biblical Quarterly*）上发表文章，考证出此译本的译者是白日升（Jean Basset，1662—1707，音译巴设），一位曾在中国多年的天主教巴黎外方传教会传教士，而该译本的翻译时间大约是 1700—1705 年。②

白日升 1662 年出生于法国里昂，父亲是里昂市的行政长官。21 岁时，获得巴黎著名的圣苏尔比斯（Saint-Sulpice）修院神学学士学位。1684 年，进入巴黎外方传教会③修院学习，准备前往亚洲传教。这时正值巴黎外方传教会的鼎盛时期。1685 年 1 月，他启程亚洲，先在泰国学习，接受培养。1689 年（清康熙二十八年），27 岁的白日升来到中国，18 年后在中国去世。

白日升于 1689 年抵达广州，从 1702 年开始在四川传教，成为第一位四川代牧区的署理。1707 年 12 月，白日升卒于广州，年仅 45 岁。据白日升在四川的中国同工李安德（André Ly，中文名据音译）的拉丁文日记可知，白日升与一位中国神父徐若翰（Jean Su，？—1734）合作翻译了《圣经》的新约部分。

这部从未出版的《圣经》部分译本，成为百余年后分别在印度和马六甲出版的最早汉文《圣经》全译本——马士曼译本（Marshman's Version）和马礼逊译本（Morrison's Version）——的基础性文本，虽然他们当时都不清楚这是哪位人士的译作。关于白日升译本与基督教《圣经》最早全译本马士曼译本和马礼逊译本之间的关系，我将在本书第二章详细叙述。

三、贺清泰译本

法国耶稣会士贺清泰（Louis de Poirot，1735—1814），出生于法国，长于意

---

①　Alexander Wylie, *The Bible in China*, *Chinese Researches*, pp. 95-100; G. W. Sheppard, China and the Bible, Early Translations into Chinese, Lecture before the Royal Asiatic Society, Shanghai, on February 22, 1929, *China Christian Year Book* 17 (1929), p. 398; A. J. Garnier, *Chinese Versions of the Bible*, Shanghai：Christian Literature Society, 1934. p. 13.

②　Rev. Bernward H. Willeke, The Chinese Bible Manuscript in the British Museum, *Catholic Biblical Quarterly* 7(1945), pp. 450-453.

③　巴黎外方传教会成立于 1658 年，在罗马教宗和传信部直接领导下，主要针对中国和东南亚地区传教，强调培养当地的神职人员。

大利。他于 1756 年进入佛罗伦斯耶稣会学院学习，1766 年加入耶稣会，1769年（清乾隆三十四年）来华。不久即进入清宫廷供职，任如意馆行走，是当时最受清乾隆皇帝重用的西洋画家。① 他还精通汉文、满文，1793 年任马嘎尔尼访华时的中方翻译，1803 年担任中俄之间的满文翻译。1815 年（清嘉庆二十年），贺清泰在北京去世，享年 80 岁。在华 44 年，他是耶稣会在华的最后余存人之一。

贺清泰最为著名的成绩是《圣经》翻译，他晚年退隐北京天主教北堂，致力于翻译《圣经》。他以拉丁文本为依据，将大部分《圣经》（《旧约》除《雅歌》及部分先知书以外全部译出，《新约》全部译出）译为非常通俗的汉语官话，即汉语白话。译本完成于 1803 年（清嘉庆八年），名为《古新圣经》，每章后都附有简单的注释，共 34 卷，史称"贺清泰译本"。

贺清泰还翻译了满文的《圣经》，他的满文圣经手稿收藏于日本东洋文库。

关于贺清泰汉文《圣经》译本，共有三处文字记录。一是出现在徐宗泽的《明清间耶稣会士译著提要》一书中。二是冯瓒璋先生于 1947 年整理的《北平北堂图书馆暂编中文善本书目》中，记载了《古新圣经》的收藏情况。三是天主教思高学会的雷永明神父（Gabriel Maria Allegra，1907—1958）于 1935 年来北京后，在北堂图书馆阅览了贺清泰的《古新圣经》，用照相机拍摄，以做思高圣经翻译之参考。该拍摄版本辗转北京、澳门、香港等多地，绝大部分遗失，但香港思高学会仍存旧约的《撒母耳记上》17—31 章和《撒母耳记下》全部。笔者就是在香港思高学会看到该局部拍摄照片的译本。

贺清泰在两篇序言中详细说明了他的汉文《圣经》翻译原则。② 他以拉丁文钦定《圣经》译本——武加大译本——的译者耶柔米（St. Jerome，340—420）③的

---

①　贺清泰在世的绘画作品不多，有《贲鹿图轴》《白鹰图》《廓尔喀贡象马图》《双骏图》等。他曾协助中国宫廷画家徐扬修改其绘作的《乾隆平定金川战图》铜版画底稿。

②　徐宗泽编：《明清间耶稣会士译著提要》，中华书局 1948 年版，第 20—22 页。

③　耶柔米生于罗马帝国的斯特利同城（Stridon，今南斯拉夫境内），359 年到罗马读书，在高卢（Gaul，今法国境内）研究神学。366 年入天主教，379 年在安提约基（Antiochia，今土耳其境内）晋铎。他被君士坦丁堡的主教召去译校和注释《圣经》。382 年，他任罗马教宗圣达玛苏一世的秘书，奉教宗之命，开始将《圣经》译为拉丁文。辛苦工作 23 年（382—405）后，他完成了拉丁文《圣经》武加大译本，并于 1546 年的特利腾大公会议上，重新受到肯定，确立了其译本的绝对权威性。会议要求天主教任何语言的译本都必须以"武加大译本"为标准，其译本被定为天主教《圣经》的唯一钦定本。

行动为依据和准则。因为耶柔米当年就是用拉丁文的口语翻译了《圣经》，因此，贺清泰也用了汉语白话来翻译圣经。贺清泰译本简单通俗，偶有北方俚语，章节编排与拉丁文《圣经》不甚相同。

下面抄录贺清泰译本、和合官话译本、思高译本中的《新约全书》《撒慕尔纪下》进行对比。

贺清泰译本：无，《众王经第二卷》第 1 章第 1—15 节①

1 撒乌耳死了后。达味杀败了亚玛肋克的人。<u>回转</u>西蛇肋克。在那里住了两天。2 第三天。有一人从撒乌耳的<u>营盘</u>来。他的衣服扯破了。头上撒灰尘。到了达味跟随前。<u>伏地叩头</u>。3 达味问。你从那里来。<u>答应</u>。从依斯拉耶耳兵营逃来。4 达味又问。事情如何。你告诉我。他说。从战败逃跑的多。在那里死的<u>民也众</u>。撒乌耳同他的儿子约那大斯都死了。5 达味望送信的少年人说。<u>怎知</u>撒乌耳同他儿子约那大斯两个死了呢。6 送信少者<u>答应</u>。我忽到热耳玻耶山上见撒乌耳胸挨着他的枪。仇敌的车。马。兵刚刚赶上他的时候。7 他望背后回头见我。<u>呼唤</u>。我答应。在这里。

11 达味扯破自己的衣服。一齐的人都这样行。12 为撒乌耳并他儿子约那大斯。还因天主的民依斯拉耶耳后代。被<u>刀刃</u>杀了。哭到晚也吃斋。13 达味给送信的少年人说。你是什么地方的人。他说。我是异国人的儿子。亚玛肋克地方的人。14 达味说。你为何不怕伸手杀天主立的王么。15 达味从他的<u>奴才</u>。<u>呼了</u>一个来说。你前去杀了他。<u>奴才</u>即刻杀了他。达味望他说。16 你的血在你头上。你的口明诉出你的罪来。

和合官话译本：《新约全书》《撒母耳记下》第 1 章第 1—7 节

1 扫罗死后，大卫击杀亚玛力人回来，在洗革拉住了两天。2 第三天，有一人从扫罗的营里出来，衣服撕裂，头蒙灰尘，到大卫面前伏地

---

① 原文没有"新约"此词的翻译，原文没有分节，没有标点，仅有句读。下划线为笔者强调所加，下同。

叩拜。3 大卫问他说，你从哪里来。他说，我从以色列的营里逃来。4 大卫又问他说，事情怎样。请你告诉我。他回答说，百姓从阵上逃跑，也有许多人仆倒死亡。扫罗和他儿子约拿单也死了。5 大卫问报信的少年人说，你怎么知道扫罗和他儿子约拿单死了呢。6 报信的少年人说，我偶然到基利波山，看见扫罗伏在自己枪上，有战车，马兵紧紧地追他。7 他回头看见我，就呼叫我。我说，"我在这里。"

思高译本：《新约》《撒慕尔纪下》第 1 章第 1—7 节

1 撒乌耳死后，达味击杀阿玛肋克人回来，在漆刻拉格住了两天。2 第三天，有个人从撒乌耳营中跑来，衣服撕烂，满头灰尘，来到达味前，伏地叩拜。3 达味问他说："你从那里来？"他答说："我从以色列营中逃命而来。"4 达味又问他说："战事怎样？请告诉我！"他答说："军民从战场上逃跑了，许多人阵亡，撒乌耳和他的儿子约纳堂也死了。"5 达味问那报信的少年人说："你怎么知道撒乌耳和他儿子约纳堂死了呢？"6 那报信的少年人答说："我无意中来到基耳波亚山上，看见撒乌耳伏在自己的枪上，战车和骑兵都快要迫近他。"7 他转身见了我，就招呼我。我答说："我在这里。"

从上面引文对比可知，贺清泰译本的语言带着浓厚的传统白话文的意味，也多处采用了传统词汇，如"叩头""奴才""营盘"等。而和合译本和思高译本的翻译语言则有更重的现代白话的意味。

现在以仅存的贺清泰本的《撒慕尔纪下》为对象，将相关《圣经》译本的人名地名、神学词汇进行比较研究，探讨天主教译本中专有词汇的继承性和发展过程，以及对早期新教《圣经》翻译的影响。从表 1-1 的对照可以看出，贺清泰与其他天主教译本以及百年后的思高译本在专名翻译上都有一定的相似和相同之处，天主教《圣经》专名是有相当的继承性的。

表 1-1　贺清泰译本、艾儒略译本、阳玛诺译本、白日升译本、马士曼译本、马礼逊译本、和合官话译本、思高译本《撒母耳记下》第 1 章第 1—7 节专名①

贺清泰译本	艾儒略译本 1635	阳玛诺译本 1636	白日升译本 1702	马士曼译本 1822	马礼逊译本 1823	和合官话译本 1919	思高译本 1968
众王经第二卷				撒母以勒之第二书	撒母以勒下卷	撒母耳记下	撒慕尔纪下
撒乌耳				扫罗		扫罗	撒乌耳
达味	达未	达未	达未	大五得	大五得	大卫	达味
西蛇肋克				厄拉古		洗革拉	漆刻拉格
依斯拉耶耳		依腊尔		以色耳以勒	以色耳勒	以色列	以色列
热耳玻耶山				厄路波亚山		基利波山	基耳波亚山
天主	天主	天主	神	耶贺华	神主	耶和华	上主
约那大斯				若拿但		约拿单	约纳堂
如达斯	如德亚国	如德亚国	如达	如氏亚	如氏亚	犹大	犹大
亚玛肋克人				亚麻勒人		亚玛力人	阿玛肋克人
日露撒冷	协露撒棱	日路撒冷	柔撒冷	耶路撒冷	耶路撒冷	耶路撒冷	耶路撒冷
撒落孟	撒落满	撒落满	撒落蒙	所罗门	所罗门	所罗门	撒罗满
厄日多国				厄白多	以至百多	埃及	埃及
耶稣	耶稣	耶稣	耶稣	耶稣	耶稣	耶稣	耶稣

①　贺清泰译本，仅存《众王经第二卷》，手抄本。艾儒略：《天主降生言行纪略》，见吴相湘主编：《天主教东传文献三编》，学生书局 1972 年版。阳玛诺：《圣经直解》，见吴相湘主编：《天主教东传文献三编》，学生书局 1972 年版。白日升译本：《四史攸编耶稣基利斯督福音之会编》，大英图书馆亚非部藏，编号 Solane MS ♯3599。马礼逊译本：《耶稣基利士督我主救者新遗诏书》，牛津大学安格斯图书馆藏，1823 年刊印。马士曼译本，牛津大学安格斯图书馆藏，1822 年刊印于印度塞兰坡。

第 二 章

"二马译本"：基督教最早圣经全译本

16世纪，天主教再次进入中国。《圣经》翻译是一项漫长的工作，但传教的急迫需求让传教士也有了变通措施。先期入华的天主教传教士将《圣经》中的十诫编译成"祖传天主十诫"①。明末清初，绝大部分天主教传教士则停留在对《圣经》的诠释和史实的叙述上，已有的《圣经》翻译尝试大多是按弥撒书或祈祷书的形式编译的。

但的确存在明清天主教传教士翻译《圣经》的事实。1737年或1738年，英国人霍治逊在广州发现了一份《圣经》译稿（《四史攸编耶稣基利斯督福音之会编》）。之后，霍治逊将译稿的手抄稿呈赠汉斯·斯隆爵士，后统一编入斯隆收藏的手稿部分中。② 该译稿依据拉丁文《武加大译本》③翻译而成，包括《四福音书》《使徒行传》《保罗书信》和《希伯来书》中的一章④。

然而这部长期以来作者不明的天主教《圣经》汉译手抄稿，却对百年之后基督教《圣经》翻译起到了奠基性的作用和影响。1822年（清道光二年）和1823年（清道光三年），中国历史上最早的两部完整汉语《圣经》，即马士曼译本和马礼逊译本（统称"二马译本"）分别在印度和马六甲出版。"二马译本"都不同程度地

---

① 罗光：《利玛窦传》，光启出版社1960年版，第168页。

② 《四史攸编耶稣基利斯督福音之会编》，大英图书馆亚非部藏，编号Solane MS♯3599。

③ 截止到1943年，《武加大译本》是所有天主教圣经译本的钦定基础文本。

④ 为行文统一清楚，论文中的圣经篇名除原文引注外，均以和合官话本为准。

参考和依据了白日升译本，这已是公认的事实①，但学术界和教会界对此一直都没有进行过细致的文本对比和研究。作为最早的圣经汉语译本，"二马译本"是独立翻译，还是互相参考的？在白日升译本的基础上，两个译本在翻译方面（如专名翻译、语言顺畅、文体采用等）是否有新的改变和发展？白日升译本仅有大部分《新约》，"二马"又是如何处理《旧约》的翻译的？面对天主教的圣经译本，基督教是否有创建自己圣经汉语话语系统的考虑和努力呢？白日升译本对后来的天主教圣经翻译还有什么影响？本章利用藏于英国牛津大学安格斯图书馆、大英图书馆、美国哈佛燕京图书馆、美国圣经会和中国香港大学冯平山图书馆的档案和文本文献，细密爬梳了上述问题，并对以往的成说提出修正意见。

一、基督教最早圣经译本与天主教圣经译本关系

基督教在世界范围内的传播和发展，与《圣经》被翻译为世界各国和各民族地区语言有着非常密切的关系。圣经翻译所取得的巨大成绩和影响，更是离不开基督教传教士的不懈努力。1384 年，英国牛津大学教授、欧洲宗教改革先驱约翰·威克利夫（John Wycliffe，1330—1384）等人冒着生命危险，首次将《圣经》从拉丁文翻译为英文，成为欧洲宗教改革的序幕。到了 15 世纪，德文、意大利文、捷克文、荷兰文、西班牙文圣经也相继问世。用民族语言翻译圣经奏响了宗教改革的序曲，信徒始可以自由阅读圣经，与上帝直接建立联系，以圣经作为信仰与生活的唯一准则。各国基督教会期望脱离拉丁文圣经的桎梏，努力推进本国、本地区、本民族语言的圣经翻译，对世界范围内的平民教育发展产生了巨大帮助，基督教会则获得了重大复兴。这也是基督教会远比天主教会热心圣经翻译的根本原因。

1792 年，基督教传教运动创始人、英国浸礼会②牧师威廉·克里（Wil-

---

①   Kenneth S. Latourette, *A History of Christian Mission in China*, New York：Macmillan，1929，p. 190；Marshall Broomhall, *The Bible in China*, London：British and Foreign Bible Society，1934，p. 52；［英］海恩波：《传教伟人马礼逊》，简又文译，香港基督教辅侨出版社1956 年版，第 90—92 页；诚质怡：《圣经之中文译本》，见贾保罗编：《圣经汉译论文集》，香港基督教辅侨出版社1965 年版，第 6—9 页；李志刚：《基督教早期在华传教史》，商务印书馆1985 年版，第 162 页；马敏：《马希曼、拉沙与早期的圣经中译》，《历史研究》1998 年第 4 期。

②   浸礼会于 1609 年由威廉·克里创建。1792 年，威廉·克里创建了浸礼宗传道会（Baptist Missionary Society），它是欧美各国，也是英国基督教的第一个海外传教团体，对英国的国外传教事业影响很大。

liam Carey，1761—1834)发表宣言，极力倡导"传福音给每一个人"是基督给予每一个基督徒的使命，被视为近代基督教传教运动的起点。1798 年 3 月 7 日，英国北安普敦郡公理会牧师威廉·莫士理(William Moseley)发出公开信，最早提出了将《圣经》译为汉语，请求"设立机构专责翻译圣经成为东方最多人的国家的语言"①。世界上有许多国家不允许传播基督教，而圣经译本可以渗入那些传教士无法到达的地区，因此翻译圣经是使异教徒皈依基督教的最好方法。1800 年，莫士理在《关于印刷及发行汉语圣经的重要性和可行性》(*A Memoir on the Importance and Practicability of Translating and Printing the Holy Scriptures in the Chinese Languages*)的报告中，再次提出要把《圣经》翻译成汉语提供给基督教传教士。②

1801 年(清嘉庆六年)，威廉·莫士理怀着巨大喜悦，在大英博物馆③发现了沉睡多年的白日升译本，立刻引起了英国圣经会④的重视。1804 年 7 月 30 日，英国伦敦会⑤决议："翻译汉语圣经是有利于基督教的最重要目标之一。"⑥1807 年，基督教第一位来中国内地的传教士、英国伦敦会的马礼逊(Robert Morrison，1782—1834)在受派之际，翻译"一部令人称赞的、忠于圣经的译本"就已成为他的任务。他也为此进行了相关准备。在莫士理的引见下，马礼逊结识了从广东到伦敦学习英文的中国人容三德(Yong Sam-tak)。

---

① Broomhall Marshall，*The Bible in China*，London：British and Foreign Bible Society，1934，p. 50.

② Ride Lindsay，*Robert Morrison，the Scholar and the Man*，Hong Kong：Hong Kong University Press，1957，p. 45.

③ 当时大英博物馆包括今天的大英图书馆和大英博物馆。

④ 英国圣经会(The British and Foreign Bible Society)，又译作英国圣书公会、大英国圣经会、大英圣书会。1804 年成立于伦敦，是世界上最早专门推广圣经的组织。它从一开始就非常关注圣经在东方的翻译出版，支持了基督教最早的两种圣经汉译本——马士曼译本和马礼逊译本。它曾在北京、上海、沈阳、张家口、天津、汉口、广州、哈尔滨等地设有分支机构。

⑤ 伦敦会(London Missionary Society)是在威廉·克里影响下，于 1795 年在伦敦成立的跨宗派的传教组织，是基督教传教运动中影响最大的组织之一，主要由英国的公理会、循道会、长老会和其他差会组成。

⑥ LMS/BM，30 July (1804)，转引自苏精：《中国，开门！马礼逊及相关人物研究》，基督教中国宗教文化研究社 2005 年版，第 9 页。

在容三德的帮助下，马礼逊将白日升译本的全部抄录带到中国，并将其作为翻译圣经的重要参考和基础。其手抄稿目前保存在香港大学冯平山图书馆。

1807 年（清嘉庆十二年）9 月 4 日，马礼逊到达澳门。1810 年，他出版了 1 000 册第一本汉语书，即《耶稣救世使徒传真本》（新约的《使徒行传》），后又陆续出版了《圣路加氏传福音书》（澳门或广州，1812）、《厄拉氏亚与者米士及彼多罗之书》（澳门及广州，1813）。1813 年（清嘉庆十八年），马礼逊将《新约全书》翻译完毕，以"耶稣基利士督我主救者新遗诏书"①为名，刻印 2 000 册，分大字本和小字本两种。1817 年，马礼逊还在吗喇甲（今马六甲）刻印了《我等救世主耶稣新遗诏书》。②

马礼逊曾详细地论述自己圣经翻译的原则。第一次是在 1817 年 9 月纪念来华传教十周年之际，他说明了自己决定采取圣经翻译的风格及其理由。③第二次是在 1819 年 11 月底，彻底完成全部圣经翻译之后，他就整体圣经翻译进行了全面说明，详细说明了翻译时的问题所在，解决问题的方法与理由，整个翻译过程中的参考图书，依据的希腊文、拉丁文和英文圣经文本等，力图告诉大家他的汉语圣经文本的形成过程和原因。④

从马礼逊新约翻译的文本和专名可以看出，他的翻译是在白日升译本的基础上调整和修改而成。对于自己译本与白日升译本之间的关系，马礼逊并不讳言，也多次提及。

---

① Testament 可译为"约"，也可译为"遗嘱""遗命""遗诏"。早期圣经汉译均译为"遗诏"，19 世纪 50 年代以后的圣经译本，逐步改译为"约"。

② Eric M. North ed., *The Book of A Thousand Tongues*，*Being Some Account of the Translation and Publication of All or Part of The Holy Scriptures into More Than a Thousand Languages and Dialects with Over 1100 Examples from the Text*，New York：The American Bible Society，1938，p. 83.

③ William Milne, *A Retrospect of the First Ten Years of the Protestant Mission to China*，Malacca，1820，pp. 89-93；Eliza A. Morrison ed.，*Memoirs of the Life and Labours of Robert Morrison*，London：Longman，Orme，Brown，Green and Longmans，1839，Vol. 1，pp. 329-333.

④ Eliza A. Morrison ed.，*Memoirs of the Life and Labours of Robert Morrison*，London：Longman，Orme，Brown，Green and Longmans，1839，Vol. 2，pp. 2-11.

我自由地修改，对我认为有需要的地方做出补充；而且我深感愉快地记下从我未识其名的前人的努力中获得的好处。①

我冒昧对其做了修改，并进行了必要的补充；我很愉快地记下我从那位不知名的前辈那里得到的教益。②

（1810 年出版《使徒行传》后说）严格地说，只有序文才是我自己的作品。③ 我只是加以编辑而已。④

美国传教士卫三畏（Samuel Wells Williams）认为，马礼逊的《耶稣基利士督我主救者新遗诏书》一半是他翻译的，另一半是他校正了白日升译本。⑤ 的确，如果没有白日升译本，对启程来华之际才开始学习汉语的马礼逊来说，在这么短暂的时间里，如此迅速地翻译印刷圣经是不可想象的。

1823 年（清道光三年），包括旧约和新约的《神天圣书》用木版雕刻方式全部刊印完毕。1824 年 5 月，马礼逊亲自将《神天圣书》呈送给英国圣经会。"将圣经翻译成世界上三分之一人口所使用语言的成绩"使他获得了巨大荣誉。早在 1817 年，马礼逊已获英国格拉斯哥大学的荣誉道学博士（Doctor of Divinity）学位，现在他又得到英皇乔治四世的召见，并成为皇家学会的会员。作为第一位来到中国内地的基督教传教士，马礼逊获得了巨大的声誉，他的圣经译本对后来的众多基督教圣经译本产生了巨大影响。但是，他既不是第一位开始将圣经翻译成

---

① Marshall Broomhall, *Robert Morrison*, *A Master Builder*, London: Student Christian Movement, 1924, p. 118.

② BFBS Annual Reports 3 （1814-1815），转引自 Thor Strandenaes, *Principles of Chinese Bible Translation as Expressed in Five Selected Versions of the New Testament and Exemplified by Mt 5：1-12 and Col 1*, Ph. D. diss., Uppsala University, 1987, Uppsala: Almqvist, 1987, p. 45; Eliza A. Morrison ed., *Memoirs of the Life and Labours of Robert Morrison*, Vol. 2, p. 3.

③ LMS/CH/SC, 1. 2. A., *R. Morrison to ?*, Macao, 18 January 1811，转引自苏精：《中国，开门！马礼逊及相关人物研究》，基督教中国宗教文化研究社 2005 年版，第 22 页。

④ LMS/CH/SC, 1. 2. A., *R. Morrison to the Directors*, Macao, no day November 1811，转引自苏精：《中国，开门！马礼逊及相关人物研究》，基督教中国宗教文化研究社 2005 年版，第 22 页。

⑤ Samuel Wells Williams, *The Middle Kingdom*, London: W. H. Allen & Co., 1883, Vol. 2, p. 326.

为汉语的基督教传教士，也不是第一位出版完整汉语圣经的人。

在马礼逊翻译圣经之前，远在印度的英国浸礼会传教士约书亚·马士曼（Joshua Marshman，1768—1837）已开始了圣经汉译的工作，甚至在马礼逊启程来中国之前就开始了。① 1799 年，在传教士威廉·克里（时已在印度）号召的影响下，31 岁的马士曼和威廉·华尔德（William Ward，1769—1823）来到印度。因浸礼会不属于英格兰的国教圣公会，马士曼等人对在东印度公司统治下的印度生活和工作颇觉困难，于是他们又转到丹麦统治下、位于加尔各答郊外的一个小镇——塞兰坡，组成了著名的"塞兰坡三人组"（Serampore Trio），建立了布道站、教堂，并逐渐发展出以印刷与出版为主的传教方法和路线。1804 年 4 月，威廉·克里等人共同制订了翻译包括汉语在内的多种东亚语文圣经的计划。他们三人以建立高效的印刷所、翻译印刷众多译本的《圣经》而著称于世。从 1801 年出版孟加拉语《新约》开始，到 1832 年为止，塞兰坡教会印刷站（Serampore Mission Press）共出版了多达 40 种语言、21 万余册的宗教与世俗书刊。② 这是至今仍然让人震惊和感叹的工作成绩。

1800 年，威廉·克里在塞兰坡建立了第一所教堂。同年，有"东方牛津"之称的威廉堡学院（College of Fort William，一译英印学院）在加尔各答成立。1804 年，在威廉堡学院副院长布坎南（Claudius Buchanan，1766—1815）的发现和邀请下，生长于澳门的亚美尼亚裔青年拉撒（Joannes Lassar，一译拉沙，1781—1835?）获聘为威廉堡学院汉语教授，并加入了与马士曼合作将圣经翻译成汉语的计划。③ 拉撒原本是商人，携带大批茶叶到加尔各答经商，却遇上茶叶价格大幅下跌而陷入困境。他与马士曼之间的"合作"并没有立即开始，1804 年出版

---

① 据称，1799 年，马士曼曾到中国北方传教，待考。参见王元深：《圣道东来考》（写于 1899 年），《景风》第 34 期，1972 年 9 月，第 37 页。王元深（1817—1914），中国最早信仰基督教的华人之一，基督教信义宗礼贤会牧师，外交家王宠惠的祖父。

② G. A. Grierson, "The Early Publications of the Serampore Missionaries", *The Indian Antiquary*, Vol. 32, 1903, pp. 241-254, 转引自苏精：《马礼逊与中文印刷出版》，学生书局 2000 年版，第 133 页。

③ Alexander Wylie, *The Bible in China*, Foochow: 1868, p. 9.

的汉语圣经（部分《马太福音》和《创世记》），是由拉撒译自亚美尼亚语圣经。①

在拉撒的帮助下，经过其他几个人的校阅和几易其稿，马士曼于 1810 年以木刻雕版印刷了《此嘉语由于呀㖿著》（《马太福音》），1811 年刊印了《此嘉音由呀嘞所著》（《马可福音》）。马士曼远在印度，没有参考任何其他圣经汉译本。以当时的局面，他手中有多少汉语参考书都是问题。因此，其困难之大，不言而喻；其译文之晦涩难明不顺，亦不难想象。书中的人名、地名、神学名称，甚至是完全杜撰、生搬硬造的。

马士曼《此嘉音由呀嘞所著》第 1 章第 1—8 节（1811 年）②

1 嘉音之始。乃从意嘛呢唎咐嗳神之子也。2 仿于圣人所著之语。指视我令使者于尔之前。伊则除清尔道于尔之前也。3 人呼。声在僻处。曰。除清天主康衢。又整齐其径。4 哇嗳于僻处。蘸淬。而宣扬。改过兼恕罪之蘸者。5 意㗚哆㖭。并哇㖞哑一国俱往于他。被他蘸于噉噉之河。而认其罪矣。6 哇嗳服骆驼之毛。束皮带于腰间。而食蚱蜢。兼野蜜。7 宣扬曰。于我之后来。一名强过我者。伊之鞋带无缘俯解也。8 确是我蘸尔等于水。然他必于神魂于蘸尔也。

从马士曼翻译的文本和专名中，我们可以看出，他将"福音"译为"嘉音"，"耶稣基督"译为"意嘛呢唎咐嗳"，"约翰"译为"哇嗳"，"耶路撒冷"译为"意㗚哆㖭"，"约旦河"译为"噉噉之河"，"犹太"译为"哇㖞哑"，"圣灵"译为"神魂"，"洗"译为"蘸"。所有的人名和地名采用了音译加口字旁的方法，与后来的圣经专名翻译差异极大，与今天通用的圣经专名更没有任何相同、相近之处。

1813 年（清嘉庆十八年），马士曼在塞兰坡出版了《若翰所书之福音》（《约翰福音》）。这是第一本铅字活版印刷的汉语书籍，比国内最早的活版印刷汉

---

① BFBS Report 1807，p. 154，转引自 Jost Oliver Zetzsche, *The Bible in China：the History of the Union Version or the Culmination of Protestant Missionary Bible Translation in China*, Sankt Augustin：Monumenta Serica Institute，1999，p. 46.

② 《此嘉音由呀嘞所著》，牛津大学摄政公园学院安格斯图书馆藏，索书号 Chinese 2.27、Chinese 2.28。线装一册，56 面，未具名出版地点、时间和译者。原文有句读。引文中的下划线为笔者所加，下文同。

语书籍早了 9 年。① 其在汉语印刷出版史上的意义也非同寻常。马士曼高兴地认为用活版铅字印刷《圣经》汉语译本，是他们取得的一项非凡的成就，不但印刷灵活，而且成本大大降低了。② 这部书的汉语翻译水平显著提高，文笔变得较为通顺，人名、地名、神学专名与马士曼 1811 年版《此嘉音由呀嘸所著》根本不同，马士曼 1815—1821 年版《新约》的翻译风格和专名译法也可视为在本书的基础上的继承和修订。在短暂的两年时间里，马士曼的翻译为什么会发生这么巨大的变化呢？

现抄录白日升译本《约翰福音》、马士曼《若翰所书之福音》第 1 章第 29—39 节，列出两个版本与基督教圣经汉译最大集成和合官话译本③和天主教圣经汉译最大集成思高译本④的人名、地名和神学等专名（见表 2-1），以便比较。

白日升《约翰福音》第 1 章第 29—39 节（1700 年前）⑤

29 次日若翰视耶稣游曰。此乃神之羔。此乃除世罪者。30 且曰其先我已在。31 我素不识之。而特来付水之洗。著之于依腊尔焉。32 又证曰余已见圣神如白鸽自天降而居其上。33 余素弗识之。然使我付水洗者。其语我曰。尔见圣神所临立者。此乃以圣神洗者也。34 余已见而证其为神之子也。35 他日

① 国内最早的汉字活字印刷品为 1822 年的《华英字典》，参见熊月之：《西学东渐与晚清社会》，上海人民出版社 1994 年版，第 121 页。

② Joshua Marshman, *A Memoir of the Serampore Translations for 1813*：*to Which Is Added*，*an Extract of a Letter from Dr. Marshman to Dr. Ryland*，*Concerning the Chinese*，Printed by J. G. Fuller，Kettering，1815，pp. 16-17. 牛津大学安格斯图书馆藏。

③ 基督教和合本圣经是由美国圣经会、英国圣经会和苏格兰圣经会支持、多个基督教宗派协作翻译而成的圣经译本，分深文理本、浅文理本和白话本三种。1890 年组成译经委员会，1906 年出版深文理《新约全书》，1919 年出版浅文理《圣经全书》和白话《圣经全书》，是中国圣经翻译史上影响最大的版本。中国基督教教会至今广泛使用的是其白话本，其他两种已经停止使用。截止到 2008 年，中国基督教会已印刷发行和合本达 5 000 万册，中国已成为世界上印刷圣经最多的国家之一。

④ 天主教思高译本圣经是天主教传教士和中国籍神父合作翻译的第一部完整的汉语圣经，也是中国天主教唯一完整的汉语圣经译本。它由 1945 年成立的思高圣经学会依据希伯来文和希腊文圣经译出，1968 年在香港首次出版。现被中国天主教会广泛使用。

⑤ 白日升译本的"四福音书"部分为圣经福音合参本，没有类似"约翰福音"等篇章的划分。为行文清楚，文中"约翰福音"由笔者加，此点下文同。原文无句读。

同若翰有二徒。36 若翰视耶稣游。曰。此乃神之羔。37 徒闻言即随耶稣。38 耶稣回视其从。问之曰。尔等何寻。答之曰。师尔。何居。39 曰尔等来且看。伊遂来而看其立且比日同居焉。为其时乃几十时也。

马士曼《若翰所书之福音》第 1 章第 29—39 节（1813 年）①

29 次日若翰见耶稣来至其处曰。瞻除世罪之神羔。30 余前所言其来我之后尊举在我之先因其先我而有即此人也。31 余未知之。但我来以水蘸淬使其明于依腊尔之辈。32 若翰作此证曰。我见圣风如鸽自天降下坐其上。33 我未知他但其遣我蘸人嘱我曰。见圣风降而止其上其将以圣风蘸人者是也。34 我已见而证之其为神子也。35 次日若翰惟与二徒伫立。36 见耶稣行游乃曰。瞻神之羔。37 其二徒闻而随之。38 耶稣回顾见此二徒紧随。曰。尔觅何人。曰。卑罅译云师也。汝居何处。39 耶稣曰。尔来观之。观毕其处。是日同处将六时。

表 2-1　白日升译本、马士曼译本、和合官话译本、思高译本《约翰福音》第 1 章第 29—39 节专名

白日升译本	马士曼译本	和合官话译本	思高译本
原文无篇名	若翰所书之福音	约翰福音	若望福音
福音	福音	福音	福音
若翰	若翰	约翰	若翰
耶稣	耶稣	耶稣	耶稣
罪	罪	罪孽	罪
神	神	神/上帝②	天主
洗	蘸	施洗	施洗
依腊尔	依腊尔	以色列	以色列
圣神	圣风	圣灵	圣神
师	卑罅/师	拉比/夫子	辣彼/师傅

① 《若翰所书之福音》，牛津大学安格斯图书馆藏，索书号 Chinese 2.9。共 21 章，72 面，封面硬皮精装，铅字活版印刷，原为线装，后再用硬皮精装。封二用英文写道："约翰福音在塞兰坡被译为汉语，1813 年塞兰坡教会印刷站出版。"印刷质量上乘，纸质好，呈白色。原文有句读。

② 和合本分"神版"和"上帝版"，故列之。

用中国语言文字表达中国文化中完全没有的基督宗教概念，是基督宗教翻译史上最具挑战性和争议性的内容，必定要通过创造、借用、转化、意译、音译、音意合璧译等方式，才能建立起基督宗教的汉语话语系统。传教士们采用了大部分意译、个别音译的办法，其中万物主宰始终都采用"神"，借用中国传统词汇表达了与中国文化完全不同的基督宗教神学概念"圣人""罪""恕""赦"；创造新词汇来表达新概念，如"预知""先知""福音""嘉音""圣灵""神风"；而"蘸""施洗"则是浸礼会与新教其他差会之间在神学上的最基本和最本质的差异。

通过文本和专名对比，我们可以看出，马士曼译本与白日升译本之间的高度相似是导致马士曼译本巨大变化的原因。原来，马礼逊于1809年将白日升译本抄写一份寄给了马士曼①，马士曼亦承认自己参考借鉴了白日升译本②。马士曼也曾详细描述他翻译圣经的过程，即他和助手拉撒、他的汉语教师、他儿子及其他中国人是如何互相交叉斟酌译文的用字遣词，如何不辞辛苦地数十次易稿，才产生出他的译作。③

1815—1822年，马士曼用活版铅字出版了《新约》。1816—1822年，《旧约》也逐渐翻译完成。1822年（清道光二年），马士曼在印度塞兰坡用活版铅字印刷了五卷本的《圣经》，这是有史以来第一部完整的汉语圣经，奠定了马士曼这位从未到过中国的传教士在中国基督教历史上的地位。1823年5月，马士曼的长子约翰·克拉克·马士曼（John Clark Marshman，1794—1877）将第一本汉语《圣经》呈送英国圣经会。④ 除圣经外，塞兰坡教会印刷站还出版

---

① 马礼逊将白日升译本抄寄给马士曼，此事他在多封信中提及。见 LMS/CH/SC，1.1.1. C. *Morrison to the Directors*，Canton，14 December 1809，转引自苏精：《马礼逊与中文印刷出版》，学生书局2000年版，第137页。

② Joshua Marshman，Letter to Baptist Missionary Society，3 April 1817. Private published. 牛津大学安格斯图书馆藏。

③ Joshua Marshman，*A Memoir of the Serampore Translations for 1813；to Which Is Added，an Extract of a Letter from Dr. Marshman to Dr. Ryland，Concerning the Chinese*，pp. 33-35；E. C. Bridgman，"The Chinese Version of the Bible," *Chinese Repository*，Vol. 4，pp. 253-255.

④ A. J. Garnier，*Chinese Versions of the Bible*，Shanghai：Christian Literature Society，1934. p. 15.

过他的博士论文、第一部英译《论语》(*The Work of Confucius：Containing the Original Test，with a Translation*，1809)和研究汉语的字形、发音、语法的《中国言法》(*Clavis Sinica*，又名 *Elements of Chinese Grammar*，1814)①。马士曼的《圣经》《论语》和《中国言法》是以出版英文和梵文书籍为主的塞兰坡教会印刷站仅出版过的三种汉文书籍(《论语》为英汉对照，《中国言法》中有大量的汉字、词和语句)。马士曼还与他的儿子一起创办了印度历史上最早的英文报纸《镜报》(*Sumachar Durpon*，or *Mirror of News*)。马士曼出版完整圣经汉译本和将其呈送英国圣经会，均比马礼逊早一年，且用活版铅字印刷，印刷和纸质比马礼逊译本好了许多。

二、"二马"的《新约》译经：抄袭说之辨

两位英国传教士分别在印度和中国争分夺秒地进行着"基督的名最终被全部知晓"的神圣事业。在拓展基督教传教新领域方面，马礼逊和马士曼有两项事工是完全相同的，即翻译圣经和编写汉语语法书。

"二马"的圣经译本有许多相似之处，关于这点，历史上一般有两种解释。一是"二马译本"都是以白日升译本为基础形成的，这是两个译本有如此众多相同的原因。但两个译本又分别在中国和印度独立完成，不存在抄袭问题。② 二是抄袭之说，即认为马士曼译本抄袭了马礼逊译本，而且此说在他们生前就已经存在了。

抄袭之说最初源自协助马礼逊翻译圣经的英国伦敦会传教士米怜(William Milne，1785—1822)之口。1815 年马礼逊和马士曼两人因《通用汉言之法》发生公开指责之后，1818 年 7 月 18 日，勃格博士(Rev. Dr. Bogue)在给马礼逊的信中说：

---

① Alexander Wylie，*Memorials of Protestant Missionaries to the Chinese：Giving a List of Their Publications and Obituary Notice of the Deceased with Copies Indexes*，Shanghai：American Presbyterian Mission Press，1867，pp. 1-2.

② John Wherry，"Historical Summary of the Different Versions of the Scriptures"，*Records of the General Conference of the Protestant Missionaries of China*，*Held at Shanghai*，*May 2-20*，*1890*，Shanghai：Presbyterian Mission Press，1890，p. 50；许牧世：《中文圣经翻译简史》，《景风》第 69 期，1982 年 3 月，第 28 页；简又文：《中国基督教的开山事业》，香港基督教辅侨出版社 1956 年版，第 14 页。

米怜先生给我讲述了他们（指马士曼和拉撒）的译作似乎确可证明是抄袭自您的（taken from yours）。……我的意见是，您应该冷静而果断地为自己申辩，力证译作是您的，并指出所有剽窃之处（expose all plagia-rism）。他们不仅把您的错字照抄，且把刻字工错漏的字亦同样漏去，这就足以证明他们的欺骗。……您要讨回的公道，就是要把问题清楚向基督徒世界讲明。①

此后，伦敦大学大学学院中国语文及文学教授、英国伦敦会传教士，跟马礼逊学习过汉语的修德（Samuel Kidd，1799—1843）在他著名的《评马礼逊博士的文字事工》（*Critical Notices of Dr. Morrison's Literacy Labours*）长文中，从神学专名、人名地名、译文文体风格等专业角度详细分析和评价了马礼逊在文字出版方面的贡献。该文也认为，"二马"的圣经翻译相似程度太高，存在令人不解之处。

在某些章节上，马士曼和马礼逊的译法有着惊人的相似之处。除了以"蘸"代"洗"及一两个不重要的字有所不同外，以致公正的人都会以为那是逐字照搬（copied verbatim）。从头到尾，新约中的类似的雷同委实过多，让人难以相信那纯属巧合。②

仔细对比"二马"的《新约》文本可知，"二马译本"与白日升译本有非常相似的地方，这表明它们都是以白日升译本为基础而形成的。但"二马译本"无论在语句行文、遣词造句上，还是在人名、地名、神学专名的翻译上，相似程度都远远高于它们与白日升译本的相似程度。马士曼和马礼逊分别在印度和中国进行翻译，终身没有见过面，即便两人都以白日升译本为基础，两个译本如此相似亦是蹊跷。

①　Eliza A. Morrison ed.，*Memoirs of the Life and Labours of Robert Morrison*，London：Longman，Orme，Brown，Green and Longmans，1839，Vol. 1，pp. 496-497.

②　Eliza A. Morrison ed.，*Memoirs of the Life and Labours of Robert Morrison*，London：Longman，Orme，Brown，Green and Longmans，1839，Vol. 2，Appendix，p. 50.

现抄录白日升本、马礼逊译本、马士曼译本的《约翰福音》第 1 章第 14—20 节，并列专名表进行对比。

白日升《约翰福音》第 1 章第 14—20 节（1700 年前）①

15 若翰证指之号曰。此乃吾素所云。将来于我后者。已得有于我前也。盖先我在。16 且吾众自其盈满。而已受矣恩亦代恩。17 盖报律以每瑟而授。宠及真以耶稣基利斯督而成也。18 从来无人得见神。独子在父怀者。其乃已述也。且曰其先我已在 19 且如达人自柔撒冷遣铎德与勒微辈问若翰。尔为谁。20 其出此证词。且认而不讳。认曰。我非基利斯督者。

马礼逊《圣若翰传福音之书》第 1 章第 14—20 节（1813 年）②

14 其言变为肉而居吾辈之中、且吾辈见厥荣、夫荣如父之独生、而以宠以真得满矣。15 若翰证指之呼曰、此乃彼余所说及者、其后余而来者、即荐先我、盖其本先我、16 又由其之满我众受宠于宠焉。17 盖例即以摩西。而已施、乃宠也真也以耶稣基督而来矣。18 无人何时而见神、惟独生之子在父怀其述知之也。19 且此为若翰之证、如大人自耶路撒冷既遣祭者与喇味辈问之尔为谁、20 其即认而不讳、乃认曰、我非弥赛亚者。

马士曼《若翰传福音之书》第 1 章第 14—20 节（1815—1822 年）③

14 其言变为肉而居我等之中。且我等睹厥荣。夫荣如父之独生得满以宠以真矣。15 若翰证及之呼曰。此即他。我所道及的。其后我而来者已荐先我。盖其本先我。16 又由其之满我众受宠于宠焉。17 盖律见施以

---

① 白日升译本原文无第 14 节。

② 《耶稣基利士督我主救者新遗诏书》，牛津大学安格斯图书馆藏，索书号 Chinese 2.3，目录终尾处写有"耶稣降生一千八百一十三年镌"，木刻雕版印刷，线装小开本，双面印，纸质呈黄色。原文有句读。哈佛燕京图书馆、美国圣经会、大英圣书会、牛津大学亚非图书馆亦藏。

③ 马士曼的"新约"，牛津大学安格斯图书馆藏，索书号 Chinese 2.12。线装，铅字活版印刷于塞兰坡，原文有句读。印刷质量上乘，纸质呈白色。美国圣经会亦藏，无索书号。

<u>摩西</u>。惟宠也真也来以<u>耶稣基利士督</u>。18无人何时而见<u>神</u>。惟独生之子在父怀其述知之也。19且此为<u>若翰</u>之证。时如大人自<u>耶路撒冷</u>使祭者与<u>利未辈</u>问之尔为谁。20其认而不讳。乃认曰。我非其<u>基利士督</u>。

表2-2　白日升译本、马礼逊译本、马士曼译本、和合官话译本、思高译本
《约翰福音》第1章第14—20节专名

白日升译本	马礼逊译本	马士曼译本	和合官话译本	思高译本
原文无篇名	圣若翰传福音之书	若翰传福音之书	约翰福音	若望福音
原文无第14节	言变为肉	言变为肉	道成了肉身	圣言成了血肉
若翰	若翰	若翰	约翰	若翰
恩亦代恩	受宠于宠	受宠于宠	恩上加恩	恩宠上加恩宠
律	例	律	律法	法律
每瑟	摩西	摩西	摩西	梅瑟
宠	宠	宠	恩典	恩宠
耶稣基利斯督	耶稣基督	耶稣基利士督	耶稣基督	耶稣基督
神	神	神	神/上帝	天主
如达人	如大人	如大人	犹太人	犹太人
柔撒冷	耶路撒冷	耶路撒冷	耶路撒冷	耶路撒冷
勒微辈	唎味辈	利未辈	利未人	肋未人
基利斯督	弥赛亚	基利士督	基督	默西亚

再抄录白日升译本、马礼逊译本、马士曼译本的《歌罗西书》第1章第1—6节，并列专名表对比。

白日升《福保禄使徒与戈洛所辈书》第1章第1—6节（1700年前）

1保禄奉神旨为<u>耶稣</u>之使徒。且弟氏末陡2与诸在<u>戈洛所</u>弟兄圣信于<u>耶稣基督</u>者。愿尔等得<u>恩宠</u>。平和。由<u>神</u>我等父由主<u>耶稣基督</u>也。3吾感谢<u>神</u>及吾主<u>耶稣基督</u>之父。而为汝曹常祈祷。4因闻汝向<u>基督耶稣</u>之信。且汝致诸圣之爱。5为俟尔于天之望。汝所闻于<u>福音</u>之真言者。6夫<u>福音</u>至于汝曹如于普天下。且到处衍化广行。如尔间自汝闻真言而识<u>神</u>

恩之日焉。

马礼逊《圣保罗使徒与可罗所书》第 1 章第 1—6 节（1813 年）

1 保罗奉神旨为耶稣基督之使徒、且吾弟弟摩氏、2 与诸在可罗所弟兄、圣信于耶稣基督者、愿尔等得恩宠、平和、由神我等父、由主耶稣基督也、3 吾感谢神、及吾主耶稣基督之父、而为汝曹常祈祷、4 因闻汝向基督耶稣之信、且汝致诸圣之爱、5 为放在俟尔于天之望、汝所先闻于福音之真言者也。6 夫福音至于汝曹、如于普天下、且到处衍化广行、如尔间、自汝闻言而真识神恩之日焉。

马士曼《使徒保罗与可罗所辈书》第 1 章第 1—6 节（1815—1822 年）

1 保罗奉神旨为耶稣基督之使徒。且弟弟摩低。2 与在可罗所圣信与耶稣基督之诸弟兄。愿汝辈获恩宠平和。由神吾等父。及主耶稣基督也。3 予自闻汝之信向基督耶稣。及汝之爱致诸圣。4 吾感谢神主耶稣基督之父。且为汝曹恒祷。5 为汝置于天之望。即汝曩所闻于福音之真言者也。6 夫福音至于汝曹如于普天下。且到处结实如汝闻。自汝闻言。真识神恩之日矣。

表 2-3　白日升译本、马礼逊译本、马士曼译本、和合官话译本、思高译本
《歌罗西书》第 1 章第 1—6 节专名

白日升译本	马礼逊译本	马士曼译本	和合官话译本	思高译本
福保禄使徒与戈洛所辈书	圣保罗使徒与可罗所书	使徒保罗与可罗所辈书	歌罗西书	哥罗森书
保禄	保罗	保罗	保罗	保禄
神	神	神	神/上帝	天主
使徒	使徒	使徒	使徒	宗徒
氏末陡	弟摩氏	弟摩低	提摩太	弟茂德
戈洛所	可罗所	可罗所	歌罗西	哥罗森
恩宠	恩宠	恩宠	恩惠	恩宠
福音	福音	福音	福音	福音
耶稣（1 节）	耶稣基督（1 节）	耶稣基督（1 节）	基督耶稣（1 节）	基督耶稣（1 节）

续表

白日升译本	马礼逊译本	马士曼译本	和合官话译本	思高译本
耶稣基督（2 节）	耶稣基督（2 节）	耶稣基督（2 节）	基督（2 节）	基督（2 节）
耶稣基督（3 节）	耶稣基督（3 节）	基督耶稣（3 节）	耶稣基督（3 节）	耶稣基督（3 节）
基督耶稣（4 节）	基督耶稣（4 节）	耶稣基督（4 节）	基督耶稣（4 节）	基督耶稣（4 节）

再列表白日升译本、马礼逊译本、马士曼译本、和合官话译本《马太福音》第 1 章第 1—23 节专名对比（见表 2-4）。

表 2-4　白日升译本、马礼逊译本、马士曼译本、和合官话译本《马太福音》
第 1 章第 1—23 节专名

白日升译本	马礼逊译本	马士曼译本	和合官话译本	思高译本
原文无篇名	圣马宝传福音书	使徒马宝传福音书	马太福音	玛窦福音
阿巴郎	亚伯拉罕	亚百拉罕	亚伯拉罕	亚巴郎
达未	大五得	大五得	大卫	达味
耶稣基利斯度	耶稣基利士督	耶稣基利士度	耶稣基督	耶稣基督
生谱	生谱	生谱	家谱	族谱
撒落蒙	所罗门	所罗门	所罗门	撒罗满
玛利亚	马利亚	马利亚	马利亚	玛利亚
若瑟	若色弗	若色弗	约瑟	若瑟
圣神	圣风	圣风	圣灵	圣神
先知	先知	先知	先知	先知
厄慢尔	以马奴耳	以马奴耳	以马内利	厄玛奴耳
神	神	神	神／上帝	天主
如达	如氏亚	如氏亚	犹太	犹大
白冷	毕利恒	毕利恒	伯利恒	白冷
柔撒冷	耶路撒冷	耶路撒冷	耶路撒冷	耶路撒冷

通过以上文本和专名的对比，我们可以这样认为，"二马译本"与白日升译本非常相似，"二马译本"是在白日升译本的基础上修订而成。在专名翻译上，马礼逊译本与白日升译本的相同率分别是 23.0%（见表 2-2）、58.3%（见

表2-3）和 20.0％（见表2-4）；马士曼译本与白日升译本的相同率分别是
30.8％（见表2-2）、41.7％（见表2-3）和 20.0％（见表2-4）。"二马译本"之间的
相同程度高于它们与白日升译本的相同程度，"二马译本"的专名更是在白日升
译本的基础上有所改变，相同率达 61.5％（见表2-2）、66.7％（见表2-3）和
80.0％（见表2-4）。

从严格的学术意义上来讲，"二马译本"的《新约》都不能称为独立翻译，
都严重依赖和参考了白日升译本。在白日升译本的基础上，"二马译本"又有
所修订和创造。"二马"之间始终都有沟通，马士曼译本更多地参照了马礼逊
译本。

1809 年，马礼逊主动将白日升译本抄写一份送给了马士曼。得到白日升
译本后，1813 年，马士曼出版了有巨大改变的《若翰所书之福音》。在随后几
年里，马士曼又得到了马礼逊译本①，是"由不同的朋友当作中文书籍寄给"
他。马士曼还为马礼逊没有亲自将自己的著作寄给他而感到不悦。② 这是
1815 年马礼逊公开指责马士曼抄袭他的《通用汉言之法》后，马士曼于 1816 年
12 月 13 日致浸礼会的公开信中所承认的。由马士曼公开信的时间可知，马士
曼拿到的是马礼逊 1813 年木刻雕版印刷的《耶稣基利士督我主救者新遗诏书》
（《新约》），马士曼完全有"参考修订"的可能。对此，马士曼也是承认的。

> 一位朋友赠送给我们一部马礼逊弟兄刊印的版本。每当需要时，我
> 们也认为有责任查阅它。当看到它显然是正确的时候，我们并不认为拒
> 绝对我们的原著进行修改是合理的。在翻译圣经如此重要的工作中，如
> 果因为虚荣和愚蠢，自以为可以重现原文的想法，而拒绝参考他人的努
> 力成果，一切就会变得令人失望。这也是放弃了对一本完美无瑕的圣经
> 译本的盼望。③

---

① Hubert W. Spillett ed. , *A Catalogue of Scriptures in the Languages of China and the Republic of China*, Hong Kong：British and Foreign Bible Society，1975，p. xii.

② Joshua Marshman, Letter to Baptist Society, 13 Dec. 1816. Private published. 牛津大学安格斯图书馆藏。

③ Joshua Marshman, Letter to Baptist Society, 9 Jan. 1817. 牛津大学安格斯图书馆藏。

1815—1822 年，马士曼刊印了再次修改后的定稿版《新约全书》。比较 1813 年的《若翰所书之福音》和定稿版《新约全书》中的《若翰传福音之书》后，我们可知，马士曼的定稿版离白日升译本更远，与马礼逊译本更相似了。

现抄录马礼逊 1813 年版《圣若翰传福音之书》和马士曼 1815—1822 年版的《若翰传福音之书》第 1 章第 29—39 节，并列专名表对比（见表 2-5）。马士曼 1813 年版的《若翰所书之福音》第 1 章第 29—39 节前文已录，此不再重复。

马礼逊《圣若翰传福音之书》第 1 章第 29—39 节（1813 年）

29 次日若翰见耶稣来向之而曰、观神之羔、取去世之罪之者与。30 此乃吾素所云、将来于我后者、而已有于我前也、盖其本前我而在焉。31 又余素弗识之、而特来付水之洗、现著于以色耳以勒之人也。32 若翰又证曰、余既见圣风如白鸽焉、自天降而居其上、33 余素弗识之。然使我付水洗者语我曰、尔见圣风所临居者此乃以圣风而洗者也。34 余已见而证其为神之子也。35 又其次日若翰立偕厥门徒二位。36 若翰视耶稣游时曰、此乃神之羔者。37 二徒闻言即随耶稣。38 耶稣回视其徒随后问之曰、尔等何寻也。答之曰、啦呲即是译言师、尔何居。39 曰尔来且看。伊遂来而看其居之所、又彼日同居焉。其时乃约十时也。

马士曼《若翰传福音之书》第 1 章第 29—39 节（1815—1822 年）

29 次日若翰见耶稣来向之。而曰。观神之羔取去世之罪者与。30 斯即吾素所云。将来于我后者乃在于我前也。盖其本前我而在焉。31 又吾素弗识之。而特来施水之蘸以示之于以色耳勒辈也。32 若翰又证曰。吾见圣风如鸽焉自天降而止其上。33 吾素弗识之。然使我施水蘸者谓我曰。尔见圣风所临止者此乃以圣风而蘸者也。34 吾已见而证其为神之子也。35 又其次日若翰立偕厥门徒二位。36 若翰见耶稣游时曰。观神之羔与。37 二徒闻言即随耶稣。38 耶稣回顾而见伊等随之。问伊曰。尔等何寻也。答之曰。啦呲。即是译言师。尔何居。曰。39 尔来看。伊遂来而看其居之所。彼日偕处焉。其时乃约十时也。

表 2-5 白日升译本、马礼逊译本、马士曼译本(1813 年)、马士曼译本(1815—1822 年)、
和合官话译本、思高译本《约翰福音》第 1 章第 29—39 节专名

白日升译本	马礼逊译本(1813)	马士曼译本(1811)①	马士曼译本(1813)	马士曼译本(1815—1822)	和合官话译本	思高译本
原文无篇名	圣若翰传福音之书	此嘉音由呀嘞所著	若翰所书之福音	若翰传福音之书	约翰福音	若望福音
福音	福音	嘉音	福音	福音	福音	福音
若翰	若翰	呋嗳	若翰	若翰	约翰	若翰
耶稣	耶稣	意嗉	耶稣	耶稣	耶稣	耶稣
神	神	神	神	神	神/上帝	天主
罪	罪	罪	罪	罪	罪孽	罪
洗	洗	蘸	蘸	蘸	施洗	施洗
依腊尔	以色耳以勒		依腊尔	以色耳勒	以色列	以色列
圣神	圣风	神魂	圣风	圣风	圣灵	圣神
师	啦吡/师		卑罅/师	啦吡/师	拉比/夫子	辣彼/师傅

　　经过多种文本的对比考辨，我们可以确认，在新约翻译上，马士曼不是完全独立地进行翻译的，而是非常多地参考了马礼逊译本。除了坚持浸礼会与基督教其他宗派最基本神学差异而形成的"蘸"字外，马士曼 1815—1822 年定稿本的《约翰福音》第 1 章第 29—39 节修改了仅有的两个不同于马礼逊、源于白日升译本的专名——依腊尔、卑罅，而且几乎修订了所有语句和顺序。

　　英国牛津大学摄政公园学院安格斯图书馆的收藏，在一定程度上也可作为旁证。安格斯图书馆亦是英国浸礼会的档案馆，这里收藏了英国浸礼会所有传教士和教会事务的档案，包括浸礼会差派到国外的传教士的档案和书籍，如马士曼的档案资料和圣经译本，以及浸礼会后来的圣经汉译修订本，即高

---

　　① 此列为马士曼的《此嘉音由呀嘞所著》(《马可福音》)中的专名，个别专名在《约翰福音》中没有，为比较研究，故列出。

德译本(1851)①、怜为仁译本(1866)②、胡德迈译本(1867)③等。笔者只看到了马礼逊的《新约》译本，没有看到《旧约》译本。

马礼逊同时也有马士曼的《新约》译本，这是马士曼 1815 年寄给马礼逊的。④ 香港大学冯平山图书馆的马礼逊收藏品可证明，马礼逊的确收藏有马士曼译本。⑤ 不过马礼逊在翻译中似乎没怎么使用它，这可以从马礼逊的修订本几乎没有任何变化这一点上看出。

三、"二马"的《旧约》译经：各自独立翻译

白日升译本只有《新约》的大部分，而没有《旧约》。在没有参照基础的前提下，"二马"是如何进行翻译工作的呢？是互相沟通、参照，还是独立翻译呢？

1813 年，马礼逊的《耶稣基利士督我主救者新遗诏书》出版完毕。1813 年 7 月，米怜到达中国，协助马礼逊翻译旧约，米怜翻译了《申命记》《约书亚记》《士师记》《撒母耳记》《列王记》《历代记》《以斯贴记》《尼米希记》《约伯记》等，均经过马礼逊的校阅。1814 年，马礼逊出版了《旧遗诏书第一章》(《创世记》第 1 章)的单张。1819 年 11 月 25 日，旧约全部译成。⑥ 1819—1823 年，马礼逊陆续刊印了木刻雕版的《旧约》。1823 年，马礼逊以《神天圣书》为名，

---

① 美国浸礼会真神堂传教士高德(Josiah Goddard，1813—1854)译，哈佛燕京图书馆藏《圣经新遗诏马太福音传》，咸丰二年(1852 年)宁波真神堂藏板，索书号 TA1977.62/C1852；《圣经新遗诏全书》，咸丰三年(1853 年)宁波真神堂，索书号 TA1977.5/C1853。

② 美国浸礼会传教士怜为仁(William Dean，1807—1895)译，牛津大学安格斯图书馆藏《马太传福音书注释》，道光二十八年(1848 年)香港裙带地藏板，索书号 Chinese 2.13；《圣书新遗诏》，咸丰二年(1852 年)镌，索书号 Chinese 2.19；《创世传注释》，咸丰元年(1851 年)镌，索书号 Chinese 2.3。

③ 英国浸礼会传教士胡德迈(Thomas Hall Hudson，1800—1876)译，牛津大学安格斯图书馆藏《新约传汇统》，同治六年(1867 年)宁波开明山藏板，索书号 Chinese 2.23。

④ Joshua Marshman, Letter to Baptist Missionary Society, 3 April 1817, Private published.

⑤ 书名为"Marshman's Chinese Bible"，索书号 mor. 220.5951/B5m。

⑥ Robert Morrison ed., *Memoirs of the Rev. William Milne*, D. D.：*Late Missionary to China*, *and Principal of the Anglo-Chinese College*；*Compiled from Documents Written by the Deceased*；*to Which Are Added Occasional Remarks by Robert Morrison*, D. D., Malacca：Mission Press, 1824, p.72.

一次性刊印了《新约》和《旧约》，共 21 册。

　　1816 年，马士曼的旧约译文完成，1816—1822 年陆续刊印了活版铅字的《旧约》，1816 年刊印《创世记》，1817 年刊印《摩西五经》，1818 年刊印《约伯记》至《雅歌》，1819 年刊印《以赛亚书》至《玛拉基书》，1822 年刊印《约书亚记》至《以斯贴记》。①

　　现抄录马礼逊 1814 年版、马礼逊 1819—1823 年版、马士曼 1816 年版《创世记》第 1 章第 1—13 节对比。

马礼逊《厄尼西士之书》第 1 章第 1—13 节（1814 年）②

　　1 神当始原创造天地者。2 且地无模而虚暗。在深者而上。而神之风摇动于水面上。3 神曰。为光者即有光者也。4 且神视光者为好也。神乃分别光暗也。5 光者神曰日。暗者其曰夜。且夕旦为首日子也。6 神曰申开者在水之中则分别水于水。7 神成申开者而分别水在申开者之上于水在申开者之下而已。8 申开者神名之天。且夕旦为次日也。9 又神曰。天下之水集一处。且干上发现而已。10 干土者神名之地。集水者其名洋。而神视之为好也。11 神曰地萌芽菜草发种随其类。树在地有种在自之内结实随其类而已。12 则地萌芽又菜发种随其类。树亦有种在自之内结实随其类。而神视之为好。13 且夕旦为第三日也。

马礼逊《创世历代传》第 1 章第 1—13 节（1819—1823 年）③

　　1 神当始创造天地也。2 时地无模且虚。又暗在深之面上。而神之风摇动于水面也。3 神曰。由得光而即有光者也。4 且神视光者为好也。神

---

　　① T. H. Darlow, H. F. Moule, *History Catalogue of the Printed Editions of Holy Scripture in the Library of the British and Foreign Bible Society*, London：British and Foreign Bible Society, 1903, Vol. 1, p. 184.

　　② 书名为《旧遗诏书第一章》，"依本言译出"，共 3 页，有马礼逊英文笔迹，注明 1814 年，哈佛燕京图书馆藏，索书号 TA 1977.2/ C1814。原文无句读。

　　③ 《神天圣书：旧遗诏书》，1827 年马六甲印刷，英华书院藏版，线装，哈佛燕京图书馆藏，无索书号。原文有句读。美国圣经会、英国圣经会、牛津大学亚非研究图书馆、香港大学冯平山图书馆亦藏。

乃分别光暗也。5 光者神名之为日。暗者其名之为夜。且夕旦为首日子也。6 神曰。在水之中由得天空致分别水于水。7 且神成天空而分别水在天空者之上于水在天空之下而即有之。8 其空神名之为天。且夕旦为次日也。9 又神曰。由天下之水得集一处。且干土发现而即有之。10 干土者神名之为地。集水者其名为洋。而神视之为好也。11 神曰。由地萌芽菜草发种随其类。树在地有种在自之内结实随其类而即有之。12 则地萌芽又菜发种随其类。树亦有种在自之内结实随其类。而神视之为好。13 且夕旦为第三日也。

马士曼《神造万物书》第 1 章第 1—13 节(1816 年)①

1 原始神创造天地。2 地未成形。阴气蕴于空虚幽邃之内。神风运行水上。3 神曰光。而遂光焉。4 神见光好。以暗分之。5 神呼光为昼。呼暗为夜。斯朝暮乃首日之朝暮也。6 神命水中之元气分水。7 而元气辄分上下。8 爰号清气为天。此朝夕乃第二日之朝夕也。9 神曰。天下之水。注于一处。以显陆地。果遂显焉。10 神呼陆为地。水注处为海。神见此美。11 曰。地生草。树生果。各从其类而结实。果如其嘱。12 凡地中植物各依类而生种。树亦因之而结实。实在果中。神见美之。13 此晨昏乃第三日之晨昏也。

通过文本对照，我们可以发现，马礼逊译本和马士曼译本相差很大，互相借鉴参考的可能性很小。马士曼译文更为通达顺畅，甚至可见汉语修辞和韵律的端倪。马礼逊的翻译除篇名从音译的《厄尼西土之书》修改为意译的《创世历代传》并增加了句读外，在内容上基本没有变化。这或许可以从马礼逊此时正忙于编纂《英华字典》和《通用汉言之法》中得到解释。

《创世记》乃叙述性文体，下面再选录更具文学性的《诗篇》来比照，应该更具有说服力。

---

① 马士曼的"旧约"，牛津大学安格斯图书馆藏，索书号 Chinese 2.11. Chinese 2.12、Chinese 2.5，线装，再用棕黑色底红蓝色花纹硬皮重新精装。原文有句读。美国圣经会亦藏。

马礼逊《神诗书传》第 1 卷第 1 篇（1819—1823 年）

1 人不行无敬神之谋、不立在罪者之路、不坐戏侮者之椅、则有福矣。2 其人即喜于神主之诫、且日夜念之。3 其似栽河傍之树、当时结实、而叶永不落也。其凡所行即幸得成矣。4 恶人不如此、乃如干草风所吹去。5 且恶者不能当审时。罪者亦不能在善之会也。6 盖神明知义人所行、乃无畏神者所行必被全坏矣。

马士曼《大五得诗》第 1 卷第 1 篇（1818 年）

1 福矣其人不行恶者之谋。不立于罪辈之道。不坐于诮辈之位。2 乃悦于耶贺华之律而于厥律昼夜想度。3 必得如植近河滽之树。依时结实。叶亦不枯。其之所行必遂。4 而恶者则不然。乃如被风吹去之糠。5 故恶者不敢立于审判之际。罪辈不敢立于义者之会。6 盖耶贺华认义者之道。而恶者之道必败。

除"大五得"（大卫）这个在新约出现过的人名相同外，整个篇章中没有相同的译名，语句顺序也完全不同。尤其对重要专名"耶贺华"（马士曼版）和"神主"（马礼逊版）的不同译法，反映出他们的独立翻译性。笔者还对"二马译本"的《箴言》第 1 章第 1—8 节、《阿摩司书》第 1 章、《民数记》第 1 章进行了对比，结论依然如此。

在《旧约》翻译上，"二马"之间为什么不再互相沟通、参考了呢？这从他们围绕《通用汉言之法》发生的公开争执中可以找到答案。

"二马"之间的关系，并非像我们今天想象的那样，因为一个在印度、一个在澳门而存在沟通和交流的困难。对当时交通困难的想象，经常成为人们日后对事实进行判断的逻辑前提。虽然交通有困难，但每年两次贸易季节时，总有从欧洲出发的商船经印度到广州，二人实际上通过这个渠道可以进行一些交流。这种方式的沟通从马礼逊刚到中国就开始了。马礼逊初抵中国后，为打开传教局面和获取信息，主动联系在亚洲各地的传教士。在他发出的众多信件中，就有寄给马士曼的信件。1809 年，他还主动抄录白日升译本给马士曼，以帮助他提高翻译圣经的水平。但由于沟通渠道不稳定，马礼逊在陆续收到别人的回复之时，却未收到马士曼的任何消息。这使他逐渐怀疑对方是故意不理，因而心中不悦。直到 1810 年 1 月，马士曼一封"友善而诚恳"的信才解除了他心中的疑惑。作为代表传教团体利益、力争实现"最早最先"的竞争对手，此后"二马"尽管保持联系，但在实际行动中却都有所保留，互信程度也很低，并没有给对方提供切实有份量的帮助，如代购中文图书、纸张等。双方基本上都处于克制自己心态，努力加强自身的中文能力和拓展其他教务的状态下。从苏精先生基于伦敦会档案资料的论文分析可知，实际上这是伦敦会和浸礼会两个传教团体长达 20 年的竞争所致。①

1809 年，马礼逊完成了他的第一部有关汉语语法的书籍《通用汉言之法》（*A Grammar of the Chinese Language*）的初稿。1811 年，经过当时英国公认汉语水平最高、曾随马嘎尔尼使团来过中国的斯当东爵士（George Staunton，1781—1859）的审查，该书准备出版。东印度公司驻广州办事处 1812 年初将文稿送到加尔各答，建议印度总督出版。这是塞兰坡印刷业发达和清政府严禁外国人在中国出版印刷导致的结果。将近两年半后，即 1814 年，马礼逊收到了决定由塞兰坡教会印刷站出版该书的通知。② 不料书还没有出版，马礼逊却在 1815 年收到了马士曼寄来的内容、功能类似的《中国言法》。它是 1814 年由塞兰坡教会印刷站出版的马士曼撰写的研究汉语的字形、发音、语法的书籍。

1815 年 7 月，盛怒之下的马礼逊写信公开指责马士曼抄袭他的《通用汉言之法》，言辞激烈地要求教会给予公开说法。③ 这些公开指责信，经过"二马"所属的差会——伦敦会和浸礼会——的传递，终于到达马士曼的耳朵里。一石击起千重浪，愤怒之中的马士曼撰写了长篇辩驳信，在否认自己抄袭马礼逊《通用汉言之法》的同时，反控马礼逊在圣经翻译上抄袭了白日升译本，指责马礼逊的圣经翻译根本没有注明是在他人译本基础上进行的修订。既然如

---

① 苏精：《马礼逊与中文印刷出版》，学生书局 2000 年版，第 131—152 页。

② Eliza A. Morrison ed., *Memoirs of the Life and Labours of Robert Morrison*, London: Longman, Orme, Brown, Green and Longmans, 1839, Vol. 1, p. 407.

③ LMS/CH/SC, 1. 4. B. *Morrison to Unidentified Person*, Macao, 5 July 1815, 转引自苏精：《马礼逊与中文印刷出版》，学生书局 2000 年版，第 141 页。

此，他又如何能指责别人的抄袭呢？① 为了证明自己所言不虚，马士曼详细对照了白日升译本和马礼逊 1810 年出版的《耶稣救世使徒传真本》，发现全书共 70 叶，21 500 余字，而马礼逊只更动了 1 113 字，其中还包括重复出现的人名、地名。② 1815—1817 年，双方都多次向各自差会撰写了长篇申辩信，以示自己的清白、无辜。这成为当时教会内颇为著名的一段公案。

1817 年后，马礼逊和马士曼不再进行公开争论，而是急于完成圣经翻译和其他事工，领先出版第一部汉语圣经。同时，两人也没有沟通联系的客观必要了。马士曼除了忙于汉语和其他语言的圣经翻译外，还要主持当地教会学校等多项事务；马礼逊也忙于《英华字典》的编辑和其他教务工作的开展。这时东印度公司已在澳门建立了印刷所，伦敦会则在马六甲建立了包括印刷所在内的布道站，马礼逊的著作也不必到塞兰坡请人帮忙出版印刷了。经过 10 余年的经营，"二马"在印度和中国的传教事业都有了相当的基础和发展，对对方的需求和依赖程度已经大大降低了。

自从 1815 年发生公开争执之后，两人出版的书籍、译稿等都不再寄给对方。马士曼和马礼逊的《旧约》分别于 1816 年和 1819 年 11 月译成，印刷于 1816—1822 年和 1819—1823 年，彼此已经没有参考的可能。这就是"二马"《旧约》翻译相对独立的原因。虽然最后马礼逊也获得了马士曼译的圣经，但这已经是 1822 年之后的事情了，马礼逊的《旧约》也早已译成并在印刷之中，不再需要或不愿意参考马士曼译本了。

"二马"为《通用汉言之法》发生的公开争执后来引发了马士曼抄袭马礼逊圣经译本的说法，而事件当事人马礼逊始终只指责马士曼抄袭了他的语法书，却没有指责过马士曼抄袭他的圣经译文。这或许可以从马礼逊的圣经译本是基于白日升译本而成，从某种角度来说，马礼逊译本也可被称为"抄袭"了白日升译本，因此指责理由不甚充足中找到答案。19 世纪早期，人们对所谓的"抄袭"还是"引用""参照"，还没有建立起今天这么严格的学术规范。

---

① Joshua Marshman, Letter to F. Ryland respecting Morrison, 13 Dec. 1816. Private published. 牛津大学安格斯图书馆藏。此主题的研究论文参见马敏：《语法书：马希曼是否抄袭马礼逊？——19 世纪初早期英国传教士之间的一场争论》，见陶飞亚编：《东亚基督教再诠释》，香港中文大学 2004 年版。

② Joshua Marshman, Letter to F. Ryland respecting Morrison, 13 Dec. 1816.

四、余　论

有学者从英国圣经会 1822 年《第十八届年报》公布的塞兰坡和广州的出版情况表来分析，认为马士曼翻译圣经开始得比马礼逊早，出版时间早，尤其是修德所举的存在相似之处的《马太福音》《马可福音》和《约翰福音》，均是马士曼翻译和出版在先，马士曼抄袭马礼逊在逻辑上难以成立。[①]　另有学者认为，马礼逊 1810 年才开始翻译圣经，而 1810 年马士曼已经出版了圣经章节的译本，故而马礼逊有可能参照了马士曼译本。[②]　的确，马士曼早在 1810 年出版《此嘉语由于呀㘔所著》，1811 年出版《此嘉音由呀嘞所著》，1813 年出版《若翰所书之福音》。但通过文本对比考证，我们可知，从 1811 年的《马可福音》、1813 年的《约翰福音》到 1815—1822 年最终定稿本，其译本经历了许多变化和修订。英文文献中都是完全相同的 "Gospel According to Mark"（马可福音）、"Gospel According to John"（约翰福音），但此 "马可福音" "约翰福音"远不是彼 "马可福音" "约翰福音"，仅凭英文文献进行逻辑推理，而没有文本的对比考证，似有不足。

另有学者认为 "二马" 都以白日升译本为蓝本，二人的 "译经工作基本上是各自独立进行的"，"抄袭之说似无从谈起"。[③]　这也不甚正确。他们的《新约》翻译都是以白日升译本为基础开始的，但并非独立进行。马士曼在得到马礼逊的新约译本后，又再次对自己的翻译进行了修订。《旧约》翻译由于没有可参考依据的共同文本，两人都必须各自进行创作，而二人因其他事务而出现的指责和隔阂，使他们失去了互相参考沟通的机会，这才形成了独立翻译的局面。

"二马译本" 开启了中国人拥有完整汉语圣经的历史，意义非同寻常。由于马礼逊在中国基督教历史上的特殊地位，他的圣经译本得到了更多的重视。

---

　①　谭树林：《〈圣经〉二马译本关系辨析》，《世界宗教研究》2000 年第 1 期；谭树林：《马礼逊与中西文化交流》，中国美术学院出版社 2004 年版，第 124 页。

　②　A. C. Moule, "A Manuscript Chinese Version of the New Testament", *Journal of the Royal Asiatic Society*，Vol. 85，1949，pp. 30-31.

　③　马敏：《马希曼、拉沙与早期的圣经中译》，《历史研究》1998 年第 4 期。

马礼逊在中国进行翻译工作，可能会得到更多优秀中国学者在语言上的帮助。① 虽然这不是绝对正确的逻辑推理，但却导致了绝对的结果。几乎所有评论都认为两者的圣经翻译十分相似，而当意见不同时，通常会倾向马礼逊译本，这从英国圣经会虽然曾经支持了马士曼的译经，但却从来没有考虑过修订他的译本中可以得到一些说明。而在马礼逊去世前不久，英国圣经会就开始了在马礼逊的监督下对他的圣经译本进行修订的工作。②

相反，浸礼会始终偏好马士曼译本。他翻译的《创世记》和《出埃及记》，被认为胜过了所有的译本。③ 根据浸礼宗的教义，洗礼只可以浸礼的方式施行，并认为这是希腊文原文的唯一意义。这是浸礼会与其他宗派最本质的差异。和塞兰坡浸礼会所有语言的圣经译本一样，马士曼使用了"蘸"字，后来的译经者则采纳了"浸"字。今天浸礼会仍普遍使用后者的译名，出版与其他宗派不同的"浸"字版《圣经》。因与其他宗派在神学观念和专名翻译上的不妥协，浸礼会坚持不懈地对马士曼译本进行修订和翻译，由此产生了后来的高德译本、胡德迈译本、怜为仁译本。

无论在当时还是今天，白日升译本从未正式出版过，只是以手抄稿的形式孤独却不寂寞地保存在大英图书馆里。天主教传教士白日升未完成的圣经《新约》译本，为罗马天主教和基督教之间架起了圣经汉译的桥梁。因马礼逊和马士曼在翻译圣经时着重参考了他的翻译，白日升译本对圣经汉译产生了无可替代的影响。尤其在众多神学专名的翻译上，其影响保存至今。这部福音合参本使用了"神""耶稣""罪""洗""耶稣基督""恩宠""先知""使徒""福音"等专名，用"神"字翻译了"God"，而不是教宗圣谕的指定专名"天主"④。这种译法通过"二

---

① John Wherry，"Historical Summary of the Different Versions of the Scriptures"，p. 50；诚质怡：《圣经之中文译本》，第 6 页。

② Thor Strandenales，*Principles of Chinese Bible Translation as Expressed in Five Selected Versions of the New Testament and Exemplified by Mt 5：1-12 and Col 1*，pp. 23-26.

③ Baptist Missionary Magazine 1844，p. 36，转引自 Jost Oliver Zetzsche，*The Bible in China：the History of the Union Version or the Culmination of Protestant Missionary Bible Translation in China*，p. 53.

④ 1704 年，教宗克勉十一世谕旨只能用"天主"，不能用其他来称呼造物主。参见 Marshall Broomhall，*The Bible in China*，London：British and Foreign Bible Society，1934，p. 422；徐宗泽：《中国天主教传教史概论》，上海书店 1990 年版，第 231—232 页。

马译本"在基督教中得以继承。即使是在后来"译名问题"无休止的争论中①，"神"字也被保留了下来。直到今天，基督教《圣经》汉语译本中仍然有"神版"和"上帝版"之别。这些专名译名的继承可以说是最重要的，也是需要深入探讨的。

　　如果没有白日升译本，在开拓众多其他传教事业的同时，马士曼、马礼逊仅在10余年里就能翻译和印刷圣经，这是不可想象的。1919年出版的和合官话本《圣经》是基督教圣经汉译的集大成者，流传分布最广，至今仍被中国基督教会使用。它是在基督教圣经翻译已有70年历史，多达30余种文言文、方言和白话文版本汉语圣经的基础上，各个宗派协作努力了29年才最终译成出版。圣经中译百余年来所经历的千辛万苦，尤其是涉及神学专名的选择和由此引起的争论，有着教外人士难以想象的艰难和激烈。人们对有些专名至今仍然没有达成共识，真可谓"一名之立，百年踟蹰"！

　　"周秦之言语，至翻译佛典之时代而苦其不足；近时之言语至翻译西典时，而又苦其不足。"②王国维的名言讲述了在吸收引进新文化时，语言学方面的困难和需要做出的突破，同时也是文化发展需要做出的突破。基督宗教四次入华都留下了圣经翻译的遗迹。唐朝景教的译经有明显的佛教语境和语汇，与今天的基督宗教汉语话语体系相距很远。③元朝的译经至今没有发现文本文献，我们暂时存留一边。明末清初天主教传教士到中国时，面对的是一个拥有强大文本和经典传统的社会，他们只能与这种环境相调适。以"圣"和"经"来对应"神所默示的"基督宗教典籍，非常明显地昭示了他们的调适性传教策略，表明西方也有经典之作。他们力图通过这种方法，使基督教的典籍与中国儒家和佛教的

---

　　①　吴义雄：《译名之争与早期圣经的中译》，《近代史研究》2000年第2期。

　　②　王国维：《论新学语之输入》（原载《教育世界》1905年第96号），见方麟选编：《王国维文存》，江苏人民出版社2014年版，第682页。

　　③　限于文章篇幅，仅举几个译名为例：瑜罕难［景教］、若翰［天主教］、约翰［基督教］；卢伽［景教］、路加［天主教、基督教］；摩矩辞［景教］、马尔谷［天主教］、马可［基督教］；明泰［景教］、玛窦［天主教］、马太［基督教］；弥施珂［景教］、默西亚［天主教］、弥赛亚［基督教］；移鼠［景教］、耶稣［天主教、基督教］；天尊［景教］、天主［天主教］、神/上帝［基督教］；阿罗诃［景教］、雅威［天主教］、耶和华［基督教］；浑元经［景教］、创世纪［天主教、基督教］；传化经［景教］、宗徒大事录［天主教］、使徒行传［基督教］；牟世法王经［景教］、梅瑟五书［天主教］、摩西五经［基督教］；宝路法王经［景教］、保禄书信［天主教］、保罗书信［基督教］。

"经"处于同一位置。经过在华天主教传教士长期的本土化艰苦努力，他们对中国社会、文化、语言的认知和理解能力都有了极大提高。这才可能创造和建立有别于其他宗教、反映其本身特质、便于中国人理解和信仰的基督宗教语境和话语体系，才可能出现对基督宗教圣经翻译产生重大影响的白日升译本。

通过对白日升译本的修订、发展和整本圣经的翻译，马礼逊和马士曼两位基督教传教士开启了基督教汉语话语体系的创建之程，如"亚伯拉罕""马利亚""摩西""保罗""所罗门""耶路撒冷"等，奠定了基督教与天主教不同专名翻译的基础，奠定了基督教汉语神学系统的基础。

作为天主教最早的圣经翻译，白日升译本对后来天主教思高译本的翻译产生了重大的影响，其专名在一定程度上被思高本圣经继承，如"圣神""白冷""亚巴郎""撒罗满""若瑟""达味""若翰""梅瑟""先知""洗""耶稣基督""罪""福音""恩宠"等。

神学家拉明·斯纳(Lamin Sennah)在讨论基督宗教与文化的关系时，特别强调"基督宗教的本土语言性"及"福音的可译性"。对所进入文化的适应是基督宗教的特征，基督宗教脱离犹太教进入希腊文化和其他各种文化，并得以逐渐壮大，"皆福音的可译性使然"。

第 三 章

译介再生：本土基督宗教话语体系的建立

翻译是建立在对不同语言之间假定存在对等关系的基础上的文化活动，即在共同认可的等值关系的基础上，将一种文化的语言翻译成另一种文化的语言。在近代中国由传统到现代的译介过程中，欧洲语言作为主方语言，在某种意义上享有决定意义的特权，本土中国语言不再能够轻易地同西方外来语分离开来。如果一种文化语言不服从于另一种文化语言的表述或诠释，翻译是否可能？如果东西方语言之间的翻译不能成立，那么跨越东西方的现代性便不能实现。

一般的专名，如柏拉图、伦敦、动物等，在从一种语言向另一种语言翻译时，困难基本在于操作层面上。基督宗教的最高存在"Deus""God"这样的抽象名词，原本是自然历史中不存在的，并不存在具体可目验或实证的客观所指，是历史长河中文化建构和宗教信仰凝聚的结晶。人类历史上的任何宗教，其主神名号都是凝聚了历史、文化、信仰、教义、政治、利益等中心价值的象征，其意义不仅涉及宗教教义和经典，而且还涉及更为广阔的文化语境。不同层面的跨文化对话中都潜伏着文化相遇中自我与他者的定位问题，也都渗透着宗教同化的论争和演变。

作为以传教为主要特征的世界性宗教，基督宗教几乎从一开始就越出民族的范围进行传教活动，想要使全世界各民族更多的人皈依基督宗教的信仰、采用基督徒的生活方式。"巴别塔"不但象征着由于语言文化多样性而产生的对译介不可能性的征服和追求，而且对宗教者来讲，开创了历久弥新的弥赛亚式的追求，即将"Deus""God"的话语传播给潜在的未来皈依者。而对于基督宗教以外的领地，他们常有一种缺乏根据的怀疑："自然宗教"的信仰者对于神圣性只有极其狭隘和低级的认知。那么，在基督宗教神启的绝对概念中，是否还给所谓"异教"遗留了宗教适应和转化的空间？具体到《圣经》在中国的翻译，在一神信仰本源语和多神信仰译体语之间到底存在怎样的关系？中华本土文化将为或能为外来宗教文化提供怎样的借鉴和转化基础？

我们今天感知到的任何概念、词语、意义，都来自历史上跨越语言的政治、文化、语境的相遇和巧合。这种联系一旦建立起来，文本的"可译性"意义和实践便建立了。由不同语言文化的接触而引发的跨文化和跨语际的联系和实践一旦建立，便面临着如何在本土文化背景下被认同的过程。在《圣经》中译过程中产生的新词语、新概念将在怎样的背景下兴起、代谢，并在本土文化中被认知并获得合法地位？它如何建构中国基督宗教话语体系，并在本土文化中取得合法地位？本章将以基督宗教的唯一尊神的中文名称为视角，探讨在翻译介绍过程中，外来宗教与中国文化之间的借鉴交融和排拒演变，以及再生新词语被本土社会认同的历程。

一、音译、意译与新释：景教和天主教的译名

基督宗教四次进入中国，每次都涉及《圣经》翻译。作为基督宗教的唯一经典，《圣经》的《旧约》是用希伯来文和亚兰文写成，《新约》是用希腊文写成的。基督宗教在传播过程中，又形成了不同语言对"唯一尊神"的不同译写称谓，拉丁文为 Deus，希伯来文为 Elohim，希腊文为 Theos，法文为 Dieu，德文为 Gott，英文为 God，等等。635 年（唐贞观九年），聂斯脱利派叙利亚传教士阿罗本从波斯抵达长安，传教译经。1625 年（明天启五年）在西安附近出土的《大秦景教流行中国碑》显示，他们将世界的造物主翻译为"阿罗诃"[①]。学者认为，这是景教传教士根据叙利亚文"Elaha"或"Eloho"音译而成的。[②]"阿罗诃"一词借用自佛经《妙法莲华经》，指佛果。由于唐朝佛经翻译的极度兴盛，景教的《圣经》翻译大部分词汇均借用于佛教。随着唐朝末年景教的消

---

① 现存于西安碑林的《大秦景教流行中国碑》上镌刻的是"元真主阿罗诃"。参见朱谦之：《中国景教》，东方出版社 1993 年版，第 223 页。

② 朱谦之：《中国景教》，东方出版社 1993 年版，第 164 页。

失，"阿罗诃"这个译名没有得到更多的传播。

明朝末年，天主教再次来到中国。在翻译《圣经》的过程中，传教士面临的重要问题是如何翻译基督宗教的唯一尊神。1584 年（明万历十二年），"欧罗巴人最初用华语写成之教义纲领"《天主圣教实录》在华刊印①，意大利耶稣会士罗明坚将"Deus"译为"天主"②，沿用了耶稣会远东教区视察员范礼安在日本天主教会中使用的译名。③ 范氏认为，在远东地区不宜采取以前在其他地区的直接传教法，而应先学习当地语言，并尽量熟悉当地社会的礼俗民意。④ 学者一般认为，"天主"一词出于《史记·封禅书》中所载"八神，一曰天主，祠天齐"⑤。

1603 年（明万历三十一年），意大利耶稣会士利玛窦首次刊印了天主教教义纲领《天主实义》，第一个用"上帝"翻译诠释了"Deus"。⑥《天主实义》是中国天主教最著名的文献，刊印多次，影响很大。本书在用大量篇幅论证佛教、道教和儒家与天主教的相似性后，认为在公元 1 世纪的《圣经》时代，中国人听说过基督福音书中所包含的真理。或是由于使臣的错误，或是因为所到国家对福音的敌意，最终中国人接受了错误的输入品，而不是他们所要追求的

---

① ［法］费赖之：《在华耶稣会士列传及书目》，冯承钧译，中华书局 1995 年版，第 29 页。

② "惟以天主行实。原于西国。流布四方。""一惟诚心奉敬天主。无有疑二。则天主必降之以福矣。""天主制作天地人物章。""今幸尊师传授天主经旨。引人为善。救拔灵魂升天堂。""盖天地之先。本有一天主。"罗明坚：《天主圣教实录》，明崇祯年刻本，见吴相湘编：《天主教东传文献续编》第 2 册，学生书局 1966 年版，第 759、760、763、765、766 页。

③ 戚印平：《"Deus"的汉语译词以及相关问题的考察》，《世界宗教研究》2003 年第 2 期，第 90—92 页。

④ Edward J. Malatesta, "Alessandro Valignano, Fan Li-An (1539—1606), Strategist of the Jesuit Mission in China", *Review of Culture*, Macao, No. 21, 2nd Series, pp. 35-54, 1994, 转引自李天纲：《中国礼仪之争：历史·文献和意义》，上海古籍出版社 1998 年版，第 291 页。

⑤ 徐宗泽：《中国天主教传教史概论》，上海书店 1990 年版，第 231—232 页。

⑥ 经考证，利玛窦首次使用此词的时间应该为 1583 年 7 月至 8 月之间。参见［法］荣振华：《在华耶稣会士列传与书目补编》，耿昇译，中华书局 1995 年版，第 797 页。

真理。① 利玛窦力图让中国人以及外国传教士相信，从中国历史的一开始，中国人就记载了中国所承认和崇拜的最高神，曾对真正的唯一尊神有某种了解的愿望，也曾被"上帝"之光照亮过。② 天主教中的造物主"Deus"，就是中国古代经典中所记载的"上帝"："天主何？上帝也。"③

为了建构汉语世界中的天主教宇宙唯一主宰论，利玛窦诉诸中国古代经典④，力图从中国先秦典籍的记载中，论证宇宙至尊只能出于一，中国古圣先贤所崇敬者乃"上帝"⑤，而非苍天。中国经典已证明，中国古代圣哲早已认识到宇宙至尊为"上帝"，中国经典中的"上帝"，与西方所尊崇的宇宙唯一真神"天主"，名称虽异，实则同一也。"吾国天主，即华言上帝"，"吾天主，乃古经书所称上帝也"。⑥

天主教传教士认为，中国的佛教、道教和儒家的某些教义，其实就是西方基督宗教的变异形态。他们试图把中国思想包纳进基督宗教神学体系，借用中国传统思想诠释基督宗教神学在中国的合法性。这也就是耶稣会士创造的著名"中学西源说"。罗明坚、利玛窦等天主教传教士努力将儒家经典中的"天"和"上帝"释作"天主"。类此融合天、儒的做法，吸引了许多士大夫的兴趣与认同，一些知识分子甚至领洗入教，如明末著名士大夫、天主教徒徐光启。

---

① ［意］利玛窦、「比］金尼阁：《利玛窦中国札记：传教士利玛窦神父的远征中国史》，何高济等译，广西师范大学出版社 2001 年版，第 106 页。

② ［法］谢和耐：《中国文化与基督教的冲撞》，于硕等译，辽宁人民出版社 1989 年版，第 15—16 页。

③ ［意］利玛窦：《天主实义》上卷，明刻天学初函本，见王美秀主编：《东传福音》第 2 册，黄山书社 2005 年版，第 1 页。文献重新标点。

④ 《天主实义》引用《孟子》23 次、《尚书》18 次、《论语》13 次、《诗经》11 次、《中庸》7 次、《易经》6 次、《大学》3 次、《礼记》2 次、《左传》2 次、《老子》1 次、《庄子》1 次。参见马爱德编：《天主实义》附录，Index of Chinese Classical Texts，转引自李天纲：《中国礼仪之争：历史·文献和意义》，上海古籍出版社 1998 年版，第 291 页。

⑤ "周颂曰执兢武王无兢维烈不显成康上帝是皇又曰于皇来牟将受厥明明昭上帝商颂云圣敬日跻昭假迟迟上帝是祗雅云维此文王小心翼翼昭事上帝""礼云五者备当上帝其飨""汤誓曰夏氏有罪予畏上帝不敢不正"［意］利玛窦：《天主实义》上卷，见王美秀主编：《东传福音》第 2 册，黄山书社 2005 年版第 20 页。原文无标点。

⑥ ［意］利玛窦：《天主实义》上卷，见王美秀主编：《东传福音》第 2 册，黄山书社 2005 年版，第 20 页。

1606 年和 1610 年，随着范礼安和利玛窦分别去世，天主教会内部逐渐兴起了反对以"天主"或"上帝"对译"Deus"的声音。反对者认为，这些译名渗入了太多中国传统宗教概念，"上帝"一词极可能在中国人头脑中产生"异教歧义"，使中国人对"Deus"的数量、本性、能力、位格等所有方面产生错误的认识和观点。"Deus"极可能会被中国人误认为是儒家的上帝，而非天主教的至尊唯一之神。而这一点，削弱了天主教的一神性。总之，儒家语言无法表达天主教的精神和理念。译名问题在天主教耶稣会内部引起了旷日持久的争论，并最终成为"中国礼仪之争"的重要内容。① 1628 年（明崇祯元年），在耶稣会士龙华民的主持下，在华耶稣会在嘉定召开会议，废除了此前的"上帝""天""陡斯""上尊""上天"等译名，保留了"天主"的译名。他们认为，造一个儒书中没有的"天主"，以示借用的是中国的语言，而不是儒家的概念。

译名之争传达到了天主教罗马教廷。1704 年（清康熙四十三年），罗马教宗克勉十一世谕旨，不准采用除"天主"以外的其他译名②，"天主"成为天主教对唯一尊神的钦定汉语译名。1742 年（清乾隆七年），罗马教宗本笃十四世再次严词谕旨，禁止称"天主"为"上帝"。③ 从天主教内或天主教外的文献中，我们都可看出译名的变化④。从那时直到今天，中国天主教会都使用"天

---

① 黄一农：《明末清初天主教的"帝天说"及其所引发的论争》，《国际汉学》第 8 辑，大象出版社 2003 年版，第 348—357 页。

② Marshall Broomhall, *The Bible in China*, London: British and Foreign Bible Society, 1934, p.42；徐宗泽：《中国天主教传教史概论》，上海书店 1990 年版，第 231—232 页。

③ 萧若瑟：《天主教传行中国考》，张家庄天主堂印书馆 1937 年版，第 339 页；Irene Eber, *The Jewish Bishop and the Chinese Bible: S. I. J. Schereschewsky, 1831-1906*, Leiden, Boston: Brill, 1999, p.202.

④ 天主教内文献："天主造世界。天主用土造了人的肉身。"见《古新圣经问答》（初刊于 1862 年），涂宗亮校点，天津社会科学院出版社 1992 年版，第 10 页。"全能天主！我等因尔圣子耶稣救世之苦心，暨中华圣母同情之哀祷，恳求俯允尔忠仆上海徐保禄首等外虔奉圣教者。"马相伯：《求为徐上海列品诵》，见方豪编：《马相伯先生文集》，上智编译馆 1947 年版，第 376 页。天主教外文献："陡斯造天地万物，无始终形际……耶稣释略曰：耶稣，译言救世者，尊主陡斯，降生后之名也。"刘侗、于奕正：《帝京景物略》（初刊于 1635 年），北京古籍出版社 1980 年版，第 152 页。文献重新标点。"天主堂构于西洋利玛窦，自欧罗巴航海九万里入中国，崇奉天主。"吴长元：《宸垣记略》（初刊于 1788 年），北京古籍出版社 1982 年版，第 125 页。文献重新标点。

主"来对译"Deus"，所奉行的宗教也被译为"天主教"，以区别于宗教改革后出现的基督教。1968 年的天主教唯一《圣经》全译本，也以"天主"为译名。[①]

在两种文化交流的过程中，许多名词的译介往往受原有词语的语言特性和文化寓意的限制，翻译时极难达到"信达雅"的程度。宗教专名的表达尤其敏感和困难。翻译专名在新文化背景下所重新诠释的概念，常会或多或少偏离原有词汇的含意。对偏离程度的判断与容忍，则无一绝对的标准。有关"Deus"的争执，表面上是涉及天主教最尊神专名的翻译，其实本质上关系到不同天主教传教修会在传教策略上的异同，以及不同传教会之间的本位主义、各修会代表的不同国家在海上强权间的利益冲突，以及传信部对保教权的制衡等多重因素。产生理解差异甚至偏误的原因不仅仅在于词语词汇的本身，还在于身处不同传统背景的人们在解读这一词语时的概念定位和丰富联想。

当天主教传教士来到中国时，他们首次面对一个拥有强大文本和传统经典的社会。他们无法像到美洲新大陆的其他天主教传教士那样，随心所欲地自行其事。信仰坚定的天主教传教士始终忧心概念译解中的偏误，但他们只能与这种环境相调适。

天主教传教士早在 16 世纪便已来到中国，但第一本完整的汉语《圣经》译本，却是二百余年后由基督教传教士所完成。在 16 世纪的历史条件下，即便在欧洲，人们基本上都是通过弥撒书等才得以接近圣经的。正因为这些原因，明末清初的天主教传教士一直都停留在对《圣经》的诠释和《圣经》史实的叙述上。已有的翻译《圣经》的尝试，大多是按弥撒书或祈祷书的形式来编译的。但这些汉语天主教书籍的确开拓了汉语基督宗教的历史，奠定了基督宗教话语体系最基本和最重要的词语基础，奠定了基督宗教翻译中神学词汇多用意译、人名和地名多用音译的方式。这些汉译词语包括天主、圣母、玛利亚、耶稣、十字架、门徒、圣神、先知、宗徒、授洗、福音等沿用至今的基本词语。

---

① "21 她要生一个儿子，你要给他起名叫耶稣，因为他要把自己的民族，由他们的罪恶中拯救出来。22 这一切事的发生，是为应验上主藉先知所说的话：23 看，一位贞女，将怀孕生子，人将称他的名字为厄玛奴耳，意思是：天主与我们同在。"思高译本（旧新约 1968年）；《玛窦福音》第 1 章第 21—23 节，《新约》，香港思高圣经学会 1968 年版。

二、移境与想象：基督教的译名

二百余年之后，由于与天主教教义理念和传教方式不同，辅之机器工业中印刷术的巨大改进，基督教成为多达 30 余种《圣经》汉语译本的实践者和成就者。作为因宗教改革而诞生的基督教，倡导用民族语言翻译《圣经》。信徒可以自由阅读《圣经》，与上帝直接建立联系，这是基督教的最重要标志。

1822 年和 1823 年，中国历史上最早的两本《圣经》全译本——马士曼译本和马礼逊译本——分别在印度塞兰坡和马六甲出版。"二马译本"重点参考了天主教巴黎外方传教会传教士白日升的译本。白日升的译本将"Deus"译为"神"①，也为英国传教士马士曼②和马礼逊③所接受。除了将"God"译为"神"以外，马礼逊还使用其他译名，如真神、真活神、神天、神主或主神。1831年后，他还用过神天上帝、天地主神、真神上帝、天帝、天皇等译名。④ 马礼逊之所以使用那么多不同译名，是因为始终找不到一个最恰当的译名，让中国人了解宇宙的唯一真神。在强大的儒教和佛教传统面前，他一直为会让中国人将"God"误认为另一个菩萨而苦恼。⑤

与马礼逊一起翻译《圣经》的英国伦敦会传教士米怜，原来主张用"神"字，

---

① "此皆有之以成主已出而托先知之言道童贞将怀孕生子称名厄慢尔译言神偕我等。"白日升译本(1702 年后)：《四史攸编耶稣基利斯督福音之会编》(手写稿)，原文献无标点。白日升译本的"四福音书"部分为圣经福音合参本。

② "21 其将产一子、汝名之耶稣、因其将救厥民出伊等之诸罪也。22 夫此诸情得成、致验主以预知所言云。23 却童身者将受孕而生子、将名之以马奴耳、即译言、神偕我等。"马士曼译本(旧新约 1822 年)：《使徒马宝传福音书》第 1 章第 21—23 节，印度塞兰坡 1822年版。

③ "21 又其将生一子尔必名之耶稣、因其将救厥民出伊等之罪也。22 夫此诸情得成致验主以先知者而前所言、云、23 却童身者将受孕而生子、将名之以马奴耳、即是译言、神偕我们。"马礼逊译本(旧新约 1823 年)：《圣马宝传福音书》第 1 章第 21—23 节，《救世我主耶稣新遗诏》，(马六甲)1823 年版。

④ Walter H. Medhurst, "An Inquiry into Proper Mode of Rendering the Word God in Translating the Scared Scriptures into the Chinese Language", *Chinese Repository*, Vol. 17, July 1848, pp. 342-343.

⑤ Eliza A. Morrison ed, *Memoirs of the Life and Labours of Robert Morrison*, London: Longman, Orme, Brown, Green and Longmans, 1839, Vol. 1, p. 201.

晚年则转而主张用"上帝"。1821年，他列举了9条理由，说明"上帝"是相对而言较为合适的翻译"God"的名词。他认为，在现成的中文词汇中，没有任何中文字义可表现基督宗教的"God"一词的概念，只能从中文经典的现有名词中，力图找出可以激励人产生最高敬意的词加以表示。"天主"的译法无法展现"God"的一神性。在中国这样的异教国家，人们将宇宙主宰诉诸天、地、人三个层次。当中国人听到"天主"时，会很自然地将"天主"列为天堂中诸多神祇之一。至于"神"字，又极容易被中国人误认为是诸多神祇之一。相比之下，"上帝"在中国古代一直被用来表示最高存在，不但能完全表达出最高的崇敬之意，还可以单独表示至高性。同时，"上帝"的字义也不会像"神"那样，被误认为是诸多神祇中的一个，不会使人对基督宗教的一神性产生误解。①

米怜的主张为英国伦敦会传教士麦都思（Walter H. Medhurst）、德国传教士郭士立（Charles Gutzlaff）等人所接受。他们认为，用"中国最古老经典中"使用的"上帝"翻译"God"②，方能展现"God"唯一真神的地位，引发中国人对唯一尊神的崇拜。而且早在1833年，郭士立在他的游记中就数次使用了"上帝"译名，并陈述了理由。③ 1835年，以郭士立为首的四人小组在修订马礼逊译本时，将"神"改为"上帝"④。1839年，郭士立再次修订了《救世主耶稣新遗

---

① William Milne, "Some Remarks on the Chinese Terms to Express the Deity", *Chinese Repository*, Vol. 7, Oct. 1838, p. 314；该文原载 *The Indo-Chinese Gleaner*, No. 16, April 1821, pp. 97-105.

② Charles Gutzlaff, "Revision of the Chinese Version of the Bible", *Chinese Repository*, Vol. 4, Jan. 1836, pp. 393-398；Walter H. Medhurst, "Reply to the Essay of Dr. Boone", *Chinese Repository*, No. 17, Nov. 1848, p. 571.

③ Charles Gutzlaff, *Journals of Three Voyages along the Coast of China in 1831, 1832 and 1833*, London: Frederick Westley and A. H. Davis, 1834, p. 108, p. 115, pp. 278-279.

④ Alexander Wylie, *Memorials of Protestant Missionaries to the Chinese: Giving a List of Their Publications and Obituary Notice of the Deceased with Copies Indexes*, Shanghai: American Presbyterian Mission Press, 1867, p. 31. "21 其必生子、可称耶稣、因必将救民免罪、22 诸事得成、可应验上主以圣人所云、23 童女将怀孕生子、名称以马俱耳等语。此名译出意言、上帝与我共在也。"四人小组译本（新约1837年）：《马太传福音书》第1章第21—23节，《新遗诏书》，巴达维亚1837年版。

诏书》(《新约》)，仍然采用了"上帝"译名。①

　　1843 年(清道光二十三年)，在华传教士成立了合作翻译《圣经》的"委办译本委员会"，工作难点之一是如何翻译宇宙主宰。当时有关"God"的译名起码有 14 种，十分需要一个标准的用语。随着争论日趋激烈，在华传教士逐渐就"译名之争"按国籍分裂为两派。几乎所有的美国传教士都主张用"神"的译名，而英国和德国传教士则坚持认为"上帝"才是最合适的词汇。② 清末来华的基督教传教士继承了天主教传教士在这个问题上的争论，并像天主教传教士已经做过的那样，在西方基督宗教的架构中诠释中国宗教传统和文化传统，致力于在中文词汇中找寻出可以进行相应表达的西方宗教词汇，使"译名之争"竟延续了三个世纪之久。

　　英国传教士认为，中国古代经典文献中的"上帝"很接近基督宗教思想体系中的"God"，是超越一切的"supreme ruler"。而且使用中国人最崇拜的主神作为"God"的译名，也符合基督宗教的历史传统。历史上希腊文和拉丁文中用来表达独一真神观念的"Theos"和"Deus"，实际上源于当地人对主神的称谓"Zeus"和"Dios"。③"帝"或"上帝"是中国人用来表示最高主宰、意志的概念，是最高的崇拜对象，而"神"则是附属于"上帝"的"某种东西"。为了更加有说服力，在中文教师王韬的帮助下，麦都思不但系统整理了《大学》《孟子》等儒家经典，也考查了《三官妙经》《神仙通鉴》等民间宗教的著作，寻找了大量的文字证据，论证"帝"在中国人的观念中，是用于表达"一

---

　　①　Alexander Wylie, *Memorials of Protestant Missionaries to the Chinese：Giving a List of Their Publications and Obituary Notice of the Deceased with Copies Indexes*, Shanghai：American Presbyterian Mission Press，1867，p. 62. "21 其必生子、可名称耶稣、因必将救民免罪。22 诸事得成、可应验上主以圣人所云、23 童女将怀孕生子、名称以马俺耳等语、此名译出、意以上帝与我共在也。"郭士立译本(新约 1839 年、旧约 1838 年)：《马太传福音书》第 1 章第 21—23 节，《救世主耶稣新遗诏书》，坚夏书院藏板 1839 年版。

　　②　Jost Oliver Zetzsche, *The Bible in China：the History of the Union Version or the Culmination of Protestant Missionary Bible Translation in China*, Sankt Augustin：Monumenta Serica Institute，1999，pp. 82-84.

　　③　Walter H. Medhurst, "An Inquiry into the Proper Mode of Rendering the Word God in Translating the Sacred Scriptures into the Chinese Language", *Chinese Repository*, Vol. 17，March 1848，p. 107.

切的主宰"的概念。① 他认为，如此众多含有"上帝"概念的中国古代经典可以说明，基督宗教的"God"早在古代已经启示了中国人。中国人曾知晓基督宗教，儒家经典中甚至出现过类似基督宗教的信念，并以"上帝"这一名称来描述至高存在的现象。若将"God"译成"神"，中国人会以汉语语境里的"神"的含义，将"God"视为低层次的神祇，成为对中国传统多神信仰结构的进一步补充和添加。英国汉学权威斯当东（George Thomas Stanuton）也表示，在中国语言里不可能存在一个传达"我们基督徒对'God'赋予的概念"的词语。因此，在中国出现真正的基督宗教信仰之前，"God"的概念便要输入进去，"上帝"更加恰当，因它比任何其他中文词汇更接近于西方"God"的意义。②

对倡议"上帝"译名的传教士来讲，只要是信奉基督宗教的民族，在"God"面前即可平等。他们认为，亚当的后代带着神圣真理迁徙到世界各地，形成各种民族。但经过了久远的时间，某些民族忘却了这些真理。不过，从这些退化的民族中依然存在可以发现真理的遗迹。例如，人们从中国经典里可以发现中国人对造物主的崇拜。③ 主张"上帝"译名的人拥有的是一种《旧约》的信念，认为"God"曾启示全人类，甚至包括远在东方的中国人，而这些还可以从中国早期历史遗存的文献中得到证明。现在唯一需要的是"重新唤醒"中国人对基督教的认识，而只有适应中国人原来的信仰认知模式，以"上

---

① Walter H. Medhurst，"An Inquiry into the Proper Mode of Rendering the Word God in Translating the Sacred Scriptures into the Chinese Language"，*Chinese Repository*，Vol. 17，March 1848，pp. 117-137.

② Sir George Thomas Stanuton，*An Inquiry into the Proper Mode of Rendering the Word God in Translating the Sacred Scriptures into the Chinese Language with an Examination of the Various Opinions Which Have Prevailed on This Important Subject*，*Especially in Reference to Their Influence on the Diffusion of Christianity in China*，London：1849，pp. 27，42，43，转引自[以色列]伊爱莲等：《圣经与近代中国》，蔡锦图译，汉语圣经协会2003年版，第114页。

③ William Milne，*Retrospect of the First Yen Years of the Protestant Mission to China*，Malacca，1820，pp. 3-4.

帝”为译名才能重新建构中国人对“God”的认知模式。①

　　主张“神”译名的美国传教士，对中国本土传统持鄙视和排斥的态度，认为传教的目的就是用基督宗教的真理取代中国传统的迷误，将东方“异教徒”从迷信中解放出来。他们认为，如何借用“异教思想”必须有一定的限度，过度地在中国文化中寻找与基督宗教“God”相当的概念则是荒谬的，因为基督宗教信仰与中国传统思想存在根本的区别。《圣经》的启示仅仅独存于犹太—基督宗教的传统中，“God”的选民是预定的，而中国这样的东方国家的文化和语言里，根本没有现存的词汇来表达“God”，只能努力在中文里寻找一个最接近、最合适的词来表达。他们认为，天主教耶稣会士用“天”“上帝”“天主”来翻译“God”，削弱了基督宗教的一神性，削弱了抵抗多神论的基本力量，是完全不可取的。采用“上帝”这样的已有中文词语，则可能会诱导归信者去崇拜中国人熟悉的“上帝”，而不是西方的“God”。② “神”是表达中国人最高崇拜的无特指性名词，只有“神”字的译名才能击溃中国人多神信仰结构，达到建构中国人唯一真神信仰的目的。③ 他们认为，传教士所采取的方式应该是在基督宗教概念的架构下，规范，发挥，建构“神”的字义，将“God”一神信仰的意义镶嵌进“神”字里，通过使用具通称特质的“神”字改造中国人多神式的信仰结构。④

　　用“神”译名的人认为，中国人一直迷信多神，其信奉的神明，包括天、帝、上帝等，只是多神偶像而已，与基督宗教对唯一主宰的信仰格格不入。而传教的当务之急就是把中国人从多神迷误和偶像崇拜中唤醒，有鉴于此，就不能用中国本土固有神的名号翻译圣经中的“God”，因为那样就无法与其固有的偶像崇拜划清界限。只有以中国人对“神”的通称翻

---

① Walter H. Medhurst，“Philosophical Opinions of Chu Futsz”，*Chinese Repository*，Vol. 13，Oct. 1844，p. 552.

② Walter M. Lowrie，“Remarks on the Words and Phrases Best Suited to Express the Names of God in Chinese”，*Chinese Repository*，Vol. 15，Nov. 1846，p. 508.

③ William J. Boone，“An Essay on the Proper Rendering of the Words Elohim and Theos into the Chinese Language，*Chinese Repository*，Vol. 17，Jan. 1848，pp. 17-18.

④ E. C. Bridgman，“Revision of the Chinese Version of the Bible”，*Chinese Repository*，Vol. 15，April 1846，pp. 161-165.

译"God"，才能形成圣经的中国读者的一神式信仰。他们相信，"神"字可以变成合适的用语，他们也需要为中国这样的异教国家引入一种全新的基督观念和信仰。

在英美传教士的设想和努力中，他们都相信从中文里一定可以为"God"找到汉语译名，并利用中国人的知识和认识，求证自己选择的译名在中国语言文化中的合法性。一时之间，中国传统经典成为有用之物，对经史子集的探讨与诠释成为热门。英国传教士麦都思、美国北长老会传教士娄礼华（Walter M. Lowrie）等人的论文，征引的中国文献都多达10余种，都试图找出能支持自身观点的最有力的证据。他们带着基督宗教的视角和关怀来阅读中国经典，将汉语中的"神"与"上帝"诠释出基督宗教的含义。他们由此解读出来的"神"和"上帝"，便成了中国传统文化完全没有的蕴含天启、神性、最高存在等基督宗教含义的载体。在为"God"寻求中文对应关系的过程中，英美传教士对"神"或"上帝"的解读，亦表现出了他们定位中国与西方权力支配关系的立场，以及大相径庭的两种传教策略和对待传教区域本土文化的态度。

长达10年的译名之争，并未能如期在基督宗教内为"God"确立它的中国名称，但几乎也阻止了其他意见的产生。此后的基督教《圣经》译本在此问题上，基本上只有两种译名，"神"或"上帝"。① 直到百余年后的今天，此问题仍然没有最终的定论。今天，历史上曾经出现的几十种文言、白话、方言、汉字、罗马字《圣经》译本都已不再使用了，中国基督教会唯一使用的和合官话

---

① 译名之争后，基督教圣经翻译还出现过影响较大的10种汉语译本。在唯一尊神的汉译问题上，除施约瑟浅文理译本外，其他译本都基本限定在了"上帝"和"神"之间。本文只引用影响较大的圣经全译本，未涉及仅有区域性影响的圣经方言汉字本、圣经方言罗马字本、圣经节译本和圣经少数民族文字译本。为保持文献的一致性，便于对照比较，不同译本的圣经文献均选用了《新约全书》的《马太福音》第1章第21—23节。

"21 彼将生子。可称其名耶稣。因其将救其民免于罪也。22 凡此皆成。致验主托先知者所言云。23 处女将怀孕生子。名称以马奴里。译言神偕我等也。"高德译本（新约1853年）：《马太福音传》第1章第21—23节，《圣经新遗诏全书》，宁波真神堂1853年版。

"21 彼将生子、尔必名之曰耶稣、以将救其民于其罪恶中、22 凡此事得成、致应主托预言者所言云、23 视哉、将有一处女、怀孕而生子、人必称其名曰以马内利、译即神偕同

译本仍然保存了"神"和"上帝"两种版本。可以说，"上帝"和"神"两个译名在某种程度上均已被确立。近代西方一篇分析这场争议的文章，甚至表示了使用两个译名的积极意义："神"的译名表达了"God"的内在性（divine immanence）

（接上页注①）

我侪。"裨治文译本（新约 1855 年、旧约 1864 年）：《马太传福音书》第 1 章第 21—23 节，《新约全书》，大美国圣经会 1855 年版。

"21 他必要生一个儿子、你可以给他起名叫耶稣、因为他要将他的百姓从罪恶里救出来、22 这事成就便应验主托先知所说的话、23 他说、童女将要怀孕生子、人将称他的名为以马内利、译出来就是上帝在我们中间的意思。"北京官话译本（新约 1870 年、旧约 1878 年）：《马太福音》第 1 章第 21—23 节，《新约全书》，京都东交民巷耶稣堂藏板，京都美华书馆 1872 年版。

"21 彼将生子、当名之曰耶稣、因将救其民于罪恶中云、22 凡此得成、乃为应主托先知所言曰、23 童女将怀孕生子、人将称其名为以玛内利、译即天主偕我焉。"施约瑟浅文理译本（旧新约 1898 年）：《马太福音》第 1 章第 21—23 节，《新约全书》，日本东京秀英罕舍 1898 年版。

"21 彼必生子、可名曰耶稣、因将救其民脱厥罪也。22 斯事悉成、以应主借先知所言曰、23 将有处女孕而生子、人称其名、曰以马内利、译即上帝偕我侪也。"和合深文理译本（新约 1906 年、旧约与浅文理合并 1919 年）：《马太福音》第 1 章第 21—23 节，《新约圣书》，大美国圣经会 1906 年版。

"21 彼将生子、尔可名之曰耶稣、因将救己民、出于其罪之中、22 此事皆成、以应主昔托先知所言、23 曰、童女将怀孕生子、人必称其名为伊马内利、译、即上主与我侪相偕也。"和合浅文理译本（新约 1906 年、旧约与深文理合并 1919 年）：《圣马太福音》第 1 章第 21—23 节，《新约圣经》，大美国圣经会 1906 年版。

"21 他将要生一个儿子。你要给他起名叫耶稣、因他要将自己的百姓从罪恶里救出来。22 这一切的事成就、是要应验主藉先知所说的话、23 说、必有童女、怀孕生子、人要称他的名为以马内利。（以马内利翻出来、就是神与我们同在。）"和合官话译本（新约 1906 年、旧约 1919 年）：《马太福音》第 1 章第 21—23 节，《新约全书》，大美国圣经会 1919 年版。

"21 她必生个儿子，你要给他起名叫耶稣，因为他必拯救他的人民脱离他们的罪。22 这全部的事发生，是要应验主藉神言人所说的话，说：23 看吧，那童女必怀孕生子；人必给他起名叫'以马内利'；以马内利翻译出来就是'上帝与我们同在。'"吕振中译本（新约 1946 年、旧约 1970 年）：《按圣马太所记的佳音》第 1 章第 21—23 节，《吕译新约初稿》，燕京大学宗教学院 1946 年版。

的概念，而"上帝"译名则代表了"God"的超越性（transcendence）。①西方人通过基督宗教的理念和关怀来诠释和理解中国文化和宗教的角度和思维，在这里再一次得到展现。

三、相遇与接受：中方视野中的译名

对基督宗教在中国的传播和信仰来讲，译名问题的意义也是颇为重大的。但争执不休、引经据典的外国传教士几乎都是从宗教信仰和自身利益的角度来考虑，从来没有仔细考虑过他们的传教对象——中国人——会如何理解或阐释"God"译名。究竟是"神"还是"上帝"更能被中国人认知、理解和接受呢？他们经年累月争论的声音，大概是很难被汉语世界的人听到的，甚至也很难引起汉语世界的兴趣和关注。从中国宗教文化来考察，中国古代没有发展出一神教信仰，"神""帝""上帝""天主"等在字面上都不能表达基督宗教最根本的观念。也许汉语中根本就没有现成词语可以表达这种概念。因此，传教士们想用一个简单的、不必借助阐释就可以直接传达基督宗教根本观念的汉语词语的愿望，是难以实现的。

"传教士圣经话语"带来了新的概念和意义，带来了新词语的输入。重要的是，这些新词语是在什么样的历史条件下，以怎样的方式进入中国语言和文化，

（接上页注①）

"21 她将要生一个儿子，你要给他取名叫耶稣，因为他将拯救他的子民脱离他们的罪。22 这一切事的发生是要应主藉着先知所说的话：23 有童女将怀孕生子，他的名字要叫以马内利。'以马内利'的意思就是'上帝与我们同在'。"现代中文译本（新约 1975 年、旧约 1979 年）：《马太福音》第 1 章第 21—23 节，《新约全书》，台湾圣经公会 1979 年版。

"21 她必生一个儿子，你要给他起名叫耶稣，因为他要把自己的子民从罪恶中拯救出来。22 这整件事的发生，是要应验主借着先知所说的：23 必有童女怀孕生子，他的名要叫以马内利。以马内利就是'神与我们同在'的意思。"新译本（新约 1976 年、旧约 1993 年）：《马太福音》第 1 章第 21—23 节，《新约全书》，香港圣经公会 1976 年版。

①　G. W. Sheppard, "The Problem of Translating God into Chinese", *The Bible Trans-lator* 4, 1955, p. 27, 转引自 Jost Oliver Zetzsche, *The Bible in China：the History of the Union Version or the Culmination of Protestant Missionary Bible Translation in China*, Sankt Augustin：Monumenta Serica Institute, 1999, p. 90.

并在中国语言和文化的话语系统中，取得被中国人承认接受了的合法地位的？

据笔者考察，在近代中国，最早进入中国士人眼界并产生影响的基督教著作，是号称"睁眼看世界第一人"的魏源于1842年（清道光二十二年）刊印的名著《海国图志》中的《天主教考》。在这里，魏源使用了"上帝""天神""天主"等多个译名称谓。① 广东名儒梁廷枏1846年（清道光二十六年）刊印的《海国四说》，"四说"中的一说即"耶稣教难入中国说"。他非常深入地研读了当时还未进入中国内地，主要阵地还在印度尼西亚、马来西亚、新加坡等地的基督教传教士的教义书和《圣经》译本，以及一些天主教书籍，用儒家思想论述了基督宗教难以进入中国的原因。他在论述中也用名不一，时常混用"上帝""天神""天主"。② 米怜施洗的中国首位基督徒梁发刊印于1832年，被洪秀全于1843年获得的《劝世良言》，也有"神天""神天上帝""神父""天父""天""上帝"等20余种译名③。

在"译名之争"之前，基督教传教士内部对"God"译名处于尚未统一、非常混乱的早期阶段。以1833年8月由外国传教士创办于广州的中国内地最早的杂志《东西洋考每月统记传》为例，它对"God"的译名也是纷繁复杂的。"神天皇上帝""神天""神天上帝""皇上帝""上帝"等词，经常是并用的。④ 但越到后来，该杂志就越常用"上帝"或"神天"这两个词，"神天上帝"这个词则慢慢

---

① "天主上帝，开辟乾坤而生初人，男女各一。""天为有始，天主为无始，有始生于无始，故称天主焉。""夫不尊天地而尊上帝犹可言也，尊耶稣为上帝则不可信也。""耶稣为神子，敬其子即敬天。""《福音书》曰：元始有道，道即上帝，万物以道而造。""神天曰：除我外，不可有别神也。"魏源：《海国图志》卷27，《魏源全集》第5册，岳麓书社2004年版，第809、811、813、815、816、817页。文献重新标点。

② "时气候正凉，上帝方来游于园。""有始无终，故谓天主为天地万物之本。""水涨地面，上帝浮水面以造万有。""天神以告马利亚，使避于厄日多国，即麦西国，亦称以至比多。"梁廷枏：《耶稣教难入中国说》，《海国四说》（初刊于1846年），中华书局1993年版，第9、10、22页。文献重新标点。

③ 卢瑞钟：《太平天国的神权思想》，三民书局1985年版，第162页，转引自夏春涛：《天国的陨落：太平天国宗教再研究》，中国人民大学出版社2006年版，第58页。

④ "亚大麦。当初神天。即上帝造化天地。及造世人。是亚大麦性乃本善。惟有恶鬼现如蛇样。"（初刊于1833年6月）黄时鉴整理：《东西洋考每月统记传》（影印本），中华书局1997年版，第4页。

消失了。①

　　天主教和基督教传教士的争论结果，使译名基本限定在"天主""神""上帝"之间。这从中国文人士大夫或一般民众的各类"反洋教"言论中也可以看出。曾国藩在著名的《讨粤匪檄》中，也没有分清太平天国信奉的是天主教或是基督教，使用的是"天主"一词。② 1859 年刊印的夏燮的名著《中西纪事》，用的是"天主""神"。③ 在众多反洋教文献中，不断出现的译名都限定在了"天主""神""上帝"之中，而其中"天主"和"上帝"出现的频率较高，"神"字相对较低。④ 以当年流传甚广的江西巡抚沈葆桢呈送的《湖南合省公檄》为例，通篇用的也多是"上帝""天主"两个译名。太平天国干王洪仁玕主要接触的是英国传教士，他的《资政新篇》用的也是"上帝"。⑤

　　因被太平天国农民起义采用和大量刊印，1839 年刊印的《圣经》郭士立译本

---

　　① 黄时鉴：《〈东西洋考每月统纪传〉影印本导言》，《东西洋考每月统记传》，中华书局 1997 年版，第 14 页。

　　② "粤匪窃外夷之绪，崇天主之教，自其为伪君伪相，下逮兵卒贱役。"曾国藩：《讨粤匪檄》，北京师范大学历史系中国近代史组编：《中国近代史资料选编》，中华书局 1977 年版，第 141 页。

　　③ "亚细亚洲之西、曰如德亚国、西方天主降生之地也。天主何人、耶稣也、耶稣何以名、华言救世主也。""耶稣以天为父、自称神子、厌世上仙、代众生受苦、以救万世、故其死也、西人以天主称之。"夏燮：《猾夏之渐篇》《西人教法异同考》，《中西纪事》卷 2（初刊于 1859年），见沈云龙主编：《近代中国史料丛刊》（106），文海出版社 1967 年版，第 1 页。

　　④ "天一而已，以主宰言之，则曰上帝，乃变其名曰天主，即耶稣以实之。""即有之，而不问良莠，概登其中，上帝何启宠纳侮之甚耶？"《湖南合省公檄》（1861 年）。"其徒号其教曰天主，以耶稣为先天教主，造书曰书经，遍相引诱，自郡国至乡间皆建天主堂，供十字架。"饶州第一伤心人：《天主邪教集说》（1862 年）。"他是天主来降下，生身童女马利亚。"天下第一伤心人：《辟邪歌》（1862 年）。"厥后其徒遂创立邪教，名曰天主，其意以耶苏为天主。"《南阳绅民公呈》（1867 年 8 月 7 日）。王明伦选编：《反洋教书文揭贴选》，齐鲁书社1984 年版，第 1、2、7、11、17 页。文献重新标点。

　　⑤ "上帝是实有，自天地万有而观，及基督降子，以示显身，指点圣神上帝之风亦为子，则合父子一脉之至亲，盖子亦是由父身中出也，岂不是一体一脉哉！""数百年来，各君其邦，各子其民，皆以天父上帝、耶稣基督立教，而花旗之信行较实，英邦之智强颇著。"洪仁玕：《资政新篇》（初刊于 1859 年），《太平天国印书》下册，江苏人民出版社 1979 年版，第 681、682 页。文献重新标点。

格外引起了当时社会和史家们的重视。太平天国刊印本所用的"上帝"译名①，随着农民起义军所信仰的"上帝教"②的发展，迅速突破原有外国传教士和东南沿海极少数华人教徒的的狭小范围，随着有清以来最大农民战争所能引起的社会震动和影响，得到了最为广泛的传播。

外国传教士为农民起义军信仰基督教而极度振奋，认为占世界 1/3 人口的中国人归信基督教的时刻即将来临。1853 年 9 月，英国圣经会发起了"百万《新约》送中国"运动，超乎期望的热情捐款足够英国圣经会在中国未来 20 年的经费支出。③ 到 1869 年，经济实力最强的英国圣经会已经刊印了 95 万册的《新约》或全本《圣经》，其中坚决主张译名"上帝"的麦都思等人翻译的"委办译本"④，就占了其中的 75 万册⑤，在相当时期内成为印刷量最大、流行最广的《圣经》译本。在中国著名士人王韬的协助参与下，从中文的语言文字角度来考察，无论从汉字选词，还是文字流畅方面，委办译本的"中国化"程度在当时都是最高的。⑥ 1877 年 7 月 21 日，《万国公报》就基督唯一尊神应译为"上

---

① "21 其必生子，可名称耶稣，因将其名救脱罪戾。22 诸事得成，可应验上主以先知之师所云，23 却童女将怀孕生子，名称以马俄耳等语，此名译出意以'上帝与我共在'也。"太平天国刊印本：《马太传福音书》第 1 章第 21—23 节，《钦定前遗诏圣书》（初刊于 1860 年），见罗尔纲、王庆成主编：《太平天国》第 2 卷，广西师范大学出版社 2004 年版，第 113 页。文献重新标点。

② "于是各省拜会无不藉天主为名、即非天主教者亦假托之、粤西军兴则有冯云山洪秀泉杨秀清等其结金田拜上帝之会、谓上帝为天父、谓耶稣为救世主。"夏燮：《猾夏之渐篇》《西人教法异同考》，《中西纪事》卷 2，第 22 页。"伏思连年倡乱，蔓延数省，即由广西上帝会而起，上帝会乃天主教之别名。"《筹办夷务始末》（道光朝）第 11 卷，中华书局 1979 年版，第 413 页。文献重新标点。

③ Marshall Broomhall，*The Bible in China*，London：British and Foreign Bible Society，1934，p. 76.

④ "21 彼必生子、可名曰耶稣、以将救其民于罪恶中。22 如是、主托先知所言应矣、曰、23 处女孕而生子、人称其名以马内利、译即上帝偕我焉。"委办译本（新约 1852 年、旧约 1854 年）：《马太福音传》第 1 章第 21—23 节，《新约全书》，英华书院活板 1854 年版。

⑤ Donald MacGillivray，*A Century of Protestant Missions in China 1807-1907*，Shanghai：American Presbyterian Mission Press，1907，p. 558.

⑥ Patrick Hanan，Chinese Christian Literature：The Writing Process，Patrick Hanan ed.，*Treasures of the Yenching*，*Seventy-fifth Anniversary of the Harvard-Yenching Library Exhibition Catalogue*，Cambridge：Harvard-Yenching Library，2003，pp. 272-278.

帝"还是"神"面向读者发起持续了一年之久的讨论。我们从中亦可以看出，中国基督徒更多使用的是"上帝"译名的委办译本。①

在出现了高德译本、裨治文译本、北京官话译本、施约瑟浅文理译本的多年以后，1894 年慈禧太后六十大寿，在华传教士还专门刊印了"上帝"译名的委办译本大字本给她祝寿。② 这说明委办译本是更容易被中国人接受的译本。委办译本是对沿用至今的和合译本《圣经》产生奠基性影响的译本，尤其是在专名术语方面的奠基性没有任何译本能够代替。它使"上帝"这个译名得到了最大范围的传播。1908 年，英国圣经会高薪邀请极富盛名的严复翻译《圣经》，他也采用了"上帝"译名。③ 这一译名被接受的程度，也可见一斑。

随着"上帝"译名被更多人接受，当年坚持"神"译名的美国圣经会，也逐渐转向了刊印"上帝"译名的《圣经》译本。1894 年，美国圣经会出版了"上帝"版《圣经》38 500 册，占 11.6%；1908 年出版"上帝"版《圣经》299 000 册，占 78.9%；1913 年刊印"上帝"版《圣经》1 708 000 册，已达 99.7%。④

20 世纪 20 年代，虽然基督教依然认为"God 的译法一直是个使人大伤脑

---

① "夫上帝之道，传自犹太。""是万国皆为上帝所造，即万国同一上帝，同一造化主宰，又何有儒书所载之上帝造化主宰乎？"何玉泉：《天道合参》，初刊于《万国公报》第 457 卷，1877 年 9 月 27 日。"虽犹太选民独尊上帝，而异邦父老岂乏真传？""且保罗就异邦人之诗而即以证上帝为造物主，况华人之早称上帝为生民之上帝而不可称也乎？"英绍古：《谢陆佩先生启》（初刊于《万国公报》473 卷，1878 年 1 月 19 日），见李炽昌主编：《圣号论衡：晚清〈万国公报〉基督教"圣号论争"文献汇编》，上海古籍出版社 2008 年版，第 25、26、101、102 页。文献重新标点。

② John R. Hykes, *The American Bible Society in China*, New York：American Bible Society，1916，p. 42；Kenneth S. Latourette, *A History of Christian Mission in China*, New York：Macmillan，1929，p. 266.《新约全书》，美华书馆活板，美国圣经会1894 年版。

③ "上帝子基督耶稣，福音之始。如以赛亚先知所前载者曰：视之，吾遣使尔前，为尔导其先路。……于是约翰至，行洗礼于野中。"李炽昌、李天纲：《关于严复翻译的〈马可福音〉》，《中华文史论丛》第 64 辑，上海古籍出版社 2000 年版，第 68 页。原手稿未刊印，英国剑桥大学藏。文献重新标点。

④ Jost Oliver Zetzsche, *The Bible in China*：*the History of the Union Version or the Culmination of Protestant Missionary Bible Translation in China*, Sankt Augustin：Monumenta Serica Institute，1999，p. 88.

筋的问题"①，但"上帝"译名的确已经被更广泛地接受了。在 1920 年出版的《圣经》中，文言译本"上帝"版占 98％，"神"版仅占 2％；白话译本"上帝"版占 89％，"神"版占 11％。②"上帝"译名已占绝大多数。

"上帝"一词几乎成了基督教最常见、最通行的译名了，无论在基督教教内还是教外，"上帝"已经被越来越多的人用来表达基督教的信仰。晚清著名洋务派人士、基督徒王韬③，非基督徒郑观应④，著名作家、基督徒老舍⑤，非基督徒沈从文⑥，著名学者、非基督徒胡适⑦，著名中共党员陈独秀⑧、恽

---

① 司德敷等编：《中华归主》下册，蔡咏春等译，中国社会科学出版社 1985 年版，第 1041 页。

② 司德敷等编：《中华归主》下册，蔡咏春等译，中国社会科学出版社 1985 年版，第 1041 页。

③ "午刻，往讲堂听慕君说法。慕君以'上帝'二字出自儒书，与西国方言不合。且各教进中国，其所以称天之主宰，称名各异，犹太古教为耶和华，景教为呵罗呵，挑筋教称为天，天主教为真主。明时，利玛窦等人中国，则为天主，而间称上帝。"（1858 年 9 月 19 日）"《圣经》曰：元始有道，道与上帝共在。道即上帝。此道之不可见者也。耶稣曰：我即真理，此道之有可见者也。"（1858 年 9 月 27 日）王韬：《王韬日记》，中华书局 1987 年版，第 7 页。王韬不仅参与了《圣经》委办译本的翻译，而且是我们所发现的最早对外国传教士的译名之争做文献记录的中国人。

④ "新约载耶稣降生为上帝子，以福罪之说劝人为善。"郑观应：《传教》，《盛世危言》（14 卷本，初刊于 1895 年），见夏东元编：《郑观应集》上册，上海人民出版社 1982 年版，第 410 页。文献重新标点。

⑤ "信基督教的人什么也不怕，上帝的势力比别的神都大得多。太岁？不行！太岁还敢跟上帝比劲儿？"老舍：《二马》，晨光出版公司 1948 年版，第 101 页。

⑥ "我们从人情中体会出来的道理是履行上帝的旨意最可靠，最捷近的路。因为人情是上帝亲手造的。"沈从文：《未央歌》，见孔范今主编：《中国现代文学补遗书系·小说卷八》，明天出版社 1990 年版，第 219 页。

⑦ "对于基督教我也有相当的敬重，但因为我个人的信仰不同，所以当时虽有许多朋友劝我加入基督教会，我始终不曾加入。近年来我对灵魂与上帝还是不相信，不过我对于旁人的宗教信仰是一样敬重的。"胡适：《基督教与中国文化》，《胡适全集》第 9 卷，安徽教育出版社 2003 年版，第 171 页。胡适在美国留学时，多次参加过基督教会活动，所读《圣经》也是"上帝"版。参见《胡适全集》第 27 卷，安徽教育出版社 2003 年版，第 520 页。

⑧ "人类无罪，罪在创造者；由此可以看出上帝不是'非全善'便是'非全能'。我们终不能相信全善而又全能的上帝无端造出这样万恶的世界来。"陈独秀：《基督教与中国人》（初刊于 1920 年 2 月 1 日），《独秀文存》，安徽人民出版社 1987 年版，第 286 页。

代英①，中共党员、曾经的基督教牧师浦化人②，国民党员、基督徒蒋介石③、冯玉祥④，等等，从这些拥有不同政治信仰和宗教信仰的人留下的文献中，我们均可看出，他们全都使用了"上帝"一词。

最可表明中国社会对"上帝"等圣经译名认同的，是 20 世纪五六十年代大规模翻译马克思主义经典著作时，不但使用了"上帝"译名，而且其他《圣经》人物名称也全都采用的是和合官话译本的译名。⑤ 由此可见，《圣经》翻译中创造的各种译名，如马太、挪亚方舟、福音、耶稣、洗礼、先知、圣经、犹太人、以色列、耶路撒冷、亚当、夏娃、埃及、约翰等，已经被中国世俗社会所广泛接受和运用。

四、余　论

用中文翻译"Deus""God"，关系到人类历史上最古老悠久的两种文明之间最深层的对话，自我文化与他者文化的再定位，充满了文化交流和宗教同化和再生。有关"Deus""God"的汉文译名的争议史和接受史，记录了《圣经》如何跨越传统社会地理的边界，进入不同的社会文化概念世界，与相异的宗教文本与身份相互作用的历史。它包含了文化的可译性问题，以及"将一种语

---

① "因如有上帝，则必应于正当生活中求之，与其与之为片段零落的辨难之境，亦何益乎？……余意祈祷、信上帝，乃基督徒之精华。"(1918 年 7 月 8 日)恽代英：《恽代英日记》，中共中央党校出版社 1981 年版，第 430 页。

② "自此每礼拜日之听道。亦多感触。自维上帝既是普世之父。慈悲无量。"浦化人：《半生之回顾》，青年协会书局 1921 年版，第 28 页。浦化人曾是基督教圣公会牧师，后任新华社社长、晋冀鲁豫最高法院院长、北京外国语学院院长。

③ "轻视目前羞辱。忍住十字架苦痛。耐心直向上帝所指示的正路。"(1935 年 11 月 24 日)"幸获上帝保佑。傀我夫妻得以相见。不胜感谢。"(1936 年 5 月 6 日)《蒋中正总统档案事略稿本》第 34 卷，"国史馆"2008 年版，第 472 页；第 36 卷，第 558 页。

④ "他们说：不要谢我们，请你谢谢上帝。""我的回答是：'上帝即道、即真理、亦即科学。'我自信我是个科学的基督徒，毫无迷信观念。"冯玉祥：《我的生活》，黑龙江人民出版社 1983 年版，第 296、297 页。

⑤ 中共中央马克思恩格斯列宁斯大林著作编译局编：《文学作品和神话中的人物索引》，《马克思恩格斯全集人名索引》，人民出版社 1979 年版，第 939—982 页。"无论我们同奥古斯丁和加尔文一起把这叫做上帝的永恒的意旨，或者象土耳其人一样叫做天数。"恩格斯：《自然辩证法》，《马克思恩格斯选集》第 3 卷，转引自《马克思恩格斯列宁斯大林论宗教》，中国社会科学出版社 1979 年版，第 47 页。

言与文化的概念转化为另一种语言和文化"时必然遇到的理解问题。这个转化的过程"涉及原有的概念会在接受语言中被原样保留还是将有所变化，如果变了，怎样变"的问题。

《圣经》的文本本身就预定了基督宗教的唯一尊神的名称不可能是唯一的。学者研究成果表明，传统上被认为浑然一体的《圣经》文本，本身就反映了各种文化对于神明的参差多端的理解和命名。圣经翻译者的一神论背景，使他们强烈地用其自身的文化世界中的"对等的"或"想象的"词汇来翻译圣经。

近代翻译大家严复最著名的"信达雅"的翻译观，将对"信"的追求放在了首位。人类历史上所有翻译中的"信"的追求，都基于对不同文化之间"可译性"的认同。其实，语言之间的"互译性"完全是历史地、人为地"建构"起来的，是"虚拟对等"，而不是"透明地互译"，且并非能够一次性完成的。① 基督宗教传入中国，扩展了中国文化的概念空间。在这个扩展概念和文化再创造的过程中，转借原词并赋予新意，是近代文化转型过程很常见的现象。在新的概念框架下，译者重新阐释固有的词汇，再生出中国式的新概念和新理念，力图创造出基督宗教概念的中西语言对等，创造出基督宗教的中国式话语体系。

从中文语境上看，在长达三百年译介、传播和接受的过程中，"上帝"译名同样具有强烈的颠覆性。"上帝"一词发生了根本的质的变化，逐渐地被基督教化而失去了其原有的本土宗教的内涵。当我们今天说到"上帝"时，想到的都是基督教的"上帝"。中国传统蕴含了关于"上帝"的悠久文献历史和口头传说，为圣经中的上帝赋予中文名字，超越了一般意义上的语言—翻译的维度。

"Deus""God"的译介和接受过程是欧洲和中国语言文化之间观念和概念的可译性探讨的最佳实例。它也体现了外来观念在由传统向现代转型的过程中，译源语本身具有的近现代意义以及新内涵自身所具备的强势地位，为转型社会带来的强大社会影响力。它为传统社会的急迫吸纳提供了思想和概念激励的想象空间，再生了宗教本身以外的意义。

---

① 黄兴涛：《"话语"分析与中国近代思想文化史研究》，《历史研究》2007 年第 2 期，第 158 页。

第 四 章

言文一致：现代语言运动的方式和意义(一)

基督教传教士在经历了相当一段时间和经历后，才艰难而真实地认识到中国语言的真实复杂情况，并且肯定了方言白话在圣经翻译方面的特殊价值和意义。当时中国社会的国情和语文状况中，存在"文白异读"，存在"言文不一致"，存在大量多种方言口语，存在文言文和白话文两种文体。他们熟悉了解的罗马字拼写方式，在中国这个始终没有文字拼音化的国家里，完全没有发生过。中国语言文字的复杂情况远远超过传教士所熟悉的欧洲语言文字。

所谓言文不一致，即口语和书面语的不一致，当时又被称为"文话不一致""字话不一律"等。千余年来，中国一直通行两套语言体系：一是文言文，即书面语，主要被官府和知识分子使用，属于正规语言；二是各种口语组成的白话体系，主要是一种日用语言或者民间语言，即由知识分子和民间百姓在日常中使用。

在中国，最早提出"言文一致"的人是黄遵宪，即学人常用的"我手写我口，古岂能拘牵"。他于1887年完成的《日本国志》，也最早将欧洲中世纪早期由拉丁语演成各民族语言，导致文学兴盛的历史经验介绍给国人，并指出西方各国以其母语翻译《旧约》《新约》导致基督教流行，从中提取出"盖语言与文字离，则通文者少；语言与文字合，则通文者多，其势然也"的主张。①

---

① 黄遵宪：《日本国志》，见陈铮编：《黄遵宪全集》下册，中华书局 2005 年版，第1420 页。

一、书写白话：言文一致的宗教认知

传教士初到中国开始翻译圣经时，并没有将白话或方言列为翻译圣经的语言。经过了解，他们才知道白话文体是一种没有主流社会地位的、面向民间底层社会的文体形式。早期的《圣经》翻译还期望《圣经》能够更多地影响社会地位重要的文人士大夫，希望他们皈依基督教。这样的话，白话这种民间用语便不能成为选择的对象。

第一个来华的英国伦敦会传教士马礼逊决定放弃使用白话作为翻译圣经的语言的原因，就是认为白话有"口语化的粗俗"①。外国传教士的对中国语言文字的认识，还与他们自 1807 年来华后，面对的是自清康熙年间以来一直实行的禁止基督宗教传播的严令有关。清政府严厉禁教政策，迫使这些传教士在相当长的时间里，只能停留在东南亚一带的海外华人华侨中，并局限在东南沿海（福建广东）这些非官话地区活动。而东南沿海地区是中国方言口语最为复杂的地区，这里纷繁众多、地域性强、过于复杂的方言加重了他们对中国语言文字的认知难度，也让他们对汉语口语的统一性和广泛性没有一个直接和客观的认识和感受。

首先，在传教士们熟悉的欧洲《圣经》翻译史上，《圣经》已被译出各个不同民族、不同语言的多种译本。为了影响到尽可能多的民众，必须使用一种让尽可能多的听众和读者能够理解的语言写作和演讲。从 16 世纪开始，欧洲大多数地方《圣经》的翻译通常倾向于使用一种共同的文字形式的语言。这影响并促进了地方语言通用语的标准化。在捷克语、丹麦语、英语和其他语言中，圣经对地方语言的书写乃至说话方式的标准都产生了明显的影响。在中国，为求在大众中普及，在更广阔的地域传播福音，圣经语体由文言变为浅近文言，再由浅近文言变为白话，甚至方言、注音字母，满足了向底层民众传播宗教的需要。

其次，在基督宗教的理念中，在上帝面前所有人都是平等的。这些来华

---

① William Milne, *A Retrospect of the First Ten Years of the Protestant Mission to China*, Malacca, 1820, pp. 89-93; Eliza A. Morrison ed., *Memoirs of the Life and Labours of Robert Morrison*, London: Longman, Orme, Brown, Green and Longmans, 1839, Vol. 1, pp. 329-333.

传教士努力的目的是要让更多的人"听到""上帝的话"，将圣经译成中文的首要宗旨就是让人明白"上帝赐给人的道"。作为以传教为主要特征的世界性宗教，基督宗教几乎从一开始就超越民族范围而进行传教活动，想要使全世界各民族的异教徒皈依基督宗教信仰和遵从基督徒的生活方式。清政府的禁教政策和中国传统士大夫对外国事物的拒绝和淡漠，对传统"圣教"的保护，使传教士面临难以预料的排斥，迫使他们必须更用心去寻找士大夫以外的民众归信者。

再次，方言白话更适宜于诵读。完全没有受过书本教育、不懂文言文的一般民众，只要是生活在本方言地区，都可以"听"明白方言白话。基督教教义是特别重视和强调"听到""上帝的话"的。"福音"一词的原意就是"好消息"，而"好消息"首先是通过"听"来完成的。如果使用文言圣经在方言地区讲道，讲道人还需要将文言圣经内容转述为口语；直接使用方言白话圣经，便可以避免这额外的一步。晚清时的中国民众，绝大多数人都没有受过书本教育，这是摆在传教士面前的一个严酷事实。而当地的方言白话肯定比文言更容易被人理解，这是毫无疑问的。

复次，传教士没有借助文言传承中华文化的压力和责任。相比通过文言方式来传承延续中国文化的中国士人来讲，外国传教士没有任何传承中国文化的责任和压力。他们的选择范围更为宽松自由，采用任何一种自己所属地区的方言白话来翻译《圣经》，对许多传教士来讲，已经逐渐成为最佳和最切实可操作的选择。《圣经》是历时千年形成的基督宗教的唯一文本经典，本身就由多种文体组成，叙事性和文学性很强。圣经文本的神圣性，令其翻译作品必须依据原文文体，不能随便改用其他文体来翻译。

最后，必须尽量彰显基督宗教的独特性。使用文言文翻译圣经，不可避免地会涉及和运用大量的儒家用语，并且有时在书写语言时会出现各种意义含蓄之处。这便不能在更大程度上彰显基督宗教作为一神教的独特性。① 从具体操作上讲，官话或白话的词语多由双音节或多音节组成，在含

---

① Report of the Committee of Translators of the High Wenli Version，*Records：China Century Missionary Conference*，*Held at Shanghai*，*April 25 to May 8*，*1907*，Shanghai：Centenary Conference Committee，1907，p. 273.

义表达上较一字一意的文言清晰明确；对翻译作品而言，更有助于避免一词多义。①

1858年（清咸丰八年）和1860年（清咸丰十年），随着《天津条约》和《北京条约》的签订，持续百年的禁教政策已被打破。外国传教士局限于东南亚华人华侨聚居区和东南沿海地区的地理限制被解除了，他们不仅可以进入中国内地传教，甚至可以进入北京城了。他们惊讶地发现，在中国还有许多种类不同方言的地区，中国的北方还拥有更为广阔的官话方言区域。官话不但使用的地域范围广阔，人数众多，有悠久的历史，而且还有自己的文学作品。② 传教士们逐渐认识到，中国所有受过书本教育的人都明了文言文，未受过书本教育的人，三分之二都说官话。甚至可以说，操官话方言的中国人数远超过世界上讲任何一种语言的人数。③ 更为复杂的各种当地方言种类，更为广大的官话方言地区，给传教士们带来了工作上的新机遇和新挑战。

圣经中译本是涉及最多中国各地方言白话的书籍。之所以出现这种局面，首先与中国的多种复杂的地区方言有关；也与基督教在中国的传播是从方言最为复杂的东南沿海地区，向北方官话地区和内地官话地区发展的传播路径有关；还与基督教与天主教不同，各国差会各自为政有关。

二、吴方言白话圣经汉字本

吴方言6个分支中，有4个分支与圣经翻译有关，即太湖分支的上海话、苏州话、宁波话、杭州话，台州分支的台州话，瓯江分支的温州话，婺州分支的金华话。

鸦片战争结束后，广州、上海、宁波、厦门和福州等东南沿海城市，率

---

① Miss Hattie Noyes，Girls' Schools，*Records of the General of the Protestant Missionaries of China*，Held at Shanghai，May 7-20，1890，Shanghai：American Presbyterian Mission Press，p. 223.

② 1864年4月12日美国长老会传教士丁韪良（William A. Martin）致美国长老会的信，转引自 Jost Oliver Zetzsche，*The Bible in China：the History of the Union Version or the Culmination of Protestant Missionary Bible Translation in China*，Sankt Augustin：Monumenta Serica Institute，1999，p. 140.

③ Marshall Broomhall，*The Chinese Empire：A General and Missionary Survey*，London：Morgan & Scott，1907，p. 373.

先成为最早对外开放的港口城市。这些地方是中国人口十分密集、方言最为繁杂的地区之一，后来成了基督教事业最为发达的地区，最早产生圣经方言译本的地区。最早的方言圣经汉字本（上海话）就产生在吴方言区域。

1. 太湖分支苏沪嘉小支：上海话和苏州话汉字本

上海话属于吴方言区太湖分支苏沪嘉小支。上海是中国最早传播基督教的地区之一，也产生了最早的方言圣经译本。上海话圣经译本有汉字本 30 种。①

最早的上海话汉字本是《约翰书》，1847 年在上海出版，由英国伦敦会传教士麦都思翻译，共 91 叶。它也是第一本《圣经》方言汉字本。②

1848 年，传教士在上海出版了英国伦敦会传教士美魏茶（William C. Milne）翻译的《马太福音》，在宁波出版了内地会麦克拉奇（Thomas Mc-Clatchie）翻译的《路加福音》。③ 1850 年，美国圣公会文惠廉（W. Jones Boone）等翻译的《马太传福音书》出版。他还译有《约翰传福音书》《使徒保罗达罗马人书》《马可传福音书》。④ 1871 年，美国圣经会出版了《四福音书》。

1881 年、1882 年，美国北长老会范约翰（John M. W. Farnham）、汤姆生（A. Thomson）和美国监理会蓝柏（J. W. Lambuth）修订的《新约全书》出版。⑤ 1893 年和 1894 年，和合本上海话的《马可福音》和《路加福音》在上海出版。1897 年，和合本《新约全书》出版。1908 年，美国圣经会出版《圣经全书》和合本的上海话译本汉字本，由美国监理会潘慎文（Alvin P. Parker）、范约翰，美

---

① Hubert W. Spillett，ed.，*A Catalogue of Scriptures in the Languages of China and the Republic of China*，Hong Kong：British and Foreign Bible Society，1975，pp. 183-192.

② Alexander Wylie，*Memorials of Protestant Missionaries to the Chinese：Giving a List of Their Publications and Obituary Notice of the Deceased with Copies Indexes*，Shanghai：American Presbyterian Mission Press，1867，p. 34.

③ Hubert W. Spillett，ed.，*A Catalogue of Scriptures in the Languages of China and the Republic of China*，Hong Kong：British and Foreign Bible Society，1975，p. 183.

④ Alexander Wylie，*Memorials of Protestant Missionaries to the Chinese：Giving a List of Their Publications and Obituary Notice of the Deceased with Copies Indexes*，Shanghai：American Presbyterian Mission Press，1867，pp. 101-102.

⑤ Eric M. North ed.，*The Book of A Thousand Tongues*，*Being Some Account of the Translation and Publication of All or Part of The Holy Scriptures into More Than a Thousand Languages and Dialects with Over 1100 Examples from the Text*，New York：The American Bible Society，1938，p. 96.

国基督会惠雅各（James Ware）、汤姆生，英国伦敦会包克私（Ernest Box）、美国浸礼会台物史（D. H. Davis），美国北长老会薛思培（John A. Silsby）代表几个基督教差会共同翻译。①

1854 年，美国圣经会在上海出版了文惠廉和吉牧师翻译的《创世纪》。这是上海话的第一本《旧约》。1882 年，英国伦敦会慕维廉（W. Muirhead）译成了《诗篇》。1885 年，《创世纪》《申命记》《出埃及记》出版。1908 年，美国圣经会在上海出版（日本横滨印刷）了《新约全书》汉字本。1908 年，美国圣经会在上海出版了《旧约全书》。

表 4-1　上海话汉字本、和合官话汉字本比较

上海话汉字本：《约翰书》 第 1 章第 1—3 节 ②	和合官话汉字本：《约翰福音》 第 1 章第 1—3 节
1 起头道有拉个、箇个道忒上帝两一淘个、道就是上帝拉。2 第个道勒拉起头忒上帝一淘个拉。3 样样物事、但任道造个、唔没道末、一样物事勿有拉。	1 太初有道，道与上帝同在，道就是上帝。2 这道太初与上帝同在。3 万物是藉着他造的；凡被造的，没有一样不是藉着他造的。

苏州话亦属于吴方言区太湖分支苏沪嘉小支。苏州话圣经译本有汉字本 7 种。

1879 年，美国南长老会戴维思（J. Wright Davis）翻译的《四福音书及使徒行传》在上海出版，是最早的苏州话汉字本。1880 年，美国圣经会在上海出版的《四福音书和使徒行传》，是由美国长老会费启鸿（George F. Fitch）和美国监理会潘慎文（Alvin P. Parker）在上海话《新约全书》的基础上翻译的。③

---

①　Eric M. North ed. , *The Book of A Thousand Tongues，Being Some Account of the Translation and Publication of All or Part of The Holy Scriptures into More Than a Thousand Languages and Dialects with Over 1100 Examples from the Text*，New York：The American Bible Society，1938，p. 96.

②　上海话汉字本：《约翰书》，《新约全书》，上海浸会堂 1876 年版。美国圣经会收藏。

③　Eric M. North ed. , *The Book of A Thousand Tongues，Being Some Account of the Translation and Publication of All or Part of The Holy Scriptures into More Than a Thousand Languages and Dialects with Over 1100 Examples from the Text*，New York：The American Bible Society，1938，p. 96.

1881 年，美国圣经会出版《新约全书》，1892 年再次修订出版。1908 年，美国圣经会出版《圣经全书》，由费启鸿、潘慎文和戴维思翻译。① 1913 年，美国圣经会在上海出版《新约全书》，这是最后一本苏州话圣经译本。

表 4-2　苏州话汉字本、和合官话汉字本比较

苏州话汉字本：《马太传福音书》 第 1 章第 18—20 节②	和合官话汉字本：《马太福音》 第 1 章第 18—20 节
18 耶稣基督养出来、是实梗个、俚个娘马利亚、已经搭约瑟攀亲哉、拉做亲个前头、马利亚受圣灵个感动日老得个胎。19 俚个官客约瑟、是有义气个人、勿要场面上坍家小个铳、要想私底下休脱俚。20 俚想个件事体个时候、嗒、主个天使、拉梦里现出来说、大辟个子孙约瑟呀、勿要怕讨傢个家小马利亚因为俚所有个喜、是从圣灵感动来个。	18 耶稣基督降生的事，记在下面。他母亲马利亚已经许配了约瑟，还没有迎娶，马利亚就从圣灵怀了孕。19 他丈夫约瑟是个义人，不愿意明明的羞辱他，想暗暗的把他休了。20 正思念这事的时候，有主的使者向他梦中显现，说大卫的子孙约瑟，不要怕，只管娶过你的妻子马利亚来。因他所怀的孕，是从圣灵来的。

2. 太湖分支甬江小支：宁波话汉字本

宁波位于浙江东部，宁波话属于吴方言太湖分支甬江小支。宁波话圣经译本有汉字本 11 种。③

1874 年，美国圣经会出版了美国浸礼会罗梯尔（Edward C. Lord）译的《新约书》。这是第一本宁波话汉字本。1894 年，美国浸礼会秦贞（Horace Jenkins）翻译的《约翰传福音书》出版，以后他还陆续出版了：《马太传福音书》（1897 年）、《约翰传福音书》（1897 年）、《罗马书》（1898 年）、《希伯来书》（1899 年）。1903 年，秦贞翻译的《提摩太前后书》出版。这是最后一本宁波话汉字本。④

---

① Eugene A. Nida ed. , *The Book of A Thousand Tongues* , New York：United Bible Societies，1972，p. 86.

② 苏州话汉字本：《马太传福音书》，《新约全书略注》，上海美华书馆 1879 年版。美国圣经会收藏。

③ Hubert W. Spillett ed. , *A Catalogue of Scriptures in the Languages of China and the Republic of China* , Hong Kong：British and Foreign Bible Society，1975，pp. 174-181.

④ Hubert W. Spillett ed. , *A Catalogue of Scriptures in the Languages of China and the Republic of China* , Hong Kong：British and Foreign Bible Society，1975，p. 181.

3. 太湖分支杭州小支：杭州话汉字本

杭州话属吴方言太湖分支杭州小支。杭州话圣经译本有汉字本 1 种。① 1877
年，《新约选译》汉字本出版，由英国圣公会慕雅德（Arthur E. Moule）和他的妻子
翻译。

三、闽方言白话圣经汉字本

闽方言分布在福建，广东东部，海南东部、南部和西南部，浙江东南部
以及台湾地区。圣经翻译与闽方言 6 个分支中的 5 个分支有关，即闽东分支
的福州话，闽南分支的厦门话和汕头话，莆仙分支的兴化话，闽北分支的建
阳话，琼雷分支的海南话。其中，福州话、厦门话、汕头话 3 种方言才有圣
经汉字本。

1. 闽东分支南片：福州话汉字本

福州话属闽方言的闽东分支南片，其圣经译本又称榕腔译本，有汉字本
42 种、罗马字本 9 种和国语注音字母本 5 种。这些译本早期多为汉字本，后
期多为罗马字本。②

最早的汉字本是 1852 年美国圣经会在福州出版的美国美以美会怀德
（Moses Clark White）翻译的《马太传福音书》。1852 年，《马可传福音书》在福
州出版。③ 1853 年，美国公理会弼来满（Lyman B. Peet）的《新约全书》、美国
美以美会麦利和（Robert Samuel Maclay）的《约翰福音》出版④。1854 年，温敦
翻译的《马太福音》和《约翰福音》出版。1856 年，英国圣经会在福州出版了温
敦等人翻译的《新约全书》。同年，美国圣经会出版了由弼来满，美国公理会
卢公明（Justus Doolittle）、摩怜（Cabeb Cook Baldwin）和麦利和翻译的《新约

---

① Hubert W. Spillett ed. , *A Catalogue of Scriptures in the Languages of China and
the Republic of China*, Hong Kong：British and Foreign Bible Society，1975，pp. 166-167.

② Hubert W. Spillett ed. , *A Catalogue of Scriptures in the Languages of China and
the Republic of China*, Hong Kong：British and Foreign Bible Society，1975，pp. 143-154.

③ Hubert W. Spillett ed. , *A Catalogue of Scriptures in the Languages of China and
the Republic of China*, Hong Kong：British and Foreign Bible Society，1975，p. 143.

④ Alexander Wylie, *Memorials of Protestant Missionaries to the Chinese：Giving a
List of Their Publications and Obituary Notice of the Deceased with Copies Indexes*, Shang-
hai：American Presbyterian Mission Press，1867，p. 119.

圣经》，1866 年修订后再版，1869、1878、1891 年又再印。① 1910 年，经过传教士的再修订，最后一本福州方言的汉字本《新约全书》出版。

表 4-3　福州话汉字本、和合官话汉字本比较（1）

福州话汉字本：《马太传福音书》 第 1 章第 18—20 节②	和合官话汉字本：《马太福音》 第 1 章第 18—20 节
18 耶稣基督降生其来历、是学将矣、伊娘奶马利亚共约瑟做亲了、昧讨过门、就感著圣神得胎。19 伊唐晡约瑟是义人、怀欲明明凌辱伊、意欲私下怀值伊。20 正礼想时候、主其天使、托梦共伊讲、大辟其仔孙、著讨汝佬妈马利亚、怀驶可疑、因伊带女身、是感著圣神。	18 耶稣基督降生的事，记在下面。他母亲马利亚已经许配了约瑟，还没有迎娶，马利亚就从圣灵怀了孕。19 他丈夫约瑟是个义人，不愿意明明的羞辱他，想暗暗的把他休了。20 正思念这事的时候，有主的使者向他梦中显现，说大卫的子孙约瑟，不要怕，只管娶过你的妻子马利亚来。因他所怀的孕，是从圣灵来的。

1866 年，美国圣经会在福州出版麦利和翻译的《约伯记》。摩怜翻译了大部分《旧约》：1868 年，出版《诗篇》和《箴言》；1875 年，出版《创世纪》《路得记》《撒母尔记上》《但以理书》；1876 年，出版《出埃及记》；1877 年，出版《利未记》和《士师记》；1878 年，出版《民数记》和《申民记》；1879 年，出版《以斯拉记》《尼希米记》《以斯贴记》。1884 年，美国圣经会出版《旧约全书》，由英国圣公会伍定（S. E. Woodin）、胡约翰（John Richard Wolfe），美国美以美会保灵（Stephen Livingston Baldwin），英国圣公会罗为霖（Llewellyn Lloyd）翻译。1891 年，英国圣经会和美国圣经会出版《圣经全书》，1901、1909 年再版。③

---

① ［英］贾立言：《汉文圣经译本小史》，冯雪冰译，华文印刷局 1944 年版，第 91 页。

② 福州话汉字本：《马太传福音书》，福州美华书局 1862 年版。美国圣经会收藏。

③ Eugene A. Nida ed. ，*The Book of A Thousand Tongues*，New York：United Bible Societies，1972，pp. 78-79.

表 4-4　福州话汉字本、和合官话汉字本比较(2)

福州话汉字本：《创世纪》 第 1 章第 1—8 节①	和合官话汉字本：《创世纪》 第 1 章第 1—8 节
1 原始时候、上帝创造天地、2 地是空虚混沌、深渊上势乌暗、上帝其神、运动落水面。3 上帝讲、着务光、就务光。4 上帝看者光是好、就分别光共暗。5 者光上帝叫啰日中、暗叫啰暝晡、务暝晡、日中、这是头一日。6 上帝讲、水中着务空气、俤分开上下其水。7 上帝造者空气、连分别。空气上下其水、就务将换。8 者空气上帝叫啰天、务暝晡务日中、这是第二日。	1 起初神创造天地。2 地是空虚混沌，渊面黑暗；神的灵运行在水面上。3 神说："要有光。"就有了光。4 神看光是好的，就把光暗分开了。5 神称光为昼，称暗为夜。有晚上，有早晨，这是头一日。6 上帝说："诸水之间要有空气，将水分为上下。"7 上帝就造出空气，将空气以下的水，空气以上的水分开了。事就这样成了。8 上帝称空气为天。有晚上，有早晨，是第二日。

2. 闽南分支东片：厦门话汉字本

厦门话通行于厦门、漳州、泉州及台湾等地，属闽方言的闽南分支东片。厦门话圣经译本绝大部分为罗马字本，共 27 种。汉字本仅 1 种②，即 1863 年美国圣经会在厦门出版的美国归正会胡理敏(Alvin Ostrom)翻译的《马可福音》。③

3. 闽南分支南片：汕头话汉字本

汕头话又称潮汕话，属于闽方言的闽南分支南片。汕头话圣经汉字本有 15 种。④

最早的汉字本是 1875 年在汕头出版的美国浸礼会真神堂巴志玺(S. B. Partridge)翻译的《路得记》。同是巴志玺翻译的《使徒行传》和《马太福音》《路加福音》分别于 1877 年和 1882 年出版。1898 年，巴志玺、美国浸礼会真神堂耶琳(W. Ashmore，Jr.)翻译的《新约全书》出版；1916 年，《摩西五

---

① 福州话汉字本：《创世纪》，福州美华书局 1875 年版。美国圣经会收藏。

② Hubert W. Spillett ed.，*A Catalogue of Scriptures in the Languages of China and the Republic of China*，Hong Kong：British and Foreign Bible Society，1975，pp. 122-129.

③ Eric M. North ed.，*The Book of A Thousand Tongues*，*Being Some Account of the Translation and Publication of All or Part of The Holy Scriptures into More Than a Thousand Languages and Dialects with Over 1100 Examples from the Text*，New York：The American Bible Society，1938，p. 91.

④ Hubert W. Spillett ed.，*A Catalogue of Scriptures in the Languages of China and the Republic of China*，Hong Kong：British and Foreign Bible Society，1975，pp. 196-205.

经》在广州出版。1922 年，耶琳翻译的《圣经全书》出版。这也是汕头话的最后一本圣经译本。①

表 4-5　汕头话汉字本、和合官话汉字本比较

汕头话汉字本：《马太福音》 第 1 章第 18—20 节 ②	和合官话汉字本：《马太福音》 第 1 章第 18—20 节
18 耶稣基督出世个事如下文、伊个阿母马利亚、已经许配给约瑟、未尝配合、就看出有孕是由圣灵个、19 伊夫约瑟乃是义个人、不甘显现辱伊、意欲私下休丢伊。20 正在想个时候、主个使者在梦中显现在伊咀、大辟个后裔约瑟呀、勿将娶汝妻马利亚为惊惧、因为伊所怀个胎、是由圣灵也。	18 耶稣基督降生的事，记在下面。他母亲马利亚已经许配了约瑟，还没有迎娶，马利亚就从圣灵怀了孕。19 他丈夫约瑟是个义人，不愿意明明的羞辱他，想暗暗的把他休了。20 正思念这事的时候，有主的使者向他梦中显现，说大卫的子孙约瑟，不要怕，只管娶过你的妻子马利亚来。因他所怀的孕，是从圣灵来的。

四、粤方言白话圣经汉字本

与圣经翻译有关的粤方言仅 1 个分支，即广府分支的广州话。广府分支分布在广州、佛山、东莞、中山、深圳、云浮、珠海等地，是粤方言中使用人口最多的分支。广州话属粤方言广府分支，略有文白异读现象，其方言圣经译本的汉字本有 49 种③，是方言圣经汉字本最多的一种。

最早的广州话汉字本是 1862 年美国圣经会在广州出版的美国长老会丕思业（Charles Finney Preston）翻译的《马太传福音书》《约翰传福音书》。1868 年，丕思业、英国循道会俾士（George Piercy）、德国礼贤会公孙惠（Adam Krolczyk）等人组成了广州话圣经翻译委员会。1871 年，《路加福音》《哥林多前书》《哥林多后书》译成，提交至英国圣经会。中国海关的湛玛师（John Chalmers）

---

① Eric M. North ed., *The Book of A Thousand Tongues*, *Being Some Account of the Translation and Publication of All or Part of The Holy Scriptures into More Than a Thousand Languages and Dialects with Over 1100 Examples from the Text*, New York：The American Bible Society, 1938, p. 97.

② 汕头话汉字本：《新约全书》，汕头土白，上海美华书馆 1898 年版。美国圣经会收藏。

③ Hubert W. Spillett ed., *A Catalogue of Scriptures in the Languages of China and the Republic of China*, Hong Kong：British and Foreign Bible Society, 1975, pp. 130-142.

和帕克斯(Henry Parkers)被任命修订广州话圣经翻译委员会的其他译作。1872年，英国圣经会在香港出版了《哥林多书》《马可福音》《路加福音》《使徒行传》。1873年，《马太福音》《约翰福音》在香港出版。① 1877年，多人翻译的《新约选译》出版。1894年，美国圣经会出版了《圣经全书》，由美国长老会那夏礼(Henry V. Noyes)和美国北长老会香便文(Benjamin C. Henry)翻译。他们还于1895年修订出版了《新约全书》。② 1926年，英国圣经会和美国圣经会出版了《新约全书》，英国圣公会郑伯士(P. H. Jenkins)和王 T. N. 是主要翻译人。1938年，在英国圣经会和美国圣经会的支持下，郑伯士和 Kwang Ning Fat 修订了《旧约全书》。③

表4-6　广州话汉字本、和合官话汉字本比较(1)

广州话汉字本：《马太福音》第1章第18—20节④	和合官话汉字本：《马太福音》第1章第18—20节
18 耶稣基督降生之事、记在下面、渠母亲马利亚已经许配约瑟、但未尝同室、马利亚已经从圣灵怀孕。19 渠丈夫约瑟系个端正嘅人、但唔肯明明羞辱渠、故此就想静中共渠离婚。20 正在思念呢件事之时、主嘅使者、在梦中显现过渠话、大卫嘅子孙、约瑟呀、唔怕娶你嘅妻马利亚翻来、因渠将拯救渠嘅子民、脱离罪恶呀。	18 耶稣基督降生的事，记在下面。他母亲马利亚已经许配了约瑟，还没有迎娶，马利亚就从圣灵怀了孕。19 他丈夫约瑟是个义人，不愿意明明的羞辱他，想暗暗的把他休了。20 正思念这事的时候，有主的使者向他梦中显现，说大卫的子孙约瑟，不要怕，只管娶过你的妻子马利亚来。因他所怀的孕，是从圣灵来的。

---

① Hubert W. Spillett ed. , *A Catalogue of Scriptures in the Languages of China and the Republic of China*, Hong Kong：British and Foreign Bible Society，1975，pp. 131-133.

② Hubert W. Spillett ed. , *A Catalogue of Scriptures in the Languages of China and the Republic of China*, Hong Kong：British and Foreign Bible Society，1975，p. 136.

③ Eric M. North ed. , *The Book of A Thousand Tongues，Being Some Account of the Translation and Publication of All or Part of The Holy Scriptures into More Than a Thousand Languages and Dialects with Over 1100 Examples from the Text*，New York：The American Bible Society，1938，p. 91.

④ 广州话汉字本：《马太福音》，《新约全书》，美华圣经会、圣书公会印发，1925年版。美国圣经会收藏。

表 4-7　广州话汉字本、和合官话汉字本比较(2)

广州话汉字本:《创世纪》 第 1 章第 1—8 节①	和合官话汉字本:《创世纪》 第 1 章第 1—8 节
1 太初之时、上帝创造天地、2 地系空虚蒙混、渊上黑暗、上帝之神、运行水面。3 上帝话、应该有光、嗽就有光、4 上帝见光系好、就分开光暗、5 上帝叫个的光为昼、叫个的暗为夜、有晚有朝、系第一日。6 上帝话、水中应有穹苍、口黎分开上下嘅水不、7 就作出穹苍、令苍苍以上、共穹苍以下嘅水伶俐分开、于是就照嗽样。上帝叫穹苍为天、有晚有朝、系第二日。	1 起初神创造天地。2 地是空虚混沌，渊面黑暗；神的灵运行在水面上。3 神说："要有光。"就有了光。4 神看光是好的，就把光暗分开了。5 神称光为昼，称暗为夜。有晚上，有早晨，这是头一日。6 神说："诸水之间要有空气，将水分为上下。"7 神就造出空气，将空气以下的水，空气以上的水分开了。事就这样成了。8 神称空气为天。有晚上，有早晨，是第二日。

五、客家方言白话圣经汉字本

客家话的形成历史悠久复杂。相传西晋末、唐末及南宋末，黄河流域汉人几度南下，散居于江西、福建、广东东部及北部等地，客家话由此产生。因此，客家话虽然是一种南方方言，但由于是在北方移民南下的影响中形成的，故而保留了一些中古中原话的特点。客家话主要分布在我国的 8 个省区，即广东、广西、福建、台湾、江西、海南、湖南、四川，其中广东中东部、福建西部、江西南部为客家人居住最集中地区，此外，海外华侨、华商也有很多人讲客家话。它是除官话方言外，分布地区最广的方言，虽然地域广大，但内部有相当的统一性。例如，四川和广东相距遥远，但用客家话仍能沟通。全国讲客家话的人口约 5 000 万，占全国总人口的比例不容忽视。②

分布比较集中的客家话可以分为 9 个分支：粤台分支(含嘉应小支、兴华小支、新惠小支、韶南小支)，粤中分支，惠州分支，粤北分支，粤西分支，汀州分支，宁龙分支，于桂分支，铜鼓分支。其中与圣经翻译有关的客家话共 4 种，即粤台分支、粤北分支的三江话、不分片客家话的五经富话、汀州分支的汀州话。其中，粤台分支和三江话才有汉字本。

---

① 广州话汉字本:《创世纪》,《旧约全书》,1907 年版。美国圣经公会收藏。

② 黄德才主编:《广东省志·宗教志》,广东人民出版社 2002 年版,第277 页。

1. 粤台分支汉字本

客家方言粤台分支圣经译本有汉字本 14 种。①

1881 年，瑞士巴色会毕安（Charles Piton）翻译的《路加福音》出版。这是第一个客家话汉字本。1883 年，由毕安翻译的《新约全书》出版。1905 年，浸会书局在广州出版了为浸礼会专用的《四福音》和《使徒行传》合刊本。1906 年，英国圣经会出版了《新约全书》修订本，由瑞士巴色会的颜琼林（A. Nagel）、古斯曼（G. Gussman）、艾伯特（W. Ebert）翻译。1917 年，浸会书局在广州出版了《新约全书》。②

表 4-8　客家方言粤台分支汉字本、和合官话汉字本比较（1）

客家方言粤台分支汉字本：《玛太福音书》 第 1 章第 21—23 节 ③	和合官话汉字本：《马太福音》 第 1 章第 21—23 节
21 渠会生一个孩子、汝就好安 W 其名耶稣、因为渠会打救其子民脱罪、22 这咁多得成就、系来应验主托先知师讲过嘅、话、23 看下该女子会有身运、养一个孩子、人就会喊渠以玛内利、译转就系话、上帝同吾等共下。	21 他将要生一个儿子。你要给他起名叫耶稣。因他要将自己的百姓从罪恶里救出来。22 这一切的事成就，是要应验主藉先知所说的话，23 说，必有童女，怀孕生子，人要称他的名为以马内利。以马内利翻出来，就是神与我们同在。

1886 年，英国圣经会出版了毕安翻译的《创世纪》和《出埃及记》合刊本，1890 年出版了《诗篇》。1885 年，英国圣经会承担了《旧约全书》客家话汉字本的经费。1886 年，由毕安翻译了《创世纪》和《出埃及记》，《旧约全书》则由史鄂图（Otto Schltze）译成。④ 1916 年，上海英国圣经会出版了《圣经全书》。

---

① Hubert W. Spillett ed. , *A Catalogue of Scriptures in the Languages of China and the Republic of China* , Hong Kong：British and Foreign Bible Society，1975，pp. 158-164.

② Eric M. North ed. , The *Book of A Thousand Tongues* , *Being Some Account of the Translation and Publication of All or Part of The Holy Scriptures into More Than a Thousand Languages and Dialects with Over 1100 Examples from the Text* , New York：The American Bible Society，1938，p. 93.

③ 客家方言粤台分支汉字本：《玛太福音书》，《新约圣经》，圣书公会 1916 年版。美国圣经会收藏。

④ ［英］贾立言：《汉文圣经译本小史》，冯雪冰译，华文印刷局 1944 年版，第 92 页。

表4-9　客家方言粤台分支汉字本、和合官话汉字本比较（2）

客家方言粤台分支汉字本：《创世纪》 第1章第1—8节①	和合官话汉字本：《创世纪》 第1章第1—8节
1始初上帝造天造地、2地系混沌、空虚、深渊面上黑暗、上帝之神埔紧在水面、3上帝话、爱有光、就有光、4上帝看倒光系好、就分光隔暗、5上帝安光做日辰头、安暗做夜晡辰、有晚辰、有朝辰、系第一日、6上帝话、水中间、爱有大空、来分水隔水、7上帝就做倒大空、分大空下嘅水、隔大空上嘅水、就系咁样成就、8上帝安大空做天、有晚辰、有朝辰、系第二日。	1起初神创造天地。2地是空虚混沌，渊面黑暗；神的灵运行在水面上。3神说："要有光。"就有了光。4神看光是好的，就把光暗分开了。5神称光为昼，称暗为夜。有晚上，有早晨，这是头一日。6神说："诸水之间要有空气，将水分为上下。"7神就造出空气，将空气以下的水，空气以上的水分开了。事就这样成了。8神称空气为天。有晚上，有早晨，是第二日。

2. 粤北分支：三江话汉字本

三江，即今广东省北部连南瑶族自治县三江镇，其方言属客家方言粤北分支。三江话圣经译本有汉字本4种。美国长老会在三江的女医生车以纶（Eleamor Chesnut）②用三江话翻译了《四福音书》：1904年，出版《马太福音》；1905年，出版《马可福音》《路加福音》和《约翰福音》。③

表4-10　三江话汉字本、和合官话汉字本比较

三江话汉字本：《马太福音》 第1章第21—23节④	和合官话汉字本：《马太福音》 第1章第21—23节
21渠必定会生一个仔、你可以同渠安名喊耶稣、因为渠受救渠阶百姓出罪恶中呀、22帝件事成、应验先知所讲阶话、23渠话、唔曾嫁阶女子、将来暖怀孕生仔、人家称渠名做以马内利、译转帝的阶意思、就系神同埋哩哗。	21他将要生一个儿子。你要给他起名叫耶稣。因他要将自己的百姓从罪恶里救出来。22这一切的事成就，是要应验主藉先知所说的话，23说，必有童女，怀孕生子，人要称他的名为以马内利。以马内利翻出来，就是神与我们同在。

① 客家方言粤台分支汉字本：《创世纪》，《新旧约全书》，1931年版。美国圣经会收藏。

② 车以纶生平，参见黄韶声：《清末连州教案始末》，《广东文史资料》1963年第8辑，第93页。

③ Hubert W. Spillett ed. ，*A Catalogue of Scriptures in the Languages of China and the Republic of China*，Hong Kong：British and Foreign Bible Society，1975，p. 182.

④ 客家方言三江话汉字本：《马太福音》，大美国圣经会托印，上海华美书局1904年版。美国圣经会收藏。

六、官话方言白话圣经汉字本

官话是最重要的汉语方言，主要分布于长江以北，长江以南（包括四川、贵州、云南三省，湖北西北角，镇江至九江的部分沿长江地区），河西走廊及新疆等 26 个省市自治区。其通行范围之广、使用人口之多，是汉语中任何一种方言都不能与之相比的。按照内部差异，官话又可分为江淮分支、北京分支、西南分支、胶辽分支、冀鲁分支、东北分支、中原分支、兰银分支 8 个分支。其中前 5 个分支与圣经翻译有关。相比来讲，官话方言圣经译本比东南沿海地区的方言译本出现的时间晚。这是因为基督教之传入中国，是从东南沿海逐渐向北、向内地发展的。

这时的《圣经》汉译已取得了相当大的成果：1822 年，第一本汉文《圣经全书》——马士曼译本——在印度塞兰坡出版；1823 年，马礼逊译本在今马六甲出版；1837 年和 1840 年，郭士立译本的《新约全书》和《旧约全书》在巴塔维亚（今雅加达）出版；1852 年和 1854 年，委办译本的《新约全书》和《旧约全书》出版；1864 年，裨治文译本出版；1868 年，高德译本出版。这些早期《圣经》汉译本均为深文理译本，即非常深奥的书面文言文。所以，对当时绝大多数没有受过书本教育的中国人来说，研读理解文字深奥、与中国传统文化完全不同的《圣经》，是一件非常困难的事情。这对基督福音在中国的传播也是不利的。此外，在中国各地的传教士为了基督福音的传播，还出版过一些用方言汉字或传教士创造的方言罗马字翻译的单卷本和全本《圣经》。方言《圣经》相对简单易懂，但都是早期对外国传教士开放和传教士能到达的东南沿海一带的方言土语。例如，1847 年第一本方言圣经——上海话的《约翰书》——出版，1852 年第一本方言罗马字圣经——宁波话的《路加福音书》——出版。但对广大的北方官话地区来说，这些方言译本并没有什么实际意义。

1. 江淮分支：南京官话汉字本

南京话属官话方言江淮分支。南京官话译本有汉字本 15 种。①

上海开埠后，最早到达上海的英国伦敦会传教士麦都思已经深刻地意识到官话的重要性。麦都思与英国伦敦会传教士施敦力合作督导一名南京人，将他们已翻译出版的委办译本《新约全书》的文言文修改译成南京官话。② 1854 年，英国圣经会在上海出版了 10 万册南京官话译本《马太福音》。③ 这是圣经中文第一本官话译本。1857 年，英国圣经会在上海出版了南京官话译本《新约全书》，约 5 万册。1869 年，英国圣经会在上海出版了 5 万册南京官话译本《新约全书》的修订本。④

一直以来，圣经翻译者们都认为，南京官话译本不是非常准确的翻译。然而作为基督教第一部官话译本，它被视为开路先锋的译本，深深影响了后来的中文圣经翻译方向。⑤ 除了某些音译的改变和中国成语的运用外，南京官话译本也引入了某些非常口语化的片语。这表明这部新约的语言是基于官话口语的，而不是试图创造一种官话的文学形式。

---

① Hubert W. Spillett ed. ，*A Catalogue of Scriptures in the Languages of China and the Republic of China*，Hong Kong：British and Foreign Bible Society，1975，pp. 119-121.

② Marshall Broomhall，*The Bible in China*，London：British and Foreign Bible Society，1934，p. 81；Hubert W. Spillett ed. ，*A Catalogue of Scriptures in the Languages of China and the Republic of China*，Hong Kong：British and Foreign Bible Society，1975，p. 119；Eugene A. Nida ed. ，*The Book of A Thousand Tongues*，New York：United Bible Societies，1972，p. 83.

③ Eric M. North ed. ，*The Book of A Thousand Tongues*，*Being Some Account of the Translation and Publication of All or Part of The Holy Scriptures into More Than a Thousand Languages and Dialects with Over 1100 Examples from the Text*，New York：The American Bible Society，1938，p. 90.

④ Eric M. North ed. ，*The Book of A Thousand Tongues*，*Being Some Account of the Translation and Publication of All or Part of The Holy Scriptures into More Than a Thousand Languages and Dialects with Over 1100 Examples from the Text*，New York：The American Bible Society，1938，p. 90.

⑤ William Muirhead，Historical Summary of the Different Versions，*Records of the General Conference of the Protestant Missionaries of China*，*Held at Shanghai*，*May 2-20*，*1890*，Shanghai：Presbyterian Mission Press，1890，p. 36.

表 4-11　南京官话汉字本、和合官话汉字本比较

南京官话汉字本：《马可传福音书》 第 1 章第 1—4 节①	和合官话汉字本：《马可福音》 第 1 章第 1—4 节
1 这本书是要讲明上帝的儿子、耶稣基督福音起头的事。2 在先知书上、有上帝的话道、我打发我的使者、在你面前、预备你的道路。3 在旷野有声音喊道、预备上主的道儿、修直他的小路。4 约翰在荒野行洗礼、传悔罪的道理、替人家施洗、可以免罪。	1 神的儿子，耶稣基督福音的起头。2 正如先知以赛亚书上记着说："看哪！我要差遣我的使者在你前面，预备道路。"3 以旷野有人声喊着说："预备主的道，修直他的路。"4 照这话，约翰来了，在旷野施洗，传悔改的洗礼，使罪得赦。

2. 北京分支：北京官话汉字本

北京官话是指明清以来，以北京话为基础形成的官方普遍使用的共同语。在圣经翻译兴盛的晚清时期，北京是政治文化中心，北京官话起到了最大范围的共同语的作用。它既超越了其他任何一种方言的作用，也超越了同属官话方言的西南官话、南京官话的相对区域性作用。官话语音以北京话为主，大约是在 19 世纪中叶才形成的。②

1861 年，英国圣经会向在华北的传教士建议，应该筹备翻译一本在更大范围使用的北京官话圣经译本。1863 年，基督教各差会最早到达北京的传教士组成了圣经北京官话翻译委员会。1864 年，该编委会出版了《约翰福音》试行版；1867 年，出版了《马太福音》《马可福音》《路加福音》《约翰福音》和《使徒行传》；1869 年，出版了《罗马书》至《腓利门书》；1870 年，出版了《罗马书》至《启示录》③，并出版了《新约全书》；1872 年，出版了《新约

---

① 　南京官话汉字本：《新约全书》，美华书馆 1857 年版。美国圣经会收藏。

② 　W. South Coblin, A Brief History of Mandarin, *Journal of the American Oriental Society* 120, No. 4 (October-December 2000), pp. 537-552, 转引自麦金华：《大英圣书公会与官话和合本圣经翻译》，基督教中国宗教文化研究社 2010 年版，第 1 页。

③ 　T. H. Darlow and H. F. Moule, *Historical Catalogue of the Printed Editions of Holy Scripture in the Library of the British and Foreign Bible Society*, *Greek and Hebrew Editions*, London: British and Foreign Bible Society, 1903, Vol, II-1, 211ff; John R. Hykes, *The American Bible Society in China*, New York: American Bible Society, 1916, p. 10, 上海档案馆 U120—0—25。

全书》修订本。① 1874 年，美国圣经会出版了由美国圣公会第二任主教、犹太人施约瑟（Samuel I. Joseph Schereschewsky）独立翻译的北京官话《旧约全书》②。该译本价值极高，不但忠实原文，而且译文流畅，其"独立的价值不易为别的译本所胜过"③，"40 年来无竞争对手"④。

表 4-12　北京官话汉字本、和合官话汉字本比较（1）

北京官话汉字本：《约翰传福音书》 第 1 章第 18—23 节⑤	和合官话汉字本：《约翰福音》 第 1 章第 18—23 节
14 道成了人身、住在我们中间、充充满满的有恩典、有真理、我们看见过他的荣光、正是父的独生子的荣光。15 约翰为他作见证、大声说、我曾说有一个人比我后来、反在我以前、因为他本来在我以前、所说的就是这个人。16 我们从他充满的恩典里、都得了恩、又恩上加恩。17 律法是借着摩西传的、恩典真理、都是从耶稣基督来的。	14 道成了肉身，住在我们中间，充充满满地有恩典有真理。我们也见过他的荣光，正是父独生子的荣光。15 约翰为他作见证，喊着说："这就是我曾说：'那在我以后来的，反成了在我以前的，因他本来在我以前。'"16 从他丰满的恩典里，我们都领受了，而且恩上加恩。17 律法本是借着摩西传的；恩典和真理都是由耶稣基督来的。

"历来最精心谨慎的译本"⑥，即北京官话圣经译本广泛恒久的影响和意义，远远超出了该书翻译者们的想象和期盼。今天看来，这本最早被翻译成

---

① Eric M. North ed. ，*The Book of A Thousand Tongues*，*Being Some Account of the Translation and Publication of All or Part of The Holy Scriptures into More Than a Thousand Languages and Dialects with Over 1100 Examples from the Text*，New York：The American Bible Society，1938，p. 88.

② Marshall Broomhall，*The Chinese Empire*，*A General and Missionary Survey*，London：Morgan&. Scott，China Inland Mission，1907，p. 386；Eric M. North ed. ，*The Book of A Thousand Tongues*，*Being Some Account of the Translation and Publication of All or Part of The Holy Scriptures into More Than a Thousand Languages and Dialects with Over 1100 Examples from the Text*，New York：The American Bible Society，1938，p. 88；杨森富：《中国基督教史》，台湾商务印书馆 1968 年版，第 379 页。

③ ［英］贾立言：《汉文圣经译本小史》，冯雪冰译，华文印刷局 1944 年版，第 71 页。

④ John R. Hykes，*The American Bible Society in China*，New York：American Bible Society，1916，p. 42，上海档案馆 U120－0－25；Marshall Broomhall，*The Bible in China*，London：British and Foreign Bible Society，1934，p. 82。

⑤ 北京官话汉字本：《约翰传福音书》，《新约全书》，京都东交民巷耶稣堂藏板，京都美华书馆 1872 年版。美国圣经会收藏。

⑥ ［英］贾立言：《汉文圣经译本小史》，冯雪冰译，华文印刷局 1944 年版，第 68 页。

官话的圣经译本，在中国境内的重要意义，甚至可以与英国的钦定本圣经或德国的路德本圣经相媲美，"意义非凡"①。它语言"简洁、清晰，兼而有之，是中国圣经历史上的划时代著作"②，因此立即在整个官话地区，即"中华帝国的一半地区"取代了深文理译本，广泛流传在家庭、学校、教会与崇拜礼仪中，并从那时就站稳了脚跟。③ 1878 年，英国圣经会将《新约全书》和《旧约全书》合并，出版了《圣经全书》，"曾通行全中国达 40 余年之久"④，成为在华外国差会统一翻译的和合官话译本于 1919 年出版前最为常用、流传最广的圣经版本。

表 4-13 北京官话汉字本、和合官话汉字本比较(2)

北京官话汉字本：《创世纪》 第 1 章第 1—8 节⑤	和合官话汉字本：《创世纪》 第 1 章第 1—8 节
1 起初的时候、神创造天地。2 地是空虚混沌、水面黑暗、神的灵运行在水面上。3 神说、要有光、就有了光。4 神看光是好的、神就将光暗分开了。5 神称光为昼、称暗为夜。有晚有早、就是头一日。6 神说、水中要有空气、叫上下的水分开。7 神就造出空气、将空气以上空气以下的水分开了、便如话而成了。8 神称空气为天。有晚有早、是第二日。	1 起初上帝创造天地。2 地是空虚混沌，渊面黑暗；上帝的灵运行在水面上。3 上帝说："要有光。"就有了光。4 上帝看光是好的，就把光暗分开了。5 上帝称光为昼，称暗为夜。有晚上，有早晨，这是头一日。6 上帝说："诸水之间要有空气，将水分为上下。"7 上帝就造出空气，将空气以下的水，空气以上的水分开了。事就这样成了。8 上帝称空气为天。有晚上，有早晨，是第二日。

---

① John Wherry, Historical Summary of the Different Versions of the Scriptures, *Records of the General Conference of the Protestant Missionaries of China*, Held at Shanghai, May 2-20, 1890, Shanghai: Presbyterian Mission Press, 1890, p. 56.

② Marshall Broomhall, *The Bible in China*, London: British and Foreign Bible Society, 1934, p. 84.

③ John Wherry, Historical Summary of the Different Versions of the Scriptures, *Records of the General Conference of the Protestant Missionaries of China*, Held at Shanghai, May 2-20, 1890, Shanghai: Presbyterian Mission Press, 1890, p. 56; 汤因：《中国基督教圣经事业史料简编》，《协进》1953 年第 9 期，第 31 页。

④ 杨森富：《中国基督教史》，台湾商务印书馆 1968 年版，第 379 页。

⑤ 北京官话汉字本：《创世纪》，《旧约全书》，上海美华书馆 1878 年版。美国圣经会收藏。

北京官话译本为中国圣经翻译的历史开启了白话文体圣经的新里程，在华的英美圣经公会也对这类译本进行了大量的刊印。

3. 西南分支：汉口官话汉字本

汉口话属官话方言西南分支。汉口话圣经译本有汉字本 11 种。

1870 年，北京官话译本出版。它虽然是本官话译作，但却是更面向北方地区的官话译作。于是，英国圣经会和苏格兰圣经公会联合邀请在汉口的英国伦敦会传教士杨格非（Griffith John）再翻译一本面向南方的通用的官话译本。杨格非便将其 1885 年完成的《新约译本》浅文理译本转译为汉口官话，完成了《新约全书》和部分《旧约》。1889 年，《新约全书》由苏格兰圣经公会出版发行。

表 4-14　汉口官话汉字本、和合官话汉字本比较

汉口官话汉字本：《马太福音》 第 1 章第 20—24 节①	和合官话汉字本：《马太福音》 第 1 章第 20—24 节
20 正思念这事的时候、主的使者、梦中现于约瑟、对他说、大辟的子孙约瑟、可娶你妻马利亚来、不用惧怕、因他所有的身孕、原是受圣神感动的、21 他将要生一个儿子、你可替他起名叫耶稣、因为他必将他的百姓、从罪恶中救出来、22 这事成就、为要应验主托先知所说的话、23 他说、童女将怀孕生子、人必称他的名为以马内利、翻译出来、就是上帝与我们同在的意思、24 约瑟醒了、就遵主的使者所吩咐的话、将他的妻娶来、但没有与他同房、等他生了头一个儿子、就起名叫耶稣。	20 正思念这事的时候，有主的使者向他梦中显现，说大卫的子孙约瑟，不要怕，只管娶过你的妻子马利亚来。因他所怀的孕，是从圣灵来的。21 他将要生一个儿子。你要给他起名叫耶稣。因他要将自己的百姓从罪恶里救出来。22 这一切的事成就，是要应验主藉先知所说的话，23 说，必有童女，怀孕生子，人要称他的名为以马内利。以马内利翻出来，就是神与我们同在。24 约瑟醒了，起来，就遵着主使者的吩咐，把妻子娶过来。

4. 和合官话汉字本

自从马礼逊的《神天圣书》于 1823 年出版以来，由不同差传机构的传教士，根据各自订立的翻译原则译成的中文圣经，都陆续面世了。直到 19 世纪末的几十年间，基督教在华传教士翻译了约 20 部不同的文言圣经译本和十几

---

① 汉口话汉字本：《马太福音》，《新约全书》，英牧师杨格非重译，1889 年版。美国圣经会收藏。

种方言圣经译本。① 翻译一部既能让在华差会共同接纳，又能为中国人所普遍接受的《圣经》便成了当时在华传教士的重要任务。

1890 年 5 月 7 日至 20 日，在华基督教传教士在上海举行了各个宗派和差传机构都参加的会议。这是在华基督教传教士召开的第二次全国性代表会议，共有 445 名传教士出席。会中最受人关注且引起最热烈讨论的议题之一，就是合一的中文圣经译本问题。其实早在 1864 年，美国美以美会便向在华各差会提议，呼吁所有在中国的差会合作，翻译出版一部"用中国普通语言译成的、合一的、标准的圣经译本"②。英国、美国、苏格兰三个圣经公会的代表，正式建议大会立即开始和合译本的翻译，以英文修正译本（English Revised Version）的希腊文及希伯来文为基础底本③，提出了"圣经唯一，译本则三"（One Bible in Three Version）的原则④。他们提议在同一圣经底本的基础上翻译三种不同汉语语体的汉语译本，即汉语深文理、浅文理和官话的标准译本，并称之为和合本（Union Versions），寓意译本是为了促进全国基督教会的合一。他们希望这三种译本能满足不同受教育程度的读者的需要，并被全国各省教会统一采用。

执行委员会初步提名了 28 位候选人，代表欧美各大宗派和各不同官话地区。和合官话译本从初始到最后完成，先后共有 10 名传教士参与了译经工作。他们是美国长老会传教士狄考文（C. W. Mateer）、美国公理会传教士富善（C. Goodrich）、英国伦敦会传教士文书田（George Owen）、美国圣公会传教士林亨理（H. M. Woods）、英国内地会传教士陈佐田（S. R. Clarke）、英国内地会传教士鲍康宁（F. W. Baller）、美国美以美会传教士鹿依士（Spencer Lewis）、英国循道会传教林辅华（C. W. Allan）、美国长老会传教士赛兆祥

---

① Jost Oliver Zetzsche, *The Bible in China：the History of the Union Version or the Culmination of Protestant Missionary Bible Translation in China*, Sankt Augustin：Monumenta Serica Institute, 1999, pp. 403-404.

② Marshall Broomhall, *The Bible in China*, London：British and Foreign Bible Society, 1934, pp. 87-88.

③ Resolution 4, Report of the Committee on the Revision of the Old and New Testaments in Mandarin, *Records of the General of the Protestant Missionaries of China*, *held at Shanghai*, *May 7-20*, *1890*.

④ Marshall Broomhall, *The Bible in China*, London：British and Foreign Bible Society, 1934, p. 89.

(A. S. Sydenstricker)、美国公理会传教士安德文(E. E. Aiken)。

和合官话译本翻译委员会曾经定下四项翻译原则，供译员参照和遵循，并以第三项最为重要。这四项译经原则分别是：(1)译文必须使用全国通用的语言，不可用地域性的方言土语；(2)译文必须简单，在礼拜堂的讲坛诵读时，各阶层人士都能明白；(3)译文字句必须忠于原文，同时又要不失中文的文韵和语气；(4)原文中的暗喻(或隐喻)，应尽可能直接译出，而非意译。[①]他们决定出版一部简单、清楚、畅顺，具有文学品味的译本。

1899年，《四福音》完成。1902年，《罗马书》《哥林多前后书》《加拉太书》《以弗所书》《腓立比书》完成。1903年，《歌罗西书》、《帖撒罗尼迦》前后书、《希伯来书》完成。1904年，《新约》其他经卷完成。1905年5月至10月，全体译员齐集山东烟台，详细校阅四福音译稿，并曾做出颇多修订。1906年，译员花了六个月时间修订《新约》其他译稿。同年10月，委员会正式宣布和合官话译本《新约全书》完成。

和合本新约部分于1906年完成，而新、旧约全书则于13年后的1919年出版。在这十多年中，和合官话本《新约》经过了多次的修订。

在官话新、旧约全部译成之前，其他各卷均随时译成出版。《使徒行传》在上海由英国圣经会、美国圣经会、苏格兰圣经会出版。1900年，《马可福音》和《约翰福音》出版。1903年，《罗马人书》《哥林多书》《加拉太书》《以弗所书》《腓立比书》出版。1904年，《歌罗西书》《贴撒罗尼迦书》《希伯来书》出版。1905年，《提摩太前书》《提多书》《腓利门书》《雅各书》《彼得书》《约翰书》《犹大书》和《启示录》出版。1907年，《新约全书》出版。[②]

《新约》翻译完成后，译员继续进行《旧约》的翻译工作。1910年，《约伯记》和《诗篇》最先译出。1919年2月，和合官话译本《新旧约全书》正式面世，其后易名为《国语和合译本》。这部译本出版后不到10年，即通行中国南北各省，销量远超任何其他译本。它把"Holy Spirit"译为"圣灵"，"God"则有"神"与"上帝"两种版本。译文基本实现"文字通畅，忠于原文，为大众所认同"的目标，为中国教会开拓了白话文译经的新纪元。

---

① ［英］贾立言：《汉文圣经译本小史》，冯雪冰译，华文印刷局1944年版，第82页。
② ［英］贾立言：《汉文圣经译本小史》，冯雪冰译，华文印刷局1944年版，第75页。

圣经中译史上的集大成者为和合本圣经。它的翻译始于 1891 年，终于 1919 年，历时近三十载，终于大功告成。它不仅被中国基督教会奉为一册"神圣的经典——上帝的话语"，也被尊为"学术上的巨著"。要使全国南北各省的读者，能借同一部译本对神的话语有真切的了解，这部译本所用的语言，必须是能超越地域限制的全国通用语言；同时，译文的表达必须简单、清楚和大众化。

和合本圣经出版于"五四运动"爆发的 1919 年，似乎暗示了基督教教内和教外对现代中文期望的互相呼应。对中国文字文化有一点了解的人都会明白，在新文化运动之前，要达到这样的目的是非常艰难的。对那个时代的人来说，白话文是比文言文更难运用的新文体。这也是基督教界学者称赞传教士圣经翻译"竟成了中国文学革命的先锋"①的原因和重要证据。

随着 1919 年和合官话译本的出现和广泛传播，随着新文化运动的深入，和合深文理本和和合浅文理本圣经都逐渐退出了历史舞台。1934 年后，和合深文理本与和合浅文理本不再出版。② 和合官话译本继续出版，迄今仍是中国基督教会通用版本。由于深文理本和浅文理本不再使用，如今教会中通称的和合本实际上就是指 1919 年出版的和合官话译本。1979 年后，和合本在上海、南京多次印刷重版。1989 年，和合本在南京印行简体字横排本，至 1994 年发行量逾 1 000 万册。

七、方言白话圣经的意义

1. 中国历史上数量最大和流通范围最广的方言白话作品

中国传统古白话不但已有千年历史，而且还有自己的文学作品，如《红楼梦》《西游记》等。早在宋元时代，中国古代文学语言的系统里，已经形成了文言和白话两套成熟的书面书写表达系统。但传统白话一直处于社会中下阶层需要的位置上，常常被所谓"阳春白雪"的"功名人士"认为是"下里巴人"，始终没有进入中国社会的主流。"白话"被作为雅文学语言文字基础的文言系统视为"鄙俗"的存在，虽然雅文学有时也吸收某些俗文学的营养，但是二者各

---

① 王治心：《中国基督教史纲》，上海古籍出版社 2004 年版，第 254 页。

② Jost Oliver Zetzsche, *The Bible in China：the History of the Union Version or the Culmination of Protestant Missionary Bible Translation in China*, Sankt Augustin：Monumenta Serica Institute, 1999, p. 332.

有自己的发展空间和逻辑形式，并不在相同的领域里并存，所需求和供应的对象也是不一样的。传统白话的文字表达范围有一定的限制，几乎始终围绕着官话白话进行创作和使用。除官话外，其他地域性方言，如闽方言、吴方言、客家方言等，没有出现过大篇幅的方言作品。

清末之前，小说大量使用官话白话，用非官话白话的纯粹方言来写作的则并不多见。其中，影响较大的有用北京官话撰写的文康的《儿女英雄传》、石玉昆的《七侠五义》，用扬州话撰写的邹必显的《飞跎子传》，用苏州话撰写的韩子云的《海上花列传》和张春帆的《九尾鱼》等为数很少的几部。而这些作品，仅在对白中才使用方言。比较常见的方言作品是南方的弹词，但也并非通篇都是方言。以吴音弹词为例，它在叙述和生旦说唱部分多用书面语，只有在丑角的说唱部分才用吴语口语。因此，虽然汉语的方言发音非常复杂，但是绝大多数都处于口语状态，没有采用文字的方式记录下来。方言文献资料只保存在一些方言文学作品中，如方言小说、地方戏曲、民歌等。但其中的方言成分大多是不纯粹的，或者只是掺杂了一些方言词汇，或者只是人物对白使用方言。因为当时中国语言文字，无论是使用还是研究，重心都还在古代文献或书面语上。而传教士翻译的方言圣经，则是最好地保存了这些方言的作品。可以讲，有些方言圣经是这些方言为数极少的文字作品之一。

方言白话圣经是中国历史上数量最大、范围最广的方言白话作品。从语言学的角度来讲，白话圣经译本几乎已经蕴成了一个语言学的语料宝库。白话圣经已经构成了长篇大论、文体多种的典籍，形成了成篇都是某种方言白话口语的书籍。多种方言白话都有《圣经》译本全本，而一本圣经全本的汉字可以多达近 100 万字，形成了非常完整、成篇的语料。从语言的时段来讲，这些圣经译本几乎是同一时期不同地点的方言资料，从南到北，从东到西，涉及了最大的地域范围。因其都是对圣经的翻译，语言的内容和词句语句也呈现出最大限度的相同，易于进行方言对比研究，特别是词汇和语法方面的异同对比研究。从写作方式来看，白话圣经几乎包括了所有的文学形式，如对话、叙述、诗歌、散文等，远远超过了传统方言作品的文学形式。综上所述，我们可知，传教士的圣经白话翻译，在地域上覆盖了最广的范围；在语言分类上拥有了最大比例；在出版数量也占据了中国近代史之最。

本章引用的圣经译本篇章，通篇几乎都是与口语一致的书面语言。胡适在新文化运动时期提倡的"话怎么说就怎么写"、强调"言文一致"的白话语体，早在 19 世纪下半叶数量众多的白话圣经翻译中，就已经体现无遗。今人在研究"诗界革命"时，常常引用黄遵宪的"我手写我口，古岂能拘牵"作为发难之声，但却还没有注意到众多方言白话《圣经》翻译，早已经在践行着这一主张。正如朱自清指出的："近世基督《圣经》的官话翻译，也增富了我们的语言，如五四运动后有人所指出的，《旧约》的《雅歌》尤其是美妙的诗。"①

2. 清末白话文实践先驱

众所周知，"五四"新文化运动最确定的成果就是白话文的胜利。它将千年来以文言文为主要书面语沟通交流方式的时代，几乎是在很短的时间内，变成了以白话文为主要手段的时代。由此，白话文革命性地颠覆了文言的统治地位。但此项变革并非始自"五四"时期，早在晚清就已经出现了颇具声势的白话文浪潮。

我们必须承认，从晚清到"五四"时期的中国书面文字，两者在语法、词汇、语音（由单音词为主变为以双音词为主）等方面，都发生了重要的变化。语言的文字变化是如此巨大与重要，以至于它成为了"五四"新文化运动最重要的标志。语言的稳定性和习惯性，使这样巨大的语言和文化的变革，势必经过一定时间的过渡期和酝酿期。

在"西方先进、中国落后"成为当时的一种普遍观念时，中国的语言文字也被认为是落后的，是需要改革或者改良的。当时人们认为汉字汉语有两个共识性的缺点：一是汉字繁难，难识、难记、难写；二是汉语言文字分裂。清末的汉字汉语改革，主要就是为了解决这两个问题。

语言有着强大的保守性，深深浸透着文化和社会的传统，有着约定俗成的规范，往往只能有微小的渐变，而难以出现巨大的质变。语言一旦出现巨大的变化，往往与外部的变动有关。从唐朝的变文开始，流传下来的古代文本中出现了一种与文言文不同的另外语体的汉文。它逐渐发展为古白话，形成了古白话文本。雅士们虽然接触过这些俗文学，但却无人敢于提出文字、文学应当推倒"雅"的标准，用白话来代替文言。到了晚清，白话文的兴起和存在，在很大程度上并不是对文言的依附或补充，也不完全为文言所排斥。它

---

① 　朱自清：《译诗》，《新诗杂话》，生活·读书·新知三联书店 1984 年版，第 69 页。

逐渐形成了自己独特的社会功能和作用，以至于出现了用白话代表文言的主张和做法。而在基督教会的翻译和实际工作中，白话则是被强调和实际运用的。

清末民初的白话文运动其实是一个庞杂的运动，内容包括通过白话报、白话文学杂志、白话教科书等对白话进行广泛普及和推广。1898 年后，白话报大量创刊，如《无锡白话报》《广州白话报》《白话报》《常州白话报》《京话报》《官话报》《通俗白话报》《湖南白话报》等。据统计，清末民初，出现了 370 种以上的白话报刊。① 这些报刊本质上都是在进行文化普及工作，其背后的理念并不是否定文言文。它仅是为白话争一席之地，即争取书面语的合法地位。因此，它与文言报刊是互补性质的。

在"五四"新文化运动提倡白话文的时期，就有个别学者发现了"五四"白话文与西方传教士白话文之间的联系，并指出新文学所用的语言就是以前西方传教士翻译所用的欧化白话。周作人在 1920 年就曾经提到："我记得从前有人反对新文学，说这些文章并不能算新，因为都是从《马太福音》出来的；当时觉得他的话很是可笑，现在想起来反要佩服他的先觉：《马太福音》的确是中国最早的欧化文学的国语，我又预计他与中国新文学的前途有极大极深的关系。"②基督教学者王治心也指出："当时在《圣经》翻译的问题上，有许多困难问题，大都由西人主任，而聘华人执笔。为欲求文字的美化，不免要失去原文的意义；为欲符合原文的意义，在文字上不能美化。文言文不能普遍于普通教友，于是有官话土白，而官话土白又为当时外界所诟病。却不料这种官话土白，竟成了中国文学革命的先锋。"③

我们应该承认，19 世纪西方人包括《圣经》在内的翻译作品，可谓率先对中国传统语言进行的变革，具有启示和借鉴价值。在翻译过程中，作为同时使用三种、四种语言或至少两种语言的翻译实践者，他们对异质语言的敏锐感知、对中西语言的异同比较以及对中国文化的身临其境的感受和兴趣，使其有可能从中西比较的角度在整体上较为准确地把握汉语的得失，最终成为改造中国语文的先驱实践者。

---

① 胡全章：《清末民初白话报刊研究》，中国社会科学出版社 2011 年版，第 30 页。
② 周作人：《圣书与中国文学》，《艺术与生活》，岳麓书社 1989 年版，第 45 页。
③ 王治心：《中国基督教史纲》，上海古籍出版社 2004 年版，第 254 页。

　　而那些参与翻译圣经的传教士能成为清末白话文运动的先驱之一，则与他们不轻视白话的态度、跨文化的经历有极其重要的关系。对中国语言文字有深入研究的林语堂在谈到白话圣经时，就认为白话圣经除了"为直接传教之用的以外，也颇有专为科学兴趣而研究的工作"。因为这些在当地中国基督徒帮助下的传教士，"能用平正的眼光、绝无轻视土话的态度，以记录土语、土腔，说起来或者比我们中国人所著的许多'方言考'还有价值"①。

　　这种对口语、方言的正视和不轻视，与传教士的欧美语言背景有关，因为欧洲现代语言的兴起正是以恢复和重建地方性语言为努力起点的。同时，也与基督教的传教方式更重视"以口传经"，强调"听"到上帝的"话"——"福音"——有关。而这种四处布道的传教方式，很有些类似被胡适认为是"五四"白话源头之一的中国佛教的"俗讲"。②

　　正如传教士认识到的那样，那些圣经的翻译者，特别是那些翻译官话白话《圣经》的人，助长了中国近代文艺的振兴。这些人具有先见之明，相信外国所经历的文学改革，在中国也必会出现：人民日常使用的语言可以成为通用的文字，并且最能清楚表达一个人的思想与意见。那些早日将圣经翻译成白话的人受到了许多嘲笑与揶揄，但是他们却做了一个伟大运动的先驱，而这运动在我们今日已经结了美好的果实。③

　　与此同时，我们还应该看到，西人对白话的变革始终停留在语言工具的改良阶段，并没有实现中国语言文字的现代转型，这同样也是晚清白话文运动的症结所在。"五四"白话文运动的胜利，不仅是白话语体文的胜利，而且是通过杂以印欧语法和词汇的白话为载体的新白话，成就了新文化、新思潮的胜利。但"五四"白话文运动的发生不是偶然和孤立的，以目前学术界的研究来看，晚清时期已经开始了的"白话文运动"在学术界还没有得到足够的重视，而将晚清白话文运动的重要力量之一——传教士白话文实践——纳入研究视野，从语言学和思想文化的角度探讨中国近代白话的发生和转型，将是一项大有意义的学术工作。

---

① 　林语堂：《关于中国方言的洋文论著目录》，《歌谣》第89号，1925年5月3日。
② 　胡适：《论小说及白话韵文：答钱玄同书》，《新青年》第4卷第1号，1918年。
③ 　[英]贾立言：《汉文圣经译本小史》，冯雪冰译，华文印刷局1944年版，第96页。

第 五 章

拼写汉字：现代语言运动的方式和意义(二)

从世界文字演化史的角度来看，东西方文字的发展历程截然不同。西方文字是从象形文字到意音文字，再到拼音文字的发展过程。西方文字从古埃及象形文字和巴比伦楔形文字开始，经腓尼基人加工后，由古希腊人发展成为一种完善的字母文字，后来演化为罗马文字(即拉丁字母文字)，进而再产生出当代西方各类文字。

汉字的发展则是另一种历程。这种象形文字在几千年的历史中，先是由甲骨文、金文到秦小篆，再到汉隶书，之后其书写形式才基本定型。从本质上讲，汉字是一种音节文字，除了直接的表意汉字外，大量的形声字都是由表意的部分(词素或字根)和表音的部分(词素或字根)组合而成。汉字在结构上仍然保留了象形文字的原始古朴风格。虽然今天的现代汉字拥有一个拉丁字母注音系统，但在笔画、字根、字型、字意和读音等方面，与西方文字有着截然不同的特点，形成了一个独特的语言文字体系。

文字按其出现的方式可分为两种：一种是自然文字；另一种是人工文字，如书写壮语的壮字，书写景颇语的景颇文。自然文字在人类文明史中具有更为重要的意义。自然文字起源于图画，并且经过了表意阶段和表意和表音共存的阶段。但世界上几种重要的自然文字都进入了拼音文字阶段。例如，苏美尔象形文字发展成了楔形音节文字；赫梯象形文字发展成了爱琴海音节文字；埃及象形文字发展成西部闪米特音节文字，又进一步发展成希腊音位文字、希伯来音位文字、拉丁音位文字，等等。唯独汉字没有进入拼音文字阶段，这是一个非常引人关注的问题。

然而，在近代西方文化向东扩展时，由东西方历史发展不同道路所形成的语言文字，必然会在西学东渐的过程中，导致一场文化的相遇。

一、汉字的新书写形式：拉丁拼音文字

汉字是绵延 3 000 多年而未中断的表意文字，但一直有拼音的要求。汉字的拼音历史非常悠久，也非常简单。拼音可上溯到 2 000 多年前的"直音"（用一个汉字给另一个汉字注音）和"反切"（用两个汉字给另一个汉字注音）。这种直音和反切的方面有很多局限性。例如，如果没有同音字，或者虽有同音字但不认识，直音就无法完成。反切的前提是要熟识许多足够用于反切的上下字，还要掌握拼合的方法，所以仍然是不方便的。

尽管如此，在此后的 1 600 余年，汉字一直没有出现新的表音方法。

用拉丁罗马字母来书写汉字，这种现象很早就有了。例如，用拉丁文字书写的中国国名 Chin（秦，后变化为 Chine，China 等）。《马可波罗游记》中也有许多用拉丁字母拼写的中国地名，但这些早期的汉语译音还不是系统的拼音方式。

系统的拉丁字母拼音发端于明末的天主教传教士，他们的著述也开启了汉字拼音化的历程。1582 年（明万历十年），意大利天主教传教士利玛窦来到中国，给汉字带来了罗马字母（亦称拉丁字母），汉字的表音开始走上字母化道路。

利玛窦长期苦学汉字汉文，创制了一套给汉字注音的罗马字母方案，并于 1605 年（明万历三十三年）在北京出版了《西字奇迹》。这是"中国第一个拉丁字母的拼音方案"[①]。20 多年后，法国天主教传教士金尼阁（Nicolas Trigault，1577—1629）在利玛窦的基础上，于 1626 年在杭州出版了《西儒耳目资》，创建最早的完备的字母注音的中文字汇。《西儒耳目资》实际上是外国人编写的汉语辞典。对于汉语，它采用了字母注音，以便于天主教传教士学习汉语汉字。耶稣会士们发明总结了一些给汉字注音的方式，用来作为学习汉语汉字的工具，并且编著了一些中外文对照的字典。1867 年，英国人威妥玛（Thomas Francis Wade，1818—1895）在伦敦出版了《语言自迩集》，目的是

---

① ［意］利玛窦："内容说明"，《明末罗马字注音文章》，文字改革出版社 1957 年版。

帮助英国人学习汉语。他创立的"威氏汉语拼音方案"，对中国后世的汉语拼音设计影响巨大。

鸦片战争后，新教传教士大量涌入中国。为了传教，他们尝试用罗马字母给汉字注音，为多种方言设计了罗马字母拼写法，在基督教内使用最多、最为著名的就是教会罗马字。他们创制了多方言的罗马字，用来翻译圣经，直接用拼音字母来书写汉字。

中国是个多方言国家，圣经方言译本于是应运而生。按现代方言学理论，汉语方言分为 7 种，即官话方言、吴方言、闽方言、湘方言、粤方言、客家方言、赣方言。除湘方言外，其他 6 种方言均有圣经译本。6 种方言共有 44 个分支，其中 26 个分支有圣经译本。

圣经汉语译本从语体角度可以分为文言本、半文半白本和白话本 3 种。方言圣经属于白话本，又称土白译本、方言译本（colloquial version）。从文字形式角度来考察，圣经有汉字本、由传教士创造的教会方言罗马字本（missionary roman character version）、国语注音字母本（national phonetic script version）、王照官话注音字母本（Wang Chao-Peill phonetic script version）、汉字与外文对照本、汉字与国语注音字母对照本、汉字与王照官话注音字母对照本、汉字与教会罗马字对照本、盲文字本、威妥玛拼音本、快字本 11 种。

过去的圣经译本研究，关注点都在具有全国性影响的圣经"二马译本"、委办译本与和合译本等，极少涉及仅有区域性影响的方言版本。例如，海恩波（Marshall Broomhall）的《圣经在中华》（*The Bible in China*）中，涉及方言圣经的仅 4 页；汪维藩教授的《圣经译本在中国》中，有关方言译本的仅 1 页。它们都未能清晰地描述包括吴方言在内的众多方言译本的基本历史概况。

为了更好地理解和叙述，我们还需要搞清与圣经方言译本有密切关系的基本概念。教会罗马字，指鸦片战争后外国来华基督教传教士制订和推行的各种罗马字母（拉丁字母）拼音文字方案，主要指基督教传教士用来翻译《圣经》和帮助教徒学文化的方言罗马字。它们最早出现在东南沿海一带，陆续出现的有厦门方言、宁波方言、汕头方言、海南方言、福州方言、上海方言、台州方言、温州方言、广州方言等，其共同点是只用于拼写本地的方言。这些方言罗马字在各地推行了几十年，19 世纪末和 20 世纪初达到鼎盛时期。

从下面的 1891—1908 年出版的罗马字《圣经》的历年数量和按各方言分类

的数量统计可知，基督教翻译并出版的教会罗马字《圣经》的数量很多，分布地域也很广（见表 5-1、表 5-2）。

表 5-1　1891—1908 年历年出版罗马字《圣经》数量表①

年代	1891 年	1892 年	1893 年	1894 年	1895 年
数量（部）	750	500	1 813	10 200	5 290
年代	1896 年	1897 年	1898 年	1899 年	1900 年
数量（部）	6 740	4 500	11 089	22 000	16 010
年代	1901 年	1902 年	1903 年	1904 年	1905 年
数量（部）	5 450	25 595	13 700	10 233	16 549
年代	1906 年	1907 年	1908 年	总计	
数量（部）	5 412	400	18 499	174 730	

表 5-2　1891—1908 年各地出版各种方言罗马字《圣经》的数量②

方言	厦门	广州	福州	海南	客家
数量（部）	28 000	9 350	26 895	2 900	550
方言	兴化	建宁	建阳	官话	宁波
数量（部）	56 000	1 250	300	13 499	13 045
方言	北京	上海	山东	苏州	汕头
数量（部）	500	3 000	500	500	10 129
方言	台州	温州	仲家 （布依话）	总计	
数量（部）	5 412	2 400	500	174 730	

除圣经译本外，各地还出版过赞美诗、圣经故事等宗教读物，并出版过小学用的修身、历史、地理、生理、数学等课本或书籍。有些地方还用罗马字办报纸，如厦门、莆田的罗马字报纸都有 50 余年的历史，台湾地区的罗马

① John Alfred Silsby, *Report of General Committee on Romanization*, *Records of the Sixth Triennial Meeting of the Educational Association of China*, held at Shanghai, May 19-20, 1909, p. 33.

② John Alfred Silsby, *Report of General Committee on Romanization*, *Records of the Sixth Triennial Meeting of the Educational Association of China*, held at Shanghai, May 19-20, 1909, p. 33.

字报纸至今仍存。如同今天使用的汉语拼音，教会罗马字是通过拼音字母来记录文字，只需要一两个月就能学会，为当地民众学习文化知识起到过一定的作用。

　　作为现代汉语拼音的最早渊源，教会罗马字还是汉字拉丁化运动的起源，对 20 世纪后的文字改革产生过作用。民国以后，随着国语运动的兴起，政府成立了推广国语运动的机构，制定了国语注音字母，教会罗马字不再盛行。

**　　二、吴方言圣经罗马字本**

　　鸦片战争结束后，上海、宁波、广州、厦门和福州等沿海地区首先成为最早对外开放的港口城市。这些地方是中国人口十分密集的地区，也逐渐成了基督教事业最为发达、最早产生圣经方言译本的地区。最早的方言圣经罗马字本（宁波话译本）就产生在吴方言区域。

　　吴方言 6 个分支中有 4 个分支与圣经翻译有关，即太湖分支的上海话、苏州话、宁波话、杭州话，台州分支的台州话，瓯江分支的温州话，婺州分支的金华话。除苏州话外，其他均有罗马字本。

　　1. 太湖分支苏沪嘉小支：上海话罗马字本

　　上海话属吴方言区太湖分支苏沪嘉小支，其方言译本有罗马字本 11 种。① 1853 年，伦敦大学国王学院的汉文教授苏谋斯（James Summers）编辑的《约翰福音》在伦敦出版。这是上海话第一本罗马字本圣经。

　　1861 年，美国圣公会吉牧师（Clevenland Keith，1827—1862）翻译的《出埃及记》和美国圣公会文惠廉（William Jones Boone）翻译的《约翰福音》出版。1864 年，英国伦敦会文书田（George Owen）翻译的《马可福音》《约翰福音》和《罗马书》，以及吉牧师翻译的《新约全书》出版。1859 年，《路加福音》出版。1872 年，范约翰修订的《新约全书》出版。② 1905 年，《新约四福音书》出版。③

---

① Hubert W. Spillett ed. , *A Catalogue of Scriptures in the Languages of China and the Republic of China*，Hong Kong：British and Foreign Bible Society，1975，pp. 183-192.

② Eugene A. Nida ed. , *The Book of A Thousand Tongues*，New York：United Bible Societies，1972，pp. 85-86.

③ Hubert W. Spillett ed. , *A Catalogue of Scriptures in the Languages of China and the Republic of China*，Hong Kong：British and Foreign Bible Society，1975，p. 192.

表 5-3　上海话罗马字本、和合官话汉字本比较

上海话罗马字本：《YÂ-HÖZEN HO SING-VANG》《约翰传福音书》第 1 章第 1—2 节 ①	和合官话汉字本：《约翰福音》第 1 章第 1—2 节
1 K'a-chì-sz yà-la ká wó-da，tí-ka wó-da tî Zâng liàng-ka yî-dó ká-lô，wô-da mê，sz Zâng tsê-na. 2 Tí-ka wó-da lê-la K'a-chì-sz t'î Zâng yî-dó ka.	1 太初有道，道与上帝同在，道就是上帝。2 这道太初与上帝同在。

2. 太湖分支甬江小支：宁波话罗马字本

宁波话属于吴方言太湖分支甬江小支，其译本有罗马字本 26 种。②

最早的宁波话译本是 1852 年由美国圣经会出版的《路加福音书》，由英国安立甘会传教士禄赐悦理（William A. Russell）和美国长老会传教士麦嘉缔（D. B. McCartee）翻译。这也是第一本圣经方言罗马字本。《路加福音书》整本书没有一个汉字，封面标题是"AH-LAN KYIU-CÜYIAE-SU-GO SING-YI TSIAO-SHÜ LU-KYÜÔDIÜ FOH-ING-SHÜ"，译为汉字应为"阿拉救主耶稣的新遗诏书路加福音书"。宁波话中，"阿拉"是"我们"的意思。宁波的教会罗马字由在宁波的外国传教士创制。美国北长老会丁韪良（William A. Martin），英国圣公会哥伯播义（R. H. Cobbold）、岳斐迪（F. F. Gough）、禄赐悦理等人组织了一个研究学会，专门研究如何用拉丁罗马字记录宁波话。③

1853 年，《Mô-t'ae Djün Foh-ing Shü》（《马太传福音书》）、《Lu-kyüô Djün Foh-ing Shü》（《路加传福音书》）、《Iah-'en Djün Foh-ing Shü》（《约翰传福音书》）出版。1854 年，《马可传福音书》出版。1857 年，美国圣经会在宁波出版了丁韪良译的《诗篇》节译本。1860 年，蓝亨利译的《创世纪》和《出埃及

---

① 上海话罗马字本：《YÂ-HÖZEN HO SING-VANG》，封面写"St. John's Gospel in Chinese"，封二写"Dialect of Shanghai，expressed in the roman alphabetic character with an explanatory introduction and vocabulary，by James Summers，professor or the Chinese language in King's college，London"，1853。美国圣经会收藏。

② Hubert W. Spillett ed.，*A Catalogue of Scriptures in the Languages of China and the Republic of China*，Hong Kong：British and Foreign Bible Society，1975，pp. 174-181.

③ ［美］丁韪良：《花甲忆记：一位美国传教士眼中的晚清帝国》，沈弘等译，广西师范大学出版社 2004 年版，第 29 页。

记》出版。1868 年，《Sing Iah Shü》（《新约书》）出版。1870 年，美国浸礼会真神堂罗梯尔（Edward C. Lord）译的《Yi-Sae-üô》（《以赛亚》）出版。1877 年，罗梯尔译的《诗篇》出版。1884 年，美英传教士组成委员会修订《新约全书》，后因对译文语体有分歧，只有英国圣公会霍约瑟（Joseph C. Hoare）、英国偕我公会阚斐迪（Frederic Galpin）参加修订，1889 年由英国圣经会出版修订本。1896 年，《Z-s Kyi Teng Lu-the Kyi》（《士师记》和《路得记》合刊本）出版。1923 年，英国圣经会在上海还出版了《Gyiu Iah Shü》（《旧约书》）。①

表 5-4 宁波话罗马字本、和合官话汉字本比较

宁波话罗马字本：《IAH-'EN DJÜ FOHING SHÜ》（《约翰传福音书》）第 1 章第 1—2 节②	和合官话汉字本：《约翰福音》第 1 章第 1—2 节
1 Dao z ky'i-ts'u yiu-go; Dao z teng Jing-ming dô-kô læ-k æn; ping-ts'ia Dao z Jin g-ming. 2 Gyi ky'i-ts'u teng Jing-ming dô-kô lô-k æ.	1 太初有道，道与神同在，道就是神。2 这道太初与神同在。

3. 太湖分支杭州小支：杭州话罗马字本

杭州话属吴方言太湖分支杭州小支，其方言圣经译本有罗马字本 2 种。③

1880 年，英国圣公会传教士慕稼谷（George Evans Moule）④翻译的《马太福音》罗马字本出版。⑤

---

① Eugene A. Nida ed. , *The Book of A Thousand Tongues* , New York：United Bible Societies，1972，p. 84.

② 宁波话罗马字本：《IAH-'EN DJÜ FOH-ING SHÜ》（《约翰传福音书》），《YIE-SU KYI-TOH-GO SING IAH SHÜ》，LENG-TENG：DA-ING PENG-KOH TENG WAE-KOH SING-SHÜ KONG-WE，1868。

③ Hubert W. Spillett ed. , *A Catalogue of Scriptures in the Languages of China and the Republic of China* , Hong Kong：British and Foreign Bible Society，1975，pp. 166-167.

④ 慕稼谷是英国圣公会华中区首任主教，在杭州、宁波一带传教 50 年。他的儿子慕阿德（Arthur Christopher Moule）也是传教士，后任剑桥大学中国语言及历史教授。

⑤ Eric M. North ed. , *The Book of A Thousand Tongues* , *Being Some Account of the Translation and Publication of All or Part of The Holy Scriptures into More Than a Thousand Languages and Dialects with Over 1100 Examples from the Text* , New York：The American Bible Society，1938，p. 94；Eugene A. Nida ed. , *The Book of A Thousand Tongues* , New York：United Bible Societies，1972，p. 81.

表 5-5　杭州话罗马字本、和合官话汉字本比较

杭州话罗马字本：《SEN IAH-AH DZUN FOH-IN SÜ》（《圣约翰传福音书》）第 1 章第 1—2 节①	和合官话汉字本：《约翰福音》第 1 章第 1—2 节
1Ky'i-Ts'u iu Dao；Dao ü Zen-miu dong dzai；Dao dziu-z Zen-min. 2Tseh Dao ky'i-ts'u ü Zen-min dong dzai.	1 太初有道，道与上帝同在，道就是上帝。2 这道太初与上帝同在。

4. 太湖分支台州小支：台州话罗马字本

台州话属吴方言台州分支，方言有文白异读现象，白读音接近古音，文读音接近普通话读音。② 台州方言圣经译本仅有罗马字本，共 21 种。③

1880 年，内地会在台州出版了内地会路惠理（William D. Rudland）④翻译的《Mô-t'a Djün Foh-ing Shü》（《马太传福音书》）。还出版了《福音书》，包括《马可福音》《路加福音》《约翰福音》。1881 年，内地会出版了《Sing Iah Shü》（《新约书》），1897 年经英国圣经会修订再版。1893 年，英国圣经会出版了《Gyiu-iah Shü S-p'in》（《旧约书诗篇》）。⑤

1905—1914 年，英国圣经会在台州出版《旧约》的各分卷：1905 年，出版《创世纪》（Ts'iang-si Kyi）；1906 年，出版《C'ih Yi-gyih Teh Li-vi Kyi》（《出埃及记》和《利未记》的合刊本）、《Ming-su Teh Iah-shü-ô》（《民数记》和《约书亚记》合刊本）；1907 年，出版《Sing-ming Kyi》（《申命记》）；1912 年，出版《以

---

① 杭州话罗马字本：《SEN IAH-AH DZUN FOH-IN SÜ》，London：Society for Promoting Christian Knowledge，1879. 美国圣经会收藏。

② 临海市志编纂委员会：《临海县志》，浙江人民出版社 1989 年版，第 649—650 页。

③ Hubert W. Spillett ed.，*A Catalogue of Scriptures in the Languages of China and the Republic of China*，Hong Kong：British and Foreign Bible Society，1975，pp. 206-210.

④ 路惠理是内地会最早派来中国的传教士，他 1866 年 10 月 1 日到达上海，随即到了台州，并在那里生活了近 20 年。绝大部分台州方言圣经都是他翻译的。

⑤ Eric M. North ed.，*The Book of A Thousand Tongues*，*Being Some Account of the Translation and Publication of All or Part of The Holy Scriptures into More Than a Thousand Languages and Dialects with Over 1100 Examples from the Text*，New York：The American Bible Society，1938，p. 97.

西结书》至《玛拉基书》，等等；1914 年，出版《Gyiu Iah Shü》（《旧约全书》）①，并出版《圣经全书》。②

表 5-6　台州话罗马字本、和合官话汉字本比较

台州话罗马字本：《YIA-SU KYI-TOH-KEH SING IAH SHÜ》（《马太传福音书》）第 1 章第 1—2 节③	和合官话汉字本：《马太福音》第 1 章第 1—2 节
1 AO-PAH-LAEN-HÖN-Eo-de， Da-bih-keh N Yia-su Kyi-toh-keh kô-pu. 2 Ô-pah-læh-hön sang Yi-sæh；Yi-sæh sang Ngô-kôh；Ngô-kôh sang Yiu-da teh ge hyüong-di.	1 亚伯拉罕的后裔，大卫的子孙，耶稣基督的家谱。2 亚伯拉罕生以撒。以撒生雅各。雅各生犹大和他的弟兄。

5. 瓯江分支：温州话罗马字本

温州话属吴方言瓯江分支，其圣经译本只有罗马字本 4 种④，全部都由英国偕我公会传教士苏慧廉（W. E. Soothill）⑤翻译。在《一个传道团在中国》（*A Mission in China*）一书中，他详细描述了外国传教士学习和运用罗马字的经历，并成功地设计了一套温州话罗马字。⑥

最早的温州话译本是 1892 年在上海由英国圣经会出版的《马太福音书》（附有新约和旧约篇名），是从希腊原文翻译成中文的。1894 年英国圣经会在伦敦出版了《四福音》和《使徒行传》的合刊本。1902 年，温州内地会出版了《Ng-da-ko Chao-chi Yi-sǔ Chi-tuh Sang-iah Sing-shi》（《新约圣书》）。同年，英

---

① Eugene A. Nida ed. ， *The Book of A Thousand Tongues*，New York：United Bible Societies，1972，p. 87.

② Eric M. North ed. ， *The Book of A Thousand Tongues*，*Being Some Account of the Translation and Publication of All or Part of The Holy Scriptures into More Than a Thousand Languages and Dialects with Over 1100 Examples from the Text*，New York：The American Bible Society，1938，p. 97.

③ 台州话罗马字本：《YIA-SU KYI-TOH-KEH SING IAH SHÜ》，T'E-TSIU T'U-WA，T'E-TSIU FU：NEW-DI WE ING-SHÜ-VÔNG ING-KEH，1881. 美国圣经会收藏。

④ Hubert W. Spillett ed. ， *A Catalogue of Scriptures in the Languages of China and the Republic of China*，Hong Kong：British and Foreign Bible Society，1975，p. 211.

⑤ 苏慧廉于 1882 年来华，在温州传教 25 年后，1908 年任山西大学西斋总教习。1928 年起，他先后任美国哥伦比亚大学教授、英国牛津大学中国语文教授。

⑥ 苏慧廉：《一个传道团在中国》，《温州文史资料》1991 年第 7 辑，第 354—362 页。

国圣经会出版了《Mo-k'o Fuh-iang Shi》(《马可福音书》)。①

表 5-7　温州话罗马字本、和合官话汉字本比较

温州话罗马字本：《SANG IAH SING SHI：FA ÜE-TSIU-GE T'U-O》(《马太传福音书》) 第 1 章第 1—3 节②	和合官话汉字本：《马太福音》 第 1 章第 1—3 节
1 Ò-pah-la-hüé-ge Tsz-sü, Dá-bie h-ge Tsz-sü, Yi-sû Chĭ-tuh-ge ko-pû；2 Ò-pah-la-hüé sæ Yi-sà, Yi-sà sæ Ngó-koh, 3 Ngó-koh sæ Yao-dà tà gi shung-dì；Yao-dà ch'aó, sæ Foh-le h-z tà Sà-la.	1 亚伯拉罕的后裔，大卫的子孙，耶稣基督的家谱。2 亚伯拉罕生以撒。以撒生雅各。雅各生犹大和他的弟兄。3 万物是借着他造的；凡被造的，没有一样不是借着他造的。

6. 婺州分支：金华话罗马字本

金华话属吴方言婺州分支，有文白异读现象，其圣经译本仅罗马字本 1 种。

1866 年，英国圣经会在上海出版了由美国浸礼会秦贞（Horace Jenkins）翻译的《Iah-'aen Djüa Foh-ing Shü》(《约翰传福音书》)。③

三、赣方言圣经罗马字本

赣方言是七大方言之一，涉及圣经方言译本的仅有抚州广昌分支，主要分布在江西省扶河流域和福建省西北部，而仅福建西北部的建宁话和邵武话有圣经译本。

---

① Eric M. North ed., *The Book of A Thousand Tongues，Being Some Account of the Translation and Publication of All or Part of The Holy Scriptures into More Than a Thousand Languages and Dialects with Over 1100 Examples from the Text*，New York：The American Bible Society，1938，p. 97；Eugene A. Nida ed.，*The Book of A Thousand Tongues*，New York：United Bible Societies，1972，p. 88.

② 温州话罗马字本：《SANG IAH SING SHI：FA ÜE-TSIU-GE T'U-O》，DA-IANG SING-SHI WHAI IANG-CHI-GE》，1898。美国圣经会收藏。

③ Eric M. North ed.，*The Book of A Thousand Tongues，Being Some Account of the Translation and Publication of All or Part of The Holy Scriptures into More Than a Thousand Languages and Dialects with Over 1100 Examples from the Text*，New York：The American Bible Society，1938，p. 95；Eugene A. Nida ed.，*The Book of A Thousand Tongues*，New York：United Bible Societies，1972，p. 83；Hubert W. Spillett ed.，*A Catalogue of Scriptures in the Languages of China and the Republic of China*，Hong Kong：British and Foreign Bible Society，1975，p. 173.

建宁话圣经译本有罗马字本 9 种。①

最早译本是 1896 年在伦敦出版的《马太福音》。1897 年，英国圣经会出版了《新约全书》，均由布莱尔小姐（L. J. Bryer）和圣公会女部的一些女士共同翻译。1900 年英国圣经会出版了《创世纪》和《出埃及记》，由布莱尔小姐、鲁德小姐（H. R. Rood）翻译；1905 年，《但以理书》出版；1912 年，由在内地会 Hugh Stowell Phillips 指导下的委员会翻译的《新约全书》出版。②

邵武话圣经译本只有罗马字本 1 种。③ 1891 年，美国公理会在福州出版《雅各书》的《书信》，由美国公理会传教士和约瑟（James E. Walker）翻译。④

四、闽方言圣经罗马字本

圣经翻译与闽方言的 5 个分支有关，即闽东分支的福州话、莆仙分支的兴化话、闽南分支的厦门话和汕头话、闽北分支的建阳话、琼雷分支的海南话。其中所有分支方言都有罗马字本，是方言罗马字最为兴盛的地区。

1. 闽东分支南片：福州话罗马字本

福州话属闽方言的闽东分支南片，圣经译本又称榕腔译本，有罗马字本 9 种。⑤

1853 年，《马太传福音书》《马可传福音书》《路加传福音书》在福州出版，均由美国美部会传教士摩怜翻译。⑥ 1854 年，美国公理会传教士卢公明（Jus-

---

① Hubert W. Spillett ed. , *A Catalogue of Scriptures in the Languages of China and the Republic of China*, Hong Kong：British and Foreign Bible Society, 1975, pp. 170-171.

② Eric M. North ed. , *The Book of A Thousand Tongues*, *Being Some Account of the Translation and Publication of All or Part of The Holy Scriptures into More Than a Thousand Languages and Dialects with Over 1100 Examples from the Text*, New York：The American Bible Society, 1938, p. 94；Hubert W. Spillett ed. , *A Catalogue of Scriptures in the Languages of China and the Republic of China*, Hong Kong：British and Foreign Bible Society, 1975, pp. 170-171.

③ Hubert W. Spillett ed. , *A Catalogue of Scriptures in the Languages of China and the Republic of China*, Hong Kong：British and Foreign Bible Society, 1975, p. 193.

④ Eric M. North ed. , *The Book of A Thousand Tongues*, *Being Some Account of the Translation and Publication of All or Part of The Holy Scriptures into More Than a Thousand Languages and Dialects with Over 1100 Examples from the Text*, New York：The American Bible Society, 1938, p. 96.

⑤ Hubert W. Spillett ed. , *A Catalogue of Scriptures in the Languages of China and the Republic of China*, Hong Kong：British and Foreign Bible Society, 1975, pp. 143-154.

⑥ 汤因：《中国基督教圣经事业史料简编》，《协进》1953 年第 9 期，第 45 页。

tus Doolittle）译的《Iok-hang Tiong Kok-ing Chü》（《约翰传福音书》）出版。1889年，《Mā-tái Diong Hok-ing Chü》（《马太传福音书》）出版。1890年，英国圣经会在伦敦出版了《新约全书》。

表5-8　福州话罗马字本、和合官话汉字本比较

福州话罗马字本：《MA-TÁI DIÒNG HÓK-ĬNG CÛ》（《马太传福音书》）第1章第1—2节①	和合官话汉字本：《马太福音》第1章第1—2节
1　A-báik-lák-hāng gàeng Dâi-bik giàng-sóng. Iā-Sù Gí-Dók gì cùk-puō, gé dióhâ-dā. 2 Ā-báik-lák- hang sang I-sák; I-sák sang Ngā-gāuk; Ngā-gáuk sang Iù-dâi, lièng í hiâng-diê.	1 亚伯拉罕的后裔，大卫的子孙，耶稣基督的家谱。2 亚伯拉罕生以撒。以撒生雅各。雅各生犹大和他的弟兄。

1892年，《Sî-piěng》（《诗篇》）、《Chuang Sié Ge》（《创世纪》）出版，之后又出版了《Chok Ai-gik Ge》（《出埃及记》，1893年）和《Sîng Iók Cǔ》（《新约书》，1905年）。1890年、1906年，《Gô Iók Ciòng Cü》（《旧约全书》）在福州出版，由美国公理会许高志（George H. Hubbard）、罗为霖，英国圣公会史荦伯（R. W. Stewart）、柯林斯（J. S. Collins）和布雷德肖夫人（Mrs. Bradshaw）翻译。②

2. 莆仙分支：兴化话罗马字本

兴化，即今天福建莆田。兴化话是闽语五大次方言之一的莆仙分支的旧称，以其主要通行于福建旧兴化府辖区而得名。它以莆田城关话为代表，属于闽方言的莆仙分支，俗称"莆田话"，旧与仙游话合称"兴化话"。它由古汉语分化出来，有中原汉语的许多特征，而且留存了古代江东吴语和南楚方言的迹象，部分地区有文白异读现象。③ 兴化话圣经译本仅有罗马字本，共11种。④

---

① 福州话罗马字本：《MA-TÁI DIÒNG HÓK-ĬNG CÛ》，1904。美国圣经会收藏。

② Eric M. North ed. , The *Book of A Thousand Tongues*, *Being Some Account of the Translation and Publication of All or Part of The Holy Scriptures into More Than a Thousand Languages and Dialects with Over 1100 Examples from the Text*, New York：The American Bible Society, 1938, p. 92.

③ 翁忠宫主编：《莆田县志》，中华书局1994年版，第983页。

④ Hubert W. Spillett ed. , *A Catalogue of Scriptures in the Languages of China and the Republic of China*, Hong Kong：British and Foreign Bible Society, 1975, p. 168.

所有兴化话圣经译本都是美国美以美会传教士蒲鲁士（W. N. Brewster）①和他的同工翻译的，都是在福州话译本的基础上译成的。1892 年，美国圣经会在福州出版了《约翰福音》②，这是最早的兴化话译本。1896 年，美国圣经会在福州出版了《Gu Ioh Cheoh Ai-gik Seng Chu》（《旧约出埃及圣书》）。1912年，《Gū-sing-ioh cén-cu》（《旧新约圣经》）出版。③

表 5-9　兴化话罗马字本、和合官话汉字本比较

兴化话罗马字本：《MA-TAI HOH-ING CU》（《马太传福音书》）第 1 章第 1—2 节④	和合官话汉字本：《马太福音》第 1 章第 1—2 节
1 A-beh-làh-hàng gah Dâi-bih ë giò-seong, A-So Gi-Doh é eóh-p？，gi deo ō-dà. 2 A-beh-làh-hâng sa I-sah；I-sah sa Nga-geh；Ngà-gah sa Iú-däi，léng i hia-di.	1 亚伯拉罕的后裔，大卫的子孙，耶稣基督的家谱。2 亚伯拉罕生以撒。以撒生雅各。雅各生犹大和他的弟兄。

3. 闽南分支东片：厦门话罗马字本

厦门话通行于厦门、漳州、泉州及台湾等地，属闽方言的闽南分支东片。厦门话教会罗马字又称厦门白话字，不但出版有宗教类书籍，还出版过物理、化学等书籍。传教士还用它来办报纸。例如，《漳州圣会报》直到 1949 年才停刊，办报时间长达 61 年。直到 20 世纪 50 年代，厦门地区还有 10 万多人使用厦门白话字。⑤ 厦门话圣经译本有罗马字本 26 种。⑥

---

① 蒲鲁士是美国宾州大学的神学博士，他和夫人蒲星氏于 1889 年到新加坡传教，后于 1890 年到莆田，至到 1917 年返回美国，在莆田生活了近 20 年。除圣经翻译外，他还在莆田开展了多项近代化公共事业，创办最早的哲理中学、师范学校、道学校、美兴印书局、美兴书坊、美兴纺纱织布局等。蒲鲁士还于 1898 年创办了最早的兴化方言罗马字报刊《奋兴报》，一直到 1950 年才停刊。

② Eric M. North ed.，*The Book of A Thousand Tongues*，*Being Some Account of the Translation and Publication of All or Part of The Holy Scriptures into More Than a Thousand Languages and Dialects with Over 1100 Examples from the Text*，New York：The American Bible Society，1938，p. 94.

③ 杨森富：《中国基督教史》，台湾商务印书馆 1968 年版，第 385 页。

④ 兴化话罗马字本：《MA-TAI HOH-ING CU》，1902。美国圣经会收藏。

⑤ 厦门市地方志编纂委员会编：《厦门市志》第 5 册，方志出版社 2004 年版，第 3606—3607 页。

⑥ Hubert W. Spillett ed.，*A Catalogue of Scriptures in the Languages of China and the Republic of China*，Hong Kong：British and Foreign Bible Society，1975，pp. 122-129.

1852 年，英国圣经会在广州出版《Iok-han Thoan Hok-im Su》（《约翰传福音书》）。这是最早的厦门话译本，由美国公理会罗啻（Elihu Doty）翻译。[①] 1853 年，《Lō-tek Ē Cheh》（《路得记》）出版，由美国归正会传教士打马字（John Van N. Talmage）译自深文理委办译本。1870、1871、1872 年，英国圣经会还出版了他翻译的《Sù-tô Iok-hān Ê Sam-su》（《约翰三书》）、《Iok-hān Hok-im Toān》（《约翰福音》）、《加拉太书》至《歌罗西书》、《Má-thài Hok-im Toān》（《马太福音》）。罗啻和打马字都先后在厦门生活 20 余年。1873 年，《Tsoân Su》（《新约书》）在英国格拉斯哥出版，由英国长老会倪为霖（William Macgregor）、宣为霖（William Sutherland Swanson），英国伦敦会高休（Hugn Cowie），英国长老会马雅各（James L. Maxwell）翻译，是第一本厦门话《新约书》。[②] 1880—1884 年，英国圣经会陆续出版了《圣经全书》。这是在马雅各的监督下，由英国伦敦会、英国长老会、美国归正会的传教士集体译自圣经深文理委办本的译本。[③] 1891、1896、1908、1909、1919 年，英国圣经会又再版了《Sin Iok E Sèng-keng》（《新约圣经》）。英国长老会巴克礼（Thomas Barclay）将译本与希腊文及希伯来原文逐节校对，并于 1916 年再次出版《Sin Iok Su》（《新约书》），于 1933 年出版《Kū-Iok Su》（《旧约书》）。

4. 闽南分支南片：汕头话罗马字本

汕头话又称潮汕话，属于闽方言的闽南分支南片。汕头话圣经译本有罗马字本 37 种[④]，罗马字本又称"潮语拼音版"。

1877 年，英国圣经会在英国格拉斯哥出版了《Lū-kia Kâi Koh-im-tng Tie-chiu-Uě》（《路加传福音书》）。这是汕头话的第一个罗马字本。1888 年，由英

---

①　Eric M. North edited，*The Book of A Thousand Tongues*，*Being Some Account of the Translation and Publication of All or Part of The Holy Scriptures into More Than a Thousand Languages and Dialects with Over 1100 Examples from the Text*，New York：The American Bible Society，1938，p. 91.

②　Hubert W. Spillett ed. ，*A Catalogue of Scriptures in the Languages of China and the Republic of China*，Hong Kong：British and Foreign Bible Society，1975，p. 124.

③　Hubert W. Spillett ed. ，*A Catalogue of Scriptures in the Languages of China and the Republic of China*，Hong Kong：British and Foreign Bible Society，1975，p. 125.

④　Hubert W. Spillett ed. ，*A Catalogue of Scriptures in the Languages of China and the Republic of China*，Hong Kong：British and Foreign Bible Society，1975，pp. 196-205.

国长老会卓为廉（William Duffus）、施饶理（George Smith）、汲约翰（J. C. Gibson）、金辅尔（Hur Libertas Mackenzie）和安刨德（P. J. Macagen）翻译的《创世纪》《约拿书》在汕头出版。其他译本还有：《马太福音》和《使徒行传》（1889 年）；《Sin-ieh Ma-khó Hok-im Tng》（《新约马可福音书》，1890 年）；《Sin-ieh Iak-hân Hok-im Tng》（《新约约翰福音书》，1891 年）；① 《Sin-ieh Lū-ka Hok-im Tng》（《新约路加福音书》，1892 年）；《腓力比书》（1893 年）和《歌罗西书》（1893 年）；《约翰福音》《提摩太前书》《提摩太后书》《提多书》《腓力门书》《书信》（均为 1894 年）；《哈该书》《撒迦利亚书》《玛拉基书》和《彼得前后书》中的《书信》（均为 1895 年）；《加拉太书》和《以弗所书》（1896 年）；《撒母耳记下》（1898 年）；《Mit-si Lok》（《启示录》）和《哥林多后书》（1900 年）；《路得记》和《哥林多前书》（1904 年）；《新约全书》（1905 年）。② 1919 年，《Si-phien Tshai-chip》（《诗篇选集》）在汕头出版。这也是汕头话最后一个罗马字本。

表 5-10　汕头话罗马字本、和合官话汉字本比较

汕头话罗马字本：《MA-THAI HOK-IM-TSU》（《马太福音书》）第 1 章第 1—2 节	和合官话汉字本：《马太福音》第 1 章第 1—2 节
1 Iâ-sou Ki-tok，chiù-si A-pek-láh-hán kâi kiá-sun，iá sí Ta-phek kâi kiá-sun，I kâi tsók-phóu. 2 A-pek-láh-hán se In-sat；In-sat sen Iá-kok；Iá-kok.	1 亚伯拉罕的后裔，大卫的子孙，耶稣基督的家谱。2 亚伯拉罕生以撒。以撒生雅各。雅各生犹大和他的弟兄。

5. 闽北分支西北片：建阳话罗马字本

建阳话属闽方言的闽北分支西北片，其圣经译本仅有罗马字本 2 种。③

1898 年，英国圣公会传教士鹿峥嵘（Hugh Stowell Philips）翻译的《Mâ-kô

---

① Eugene A. Nida ed.，*The Book of A Thousand Tongues*，New York：United Bible Societies，1972，p. 87.

② Eric M. North ed.，*The Book of A Thousand Tongues*，*Being Some Account of the Translation and Publication of All or Part of The Holy Scriptures into More Than a Thousand Languages and Dialects with Over 1100 Examples from the Text*，New York：The American Bible Society，1938，p. 97.

③ Hubert W. Spillett ed.，*A Catalogue of Scriptures in the Languages of China and the Republic of China*，Hong Kong：British and Foreign Bible Society，1975，p. 172.

Hh ô-ing》(《马可福音》)出版。这是最早的建阳话译本，基于北京官话译本和建宁话译本而译成。1900 年，英国圣经会出版了《Má Huói Hhô Ing》(《马太福音》)。①

表 5-11　建阳话罗马字本、和合官话汉字本比较

建阳话罗马字本：《MA-HUOI HHO-ING》(《马太福音》) 第 1 章 1—2 节	和合官话汉字本：《马太福音》 第 1 章第 1—2 节
1 A-be-la-hhaing gé hhéu-lai Duoi-poi gé gueun-sáng Yia-Só Gi-Dô gé gâ-bô gí-diû yâ-gô . 2 A-be-la-hhaing sâi Yi-sâ, Yi-sâ sâi Ngâ-gô, Ngâ-gô sâi Iû-duôi gé hyiâng-dié.	1 亚伯拉罕的后裔，大卫的子孙，耶稣基督的家谱。2 亚伯拉罕生以撒。以撒生雅各。雅各生犹大和他的弟兄。

6. 琼雷分支：海南话罗马字本

海南话属闽方言的琼雷分支，其圣经译本有罗马字本 14 种。②

最早的海南话译本是 1891 年出版的《Nág Kâi Kîu-tú Jè-su Ki-dok Kâi Tien-iok》(《马太福音》)。1893 年，《Iok-hag Fok-im Toag》(《约翰福音书》)出版；1894 年，《Lù-kia Fok-im Toag》(《路加福音书》)出版；1895 年，《Má-khô Fok-im Toag》(《马可福音书》)出版。1899 年，《Sàg-si-ki》(《创世纪》)、《哈该书》至《玛拉基书》、《使徒行传》、《加拉太书》至《腓利门书》和《雅各书》至《犹大书》在伦敦出版；同年，《新约选译》和《旧约选译》出版。以上译本均为最早到达海南的冶基善(C. C. Jeremiassen)③所译。④

---

① Eric M. North ed. , *The Book of A Thousand Tongues*，*Being Some Account of the Translation and Publication of All or Part of The Holy Scriptures into More Than a Thousand Languages and Dialects with Over 1100 Examples from the Text*，New York：The American Bible Society，1938，p. 94.

② Hubert W. Spillett ed. , *A Catalogue of Scriptures in the Languages of China and the Republic of China*，Hong Kong：British and Foreign Bible Society，1975，pp. 155-157.

③ 冶基善原为丹麦驻中国海关官员，1881 年以独立传教士身份在海南传教，1885—1899 年属美国长老会。详见海南省地方志办公室编：《海南省志·人口志方言志宗教志》，南海出版公司 1994 年版，第 498 页。

④ Eugene A. Nida ed. , *The Book of A Thousand Tongues*，New York：United Bible Societies，1972，p. 80.

1902 年，英国圣经会在海南出版了《Má-khô Fok-im Toag》（《马可福音书》）；1914 年，出版了《马可福音》。这两本是美国北长老会女传教士郝非（Kate L. Schaeffer）基于和合官话翻译的。① 1916 年，《Lù-kia Fok-im Toag》（《路加福音书》）和《Tái-hû Kîa Toang》（《使徒行传》）出版。

表 5-12　海南话罗马字本、和合官话汉字本比较

海南话罗马字本：《Lù-KIA FOK-IM TOAG》 （《路加福音书》）第 1 章第 1—2 节	和合官话汉字本：《路加福音》 第 1 章第 1—2 节
1 IN-UI ū hó toe nâg toh tu kì-tài vá-nâg dao ji-keg tó lib-dia kâi si，2 ciù-ti ciàu sôag dāu-li kâi nâg hàg khí-hâu sin mák ò-kì，jiu sôag ioh vá-nâg kâi.	1—2 提阿非罗大人哪，有好些人提笔作书，述说在我们中间所成就的事，是照传道的人从起初亲眼看见又传给我们的。

五、粤方言圣经罗马字本

粤方言是我国七大方言之一，与圣经翻译有关的粤方言仅 1 个分支，即广府分支的广州话。广州话也通行于广西西部和香港、澳门地区，略有文白异读现象。广州话圣经译本有罗马字本 12 种。②

1867 年，英国圣经会在香港出版了《路加福音》，其他译本还包括《马可福音》（1892 年）；《Mā-hóh Chuên Fuk-yam Shue》（《马可传福音书》，1896 年）；《路加福音》和《约翰福音》（1898 年）；《Mā-t'aai Chuên Fuk-yam Shue》（《马太传福音书》）、《Mā-Hôh Chuên Fuk-yam Shue》（《马可传福音书》）和《Sz-t'o Hang Chuên》（《使徒行传》）（1899 年）；《创世纪》（1900 年）；《出埃及记》（1901 年）。1901—1903 年，《利未记》《民数记》《约书亚记》出版；1913 年，《San-yeuk Shing-king Ts'uen Shue》（《新约圣经全书》）在上海出版；1915 年，《Shing-king Kaû San Yeuk Ts'uen Shue》（《圣经旧新约全书》）在上海出版

---

① Eric M. North edited，*The Book of A Thousand Tongues*，*Being Some Account of the Translation and Publication of All or Part of The Holy Scriptures into More Than a Thousand Languages and Dialects with Over 1100 Examples from the Text*，New York：The American Bible Society，1938，p. 92.

② Hubert W. Spillett ed.，*A Catalogue of Scriptures in the Languages of China and the Republic of China*，Hong Kong：British and Foreign Bible Society，1975，pp. 130-142.

（横滨印刷）。①

表 5-13　广州话罗马字本、和合官话汉字本比较

广州话罗马字本：《MA-HÔH CHUEN FUK-YAM SHUE》《马可传福音书》》第 1 章第 1—2 节②	和合官话汉字本：《马可福音》第 1 章第 1—2 节
1 Sheû ng-Taì tsz Ye-So Kei-Tuk fuk-yain kè heí shaú. 2 Chiù sin-chi I-ts oì-à shue shóh tsoìwâ, Ngōh tá-faat Ngōh kè sz-ché, tso î nei m în tsin, uê-pe î neï kè lô.	1 神的儿子，耶稣基督福音的起头。2 正如先知以赛亚书上记着说："看哪！我要差遣我的使者在你前面，预备道路。"

六、客家方言圣经罗马字本

客家话的形成历史悠久复杂。分布比较集中的客家话可以分为 9 个分支，其中与圣经翻译有关的客家话共 4 种，即粤台分支、粤北分支的三江话、不分片客家话的五经富话、汀州分支的汀州话。

1. 粤台分支罗马字本

广东东北部客家话圣经译本有罗马字本 14 种。③

最早的客家话译本是黎力基（Rudolph Lechler）④翻译的《Das Evangelium des Matthaeus im Volksdialekte der Hakka-Chinesen》（《客家俗语马太传福音书》），1860 年由巴色会在德国柏林出版，来普夏斯（Lepsius）罗马字本。这是最早出版的客家话文献。⑤ 卡尔·理查德·来普夏斯（Karl Richard Lepsius）是 19 世纪后半叶德国著名语言学家和埃及学家，在语音学界创制国际音标之

---

① Eugene A. Nida ed. , *The Book of A Thousand Tongues*, New York：United Bible Societies，1972，p. 77.

② 广州话罗马字本：《MA-HÔH CHUEN FUK-YAM SHUE》，1898。美国圣经会藏。

③ Hubert W. Spillett ed. , *A Catalogue of Scriptures in the Languages of China and the Republic of China*, Hong Kong：British and Foreign Bible Society，1975，pp. 158-164.

④ 黎力基（1824—1908）是德国基督教巴色会传教士，是最早在客家人中传教的传教士之一。他于 1846 年来华，先到香港，然后到了广东五华，1899 年回德国，在广东客家地区和香港工作了 53 年。他还用罗马字办了报纸《罗马字拼音客话报》。详见李云庄：《基督教巴色会来兴宁活动》，《兴宁文史》1987 年第 8 辑，第 60—62 页。

⑤ Alexander Wylie, *Memorials of Protestant Missionaries to the Chinese：Giving a List of Their Publications and Obituary Notice of the Deceased with Copies Indexes*, Shanghai：American Presbyterian Mission Press，1867，p. 161.

前，Lepsius 系统是标写各种语言、转写非拉丁字母文字的权威拼音系统。

1865 年，英国圣经会在香港出版了黎力基翻译的《Das Evangelium des Lucas im Volksdialekte der Hakka-Chinesen》(《客家俗语路加传福音书》)。1866 年，英国圣经会、巴色会出版了《马太福音》和《路加福音》的修订本，由黎力基、瑞士巴色会韦腓立(Philip Winnes)翻译。1874 年，由黎力基和韦腓立翻译的《马可福音》和《使徒行传》合刊本出版。1886 年，瑞士巴色会毕安(Charles Piton)翻译的《创世纪》和《出埃及记》合刊本出版。①

表 5-14　客家方言粤台分支罗马字本、和合官话汉字本比较

客家方言粤台分支罗马字本：《MA-THAI TSHON FUK-YIM SU》(《马太传福音书》)第 1 章第 1—2 节②	和合官话汉字本：《马太福音》第 1 章第 1—2 节
1 Ap-la-ham，Thai-phit hai tz'-sun，y a-sz Ki-tuk kai tshuk-phu. 2 Ap-la-ham san-tau Yi-sat san-tau Ya-kok Ya-kok san-tau Yu-thai sip-ni hyun-thi.	1 亚伯拉罕的后裔，大卫的子孙，耶稣基督的家谱。2 亚伯拉罕生以撒。以撒生雅各。雅各生犹大和他的弟兄。

2. 不分片区：五经富话罗马字本

五经富镇位于广东省东部揭西县东北部，为客家人居住区，其方言属客家方言中不分片地区。该方言圣经译本有罗马字本 4 种。③

1910 年，英国长老会出版第一本五经富客家话的《Shi-pien Tshái-tship》(《诗篇选译》)，由英国长老会传教士马坚绣(Murdo C. Mackenzie)④和中国牧师彭启峰翻译而成。1916 年，英国长老会出版了《Sin-yok Shin-shu Khak-và》

---

① Eugene A. Nida ed.，*The Book of A Thousand Tongues*，New York：United Bible Societies，1972，p. 80.

② 客家话粤台分支罗马字本：《MA-THAI TSHON FUK-YIM SU》，The New Testament in the Colloqial of the Hakka Dialect，Basel 1866，printed for the British and Foreign Bible Society。美国圣经会藏。

③ Hubert W. Spillett ed.，*A Catalogue of Scriptures in the Languages of China and the Republic of China*，Hong Kong：British and Foreign Bible Society，1975，p. 165.

④ 马坚绣 1889 年至 1926 年一直都在五经富传教，长达 37 年。他还编有客家方言字典，开办了学校和医院。详见蔡理明：《英国传教士在五经富等地的传教活动》，《揭西文史》1988 年第 4 辑，第 20—21 页。

（《新约圣书》），并于 1918 年、1924 年再版。①

表 5-15 五经富话罗马字本、和合官话汉字本比较

五经富话罗马字本：《MA-THAI FUK-YIM CHHON》（《马太福音书》）第 1 章第 1—2 节②	和合官话汉字本：《马太福音》第 1 章第 1—2 节
1 A-pak-la-hon kài tsu-sun. Thài-vùi kài tsú-sun. Yà-su Ki-tuk kài tshúk-phú. 2 A-pak-la-hòn sen Yi-sat；Yi-sat sen Nga-kok；Nga-kok sen Yû-thài vo k î-kài hiung-thì.	1 亚伯拉罕的后裔，大卫的子孙，耶稣基督的家谱。2 亚伯拉罕生以撒。以撒生雅各。雅各生犹大和他的弟兄。

3. 汀州分支：汀州话罗马字本

汀州位于福建省西部，今名长汀县。汀州为客家人聚居地之一，方言属客家方言汀州分支，是纯客话县。③ 该方言圣经译本只有罗马字本 1 种。最早的汀州话译本是 1919 年英国圣经会在上海出版的《Ma-thaí Fü-yeng Chhoñ》（《马太传福音书》），由英国伦敦会休斯小姐（Catharine R. Hughes）和埃娃·R. 雷尼小姐（Eva R. Rainey）翻译，是在施约瑟浅文理译本的基础上译成的。④

---

① Eric M. North ed.，*The Book of A Thousand Tongues*，*Being Some Account of the Translation and Publication of All or Part of The Holy Scriptures into More Than a Thousand Languages and Dialects with Over 1100 Examples from the Text*，New York：The American Bible Society，1938，p. 93；Hubert W. Spillett ed.，*A Catalogue of Scriptures in the Languages of China and the Republic of China*，Hong Kong：British and Foreign Bible Society，1975，p. 165；Eugene A. Nida ed.，*The Book of A Thousand Tongues*，New York：United Bible Societies，1972，p. 81.

② 五经富话罗马字本：《MA-THAI FUK-YIM CHHON》，KIU-CHU YA-SU KAI SIN-YOK SHIN-KIN，SAN-THÊU：LI-PÀI-THÓNG FÛNG-SIET-HIEN YIN-FAT，1924。美国圣经会收藏。

③ 卢德明主编：《长汀县志》，生活·读书·新知三联书店 1993 年版，第 865—867 页。

④ Eric M. North ed.，*The Book of A Thousand Tongues*，*Being Some Account of the Translation and Publication of All or Part of The Holy Scriptures into More Than a Thousand Languages and Dialects with Over 1100 Examples from the Text*，New York：The American Bible Society，1938，p. 97；Hubert W. Spillett ed.，*A Catalogue of Scriptures in the Languages of China and the Republic of China*，Hong Kong：British and Foreign Bible Society，1975，p. 210；Eugene A. Nida ed.，*The Book of A Thousand Tongues*，New York：United Bible Societies，1972，p. 88.

表 5-16　汀洲话罗马字本、和合官话汉字本比较

汀州话罗马字本：《MA-TAHI｜FÛ-YENG CHHOŇ》（《马太传福音书》）第 1 章第 1—2 节①	和合官话汉字本：《马太福音》第 1 章第 1—2 节
1 A-pâ-la-hangh ké hàu-yi, Thài-phi ké hàu-yi, Yah-su Chi-tû ké tshù-phuh. 2 A-pâ-la-hangh sang Yih-sâi, Yih- sâi, sang Ngah-kô, Ngah-kô sang Yêu-thài tà Yêu-thài ké shiang-the.	1 亚伯拉罕的后裔，大卫的子孙，耶稣基督的家谱。2 亚伯拉罕生以撒。以撒生雅各。雅各生犹大和他的弟兄。

七、官话方言罗马字本

1. 江淮分支：南京话罗马字本

南京话属官话方言江淮分支，其圣经译本的罗马字本仅 1 种。1869 年，内地会在镇江出版了南京话的《路加福音》罗马字本。② 这是在内地会创始人戴德生（James Hudson Taylor）的监督下，由内地会女传教士夏安心（Louise Desgraz）翻译，专为内地会使用的译本，也是南京话唯一的罗马字本③。

2. 胶辽分支：山东话罗马字本

山东话分属官话方言的两种分支，胶东地区以外的绝大部分方言属官话方言冀鲁分支，胶东地区方言属官话方言胶辽分支。山东话全部译本共 3 种，均为罗马字本。

1892 年，美国圣经会在上海出版了罗马字本的《路加福音》和《约翰福音》合并本。这是内地会传教士祝名扬（C. H. Judd，一译祝家宁）和内地会传教士林（Edward Tomalin）合作翻译的。1894 年，美国圣经会在上海出版了祝名扬

---

①　客家方言汀州话罗马字本：《MA-TAHI FÛ-YENG CHHOŇ》，Ting-Chow，British and British Bible Society，1919。美国圣经会收藏。

②　Eric M. North ed. ，*The Book of A Thousand Tongues*，*Being Some Account of the Translation and Publication of All or Part of The Holy Scriptures into More Than a Thousand Languages and Dialects with Over 1100 Examples from the Text*，New York：The American Bible Society，1938，p. 90.

③　Hubert W. Spillett ed. ，*A Catalogue of Scriptures in the Languages of China and the Republic of China*，Hong Kong：British and Foreign Bible Society，1975，p. 119.

和林翻译的《马太福音》。①

表 5-17　山东话罗马字本、和合官话汉字本比较

山东话罗马字本：《MA-TAI Fu-In SHÜ》(《马太福音书》) 第 1 章第 1—4 节 ②	和合官话汉字本：《马太福音》 第 1 章第 1—4 节
1 Ia-Peh-la-han-ti heo-in, Ta-pi-ti ts-sen Ie-su Ki-tu-ti kia-p'u, ki tsai hsia-mien. 2 Ia-peh-la-han seng I-sa；I-sa seng Ia-ko；Ia-ko seng Iu-ta ho Iu-ta-ti ti-hsiong；3 Iu-ta ho Ta-ma-sh seng Fa-leh-s t'ong Sa-la；Fa-leh-s seng I-s-len；4 I-s-len seng Ia-lan；Ia-lan seng Ia-mi-na-ta；Ia-mi-na-ta seng Na-shuen；Na-shuen seng Sa-men.	1 亚伯拉罕的后裔，大卫的子孙，耶稣基督的家谱。(后裔子孙原文都作儿子下同)2 亚伯拉罕生以撒。以撒生雅各。雅各生犹大和他的弟兄。3 犹大从他玛氏生法勒斯和谢拉。法勒斯生希斯仑。希斯仑生亚兰。4 亚兰生亚米拿达。亚米拿达生拿顺。拿顺生撒门。

八、汉语汉字发展的新途径

1. 新式标点的使用

在新式标点的使用方面，圣经罗马字本应该说远远领先了时代。虽然这是汉语的罗马字表现形式，不同于汉字书籍，但必须承认，汉语罗马字是汉语言文字的多种表现形式之一。

早在 1660 年(清顺治十七年)，在台湾的荷兰归正会传教士已经将《圣经》译为罗马拼音字，史称"新港译本(St Matthen in Sinking－Formosan)"③。该版《圣经》的文字由荷兰文、英文与台湾方言罗马字组成，采用了横排方式，书前有用英文和荷兰文撰写的前言和介绍，圣经部分由荷兰文和台湾方言罗

---

①　Hubert W. Spillett ed. , *A Catalogue of Scriptures in the Languages of China and the Republic of China* , Hong Kong：British and Foreign Bible Society，1975，p. 117.

②　山东官话罗马字本：《MA-TAI Fu-In SH ？》，SHAN-TONG HUA，Matthew，Shantung Colloquial，American Bible Society，1894。美国圣经会收藏。

③　封三印有汉字："马太福音传全书台湾番话新港腔顺治十七年和兰国教师倪但理译光绪十四年英国教师甘为霖复印。"新港译本应该是最早的圣经中译本。早在 17 世纪 50 年代，荷兰殖民者占领台湾时，该译本由基督教荷兰归正会传教士倪但理(D. Gravius)用台湾台南地区当地方言翻译，用罗马字拼写而成，后在荷兰的阿姆斯特丹出版。1888 年(清光绪十四年)，基督教英国长老会传教士甘为霖(William Campbell)重新刊印。笔者没有见到新港译本的原本，仅知收藏在荷兰莱顿大学图书馆，无法完全确定相关情况，笔者见到的是1888 年的重印本。

马字对照刊行。在圣经台湾方言罗马字这部分中，圣经个别词语没有完全译为罗马字，还用了英文，如阿门用 amen，耶稣用 Jesus。书中使用了西文书常用的横版本方式，也使用了西文标点符号，有逗号、句号、分号、冒号、问号和括号 6 种。

1853 年，伦敦出现了由个人出版的《约翰福音》。这是第一本上海方言的罗马字本圣经，也是第二本罗马字本圣经。全书没有一个汉字，只有英文和上海方言的教会罗马字，也采用了横排方式。书前是用英文撰写的前言和介绍，圣经经文则采用了教会罗马字。全书采用了如西文书那样的横排方式，以及阿拉伯数字页码。标点完全采用了西文里的 7 种标点（句号、逗号、分号、问号，圆括号、引号和冒号），其中很多都是传统汉语言文字不曾使用过的标点。

1888 年，美国圣经会出版了北京官话译本罗马字本《SIN IOH TS'UEN SHU》，除了沿用圣经罗马字本的横排方式和阿拉伯数字页码以外，新式标点的使用增加到了 10 种（新增加了感叹号、单引号和一字线）。

但是圣经汉字本对新式标点的使用方面，应该说是乏善可陈的，基本上落后于同时代的其他汉字书籍。据笔者所见，直到 20 世纪 30 年代，有新式标点的圣经汉字本才出现。与此同时，传统句读式的圣经汉译本仍然在大量刊行，远远超过使用新式标点的圣经汉字本。

2. 汉语可以写成拼音文字

汉字是表意表形的文字，如何表现汉语的发音的确一直是汉语言文字的弱项。千百年来，汉语言文字一直没有发展出一套较为准确和科学的注音系统。传统的汉字注音方式，如反切等，则需要相当数量的汉字读音为基础，而且读者在使用时则非常容易出现错误。

传教士用罗马字母为汉字注音的方式进入中国人的汉语汉字领域后，汉语汉字也可以用拼音字母的方式来写了。汉语拼音字母的产生，使汉字的标音方法遂从"反切"一变而为"拼音"，"此诚汉语音韵学史上一大革新也"。①

这种用罗马字为汉字注音的方式源于明末利玛窦等天主教耶稣会传教士。他们撰写的《西儒耳目资》等书的目的就是为西方人学习汉语提供方便。虽然

---

① 　罗常培：《汉语拼音字母演进史》（原名《国音字母演进史》，商务印书馆 1934 年出版，1959 年改现名），《罗常培文集》第 3 卷，山东教育出版社 2008 年版，第 7 页。

他们一开始还是局限于拼写人名地名等专名之类，在编写中外文词典的汉字注音范围中，没有出现过通篇全文的罗马字书籍，但就此引起了汉字可用字母注音或拼音的想法，"形成二百年后制造推行注音字母或拼音字母的潮流"①。中国明朝的方以智、杨选杞等学者受到了启示，"遂给中国音韵学的研究，开辟出了一条新路径"②。

自海禁大开以来，最先受到影响的就是外交、通商和传教。随着帝国主义的介入和支持，基督教的传教势力已经远远超过了明末天主教的能量。他们可以来到中国的任何一个地方，接触他们想要接触的任何人。为了最大程度和最高效率地传播福音，为了让更多目不识丁的潜在基督教徒听到上帝的福音，他们采用了罗马拼音字母，在改革中国传统印刷技术的基础上，翻译出版了大量方言圣经和福音书。随着时间的流逝，这种罗马字拼音，不但用以出版了大量罗马字本圣经，而且本身也"成为一般不识汉字的民众用作通信、记流水账的普通记号"，也为后来的"民众教育家的注音或拼音文字运动打下了个坚固的基础"。③ 因此，传教士在如何辨别汉字的读音上，以及确立表达语音的符号上做出了贡献。

在中国汉字改革的各位大家看来，教会方言罗马字曾对汉字改革产生了相当积极的影响。"方言教会罗马字在历史上遗留下来的积极影响是：传播了汉语可以写成拼音文字的认识，并且在拉丁字母拼写汉语的技术上提供了一些成功的和失败的经验。"④

3. 汉字改革的途径之一

从清末开始的汉字改革运动，一般来讲分为三派：一为急进派，主张废弃汉字汉语而使用"万国新语"，即世界语；二为折衷派，主张依照西洋传教士所创的罗马拼音文字，制造字母代替汉文，或辅助汉文；三为稳健派，主

---

① 陈望道：《中国拼音文字的演进：明末以来中国语文的新潮》（原载《文艺新潮》1939年第 2 卷第 2 号），《陈望道文集》第 3 卷，上海人民出版社 1981 年版，第 157 页。

② 罗常培：《耶稣会士在音韵学上的贡献》（初刊于《中央研究院历史语言研究所集刊》，1930 年），《罗常培语言学论文集》，商务印书馆 2004 年版，第 307 页。

③ 陈望道：《中国拼音文字的演进：明末以来中国语文的新潮》（原载《文艺新潮》1939年第 2 卷第 2 号），《陈望道文集》第 3 卷，上海人民出版社 1981 年版，第 160 页。

④ 周有光：《汉字改革概论》，文字改革出版社 1979 年版，第 20 页。

张依照日本假名制度拼音简字，以改良反切，辅助读音。

1892 年，中国人自觉进行汉字改革的"国语运动"揭幕了①，其标志性事件就是卢戆章在厦门出版了中国历史上第一份拼音方案——《一目了然初阶》(中国切音新字厦腔)。这个以罗马字拼写汉字的"切音新字"，就是被教会罗马字的影响和启发后的结果。② 卢戆章是出生于厦门的基督徒，在新加坡学过英语，长期帮助传教士编写中英词典和罗马字书籍，生活在罗马字(当地称"话音字")极为兴盛的厦门③。他对教会罗马字进行了长达十余年的钻研，"专心增改"，制成了一套罗马字式的字母。他在爱国思想的驱使下，希望能找到一条使国家富强的道路。而文字的简便易学能让更多人识字，这样才能普及教育、振兴科学。在他看来，"外国男女皆读书，此切音字之效也"，而中国今天国势衰弱，只要文字一变，"何患国不富强也哉"。④ "风云变幻的时代、基督教和西洋文化、流行已久的教会罗马字和民族传统的拼音方法反切，都与这个方案产生了密切的关系。"⑤它是清末汉字改革的第一阶段切音字阶段的第一个试验。而这个试验很快就在厦门风行起来，因为学他的切音新字，"只须半载便能执笔抒写其所欲言"。这种快速学习的方法也为 20 世纪的平民教育提供了一些启示和方法。

卢戆章的切音字方案引发了拼音方案的高潮。1896—1897 年，仅仅两年时间，一下就出现了福建龙溪蔡锡勇的《传音快字》、江苏吴县沈学的《盛世元音》、福建厦门力捷三的《闽腔快字》、广东东莞王炳耀的《拼音字谱》四套方案。从 1892 年到发生辛亥革命的 1911 年的 20 年间，出现了至少 28 种拼音

---

① 倪海曙：《清末汉语拼音运动编年史》，上海人民出版社 1959 年版，第 1 页；周有光：《汉字改革概论》，文字改革出版社 1979 年版，第 25 页；黎锦熙：《国语运动史纲》(初刊于 1934 年商务印书馆)，商务印书馆 2011 年版，第 97 页。

② 黎锦熙：《国语运动史纲》，商务印书馆 2011 年版，第 194 页。

③ 厦门白话字，即厦门教会罗马字，直到新中国成立初期，居住在厦门和旅居在海外的人中，还有 10 万人在使用。参见周有光：《汉字改革概论》，文字改革出版社 1979 年版，第20 页。

④ 卢戆章：《中国第一快切音新字原序》，见文字改革出版社编：《清末文字改革文集》，文字改革出版社 1958 年版，第 2 页。

⑤ 倪海曙：《清末汉语拼音运动编年史》，上海人民出版社 1959 年版，第 24 页。

方案。① 其中，采用拉丁罗马字体系的有：朱文熊的《江苏新字母》（1906 年，在日本出版）；刘孟扬的《中国音标字母》（1908 年）；黄虚白的《拉丁文臆解》（1909 年）。这些意味着西洋人用罗马字母来书写汉字的方式不仅启发了中国人，同时也被中国士人接受，并且成为了他们改革汉语言文字的努力方向和方式，形成了所谓的"罗马字母派"。他们的共同目的就是用一种"切音"的工具，试图在表意的汉字之外，再创制一种符合汉语特点的拼音文字，来代替那烦琐难写的汉字，从而促进国民教育的普及和文化的发展，暂时还没有涉及文体的改变。

另可值得注意的是，这些早期涉及拼音方案的人士多有基督教或西学的背景。王炳耀（字煜初）是民国著名外交家王宠惠的父亲，早年在香港传教。蔡锡勇毕业于同文馆，曾任中国驻美国、秘鲁、日本等国参赞，平生多从事外交事务。沈学是教会大学的学生，《盛世元音》原稿乃用英文写成。梁启超为其做序时，还表示不要"备求"这位中文底子很差的人。

1918 年，中华民国教育部公布了《注音字母》。这是一种与罗马字完全不同的"中体"拼音化。然而，尽管中体拼音化有了官方正式认同的结果，那些沿着西体字母路径前行的研究人员，仍然在坚持试验和发表"西体"的注音字母。例如，1923 年，钱玄同发表了《汉字革命》，强烈主张汉字使用罗马字母；1923 年，赵元任发表《国语罗马字的研究》；1923 年，周辩明发表《中华国语音声字制》；1925 年，许锡五发表《新文字制表》；张学载发表《国音及罗马字发表对照表之研究》，等等。这些都是清末切音字运动的进一步发展，为国语罗马字方案提供了基础。

当时的教育部国语统一筹备会为回应钱玄同的"请组织国语罗马字委员会案"，于 1925 年 9 月至 1926 年 9 月，开会 22 次，拟定了国语罗马字拼音法式。1928 年，国民政府教育部大学院正式公布作为国音字母的第二式。"教会罗马字及国语罗马字都是拉丁化的先驱者。今天我们制订各区方言方案，仍须参考教会罗马字，并尽可能采用它们拼音法式的长处。"②

这些众多不同版本的拉丁罗马字方案，都成了源于清末的文字改革大潮

---

① 倪海曙：《清末汉语拼音运动编年史》，上海人民出版社 1959 年版，第 9—12 页。

② 周有光：《中国拼音文字研究》，东方书店出版社 1953 年版，第 6 页。

的历史浪花，为 20 世纪 50 年代的汉语言文字改革的最终形成和落幕，提供
了学习和效法的前期基础。而基督教最早涉及的拉丁罗马字母在汉语汉字中
的出现和运用，也为汉字改革和汉语言的丰富做出了贡献。正如倪海曙所指
出的："教会罗马字运动最重要的贡献，是替中国的拼音文字运动奠定了'拉
丁化'和'拼写方言'的道路。"①

---

① 倪海曙：《拉丁化新文字概论》，时代出版社 1949 年版，第 26 页。

第　六　章

欧化白话：中国现代白话的开启

19世纪是西方文化欲施加影响于中国文化的时期。在很大程度上，中国由传统向现代的转型是向西方取经的结果。从器物工具的学习，到制度的借鉴，再到文学的效仿，其向现代中国迈进的每一步都与向西方学习紧密联系着，而翻译在其中起到了至关重要的作用。鉴于当时是西方率先冲击影响中国，所以可以说是西方启动了晚清的翻译活动。

鸦片战争之后出现了西方传教士主导的白话翻译，使宋元话本到明清小说一路沿袭下来的古白话，开始接触到其他语系的语言。最为直接的是古白话受到印欧语言的影响，走出了自我发展的状态，开始了转向现代白话的新时期。传教士撰写的汉文宣教小册子，要比他们翻译的圣经汉译本更为华人读者所接受。因为那些宣教小册子的风格更接近真正的中文，是直接采用汉语的创作。相比之下，传教士最早的白话翻译——圣经中译本，在语言风格上则显得外来色彩尤为浓厚，更为"欧化"。而"欧化"，正是古白话与现代白话的关键区别点。现代白话就是一种"欧化或现代化"的语言。

现代白话是中国现代民族共同语的书面形式。现代白话与古白话的最大区别在于语句语法的欧化，受印欧语言影响形成的新的语言文字表现方式（如标点符号、文字横排、新词语、新句式等），因而欧化是现代白话最突出的标志。进入现代社会的汉语书面文要真正摆脱古典传统的约束，必须建立与古汉语语法有别的现代汉语语法体系。新体系的建立需要适度的欧化，即扩大外来语词汇，采用印欧句法，借鉴印欧语表达方式。这种欧化则是通过翻译来开启、借鉴并逐渐实现的。谈到汉语欧化和翻译之间的关系，著名语言学家王力先生早有精辟的论述："谈欧化往往同时谈翻译，有时差不多竟把二者混为一谈。这也难怪，本来欧化的来源就是翻译，译品最容易欧化，因为顺着原文的词序比较地省力，这是显而易见的事实。"①

总体来讲，虽然"五四"新文化运动以来，汉语的欧化问题曾引起文化界的广泛关注，但学术界对汉语欧化的研究是不充分的。首次从语言学的角度对汉语欧化现象进行客观、系统的研究，是从语言学家王力先生开始的。他在20世纪40年代出版的《中国语法理论》中，最早对汉语欧化进行了专章讨论。② 长期以来，学术界一直认为，清末民初在东南沿海一带出现的文学翻译，开始了古白话向现代白话的转变。这些文学翻译作品被认为是现代白话的源头。③ 这些观点的研究所依据的资料，基本上来自中国传统白话文献，忽略了外国传教士在晚清时期的大量翻译作品，尤其是最早的基于官话白话的翻译作品。

事实上，中国现代白话文至少有三个来源：民间白话口语，自古以来的书面白话文，开始于圣经翻译的基督教翻译作品和传道白话作品。非常可惜的是，极少有人注意到第三个来源。

阅读早期传教士所翻译的书籍，我们会感受到其中语言文字的拗口。这种拗口就源于欧化因素。而欧化的白话文也是创作新文学的文学家们所提倡的现代白话文，不同于传统白话文。可以看出，传教士们使用的中文在词汇上较为俗白，句法上既不用典也不对仗，同时暗含英文的语法逻辑，语气上又有明显模仿中国传统白话小说的痕迹。

其实早在19世纪60年代，在传教士的众多白话翻译作品中，汉语已经出现了欧化白话的现象和转变，北京官话圣经译本则最具有代表性和广泛性。

---

① 王力：《中国语法理论》，商务印书馆1944年版，第六章"欧化的语法"。该章专门讨论了汉语的欧化问题。

② 王力：《中国现代语法》，商务印书馆1945年版，第349页。

③ 周光庆、刘玮：《汉语与中国新文化启蒙》，东大图书股份有限公司1996年版，第146—151页；李孝悌：《清末的下层社会启蒙运动：1901—1911》，河北教育出版社2001年版，第251—260页；贺阳：《现代汉语欧化语法现象研究》，商务印书馆2008年版，第10页。

作为传教士们在清醒的官话认识指导下的第一本译作，作为汉语汉字历史上文字表现形式最多的书籍，北京官话圣经译本是最早的官话白话译作，拉开了从古白话向现代白话转型的序幕。本章通过以往学术界较少关注的、鲁迅先生称之为"白话马太福音体"的基督教传教士文献，试图从语言文字的角度探讨汉语欧化白话的来源和产生的时间、原因，并解读其文化意义。

一、西经中译与欧化白话的历史因素

基督教在世界范围内的传播和发展，与圣经被翻译为世界各国和各民族地区的语言有着非常密切的关系。圣经翻译所取得的巨大成绩和影响，更是离不开基督教传教士的不懈努力。1384 年，英国牛津大学教授约翰·威克利夫将圣经首次从拉丁文翻译为英文。到了 15 世纪，德文、意大利文、捷克文、荷兰文、西班牙文圣经也相继问世。

基督教传教士认识到中国语言文字的真实复杂情况，并且进一步肯定官话白话的价值，是经历了一段探索和磨难过程的。他们初到中国，开始翻译圣经时，并没有将官话白话列为翻译圣经的语言。他们认为白话文体不够严肃，尤其是在期望圣经能够影响文人学士和社会上层时，白话更不是适宜的选择。

随着《天津条约》和《北京条约》的签订，外国传教士开始进入中国内地传教。他们惊讶地发现，中国的北方还拥有更为广阔的官话区域。传教士们逐渐认识到，在中国大地上，操官话的人数甚至超过他们所熟悉的任何一种语言的使用者。①

官话旧指官方普遍使用的共同语言，历史上还称为雅言、通语、凡语等，后来发展成为中国的民族共同语"普通话"的基础。在 19 世纪的中国，约 90％ 的地区，75％ 以上的人口，都在使用"官话"。② 除了官场使用、通行范围比方言土语广以外，"官话"还比较文雅。中国是个多方言国家，历朝历代都有过一些诸如"书同文"之类的统一语言的措施。例如，清雍正皇帝曾下令将文言写成的《圣谕广训》以官话译出，使官话的使用范围达到了最大范围。在中

---

① Marshall Broomhall，*The Chinese Empire*：*A General and Missionary Survey*，London：Morgan & Scott，1907，p. 373.

② ［美］唐德刚：《胡适口述自传》，华东师范大学出版社 1993 年版，第 168 页。

国漫长的历史时期中，长安、洛阳、南京等地的方言，都曾因当地成为政治、经济、文化的中心而成为汉语共同语基础方言的中心，成为一个历史时期的官话，而官话区域也会因政治经济中心的转移而变化。

这种大多数中国人，包括平民百姓都明白易懂的语言，给传教士的工作带来了新机遇和新思路。他们充满信心地产生了积极推动官话白话的念头，甚至产生了希望官话白话最终成为中国统一的语言的想法和倡议。在1877年外国来华传教士召开的第一次全国大会上，苏格兰圣经会驻华代理人韦廉臣（A. Williamson）就充满信心地提出了这个倡议。①

在官话白话圣经翻译开启的19世纪60年代，圣经汉译已取得了相当大的成果，出版了五种圣经全译本，即马士曼译本（旧新约全书，1822年），马礼逊译本（旧新约全书，1823年），郭士立译本（新约全书，1839年；旧约全书，1838年），委办译本（新约全书，1852年；旧约全书，1854年）和裨治文译本（新约全书，1855年；旧约全书，1864年）。但这些早期圣经汉译本均为深文理译本②，即非常深奥的书面文言文译本。对当时绝大多数没有受过书本教育的中国民众来说，研读理解文字深奥、与中国传统文化理念完全不同的基督宗教经典，是一件非常困难的事情，甚至几乎是不可能的。

为了向教育水平不高的民众传教，传教士开始用中国各地不同的方言来翻译圣经，甚至是极小区域范围的地方性方言。他们还出版过用方言汉字或传教士创造的教会罗马字翻译的圣经译本，涉及除湘方言以外的所有方言，即吴方言、闽方言、官话方言、粤方言、客家方言、赣方言六大方言。方言圣经虽然简单易懂，但都是传教士早期能到达的东南沿海一带的方言土语，如上海话的《约翰书》（1847年，第一本方言汉字本）③、宁波话的《路加福音

---

① *Records of the General Conference of the Protestant Missionaries of China*，*Held at Shanghai*，*May 10-24*，*1877*，Shanghai：Presbyterian Mission Press，1878，p. 225.

② "文理"（wenli）是一个源自汉语词根的英语词汇，原意是"文学或文书的理则"，19世纪的基督教传教士以这个词来专指古汉语。不过，在外国传教士圈子以外的学者并没有接受这个用词，中国人也从来不曾使用这个词。所谓深文理译本，即指比较深奥的文言文译本，与"浅文理"一词相对。

③ 上海话汉字本：《约翰书》第1章第1节"起头道有拉个、第个道忒上帝两一淘个、道就是上帝拉"。美国圣经会藏。和合官话译本：《约翰福音》第1章第1节"太初有道，道与上帝同在，道就是上帝"。

书》(1852 年，第一本方言罗马字本)①，对更为广大的官话白话地区没有实际的意义。

1854 年(清咸丰四年)，英国圣经会在上海的墨海书馆出版了南京官话版《马太福音》②。这是圣经中文第一本官话译本，也是第一本从西文翻译成中文白话的著作。1857 年，英国圣经会在上海出版了南京官话版《新约全书》。它是英国伦敦会传教士麦都思与约翰·施敦力合作督导一个南京本地人，将他们翻译的深文理委办译本《新约全书》进行修改的南京官话白话译本。按现代语言学的分类，南京官话与北京官话、西南官话等一样，都属于官话方言。作为基督教第一部官话译本，虽然是从文言转译成官话白话，也曾受到转译不准确的批评，但它一直被视为圣经官话译本的开路先锋，深深影响了后来的中文圣经翻译。③

这时，太平天国信奉基督教的消息让欧洲基督宗教国家为之轰动，认为占世界 1/3 人口的中国人归信基督宗教的时刻即将来临，这将是基督宗教历史上最伟大的盛事。为了迎接这一盛事的到来，1857—1869 年，英国圣经会将南京官话译本《新约全书》圣经刊印了 15 万册④，使其成为当时流传极广的

---

① 宁波话罗马字本：《路加福音》第 1 章第 1—2 节《AH-LAN KYIU-CÜ YIAE-SU-GO SING-YI TSIAO-SHÜ LU-KYÜÔDIÜ FOH-ING-SHÜ》(《阿拉救主耶稣的新遗诏书路加福音书》)。1 Kyi-kying yiu hao-kyi-go nying, dong-siu iaó pô ah-lah keh-pæn cong-nyiang yiu jih-bing jih-kyü z-ken, gying-tang-hyin sia-lô-æ shü-li; 2 Z tsiao djü-dao-go eü-kwü dzong ky'i-deo ts'ing-ngæn k'en-kying-ko djü-lôh-læ peh ah-lah. 美国圣经会藏。和合官话译本：《路加福音》第 1 章第 1—2 节"1—2 提阿非罗大人哪，有好些人提笔作书，述说在我们中间所成就的事，是照传道的人从起初亲眼看见又传给我们的"。

② Eric M. North ed., *The Book of A Thousand Tongues*, *Being Some Account of the Translation and Publication of All or Part of The Holy Scriptures into More Than a Thousand Languages and Dialects with Over 1100 Examples from the Text*, New York：The American Bible Society, 1938, p. 90.

③ William Muirhead, Historical Summary of the Different Versions, *Records of the General Conference of the Protestant Missionaries of China*, *Held at Shanghai*, *May 2-20*, *1890*, Shanghai：Presbyterian Mission Press, 1890, p. 36.

④ Jost Oliver Zetzsche, *The Bible in China：the History of the Union Version or the Culmination of Protestant Missionary Bible Translation in China*, Sankt Augustin：Monumenta Serica Institute, 1999, pp. 142-143.

圣经译本。

1861 年，英国圣经会向最早到达华北的基督教传教士们建议，应该筹备翻译一本使用范围更大的北京官话圣经译本。北京官话是指明清以来以北京方言为基础形成的官方普遍使用的共同语。官话语音以北京话为主，是约于19 世纪中叶才形成的现象。① 在圣经翻译兴盛的晚清时期，北京是当时中国的政治文化中心，北京官话扮演着最大范围民族共同语的角色。

1863 年（清同治二年），基督教各差会最早到达北京的传教士组成了圣经北京官话翻译委员会。1864—1872 年，该委员会出版了多部北京官话译本。1874 年，美国圣经会出版了施约瑟独立翻译的北京官话《旧约全书》。② 该译本价值极高，忠实原文，译文流畅，"40 年来无竞争对手"③。

北京官话圣经译本翻译者们或许完全没有预料到，这本第一部翻译成官话的圣经译本，"曾通行全中国达 40 余年之久"④，其重要意义"甚至可与英语钦定本圣经或德国路德圣经相媲美，意义非凡"⑤。它立即在整个官话地

---

① 　W. South Coblin，A Brief History of Mandarin，*Journal of the American Oriental Society* 120，No. 4（October -December 2000），pp. 537-552，转引自麦金华：《大英圣书公会与官话和合本圣经翻译》，基督教中国宗教文化研究社 2010 年版，第 1 页。

② 　Marshall Broomhall，*The Chinese Empire*，*A General and Missionary Survey*，London：Morgan& Scott，China Inland Mission，1907，p. 386；Eric M. North ed.，*The Book of A Thousand Tongues*，*Being Some Account of the Translation and Publication of All or Part of The Holy Scriptures into More Than a Thousand Languages and Dialects with Over 1100 Examples from the Text*，New York：The American Bible Society，1938，p. 88；杨森富：《中国基督教史》，台湾商务印书馆 1968 年版，第 379 页。

③ 　John R. Hykes，*The American Bible Society in China*，New York：American Bible Society，1916，p. 42，上海档案馆 U120－0－25；Marshall Broomhall，*The Bible in China*，London：British and Foreign Bible Society，1934，p. 82。

④ 　杨森富：《中国基督教史》，台湾商务印书馆 1968 年版，第 379 页。

⑤ 　John Wherry，Historical Summary of the Different Versions of the Scriptures，*Records of the General Conference of the Protestant Missionaries of China*，*Held at Shanghai*，*May 2-20*，*1890*，Shanghai：Presbyterian Mission Press，1890，p. 56。

区，取代了深文理译本。① 1878 年（清光绪四年），英国圣经会将《新约全书》和《旧约全书》合并出版了《圣经全书》，成为 1919 年和合官话译本出版前最为常用、流传最广的圣经版本。

北京官话译本为中国圣经翻译的历史开启了白话文体圣经的新里程，在华的英美圣经公会也进行了大量的刊印。北京官话圣经译本有汉字本、教会罗马字本、国语注音字母本、王照官话注音字母本、汉英对照本、汉字与教会罗马字对照本、盲文字本、威妥玛拼音本、快字本，几乎涉及圣经中译本的所有文字表现形式。据苏佩礼的不完全统计，其全部刊印版本有 115 种，其中含有 6 种《圣经全书》汉字本，1 种《圣经全书》汉英对照本，2 种《旧约全书》汉字本，29 种《新约全书》汉字本，1 种《新约全书》罗马字本，1 种《新约全书》盲文本，1 种《新约全书》罗马字本。② 其发行版次、数量，仅次于和合官话圣经译本。直到 20 世纪 40 年代，北京官话圣经译本仍有刊印出版。

以官话方言为基础的白话文在中国已经有上千年的历史了。它虽然源于白话口语，但异于白话口语，已经形成了自身的表述方式和存在模式，甚至产生了大量流传至今的经典白话文学。从北京官话圣经译本中可以看出，翻译而成的官话已经成为一种书写话体，不再被视为单纯的官话口语的记录工具和复制品，而越来越被看作是一种独立的、更高格调的、具有文学性的文体。不像南京官话圣经译本那样，北京官话圣经译本仅仅只是将文言的圣经翻译成为白话的圣经，并且不太注意语言的修饰和感染力。北京官话译本的目标不单是将口语的官话转变成为书写的形式，而是使用一种更高雅、更文学的官话文体。

北京官话圣经译本对 20 世纪初期的和合官话圣经译本产生了决定性的影响。许多人名、地名和神学译名等专名的翻译，或语气语句都直接被继承下来了。因此可以讲，北京官话圣经译本一直影响到一百多年后的今天。和合

---

① 　John Wherry, Historical Summary of the Different Versions of the Scriptures，*Records of the General Conference of the Protestant Missionaries of China*，*Held at Shanghai*，*May 2-20*，*1890*，Shanghai：Presbyterian Mission Press，1890，p. 56；汤因：《中国基督教圣经事业史料简编》，《协进》1953 年第 9 期，第 31 页。

② 　Hubert W. Spillett ed.，*A Catalogue of Scriptures in the Languages of China and the Republic of China*，Hong Kong：British and Foreign Bible Society，1975，pp. 61-91.

官话本圣经是中国基督教会沿用至今的圣经译本，截至 2012 年 11 月 6 日，中国基督教会已印刷发行和合官话本圣经达 5 000 万册(不包括 1949 年以前出版的)，使其已成为世界上印刷数量最多的圣经版本之一。

二、欧化白话：现代白话欧化因素的语言学探讨

语言由语法、词汇、语音三个基本要素组成。从现代白话的语法方面考察可知，汉语受到了印欧语言的影响。下文是以具体例子来讨论白话欧化的语言学现象。其中，汉语例句引自北京官话圣经译本①，英语例句引自北京官话圣经译本的译源本——英语钦定本圣经②。

1. 句子的延长

中国古汉语追求凝练简洁，善用短句铺排，注重诵读的气韵节拍，因此即便有包孕句，也大多不复杂。随着中国思想文化的转型，对新思想的论述、现代性的探索和社会的反思，都需要与之匹配的高度综合和理性的语言。这种时代的需求进一步催生了复杂的包孕句、复杂的修饰成分、复杂的包含结构、完整句子主语及关系连词等。这些都使得句子变得越来越长了。正如成仿吾先生所感叹："中国旧有的语法太笼统，太简单，要谈精密的理论，要写复杂的现象，自非将欧洲的语法和文脉引进来补充不可。"③这种引进在翻译作品中，更是被不知不觉地采用了。

---

① 本章使用的北京官话圣经译本是 1872 年英国圣经会刊印的《新约全书》，在美国圣经会、英国圣经会、英国牛津大学、美国哈佛大学燕京图书馆均有收藏。全书没有标点，仅有句读。

② 英语钦定本圣经(King James Version of the Bible，KJV)，是《圣经》的诸多英文版本之一，于 1611 年出版。它是由英王詹姆斯一世下令翻译的，故而称之。它被认为是现代英语的基石，从诞生以来一直是最被广泛阅读的文献之一。它对英语文学的影响也很大。一些著名作家，如约翰·班扬、约翰·弥尔顿、威廉·华兹华斯都从中得到启发。后世的一些圣经，如英语修订版圣经(English Revised Version)、新美国标准版圣经(New American Standard Bible)、修订标准版圣经(the Revised Standard Version)、新钦定版圣经(New King James Version)等，都是这个版本的修订版。英语钦定本圣经至今仍然被大量印刷，十分常见。

③ 成仿吾：《论欧化》，见北京大学、北京师范大学等编：《中国现代文学史参考资料》，上海外语教育出版社 1979 年版，第 74 页。

例 1：1 Therefore being justified by faith，we have peace with God through our Lord Jesus Christ：2 by whom also we have access by faith into this grace wherein we stand，and rejoice in hope of the glory of God. 3 And not only so，but we glory in tribulations also；knowing that tribulation worketh patience；4 and patience，experience；and experience，hope：5 And hope maketh not ashamed；because the love of God is shed abroad in our hearts by the Holy Ghost which is given unto us.

1 我们既因信得称为义、就靠我主耶稣基督、得与上帝复和。2 又因信耶稣得立在这恩惠之中、并且欢欢喜喜盼望上帝的荣耀、3 不但如此、就是在患难之中、也是喜欢的、因为知道患难生忍耐、4 忍耐生老练、老练生盼望、5 盼望不至于羞耻、因为所赐给我们的圣神、将上帝的慈爱、浇灌在我们心里。

《罗马书》第 5 章第 1—4 节

例 2：11 And God said，Let the earth bring forth grass，the herb yielding seed，and the fruit tree yielding fruit after his kind，whose seed is in itself，upon the earth：and it was so. 12 And the earth brought forth grass，and herb yielding seed after his kind，and the tree yielding fruit，whose seed was in itself，after his kind：and God saw that it was good. 13 And the evening and the morning were the third day.

11 上帝说、地要发生结子的青草菜蔬和结果子的树木、果子都包著核、各从其类在地上、就如话而成了。12 于是地发生了结子的青草菜蔬和结果子的树木、果子都包著核、各从其类、上帝看著是好。13 有晚有早、是第三日。

《创世纪》第 1 章第 11—13 节

例 3：1 In the beginning was the Word，and the Word was with God，and the Word was God. 2 The same was in the beginning with God. 3 All things were made by him；and without him was not any thing made that was made.

1 太初有道，道与上帝同在，道就是上帝。2 这道太初与上帝同在、3 万物是藉著道创造的、凡创造的、没有一样不是藉著道创造的。

《约翰传福音书》第 1 章第 2—3 节

2. 被动式的增加

和印欧语相比，汉语被动式的范围要小很多。印欧语言不但大量使用被动式语句，而且以被动式为灵活、优美、谦逊的语言表述追求。古汉语与现代汉语相比较，古汉语的被动式的范围也小得多。在两千多年的汉语历史中，汉语的被动式一般只限于表达不幸或不愉快的事情，"被"字句通常只用于表达消极意义。[①] 随着印欧语言的影响，汉语被动式的范围扩大了，不再限于不幸或不愉快的事情。而且被动句的使用基本上限于书面语言，在口语中用得很少。这一汉语欧化的语法现象在北京官话圣经译本中已经有所表现。被动句经常用来表达积极含义、基督宗教神圣含义，而且数量也大大增加。

例 4：Then was Jesus led up of the Spirit into the wilderness to be tempted of the devil.

当下耶稣被圣神引到旷野、受魔鬼的试探。

《马太传福音书》第 4 章第 1 节

例 5：But the ship was now in the midst of the sea，tossed with waves：for the wind was contrary.

船在海中、因为风不顺、被波浪摇动。

《马太传福音书》第 14 章第 24 节

例 6：For he shall be great in the sight of the Lord，and shall drink neither wine nor strong drink；and he shall be filled with the Holy Ghost，even from his mother's womb.

---

① 王力：《汉语史稿》，中华书局 1980 年版，第 430—433 页；崔宰荣：《唐宋时期被动句的语义色彩》，见林焘主编：《语言学论丛》第 26 辑，商务印书馆 2002 年版。

他在主面前、必为尊大、淡酒浓酒都不饮、从母胎里生出来、就足足的被圣神感动。

　　　　　　　　　　　　　　　　　　　《路加福音》第 1 章第 15 节

　　例 7：Now the birth of Jesus Christ was on this wise：When as his mother Mary was espoused to Joseph，before they came together，she was found with child of the Holy Ghost.

　　耶稣基督降生的事记在下面、他母亲马利亚、被约瑟聘定为妻、还未迎娶、马利亚受了圣神的感动、有了身孕。

　　　　　　　　　　　　　　　　　　《马太传福音书》第 1 章第 18 节

　　例 8：and Josi'ah begat Jeconi'ah and his brethren，about the time they were carried away to Babylon.

　　约西亚生耶哥尼亚、和耶哥尼亚的弟兄、那时候百姓被迁到巴比伦去了。

　　　　　　　　　　　　　　　　　　《马太传福音书》第 1 章第 11 节

3. 限定性词汇或句式增加

古汉语讲究"不以辞害意"，推崇文章的风格和韵味，就是希望读者能了解文章的含蓄之处，因此表达时往往不精密地估计到一个范围和程度，希望读者能了解所下的判断也容许例外存在。① 现代汉语更加追求语言的科学性，要求做到"辞意相称"。这样一来，表示范围、程度、时间、条件的限定性词汇或句式就大大增加了。它们往往位于一句话的开始，或用插入语的方式来表现，作为语言表达"更有分寸""更加科学"的补充和追求，使语句更为严谨、明确和准确。随着西文标点的引入，一些原来在汉语中无法实现的插入语也成为了可能。这种增加限定词汇和语句的语言现象，在北京官话圣经译本中有大量的例句。

---

① 王力：《汉语史稿》，中华书局 1980 年版，第 479 页。

例 9：This is he of whom I said，After me cometh a man which is preferred before me；for he was before me.

<u>我曾说</u>、有一个人比我后来、反在我以前、因为他本来在我以前、所说的就是这个人。 （限定时间和范围）

《约翰传福音书》第 1 章第 30 节

例 10：In the beginning God created the heaven and the earth.

<u>起初的时候</u>、上帝创造天地。（限定时间）

《创世纪》第 1 章第 1 节

例 11：And the Word was made flesh，and dwelt among us，and we beheld his glory，the glory as of the only begotten of the Father，full of grace and truth.

道成了人身、住在我们中间、充充满满的恩典、有真理、我们看见过他的荣光、<u>正是父的独生子的荣光</u>。（限定范围）

《约翰传福音书》第 1 章第 14 节

4. 定语增加

汉语中原本充当定语的都是单词，因此定语都很短。受印欧语言的影响，无论在长度上，还是应用数量上，现代汉语对定语的使用都远远超过了古汉语。汉语的定语变得越来越长，结构也日趋复杂。现在，汉语中不仅时常出现一整句话作定语的情形，有时一句话中还包孕着从句，层层叠套。长定语的作用是改变组织方式和语序，把一些在一般口语里可能分为几句的话，作为一句话说出来。不过，这样会使句子结构显得更冗长。汉语是没有后置的短语定语和从句定语的，名词的修饰成分都放在前面，因此直译时就会产生烦琐冗长的定语。

例 12：The book of the generation of Jesus Christ，the son of David，the son of Abraham.

<u>亚伯拉罕的后裔大未的子孙耶稣基督的</u>家谱、记在下面。

《马太传福音书》第 1 章第 1 节

5. 状语后置

汉语不像印欧语那样有丰富的时态，所以语序对于汉语来说尤其重要，是汉语的重要语法手段之一。并且汉语的语序以思维逻辑为基础，因此汉语有相对固定的语序。当然这并不是说汉语的语序缺乏灵活性。在一定范围内，汉语的语序也可以灵活变换，只是相对印欧语而言，汉语语序的自由度受到更大的限制。Thomason-Kaufman 认为，在语言接触中，语序是最容易被借用并吸收的句法特点。这一点在翻译中表现得尤为突出。① 在晚清翻译中，受直译的影响，很多汉语中原来不能用或者不常用的语序变得可以接受，甚至被频繁使用。例如，后置的状语在古汉语中原来是很少见的，但在这一时期迅速地发展了起来，成为丰富现代汉语的一个手法。

古汉语的条件式和容许式，都是从属部分在前，主要部分在后的。在印欧语言里，条件式和容许式的从属部分，既可以放在前也可以放在后面。在印欧语言的影响下，汉语的从属部分也有后置的可能，并且呈越来越多的趋势。北京官话圣经译本中，状语后置的现象极多。例如，在下面著名"八福"中，圣经连用了七个并列句子进行描述，并且都是从属部分在后。

例 13：3 Blessed are the poor in spirit：for theirs is the kingdom of heaven. 4 Blessed are they that mourn：for they shall be comforted. 5 Blessed are the meek：for they shall inherit the earth. 6 Blessed are they which do hunger and thirst after righteousness：for they shall be filled. 7 Blessed are the merciful：for they shall obtain mercy. 8 Blessed are the pure in heart：for they shall see God. 9 Blessed are the peacemakers：for they shall be called the children of God. 10 Blessed are they which are persecuted for righteousness' sake：for theirs is the kingdom of heaven.

3 虚心的人是有福的、因为天国就是他们的。4 哀恸的人是有福的、因为他们必要受安慰。5 柔和的人是有福的、因为他们必要得地土。6 羡

---

① Thomason，S. G. & Kaufman，T，*Language Contact，Creolization，and Genetic Linguistics*，University of California Press，1988，p. 55，转引自朱一凡：《翻译与现代汉语的变迁》，外语教学与研究出版社 2011 年版，第 150 页。

慕仁义如饥如渴的人是有福的、因为他们必要得饱。7 怜恤的人是有福的、因为他们必要蒙怜恤。8 清心的人是有福的、因为他们必要得见上帝。9 劝人和睦的人是有福的、因为他们必要称为上帝的儿子。10 为义受逼迫的人是有福的、因为天国就是他们的国。

《马太传福音书》第 5 章第 3—10 节

6. "一＋量词"的兴起和增加

在古汉语中，如果不强调数量，名词前面可以不用"一＋量词"做修饰语，或可以不用"一"而只用量词。19 世纪下半叶以来，随着大量翻译作品的出现，汉语的这一习惯明显受到印欧语言的影响，发生了显著的变化，"一＋量词"名词性用法大大增加了。凡是西方语言中该用不定冠词的地方，汉语中就用"一个""一种"来表达。这种在抽象名词前加"一＋量词"的格式，对现代汉语的表达向精密化和明确化发展起到促进作用，成为改造旧白话的重要方法。

例 14：And she shall bring forth a son，and thou shalt call his name JESUS：for he shall save his people from their sins.

他必要生一个儿子、你可以给他起名叫耶稣、因为他要将他的百姓从罪恶里救出来。

《马太传福音书》第 1 章第 21 节

例 15：And thou Bethlehem，in the land of Judah，art not the least among the princes of Judah：for out of thee shall come a Governor，that shall rule my people Israel.

犹太的伯利恒阿、你在犹太的府县里、并不是最小的、将来有一位君王从你那里出来、牧养我以色列民。

《马太传福音书》第 2 章第 6 节

例 16：No man can serve two masters：for either he will hate the one，and love the other；or else he will hold to the one，and despise the other. Ye cannot serve God and mammon.

　　一个人不能事奉两个主、或是恶这个爱那个、或是重这个、轻那个、你们不能又事奉上帝。又事奉玛门。玛门即财利之意。

《马太传福音书》第 6 章第 24 节

7. "之一"的使用

　　在印欧语言中，常用"one of"来表示某一事物是某个集体或某个类别中的一员。这是印欧语言中十分常见的表达形式。19 世纪下半叶的翻译作品中，人们用字面意义相近的"之一"来翻译这一现象。

　　例 17：And the same hour was there a great earthquake，and the tenth part of the city fell，and in the earthquake were slain of men seven thousand：and the remnant were affrighted，and gave glory to the God of heaven.

　　这时地大震动、城邑塌了十分之一、因为地震死了有七千、其余的人、都甚惧怕、归荣耀给天上的上帝。

《使徒约翰默示录》第 11 章第 13 节

　　例 18：And the fourth angel sounded，and the third part of the sun was smitten，and the third part of the moon，and the third part of the stars；so as the third part of them was darkened，and the day shone not for a third part of it，and the night likewise.

　　第四天使吹角、日三分之一、月三分之一、星三分之一、就被攻击、以致日月星三分之一都黑暗了、昼三分之一无光、夜也是如此。

《使徒约翰默示录》第 8 章第 12 节

8. 介词"当"的连词化

　　在英语的 as、when、while 这样的一些从属连词用法的影响下，汉语书面语中越来越多地使用介词"当"来引导时间成分（或仅是一个简单的时间状语，或是由几句话组成的时间状语从句）。这原本是汉语中没有的结构句式。因此，这是一个非常典型的欧化现象。

例 19：Now when Jesus was born in Bethlehem of Judaea in the days of Herod the king，behold，there came wise men from the east to Jerusalem.

<u>当</u>希律王的时候、耶稣生在犹太的伯利恒、有几个博士从东方来到耶路撒冷。

《马太传福音书》第 2 章第 1 节

例 20：As the Son of man shall come in his glory，and all the holy angels with him，then shall he sit upon the throne of his glory.

<u>当</u>人子显荣耀、带领圣天使降临的时候、要坐在有荣耀的宝座上。

《马太传福音书》第 25 章第 31 节

三、欧化白话的文化解读

在欧洲各个现代民族国家语言诞生和发展的历史过程中，圣经翻译起到了直接或间接的引导和推进作用。欧洲现代国家语言的诞生，在欧洲各个区域民族主义的努力下，以挣脱古老的神圣语言——拉丁文——的束缚，挣脱一种普遍使用的共同语，逐渐向地方方言靠拢和发展，并通过现代印刷语言实现了欧洲地方语的恢复与发展。

中国现代民族共同语言的产生之路，则与欧洲完全不同。它是通过推倒艰深晦涩、占据知识垄断地位士大夫阶层的古典文言文体，在古白话的基础上，吸收印欧语言的词汇和语法、结构、语序等，重新构建"言文一致"的现代白话书面语言的书写体系而达成的。与此同时，这一过程使分歧差异的区域性方言向共同的民族统一语靠拢，以达到"国语统一"的目的，尤其是语言文字的读音统一的目的。

英语钦定圣经译本和德语路德圣经译本对创建欧洲各民族语言和确立本土语言地位的先声引导作用，是任何汉语圣经汉译本都无法望其项背的。但圣经汉译本的思想意义和语言影响，绝不仅限于中国基督宗教的狭窄范围内。在晚清白话文运动和"五四"新文化运动时期，汉语言白话历史上最具纲领性和号角性的文章——裘廷梁的《论白话为维新之本》和胡适的《文学改良刍议》，唯一共同提到的白话文献就是基督教的圣经翻译。①"不料这种官话土白，竟成了中国文学革命的先锋。"②

从中我们可以看出，清末民初希望通过改造汉语言文字来达到改造社会的先行者们，都曾关注并受到圣经汉译的影响和启发，希望将这种"新式的、欧化的白话"作为改造汉语言文字的工具和方法。

1. 欧化白话：现代白话的基本坐标

中国语言文字从文言文占统治地位到全社会使用白话文（文言文及其相关文化的衰落），只用了一两代人的时间。这是一个让人惊讶和无限感叹的历史变化。

文言与白话历来并存，但在晚清以前，白话的影响力要远远小于文言。几千年来，文人士大夫牢牢把握着知识话语权，形成了一个牢不可破的文化霸权传统，成为中国语言的主流传统。文字书写将中国的文人和大众截然分开，中国知识分子写文章，是其精英身份的呈现。毕竟，唯我独尊的文言一直是士大夫安身立命的手段与目的，是其安身立命的"文化资本"。白话非主流小传统一直在"不入流、边缘化"的处境中挣扎。

白话文不是晚清以至"五四"白话文运动所创造的新语言。即使从唐宋起算，白话文也有千余年历史，比英语的历史还要长一些。晚清、"五四"之前，已经相当成熟的白话文书面语，有世存的四大名著等为佐证。传统白话文虽然在唐宋已经出现，但直到清朝末年，仍然局限于章回体小说等有限的领域。清末改良派发起的白话文运动半途而废，"五四"新文化运动之后，白话文才逐步确立了自己的书面语主体身份。

19世纪末，中国社会还出现过改革文言的意图。人们想通过引进新词汇和外来词汇的方法，让文言继续执行书写的任务。这种渐进主义适合于文字改良的第一阶段，但很快就让位于全面改革，出现了以官话白话取代文言作

---

① 裴廷梁：《论白话为维新之本》（初刊于1898年），见中国科学院近代史研究所近代史资料编辑组：《近代史资料》（总31号）1963年第2期，第123页；胡适：《文学改良刍议》（原载《新青年》第2卷第5号，1917年1月），见姜义华主编：《胡适学术文集·新文学运动》，中华书局1993年版，第28页。

② 王治心：《中国基督教史纲》，上海古籍出版社2004年版，第254页。

为标准的书写文字，以及对以文言文为载体的旧文化的广泛抨击。① 1876 年 3 月 30 日（清光绪二年），《申报》创办了第一份白话报《民报》，但很快就夭折了。1897 年（清光绪二十二年）11 月创刊的《演义白话报》，真正成为白话报的先声。晚清时期，白话报纸已经有 150 余种，目的是运用浅白的汉语启发民智，挽救民族危亡。"五四"新文化时期，全民都开始使用白话，几千年文言文运用的历史就此结束了。②

传统白话文在长达千年的演变中，未曾有过什么"欧化"。欧化绝不是语言发展自然的变化，而是人为的事变。所谓汉语欧化，是指受印欧语言影响，而产生的与印欧语言使用习惯相同或相近，而与汉语本身使用相背离的现象。相对有千年历史的汉语古白话来讲，现代白话是以欧化的词汇、句式和语序等表达方法构成了语言的共核。没有欧化的词汇、句式和语序，就无法表达近代向西方交流学习后的、带有西化冲击和印记的语言文化思想，也就没有所谓的中国传统文化的现代转型。现代白话是在对本土传统的传承与延续中，在接受西方文化的大背景下，历经了与古白话对峙、交融、衍生等环节，最终整合而成的。

作为"五四"思想解放运动和文学革命的重要组成部分，"五四"白话文运动试图通过汉语书面语的改造和转型，使中国的思想和文学挣脱文言文和旧白话的束缚，从而实现思想解放和创造新文学的目标，并最终以全面取代文言文、融入欧化成分的现代白话代替传统白话。

中国现代白话想要表达转型后的中国现代新文化，其书面语言文字和文学就要摆脱古典主义的束缚，就要建立与古代汉语语法不同的现代汉语语法体系。现代白话书面语的形成与建立，需要适度借助欧化的方式进行。例如，在词语上，尽量输入日本或欧美的外来词以弥补汉语语汇的不足；在句法上，采用印欧句法，借鉴印欧语言的表达方式。所谓"理想的白话文"，按照新文化运动干将傅斯年的理解，就是"欧化的白话文"，"要改造旧白话，创造新白

　　①　［美］韩南：《中国白话小说的语言和叙述型式》，《中国白话小说史》，尹慧珉译，浙江古籍出版社 1989 年版，第 12 页。
　　②　周作人：《中国新文学的源流》，人文书店 1934 年版，第 105 页。

话，就要把使国语欧化当做不破的主义"。① 欧化白话改造了传统汉语，促进汉语精细化、明确化，丰富扩大了汉语的表现能力，因此成为现代白话的标志。而发展建立现代白话的过程，也就是古白话逐渐欧化的过程，是将原来觉得"不顺"的新式白话也逐渐变"顺"的过程。

正如朱自清先生曾写到的那样：

> 新文学运动和新文化运动以来，中国语在加速的变化。这种变化，一般称为欧化，但称为现代化也许更确切些。……该有人清算一番，指出这条路子那些地方走通了，那些地方走不通，好教写作的人知道努力的方向，大家共同创造"文学的国语"。②

2. 双语者的汉语"迁移"实践

学术界一直认为，欧化汉语的现象最容易产生在翻译作品中。这些"与西洋语言结不解缘的翻译者们"，在不知不觉之中，将印欧语言中的语法语汇句法等都转移到了汉语中。翻译北京官话圣经译本的传教士，作为使用印欧语—汉语的双语者，在将印欧语言翻译成汉语白话的过程里，在交替使用和表现印欧语和汉语的情况下，将印欧母语中的一些语言形式"迁移"到汉语翻译中，不仅可以说是可能的，而且可以说是必然的。而这种语言的"迁移"，最终导致传教士翻译作品中的汉语白话与《红楼梦》等作品使用的传统白话很不相同。

《圣经》作为基督宗教的唯一经典，其重要地位不容置疑。在翻译为汉语的过程中，译者不能像翻译其他文学或科学、哲学著作一样，考虑中国读者的阅读接受程度和习惯，随意增加或减少书中内容，或做辅助性的解释，而只能采取所谓"硬译"的方式。他们不但"硬译"圣经语句，甚至还译出了《圣经》在不同民族语言形成过程中出现的词汇。例如，"以马内利"译出来，就是

---

① 傅斯年：《怎样做白话文》（原载《新潮》第 1 卷第 2 号，1919 年 2 月 1 日），见北京大学等主编：《文学运动史料选》第一册，上海教育出版社 1979 年版，第 125 页。

② 朱自清：《中国语的特征在那里：序王力〈中国现代语法〉》（初刊 1943 年 3 月），《朱自清全集》第 3 卷，江苏教育出版社 1996 年版，第 64 页。

"上帝与我们同在"。这些客观不得已的现实问题和翻译者的宗教使命和追求，使北京官话圣经译本的"欧化"成分更多了。对那个时代来讲，过于欧化的文体也成了当时社会批评《圣经》译文文辞太差、不能吸引中国传统士人的重要原因，成为宗教社会语言学应讨论的其他问题。

汉语的欧化语法现象是受印欧语言，特别是受英语的影响而产生的。因为中国人懂英语的人数远远高于懂其他印欧语言的人，所以汉语的欧化大致就是英语化。从 19 世纪下半叶开始，大量的印欧语言作品被翻译成汉语，其中译自英语的最多，因此英语对汉语的影响就最大。19 世纪来华的基督教传教士，绝大部分来自讲英语的英国和美国，具体到圣经翻译者或主管圣经出版机构者，则几乎全部都是操英语的英美传教士。北京官话圣经译本的翻译者则全部是英美国家的传教士，虽然圣经新、旧约原文为希腊文、希伯来文和亚兰文。

现代汉语白话的形成既是汉语文字与汉语口语结合的过程，也是外语与汉语口语结合的过程，更是外语译成汉语的文化再创造过程。传教士既是汉语欧化白话的创建者，也是传统白话的继承者。他们的中文创作和译作作品，已经进入中国近代思想文化和语言文字的范围。在汉语言文字变化最为剧烈的时期，这些从印欧语言翻译而成的作品，在某些方面甚至成为引领语言文字变化的范式，成为启发社会改造语言文字的信息源和参照标本。

> 十几年前，社会上一班人的见地皆以教会中人为无学识的，因为教会中的书籍多是官话或白话的原故，为的是普及读经，易于明晓；但任如何解释，他们总以为教会中的人无学问，所以鄙视圣经，并且轻看教会中的人。……自从新文化运动一重看白话文，大家就拿基督教中的圣经作为白话文的老师。①

3. "言文一致"中的"语"向"文"的提升

自有《马氏文通》以来，汉语学界就比照西方的语法体系来"以西律中"，试图建构新的汉语语法体系。晚清的白话文学翻译和创作提倡的是包容"欧

---

① 张锡三：《基督教与新世代社会运动》，《生命月刊》第四卷九、十期合刊，1924 年 6 月，无页码。

化"的国粹观；到"五四"新文化运动时期，新文化旗手们已经明确了，在创建现代白话这种"新国粹"的过程中，必须通过借鉴"杂以外国语法"的新文体，吸收外来语的新词汇，来提纯古白话的表现力和美感，增加现代白话的精密性、准确性、新活力和表现力。① 这种吸收和借鉴了西方文化的现代中国语言文化，在"追求世界进步""民族富强"的远景动力下，得以最终实现。

文言和白话之间，古白话和现代白话之间，并不单是"之乎者也"和"的、吗、了、呢"的不同。其中最重要的是，在印欧语系的框架和借鉴之下，人们对古白话的改造和丰富发展。19世纪是中国文化自身致力于向外探求新知识的时代，整个民族知识体系的提升，需要印欧语言中大量的新知识来丰富汉语的知识体系，需要印欧语言的精密严谨来提升汉语句子的逻辑性。因此，历史也对汉语提出了欧化的要求。

外国传教士没有如鲁迅、胡适、周作人、傅斯年等人通过翻译来改造汉语言文字的意愿和追求，但却有通过翻译的双语"迁移"实践，提供改造汉语言文字的某种手段和方法。这些给倡导新文化新文学的先行者们以启示。正如朱自清先生所言："近世基督《圣经》的官话翻译，也增富了我们的语言。"② 现代白话与传统白话的显著区别之一，就是现代白话中有许多欧化的成分，而且基本限于书面语。这些语法上的欧化成分，在很大程度上影响和决定了现代白话的面貌。以往的学术研究更多强调的是晚清至新文化运动中"言文一致"的努力和实践，强调"文"向"语"的靠拢，强调"白话"中"话"的一面，而很少提到"语"向"文"的提升，使"语"（口语、白话）向"文"（书面文）靠近。欧化就是"语"向"文"的转变和实践，它使语句更严密，更符合逻辑，更精确。欧化"往往只在文章上出现，还不大看见它在口语里出现，所以多数的欧化的语

---

① 陈望道：《语体文欧化的我观》（原载《民国日报》副刊《觉悟》，1921年6月16日），见复旦大学语言研究室编：《陈望道语文论集》，上海教育出版社1980年版，第64页；郑振铎：《语体文欧化之我见》（原载《文学旬刊》第7期，1921年7月10日），《郑振铎全集》第4册，花山文艺出版社1998年版，第413页；鲁迅：《玩笑只当它玩笑》（上）（原载《申报·自由谈》1934年7月26日），《鲁迅全集》第5册，人民文学出版社1981年版，第525页；周作人：《国粹与欧化》（原载《晨报副刊》1922年2月12日），《自己的园地》，河北教育出版社2002年版，第13页。

② 朱自清：《译诗》（初刊于1943年），《新诗杂话》，生活·读书·新知三联书店1984年版，第69页。

法只是文法上的欧化，不是语法上的欧化"①。在"言文一致"的提倡下，与"白话口语"略有差异、更严密丰富的书面现代白话文——一种新型的"语"和"文"的互相渗透和交织的结晶——形成了。

4. 新文化运动者的倡导与实践

19世纪后半期，传统白话渐渐退出日常生活，欧化白话开始登场，并于20世纪最终取代文言，成为我们新的"存在之栖居"，由此揭开了中国文学革命和思想文化革命的新篇章。

一个世纪以来，学界普遍认为现代白话文的诞生始于"五四"前后以胡适、陈独秀、傅斯年等为代表的现代知识分子。毕竟，没有他们的奔走呼吁、身体力行，现代白话文的发展不会如此迅速地登堂入室，轻易取代文言，成为国家的主流语言。他们是中国白话文运动和新文学运动的推动者和实践者，他们大量的白话文创作和翻译奠定了现代汉语的基础。白话文运动一开始，就伴随着对欧化的提倡。改造语言，这曾经是胡适、鲁迅一代人萦绕不去的梦想。

以直译为基本翻译方式的白话圣经影响到几乎所有现代著名作家和文学家。几乎所有现代文学史上的重要人物、现代白话的提倡者和实践者，如鲁迅、郁达夫、郭沫若、许地山、林语堂、田汉、成仿吾、冰心、闻一多、老舍等，都在自己的著作中使用了圣经的语言、典故，或对其进行介绍与评述。有些作家，如郁达夫、郭沫若、巴金、曹禺等，多次提到自己的创作受到圣经的指引。郭沫若甚至认为，白话圣经对现代语言文学的影响几乎可与佛经翻译对隋唐以来语言文学的影响相提并论。②

周作人早在1901—1906年求学于南京江南水师学堂时，就曾到三一书院旁听《路加福音》讲义，觉得"《圣经》是好文学"③，知道"学英文不可不看《圣书》……也在身边带着一册《新旧约全书》"④。那时，周作人看到的圣经是文言译本。他对此不甚满意，甚至打算重新翻译。他"想将《四福音书》重译一

① 王力：《中国现代语法》，商务印书馆1947年版，第334页。

② 郭沫若：《〈浮士德〉简论》，见罗新璋：《翻译论集》，商务印书馆1984年版，第335页。

③ 周作人：《希腊拟曲》序，《希腊拟曲》，商务印书馆1934年版。

④ 周作人：《知堂回想录》，河北教育出版社2002年版，第451页。

遍，不但改正钦定本的错处，还要使文章古雅，可以和佛经抗衡"①。1920年，当他看到官话和合本圣经后，觉得已经够好了，以前的计划才完全取消。

1920年，周作人在燕京大学文学会做了《圣书与中国文学》的讲演，其中征引了圣经中的三节，包括《何西阿书》第 14 章第 5—6 节、《雅歌》第 2 章第 15 节和《启示录》第 17 章第 7—8 节。将周作人的引文与 1919 年的和合本相对照，我们发现字句分毫不差，可见圣经对这位新文学奠基人的直接影响。他甚至还说："圣经白话的译本实在很好，在文学上也有很大的价值；我们虽然不能决定怎样是最好，指定一种尽美的模范，但可以说在现今少见的好的白话文。原作的文学趣味保存的很多，所以也使译文的文学价值增高了。"②

鲁迅是极力肯定欧化白话的倡导者。在他看来，中国的语言太贫乏，语法的不精密也就证明了思维的不精密。所以他认为，中国现代语言应该引进大量新的成分，包括欧化的语法结构。作为中国新文学的第一篇白话小说，鲁迅的《狂人日记》在语言上就体现了不同于传统白话的风格，具有相当程度的欧化特点。它开创了一种可称之为"欧化语"的新语言，并利用这种欧化语言表达了深刻的思想。鲁迅在其早期作品中，就有不少"亚当之故家""弥尔之乐园""神赫斯怒、湮以洪水""撒旦"等来自圣经的内容和词语。早在 1919 年，鲁迅还直接提到"《马太福音》是好书，很应该看"③。在 1925 年的散文《复仇（其二）》之中，他更是通篇改写基督被钉在十字架的故事。这也说明鲁迅的创作受到圣经的影响。

从这个角度来讲，20 世纪初的汉语欧化就不再仅仅是汉语语体或语法的变化。当中国人突破了古代汉语言文字的藩篱，向西语吸收语汇和语法表达时，这就意味着中国人认知方式和视界图景的转变，意味着中国人知识体系的提升和对世界认识的改变。

在晚清到民国初年的特殊社会历史背景下，"欧化"绝不仅仅代表一种新

---

① 周作人：《圣书与中国文学》（原载《小说月报》第 12 卷第 1 号，1921 年 1 月 10 日），见李玉珍等编：《中国文学史资料全编现代卷》，知识产权出版社 2010 年版，第 323 页。

② 周作人：《圣书与中国文学》，见李玉珍等编：《中国文学史资料全编现代卷》，知识产权出版社 2010 年版，第 323 页。

③ 鲁迅：《寸铁》（原载《国民日报》1919 年 8 月 12 日），《鲁迅全集》第 8 卷，人民文学出版社 1998 年版，第 89 页。

的语言形式，而是意味着新知识体系和价值观念的逐渐形成。"欧化"为现代汉语提供了有价值的资源，使中华民族的知识体系得以调整，使整个民族加速革新的思想表达成为可能，使表达复杂的社会文化现象及文学经验成为可能。这些都决定了欧化白话在当时背景下有其历史的必然性。翻译作品起到了最重要的带头作用，而以北京官话圣经译本为代表的传教士翻译文献，作为最早的由印欧语系译成的汉语白话文本，为这些可能提供了方法、手段和视角。其功不可没，这一点需要得到学者的更多关注和肯定。

第 七 章

新词语与文化拓展：圣经新词语溯源与流布

　　语言是人类社会中最为重要的交际工具，体现着人们在自己的生活和生产中需要表达和传递的绝大部分信息。汉语有着丰富的词汇，这是文明发展进步的体现。首先，中国的新石器时代就已经具备了文明社会的多种要素。其次，在汉族和其他各族人民之间、中国与外国之间的文化交流和语言融合的过程中，汉语吸收了许多其他各民族语言的成分。

　　在汉语词汇史上，汉语对外语来源的词较大规模的吸收共有三次。一是战国秦汉时期，主要是匈奴、西域来源的词；二是魏晋至隋唐时期，主要是梵语系统来源的佛教词语；三是明清时期，主要是来自西方语源的词汇。其中，第三次吸收的词汇的数量远超过前两次。正如著名语言学家王力所言："现代汉语新词的产生，比任何时期都多得多。佛教词汇在输入中国，在历史上算是一件大事，但是，比起西洋词汇的输入，那就要差千百倍。"①

　　随着西方的殖民扩张和世界统一市场的建立，西方文化播散扩张，反映西方文化的范畴、概念、术语也被输入其他民族和国家。非西方的民族和国家当然会对此做出自己的反应，而文明史悠久，既重自身"文统"，又有着采纳外来语汇传统的中国，其反应格外错综复杂。

　　语言的变化是在语言本身和社会环境两种合力作用下实现的。但是由语音、语法和词汇构成的语言系统具有稳定性和长期性的特点，其中语言变动

---

① 王力：《汉语史稿》，中华书局 1980 年版，第 516 页。

最为活跃和明显的部分是词汇。词汇是外在形式与内在含义的统一。新词语实际上是人类对一种新事物、新知识、新观念的表述和记录。翻译首先要找两种语言语意相对应的语词。如何在中国语言文化中寻找相类似的概念、范围和术语来恰当地表达西方异质文化，这对于晚清的文言书面语来说是个极大的挑战。

在每一种语言中，每个新词汇的出现都是因为人们需要对新出现的现象、事物、观念给予抽象归纳并进行交流。这些词汇都是因思维与交流的客观需要而产生的。新词语是语言系统中最为活跃的因素，忠实地记录着社会的变化。随着社会的发展，其变化也最为突出。透过新词语，人们不仅可以获得丰富的历史信息，还可以从特定的社会现象和社会文化中揭示人们的社会心态与价值观。

一、创建新词语：译介异质文化

语言是表达人们思想和概念的最基本和最重要工具，是思维的物质外壳和直接现实。

在语言这个集语音、语法、词汇三要素于一体的系统中，词汇是最具有活力的因素。因为它与社会生活的变化最密切。思维对社会生活变迁的反映，首先是通过词汇的发展体现出来的。这在社会转型时期尤为显著。因此，词汇是最与时俱进、最变化多端的。活力和变化的最明显结果，就是新词汇的不断产生和消亡。正如美国学者布赖特（W. Bright）1964 年在《社会语言学》提出的"语言和社会结构的共变"理论指出的那样："当社会生活发生渐变或激变时，作为社会现象的语言会毫不含糊地随着社会生活进展的步伐而发生变化。"

对新词语的界定，一般语言学界有三种观点，即对"全新词语、旧词赋新义、旧词语复活"的不同的理解。第一种观点是认为新创造的词，它从意义到形式都应该是新的，即仅"全新词语"。它强调新词在内容上、形式上保持一致，是一种比较狭窄的新词语观点。第二种观点提出新词语可以是两个层面的概念。一种层面是以往汉语中没有的，在新时期随着新生事物、新观念、新制度的产生而产生的词语；另一种是汉语中的已有词汇，但在新语言交际中增加了新的义项，并且该义项以较高的频率被使用，往往超过了对其原有含义的使用。它认为新词语应该包括"全新词语、旧词赋新义"两个方面。第三种观点认为，应把一些以前出现过，但消失一段时间后又重新回到日常词语使用体系中来的词语，也纳入新词语的范畴。也就是说，新词语应该包括"全新词语、旧词赋新义、旧词语复活"。这是范围最为宽泛的新词语观点，我个人更为赞同这个观点。其实，新词语之"新"，应该是一个宽泛的概念。它可以是含义上的"新"，也可以是形式上的"新"，两者之间不必有截然分开的因素。

在某种意义上可以讲，基督宗教的神学和思想、历史是通过词汇来构建的，是通过词汇来表达和传递的。基督宗教传入中国后，必须构建起自身的话语系统，即一种能表达自身思想和概念的话语，一种有别于其他宗教的话语，而话语系统的建立首先必须依赖于词汇。基督宗教既然是一种外来宗教，它所带来的肯定是中国历史文化中没有的思想和概念，也就带来了中国没有的新词语。考察圣经新词语的产生和演变，可以对作为广义西方文化的基督宗教在中国的影响和演变，以及其影响范围和程度的广狭提供一种衡量和诠释。

早在唐朝贞观年间，传至中国的基督宗教东方教派的聂斯脱利派，已经开始了译经工作。从现存的西安碑林的《大秦景教中国流行碑》和敦煌存留的景教文献来看，景教并没有创建出自己的话语系统，其词语有很强的佛教色彩，如《宝路法王经》《遏拂林经》《三威赞经》等。在唐代"武宗灭佛"事件中，景教被认为是"佛教"的一个派别而遭殃及。没有创立出适合自身特点的新词语，这是它被误解的非常重要的原因。

元朝时，天主教也曾进入中国。但截至目前，我们还没有发现存留下来的有关翻译圣经的文献。

明朝末年，天主教再次来到中国。1562 年（明嘉靖四十一年），葡萄牙天主教会在澳门建立了教堂。1580 年（明万历八年），耶稣会士罗明坚、利玛窦等人来到澳门。之后陆续有传教士进入中国内地传教，直到 1773 年（清乾隆三十八年）被取缔为止。天主教前后的在华传播长达两个多世纪，这是西学东渐及创译汉语新词新语的重要阶段。一方面，为了传播基督宗教，传教士积极努力地学习汉语和中国文化；另一方面，他们积极传播天主教教义，传授西方的世界地理与先进的科学技术知识。在译著书时，他们和中国学者合作，一起创造了许多天文、地理、历法、数学、神学等领域的新词术语，来指称当时传入中国的西方新事物、新概念。①

现在我们仍然使用的圣经词语都源于这个时代的圣经或宗教小册子的翻译和创作。天主教耶稣会的传教士特别热衷于文本文献的创作，留下了相当数量的文献资料。涉及圣经翻译或圣经文学创作的，有罗明坚的《天主实录》（初刊于 1584 年，明万历十二年），艾儒略的《天主降生言行纪略》（初刊于 1635 年，明崇祯八年），阳玛诺的《圣经直解》（初刊于 1636 年，明崇祯九年）等。它们包括了大量的圣经和基督宗教的新词语。

在基督宗教圣经翻译史上，天主教巴黎外方传教会的圣经白日升译本，曾产生过重要影响。白日升与耶稣会分属不同的修会，所持的神学观念和立场有区别，而且他在翻译圣经时，身处巴黎外方传教会所在的四川，与耶稣会活动频繁的北京、上海、沿海地区等有一定的空间距离。因此，他的圣经翻译与耶稣会士们的圣经翻译，显然有很大的差异。例如，他没有将世界创造者译为天主教会认定的"天主"，而是译为"神"。这一词语后来却被基督教继承。

基督教的马礼逊和马士曼在参考白日升译本的同时，又开始了创造基督教词语的新历程。在汉语词汇学史上，19 世纪上半叶的基督教传教士扮演了一个非常重要的承先启后的角色。1822 年（清道光二年），基督教出版了历史上第一本汉语圣经全译本，即马士曼译本。1823 年（清道光三年），马礼逊圣经全译本也出版了。作为最早的两本圣经全译本，"二马译本"的历史地位不可估量，它们共同奠定了圣经新词语的基础。

大体上，与明清天主教传教士一样，基督教传教士创制新词都采用了两种方法：一是利用中国古代文化中的旧词语赋予新含义，或延伸其义，或加以基督化，即所谓旧瓶装新酒；二是通过音译来另创新词新语。

二、复音词：创制圣经新词语

汉语向来被称为单音词语言，因为大多数的词都是单音词。它在近代语言的转变过程中，增加了大量的复音词，也就不能再称为单音语了。传统文言与现代白话的最重要区别不在语法上，而在词汇的扩展和变化上。而正是因为语法相通，所以人们从不把文言和白话看作两种语言文字。汉字是一种

---

① 黄兴涛：《明末至清前期西学的再认识》，《清史研究》2013 年第 1 期。

单音节的、字与字之间完全可以独立存在的文字。文言改为白话，变化的往往是词汇而不是语法，主要组成部分是文字的顺序，文言白话可以通用。文言往往是每词一个音节，现代白话每词却有两个或更多音节，因而同音词比文言少。

汉语构词法是沿着单音词向复音词的方向发展的，历代都有复音词的增加。鸦片战争后，随着西方思想文化的传播进入，复音词大量增加了，主要原因是翻译吸收了大量的外语外来词。译源语的词汇是复音词，译成中文自然也成了复音词，如古代译自外来语的琵琶、葡萄、菩萨等；甚至有些译源语是单音词，译出来也可以变为双音词，如伏特。如果是意译，则非复音词不可，如火车、电话等。这是鸦片战争以来，汉语复音词大量增加的最重要原因。

一般从创制新词语的角度来讲，外来语新词大致可分为五类。一是音译词，即把外语中的词通过对其发音的转写记录，产生一个词汇，如"摩托"（motor）、"纽约"（New York）。二是意译词，指根据外语单词的意义或构词结构产生的新词，如"电话"（telephone）。三是移译词，指利用古代汉语原有的词语，赋予其新的含义，如"经济"（economic）。四是音意译，即将音译和本民族语言含义，组合构成一个新词，如"酒吧"（bar）、"芭蕾舞"（ballet）。五是创造词，指根据外来事物而产生的新词，如"长颈鹿"（giraffe）。

复音词增加的现象在圣经汉译本中，数量众多且种类各异。现总结举例如下。

1. 移译词

移译词是利用汉语中原有的复音词，增加外来宗教的概念而形成的，如先知、天使、圣灵、恩宠、恩典、上帝、地狱、百夫长、巡抚、总督等。

2. 创造复音词

（1）纯音译词：圣经中有大量的人名、地名，基本上都采用了音译的方式，如阿摩司、提摩太、保罗、亚伯拉罕、耶路撒冷、耶稣、保罗、基督等。

（2）音译＋有含义的汉字：如以色列人、巴别塔、加利利海、伊甸园，原文只有"以色列、巴别、加利利、伊甸"。译文根据实际情况，增加了"人、塔、海、园"等有含义的汉字。

（3）音译兼顾汉字含义：如挪亚方舟。

（4）纯意译词：如福音、复活、永生等。

（5）意译词＋有含义的汉字：以十字架、五旬节、千禧年为例，原文只有"十字、五旬、千禧"，译文则根据实际情况，增加了"架、节、年"等有含义的汉字。

（6）意译兼顾汉字含义：如洗礼、割礼、创世纪、涂油礼、圣血、圣歌、替罪羊等。

（7）同义复音词：如徒（圣徒、使徒、宗徒等），恩（救恩、恩典、恩宠等）。

（8）音译词＋音译词的含义解释：如拉比、以马内利、弥赛亚、哈里路亚、阿们。

例1：耶稣转过身来，看见他们跟着，就问他们说，你们要什么。他们说，拉比，在那里住。（拉比翻出来，就是夫子）

《约翰传福音书》第 1 章第 38 节

Then Jesus turned，and saw them following，and saith unto them，What seek ye? They said unto him，Rabbi，（which is to say，being interpreted，Master，）where dwellest thou?

例2：他先找着自己的哥哥西门，对他说，我们遇见弥赛亚了。（弥赛亚翻出来，就是基督）

《约翰传福音书》第 1 章第 41 节

He first findeth his own brother Simon，and saith unto him，We have found the Messiah，which is，being interpreted，the Christ.

例3：说，必有童女，怀孕生子，人要称他的名为以马内利。（以马内利翻出来，就是神与我们同在）

《马太传福音书》第 1 章第 23 节

Behold，a virgin shall be with child，and shall bring forth a son，and they shall call his name Imman'u-el，which being interpreted is，God with us.

例 4：他们带耶稣到了<u>各各他</u>地方。（各各他翻出来，就是髑髅地）

《马太传福音书》第 15 章第 22 节

And they bring him unto the place Gol'gotha，which is，being inter-
preted，The place of a skull.

在圣经翻译的复音词再利用和创造过程中，除人名和地名外，大量含有基督宗教特殊含义的词汇都基本上采用的是意译的方式，并且意译的比重不断增加。这与佛经的翻译相同，都更多采用了意译。从语言学角度来讲，意译的胜利也表现了汉语的不可渗透性：宁愿利用原有的词作为词素来创造新词，也不轻易接受音译词。这种意译传统直到今天，还没有发生根本性改变。面对外来语的影响和冲击，汉语有很大的调适性。这就使汉语更加稳固，在扩大和变化中也能保持汉语本身的最根本语言特性。

三、千年炼成：圣经神学新词语溯源流布考

传教士来华后，为了有效利用文字印刷来传播福音，翻译圣经、撰写基督宗教教义书刊成为他们最常采用的传教方法。本节选用了 18 个基督宗教神学上最为常见的词语，梳理其在众多圣经汉译本中的译写演变过程。选用文献时间跨度长达千年，涉及唐景教文献、明清天主教文献、19 世纪新教传教士圣经译本、20 世纪上半叶华人圣经学者圣经译本、20 世纪下半叶天主教思高圣经译本。同时，本节还根据《辞源》（1915 年）、《辞海》（1936 年）、《新名词辞典》（1953 年）、《辞海》修订版（1979 年）、《现代汉语词典》（1978 年）、《汉语大词典》（1986—1993 年）对这些词语的收录情况，来考察这些词语进入中国社会的状况。

1. **移译词：先知、圣灵、天使**

先知（prophet）

"先知"原指认识事物在众人之前的人，后指特别亲近上帝心意的人。他们作为上帝和人之间沟通的中介，会预言将要发生的某些事，也受上帝的启示，针对当时的情况，传达上帝的意旨，以警觉世人，呼唤悔改，预告未来。

"先知"一词的汉译演变过程可以以《新约·马太福音》第 1 章 22 节为例（和合官话译本：这一切的事成就，是要应验主藉<u>先知</u>所说的话）。

"先知"这一双音节词首见于 1635 年（明崇祯八年）刊印的天主教文献《天

主降生言行纪略》(按古经若纳古先知。鲁承主命。往尼你物名郡。以天主圣怒警戒其恶)①。这是天主教耶稣会士艾儒略根据《四福音书》用中文撰写的一部完整的耶稣传记。

天主教耶稣会士阳玛诺还将其译为"预知者"(使者又次问。尔为预知者。曰。亦否)②，也曾使用"先知"(亦匪陠理亚。亦匪先知者)③。巴黎外方传教会白日升沿用了"先知"(此皆有之以成主已出而托先知之言)④这一译词。

基督教马士曼在圣经翻译中，继承了白日升这一译词，但同时也混用过"预知"(夫此诸情成致念主以预知所言云)⑤。马礼逊则继承了"先知"(夫此诸情得成致念主以先知者而前所言)⑥一词。1839 年出版的郭士立译本，采用了一个非常儒家化的词汇——"圣人"(诸事得面可应验上主以圣人所云)⑦，但很快即被传教士们放弃。除美国传教士裨治文圣经译本采用了"预言者"(凡此事得成、致应主托预言者所言云)⑧外，其他所有的译本，委办译本(如是、主托先知所言应矣)⑨，浸礼会的高德译本(凡此皆成。致验主托先知者所言云)⑩，施约瑟浅文理译本(凡此得成、乃为应主托先知所言曰)⑪，直到和合

---

①　艾儒略：《天主降生言行纪略》卷 2(初刊于 1635 年，明崇祯八年)，见王美秀、任延黎主编：《东传福音》第 4 卷，黄山书社 2005 年版，第 5 页。

②　阳玛诺：《圣经直解》卷 1(初刊于 1636 年，明崇祯九年)，见吴相湘主编：《天主教东传文献三编》第 4 册，学生书局 1986 年版，第 1602 页。

③　阳玛诺：《圣经直解》卷 1，见吴相湘主编：《天主教东传文献三编》第 4 册，学生书局 1986 年版，第 1604 页。

④　白日升译本：《四史攸编耶稣基利斯督福音之会编》(手写稿)(1702—1707 年，清康熙四十一年至四十六年)，第 6 叶。大英图书馆亚非部藏，编号 Solane MS ♯3599。

⑤　马士曼译本：《使徒马宝传福音书》第 1 章第 22 节，1822 年版。

⑥　马礼逊译本：《圣马宝传福音书》第 1 章第 22 节，《救世我主耶稣新遗诏》，1823 年版。

⑦　郭士立译本：《马太传福音书》第 1 章第 22 节，《救世主耶稣新遗诏书》，(新加坡)坚夏书院藏板 1839 年版。

⑧　裨治文译本：《马太传福音书》第 1 章第 22 节，《新约全书》，大美国圣经会 1855 年版。

⑨　委办译本：《马太福音传》第 1 章第 22 节，《新约全书》，(香港)英华书院活板 1854 年版。

⑩　高德译本：《马太福音传》第 1 章第 22 节，《圣经新遗诏全书》，宁波真神堂 1853 年版。

⑪　施约瑟浅文理译本：《马太福音》第 1 章第 22 节，《新约全书》，(日本东京)秀英罕舍 1898 年版。

深文理译本(斯事悉成、以应主藉先知所言曰)①以及和合官话译本(这一切的事成就、是要应验主藉先知所说的话)②，都采用了"先知"的译法。

20世纪后的新教华人圣经学者在翻译圣经时，也无一例外地采用了"先知"的译名。例如，王元德译本(这一切的事成就，是要应验主藉先知所说的话)③；朱宝惠译本(有了这事，正应验主托先知所说的话)④；吕振中译本(这全部的事发生，是要应验主藉先知所说的话)⑤；天主教吴经熊译本(凡此皆所以应验主假先知而言者)⑥；思高译本(是为应验上主藉先知所说的话)⑦，都一致采用了"先知"一词，一直沿用到今天。

中国传统文化中，早已经有"先知"一词，即从唯心主义的先验论及天才论出发，指所谓天生的启蒙者，或认识事物在众人之前的特别能力。《孟子·万章上》中的"天之生斯民也，使先知觉后知，使先觉觉后觉也"，《孙子·用间》中的"故明君贤将，所以动而胜人，成功出于众者，先知也"，都表达了这个意思。天主教传教士移译这个词汇，将其用来表达受上帝启示而传达上帝的意旨或预言未来的特别之人。各类汉语词典都选录了该词，并且都介绍了在犹太教、基督教、天主教教义中，它所代表的特别的宗教含义。1915年出版的《辞源》选录了这个词汇，释为"基督教语。亦称预言者"⑧。1936年出版的《辞海》也选录了该词："宗教用语。一作预言者，谓能传布神旨，以警觉世

---

① 和合深文理译本：《马太福音》第1章第22节，《新约圣书》，大美国圣经会1906年版。

② 和合官话译本：《马太福音》第1章第22节，《新约圣经》，大美国圣经会1906年版。

③ 王元德译本：《马太福音》第1章第22节，《新式标点新约全书》，(青岛)中华基督教会1933年版。

④ 朱宝惠译本：《马太福音》第1章第22节，《重译新约全书》，竞新印书馆1936年版。

⑤ 吕振中译本：《按圣马太所记的佳音》第1章第22节，《吕译新约初稿》，燕京大学宗教学院1946年版。

⑥ 吴经熊译本：《福音马窦传》第1章第22节，《新经全集》，香港天主教真理学会1949年初版，辅仁大学出版社1980年第3版。

⑦ 思高译本：《玛窦福音》第1章第22节，《新约全书》，香港思高圣经学会1968年版。

⑧ 《辞源》，商务印书馆1915年第1版，商务印书馆1999年影印，第249页。

人，古代以色列之先知，尤为宗教史家所推重，谓犹太民族信仰心之发展，皆此辈启迪之功，卒以诞生后来之基督教云。"①《汉语大词典》也收录了此词，除指认识了解事物在众人之前外，还特别从宗教角度将其解释为"宗教中指受神启示而传达神的意旨或预言未来的人"②。《现代汉语大词典》将其释为"犹太教、基督教称预言者"③。

圣灵（Holy Spirit）

"圣灵"一词在希伯来文中，原意指目不能见的风或气、人的呼吸，指一种神秘的无形力量，形容"灵"是无形的实体。基督宗教普遍认为，上帝的临在或权能往往是通过圣灵彰显出来的。圣灵的工作是上帝能力的彰显，圣灵同在即上帝与信徒同在。圣灵是基督宗教中最基本的神学概念。

"圣灵"一词的汉译演变过程可以以《新约·马太福音》第 1 章 18 节为例（和合官话译本：他母亲马利亚已经许配了约瑟，还没有迎娶，马利亚就从圣灵怀了孕）。

唐景教文献将其意译为"净风"（设三一净风无言之新教，陶良用于正信）④或"凉风"（天尊当使凉风，向一童女，名为末艳）⑤。

在明清天主教文献中，传教士或以拉丁语音将其音译为"斯彼利多三多"（以西音称之。一曰罢德肋。一曰费略。一曰斯彼利多三多）⑥，或意译为"圣神"（天主一性而包含三位，西士谓之伯琐亚也。第一曰罢德勒，译言父也；第二曰费略，译言子也；第三曰斯彼利多三多，译言无形灵圣，或圣神

---

① 《辞源》，商务印书馆 1915 年第 1 版，商务印书馆 1999 年影印，第 249 页；舒新城等主编：《辞海》，中华书局 1936 年初版，1937 年再版，第 134 页。

② 罗竹风主编：《汉语大词典》第 2 册，汉语大词典出版社 1988 年版，第 240 页。

③ 《现代汉语词典》，商务印书馆 1978 年版，第 1233 页。

④ 翁绍军：《大秦景教流行中国碑颂》，《汉语景教文典诠释》，汉语基督教文化研究所 1995 年版，第 49 页。

⑤ 翁绍军：《序听迷诗所（诃）经》，《汉语景教文典诠释》，汉语基督教文化研究所 1995 年版，第 99 页。

⑥ 艾儒略：《天主降生言行纪略》凡例（初刊于 1635 年），见王美秀、任延黎主编：《东传福音》第 4 卷，黄山书社 2005 年版，第 4 页。

也）①。当白日升将"天主"译作"神"时，他就不能再采用容易引起混淆的"圣神"了，所以他另创了"圣风"（盖若翰固受水洗、汝曹乃不日受圣风之洗）②。

在此词的翻译问题上，基督教经过了相当长时间的竞争和讨论。马士曼译本和马礼逊译本都继承了白日升的"圣风"译法。马士曼译为："即厥母马利亚聘若色弗时、伊等未交合之先、马利亚已由圣风而受孕。"③马礼逊译为："盖若固施水洗，汝曹乃不日必受圣风之洗。"④之后，马礼逊在其他著作中，还用过"灵风""神之灵"和"圣灵风"（盖先知言于古时总未依人之主意而来，乃神之各圣人依圣灵风感动而言也）⑤等词语。太平天国的文献也反映出其多种混用。例如，《天条书》："赞美上帝为天圣父，赞美耶稣为救世圣主，赞美圣神风为圣灵，赞美三位为合一真神。"⑥

1839年，郭士立译本采用的仍然是"圣神"（其母马利亚既许聘约色弗、未成婚之先、却马利亚感圣神之德、而怀孕也）。1855年出版的委办译本也采用了"圣神"（母马利亚为约瑟所聘、未昏、感圣神而孕）⑦一词。1872年的北京官话译本采用的也是"圣神"（他母亲马利亚、被约瑟聘定为妻、还未迎娶、马利亚受了圣神的感动、有了身孕）⑧。1899年出版的施约瑟浅文理译本（母玛利亚为约瑟所聘、未婚、感于圣神而孕）⑨和1906年出版的和合深文理译本（母马利亚为约瑟所聘、未婚感圣神而孕）⑩，都采用了"圣神"。

---

① 罗明坚：《天主圣教实录》（初刊于1584年，明万历十二年），见吴相湘主编：《天主教东传文献三编》第4册，学生书局1986年版，第803页。

② 白日升译本：《四史攸编耶稣基利斯督福音之会编》（1702—1707年）（手写稿），第155叶。大英图书馆亚非部藏，编号Solane MS♯3599。

③ 马士曼译本：《使徒马宝传福音书》第1章第18节，1822年版。

④ 马礼逊译本：《使徒行传》第1章第5节，《救世我主耶稣新遗诏》，1823年版。

⑤ 马礼逊：《家训圣书广讲》卷下，《古圣奉神天启示道家训》第3册，英华书院1832年版，第2叶下。

⑥ 罗尔纲、王庆成主编：《天条书》，《太平天国》第1册，广西师范大学出版社2004年版，第5页。

⑦ 委办译本：《马太福音传》第1章第18节，《新约全书》，英华书院活板1854年版。

⑧ 北京官话译本：《马太福音》第1章第18节，《新约全书》，京都美华书馆1872年。

⑨ 施约瑟浅文理译本：《马太福音》第1章第18节，《新约全书》，秀英舍1898年版。

⑩ 和合深文理译本：《马太福音》第1章第18节，《新约全书》，美国圣经会收藏。

但这些译词最终被 19 世纪中叶出现的"圣灵"所代替。1848 年，美国浸礼会传教士怜为仁将其翻译成了"圣灵"（故尔往去传教万国、以父、子、圣灵之名慄之）①，其后，浸礼会的高德译本也沿用了这一译词（其母马利亚。既许嫁约色。未成婚。适有孕。由圣灵也）②。1864 年出版的裨治文译本（其母马利亚、为约瑟所聘、未婚之先、彼由圣灵怀孕、而显露焉）③，以及和合官话译本都采用了"圣灵"（他母亲马利亚已经许配了约瑟、还没有迎娶、马利亚就从圣灵怀了孕）④。由于和合官话译本最终的巨大影响和被整个教会的接受，现在中国基督教会均用"圣灵"一词。所谓基督宗教教义中的基本内容"三位一体"，就是指圣父、圣子、圣灵。

20 世纪后的新教华人圣经学者在翻译圣经时，也无一例外地采用了"圣灵"的译名。例如，王元德译本（祂母亲马利亚，被约瑟聘定了，还未曾迎娶，就从圣灵怀了孕）⑤；朱宝惠译本（他的母亲玛利亚，已经许配了约瑟，还没有成婚，玛利亚觉得自己由圣灵怀了胎）⑥；吕振中译本（他母亲马利亚已经许配了约瑟；他们没有同居以前，她就觉得她因圣灵而怀了孕）⑦。

不过，对这一译词，天主教仍然保持了"圣神"的译法，这从萧静山译本（其母玛利亚，已经许配于若瑟；他们还没有同居，玛利亚就因圣神受孕）⑧；吴经熊译本（母氏玛莉雅既字若瑟，未同室，感圣神而怀孕）⑨；思高译本（他

---

① 为仁者纂：《马太传福音书注释》，香港裙带地，道光二十八年(1848)镌，第 1 叶上。

② 高德译本：《马太福音》第 1 章第 18 节，《圣经新遗诏全书》，宁波真神堂 1853 年版。

③ 裨治文译本：《马太传福音书》第 1 章第 18 节，《新约全书》，大美国圣经会 1855 年版。

④ 和合官话译本：《马太福音》第 1 章第 18 节，《新约圣经》，大美国圣经会 1906 年版。

⑤ 王元德译本：《马太福音》第 1 章第 18 节，《新式标点新约全书》，中华基督教会 1933 年版。

⑥ 朱宝惠译本：《马太福音》第 1 章第 18 节，《重译新约全书》，竞新印书馆 1936 年版。

⑦ 吕振中译本：《按圣马太所记的佳音》第 1 章第 18 节，《吕译新约初稿》，燕京大学宗教学院 1946 年版。

⑧ 萧静山译本：《圣玛宝福音》第 1 章第 18 节，《新经全集》，光启出版社 1956 年版。

⑨ 吴经熊译本：《福音马窦传》第 1 章第 18 节，《新经全集》，香港天主教真理学会 1949 年初版，辅仁大学出版社 1980 年第 3 版。

的母亲玛利亚许配于若瑟后，在同居前，她因<u>圣神</u>有孕的事已显示出来）①中可以看出。

"圣灵"一词，早在中国古代就已经出现了。它或指古代圣人之灵（敬躬祀典，告奠<u>圣灵</u>）②，或指已故帝王，或指对帝王或神圣的威灵之尊称。

1915 年出版的《辞源》、1936 年出版的《辞海》均没有收录"圣灵"或"圣神"。1991 年出版的《汉语大词典》收录了"圣灵"一词，并在中国传统文化部分外，将其基督宗教内容释为"上帝圣灵，基督教基本信条三位一体中的第三位"③。

天使（angel）

"天使"的希腊文"angelos"，意为"上帝的使者"，指圣经中上帝所创造的有位格的超自然活物。他们环绕在上帝的宝座前，服侍上帝，并为那将要承受救恩的人效力。伊斯兰教也有此概念，译为"天仙"，代表圣洁、善良，是上帝（安拉）旨意的传达者、受上帝（安拉）差遣保护信众不被恶魔侵扰的保护神。

"天使"一词的汉译演变过程可以以《新约·马太福音》第 4 章 11 节为例（和合官话译本：于是魔鬼离了耶稣，有<u>天使</u>来伺候他）。

唐景教文献将其意译为"神天"（<u>神天</u>宣庆，室女诞圣于大秦）④。

明清天主教文献中有多种译法，或"天人"⑤，或"天神"（彼时天主欲降世为人，选二盛德女，名玛利亚者为母，先遣一<u>天神</u>，其名嘉彼额尔者，现于其前）⑥。

---

① 思高译本：《玛窦福音》第 1 章第 18 节，《新约全书》，香港思高圣经学会 1968 年版。
② 南朝宋颜延之《皇太子释奠会作》诗。
③ 罗竹风主编：《汉语大词典》第 8 册，汉语大词典出版社 1991 年版，第 677 页。
④ 翁绍军：《大秦景教流行中国碑颂》，《汉语景教文典诠释》，汉语基督教文化研究所 1995 年版，第 49 页。
⑤ 钟鸣旦、杜鼎克等编：《耶稣会罗马档案馆明清天主教文献》第 1 册，台北利氏学社 2002 年版，第 32—33 页。
⑥ 庞迪我：《庞子遗诠》（初刊于 1617 年），见钟鸣旦、杜鼎克等编：《耶稣会罗马档案馆明清天主教文献》第 1 册，台北利氏学社 2002 年版，第 11 页。艾儒略：《天主降生言行纪略》（初刊于 1635 年），见钟鸣旦、杜鼎克等编：《耶稣会罗马档案馆明清天主教文献》第 4 册，台北利氏学社 2002 年版，第 48 页。

马礼逊译本和马士曼译本，都沿用了白日升的"神使"（马礼逊译本：时氏亚波罗离之、而却<u>神使</u>来役之也。①　马士曼译本：嚥咽隋离之而却<u>神使</u>来役之也②）的译法。1839 年，郭士立等人在修订《神天圣书》时，将"神使"第一次译作了"天使"（嗣后六月、<u>天使</u>伽伯烈奉上帝只差、往加利利省拿撒勒邑见一闺女名马利亚）③。1853 年出版的高德译本，还沿用了"神使"（于是魔鬼离之。而<u>神使</u>来事之焉）④。1855 年出版的委办译本，再次将其翻译为"天使"，从此彻底确定该词的译法。此后所有圣经译本，包括 1855 年的裨治文译本（于是魔鬼离耶稣、<u>天使</u>至、而服事之）⑤；1872 年的北京官话译本（于是魔鬼离了耶稣、<u>天使</u>来服事他）⑥；1898 年的施约瑟浅文理译本（于是魔离耶稣、<u>天使</u>来而服事之）⑦；和合深文理译本（于是魔鬼去之、<u>天使</u>至而服事焉）⑧；和合官话译本（于是魔鬼离了耶稣、有<u>天使</u>来伺候他）⑨，都采用了"天使"的译法。

20 世纪后的新教华人圣经学者在翻译圣经时，也无一例外地采用了"天使"的译名。例如，王元德译本（于是魔鬼离了耶稣，忽有<u>天使</u>来服事祂）⑩；

---

①　马礼逊译本：《圣马宝传福音书》第 4 章第 11 节，《救世我主耶稣新遗诏》，1823 年版。

②　马士曼译本：《使徒马宝传福音书》第 4 章第 11 节，1822 年版。

③　郭士立译本：《马太传福音书》第 1 章第 26 节，《救世主耶稣新遗诏书》，坚夏书院藏板 1839 年版。

④　高德译本：《马太福音传》第 4 章第 11 节，《圣经新遗诏全书》，宁波真神堂 1853 年版。

⑤　裨治文译本：《马太传福音书》第 4 章第 11 节，《新约全书》，大美国圣经会 1855 年版。

⑥　北京官话译本：《马太传福音书》第 4 章第 11 节，《新约全书》，（京都）美华书馆 1872 年版。

⑦　施约瑟浅文理译本：《马太福音》第 4 章第 11 节，《新约全书》，秀英罕舍 1898 年版。

⑧　和合深文理译本：《马太福音》第 4 章第 11 节，《新约圣书》，大美国圣经会 1906 年版。

⑨　和合官话译本：《马太福音》第 4 章第 11 节，《新约圣经》，大美国圣经会 1906 年版。

⑩　王元德译本：《马太福音》第 4 章第 11 节，《新式标点新约全书》，中华基督教会 1933 年版。

朱宝惠译本(于是魔鬼离开了耶稣，忽然有天使来伺候他)①；吕振中译本(于是魔鬼离开了耶稣；忽有天使上前来，服事着他)②。

1968 年出版的天主教思高译本放弃了明末清初时的"天神"，采用了"天使"(于是魔鬼离开了他，就有天使前来伺候他)③一词。吴经熊译本则采用了"天神"一词(魔退，天神进而侍之)。

"天使"一词，在中国传统文化中早已有之，原指神话中天神的使者(《史记·赵世家》：余霍泰山山阳侯天使也)，或指皇帝派遣的使臣。佛教中的"天使"指人的老、病、死(《启世经》：有三天使出于世间，所谓老、病、死也)。《辞源》《辞海》也都专门提到了此词的音译"安琪儿"："上帝之使者，传达神意至人间者也。在美术上表现，恒为有翼之美少年。"④使用者更多的《现代汉语词典》则没有提到中国传统中的用法和含意，仅讲述了基督宗教、伊斯兰和犹太教等的神的使者。特别提到"在西方文学艺术中，天使的形象多为带翅膀的少女或小孩子，常用来比喻天真可爱的人(多指女子或小孩子)"⑤。《汉语大词典》将其注释为犹太教、基督宗教、伊斯兰教等宗教指上帝派来的使者。例如，黄遵宪《养疴杂诗》："佛祖不如天使贵，劝余多诵可兰经。"⑥

2.纯音译词：耶稣基督、亚当夏娃、摩西、耶路撒冷

耶稣基督(Jesus Christ)

耶稣基督是基督徒信仰的对象。希腊文"耶稣"(Iesous)的意思是"耶和华是拯救"。他的称号"基督"译自希伯来文的"弥赛亚"(messiah)，意思是受膏者，为上帝所派遣的救世主，要履行特别的任务的救世主。圣经把"基督"的称号附于人名"耶稣"之后，代表相信耶稣是犹太人的救世主(基督)。基督宗

---

① 朱宝惠译本：《马太福音》第 4 章第 11 节，《重译新约全书》，竞新印书馆 1936 年版。

② 吕振中译本：《按圣马太所记的佳音》第 4 章第 11 节，《吕译新约初稿》，燕京大学宗教学院 1946 年版。

③ 思高译本：《玛窦福音》第 4 章第 11 节，《新约全书》，香港思高圣经学会 1968 年版。

④ 舒新城等主编：《辞海》，中华书局 1936 年初版，1937 年再版，第 408 页；《辞源》，商务印书馆 1915 年第 1 版，商务印书馆 1999 年影印，第 634 页。

⑤ 《现代汉语词典》，商务印书馆 1978 年版，第 1123 页。

⑥ 罗竹风主编：《汉语大词典》第 2 册，汉语大词典出版社 1988 年版，第 1420 页。

教的正统教义认为，耶稣是圣子，即三位一体神的第二位，拥有与父相同的神性。因信耶稣而来的义，让人蒙神赦罪，得到永生。耶稣的生平主要记载在《新约》的《四福音》中。因耶稣为基督，故耶稣所传之教，又称为基督教，在中国历史上又被称为耶教、耶稣教、耶苏教、耶教徒等。

　　该词的汉译演变过程可以以《新约·马太福音》第 1 章第 1 节为例（和合官话译本：亚伯拉罕的后裔，大卫的子孙，耶稣基督的家谱）。

　　唐景教文献将此词音译为"序聰"（见"序聽迷诗所经"，"聽"为繁体"聰"字的误写）①。

　　在明清天主教文献中，1584 年（明万历十二年），天主教第一本汉语著述《天主实录》出版时，耶稣会士罗明坚将其音译为"嘫所"（七者，当信嘫所自愿在于十字架，忍痛受苦，救普世之灵魂）②。罗明坚在《天主圣教实录》中，又将其译为"耶稣契利斯督"（当信天主第二位费略降生。名耶稣契利斯督。耶稣。译言救世者。契利斯督。译言受油擦）③。耶稣会士艾儒略将其译为"耶稣""契利斯督"（天主降名号。一曰耶稣。译言救世者。一曰契利斯督。译言受油傅也）④。另一位耶稣会士阳玛诺则将其译为"耶稣基利斯督"（耶稣基利斯督。达未及亚巴郎之子）⑤，巴黎外方传教会士白日升也选用了同样的译词（耶稣基利斯督、达未子阿巴郎子之生谱）⑥。天主教传教士罗儒望将其音译为"基利斯多"（基利斯多不曾赎人的罪，世人都做魔鬼的奴，所以我们当常念谢

---

　　① 翁绍军：《序听迷诗所（诃）经》，《汉语景教文典诠释》，汉语基督教文化研究所 1995 年版，第 83 页。

　　② 罗明坚：《天主实录》（初刊于 1584 年），见钟鸣旦、杜鼎克编：《耶稣会罗马档案馆明清天主教文献》第 1 册，台北利氏学社 2002 年版，第 63—64 页。

　　③ 罗明坚：《天主圣教实录》，见吴相湘主编：《天主教东传文献续编》第 2 册，学生书局 1986 年版，第 818 页。

　　④ 艾儒略：《天主降生言行纪略》凡例，见王美秀、任延黎主编：《东传福音》第 4 卷，黄山书社 2005 年版，第 6 页。

　　⑤ 阳玛诺：《圣经直解》卷 10（初刊于 1636 年），见吴相湘主编：《天主教东传文献三编》第 4 册，学生书局 1986 年版，第 2538 页。

　　⑥ 白日升译本：《四史攸编耶稣基利斯督福音之会编》（1702—1707 年）（手写稿），第 10 叶。大英图书馆亚非部藏，编号 Solane MS ＃3599。

基利斯多为人受苦的恩)①。

基督教传教士马礼逊参考了白日升圣经译本后，略作修改，将其译为"耶稣基利士督"(耶稣基利士督大五得之子亚百拉罕之子之生谱也)②。马士曼在没有接触到白日升译本之前，曾将此词音译为"意嘛呢唎咖嘍"(嘉音之始。乃从意嘛呢唎咖嘍神之子也)③，在参考了白日升译本后，修改为"耶稣基利士督"(亚伯拉罕之子大五得之子耶稣基利士督之生谱也)④。

1839年出版的郭士立译本，将词汇缩略为"耶稣基督"(耶稣基督之族谱、其乃亚伯拉罕之子并大辟之子)⑤，从此确定了该词的翻译。此后，所有基督教圣经译本都采用了"耶稣基督"的译法。例如，委办译本(亚伯拉罕大辟之裔、耶稣基督族谱)⑥，高德译本(亚伯罕后嗣大辟之裔耶稣基督族谱)⑦，裨治文译本(亚伯拉罕之裔大辟之裔、耶稣基督族谱)⑧，北京官话译本(亚伯拉罕的后裔大未的子孙耶稣基督的家谱、记在下面)⑨，施约瑟浅文理译本(亚伯拉罕裔大卫裔耶稣基督之谱系)⑩，一直到和合深文理译本(亚伯拉罕之裔、大卫之胄、耶稣基督族谱)⑪，和合官话译本(亚伯拉罕的后裔、大卫的子孙、耶稣基督的家谱)⑫。

---

　　①　罗儒望：《天主圣教启蒙》(初刊于1619年)，见钟鸣旦、杜鼎克编：《耶稣会罗马档案馆明清天主教文献》第1册，台北利氏学社2002年版，第384页。

　　②　马礼逊译本：《圣马宝传福音书》第1章第1节，《救世我主耶稣新遗诏》，1823年版。

　　③　马士曼译本：《此嘉音由呀嘞所著》，未具名出版地点、时间。英国牛津大学安格斯图书馆藏。

　　④　马士曼译本：《使徒马宝传福音书》第1章第1节，1822年版。

　　⑤　郭士立译本：《马太传福音书》第1章第1节，《救世主耶稣新遗诏书》，坚夏书院藏板1839年版。

　　⑥　委办译本：《马太福音传》第1章第1节，《新约全书》，英华书院活板1854年版。

　　⑦　高德译本：《马太福音传》第1章第1节，《圣经新遗诏全书》，宁波真神堂1853年版。

　　⑧　裨治文译本：《马太传福音书》第1章第1节，《新约全书》，大美国圣经会1855年版。

　　⑨　北京官话译本：《马太传福音书》第1章第1节，《新约全书》，京都美华书馆1872年版。

　　⑩　施约瑟浅文理译本：《马太福音》第1章第1节，《新约全书》，秀英罕舍1898年版。

　　⑪　和合深文理译本：《马太福音》第1章第1节，《新约圣书》，大美国圣经会1906年版。

　　⑫　和合官话译本：《马太福音》第1章第1节，《新约圣经》，大美国圣经会1906年版。

　　20 世纪后的新教华人圣经学者的圣经译本，也都采用了"耶稣基督"。例如，王元德译本（亚伯拉罕的后裔，大卫的子孙，<u>耶稣基督</u>的家谱）①；吕振中译本（亚伯拉罕的子孙、大卫的子孙、<u>耶稣基督</u>、的族谱）②。仅朱宝惠译本采用了"基督耶稣"（亚伯拉罕的后裔，大卫的子孙，<u>基督耶稣</u>的谱系）③。

　　20 世纪后，天主教放弃了原来的"耶稣基利斯督"一词，而采用了"耶稣基督"的译法。例如，吴经熊译本（<u>耶稣基督</u>，埃布尔汉之后，大维之裔也，其谱系如后）④，思高译本（亚巴郎之子，达味之子<u>耶稣基督</u>的族谱）⑤，均是如此。

　　魏源在初刊于 1847 年的《海国图志》中，介绍天主教时，使用了该词："自耶稣生千有八百三十余年，称<u>耶稣</u>为<u>基督</u>，其先世自亚伯喇罕至大辟十四代。"⑥在晚清小说中，该词已经多次出现。例如，吴趼人的《二十年目睹之怪现状》（我又检查一检查，<u>耶稣</u>降生，应该在汉哀帝元寿二年）⑦，曾朴的《孽海花》（花子不是<u>耶稣</u>，不能独自强逼她替全人类受惨刑）⑧。

　　1915 年出版的《辞源》，收录了"耶稣"，释为："犹太人，当生我国汉哀帝建平三年。"⑨也有"基督"，释为："基利斯督之略称。其义为救世主。自耶稣出世后。后人多谓耶稣为基督。故耶稣所传之教。谓之基督教。"⑩1936 年出版的《辞海》，没有收录"耶稣"，但有"耶稣基督"和"基督"两词。"耶稣基

　　① 　王元德译本：《马太福音》第 1 章第 1 节，《新式标点新约全书》，中华基督教会1933 年版。

　　② 　吕振中译本：《按圣马太所记的佳音》第 1 章第 1 节，《吕译新约初稿》，燕京大学宗教学院 1946 年版。

　　③ 　朱宝惠译本：《马太福音》第 1 章第 1 节，《重译新约全书》，竞新印书馆 1936 年版。

　　④ 　吴经熊译本：《福音马窦传》第 1 章 1 节，《新经全集》，香港天主教真理学会 1949年初版，辅仁大学出版社 1980 年第 3 版。

　　⑤ 　思高译本：《玛窦福音》第 1 章第 1 节，《新约全书》，香港思高圣经学会 1968年版。

　　⑥ 　魏源：《海国图志》卷 27，《魏源全集》第 5 册，岳麓书社 2004 年版，第 811 页。

　　⑦ 　吴趼人：《二十年目睹之怪现状》，人民文学出版社 1959 年版，第 230 页。

　　⑧ 　曾朴：《孽海花》，上海古籍出版社 1980 年版，第 270 页。

　　⑨ 　《辞源》，商务印书馆 1915 年第 1 版，商务印书馆 1999 年影印，第 2018 页。

　　⑩ 　《辞源》，商务印书馆 1915 年第 1 版，商务印书馆 1999 年影印，第 573 页。

督"释为："犹太人，基督教之开祖。耶稣其名，基督系尊号，皆为救济者之义。"①"基督"释为："本作负荷神命者解，救世主同义。今则专以指耶稣，详耶稣基督。"②《汉语大词典》收录了"耶稣""基督"两词。"耶稣"释为："希腊文 Iesous 的音译。基督教所信奉的救世主，称之为基督。""基督"释为："源于希腊文 christos。希伯来文 mashiah（弥赛亚）的希腊文写法。基督教对耶稣的专称，意指上帝所派遣的救世主。"③1978 年版的《现代汉语词典》没有收录"耶稣""耶稣基督"，收录了"基督"，释为"基督教称救世主"④。

亚当夏娃（Adam，Eve）

亚当为圣经人物。在犹太教、基督宗教和伊斯兰教中，均有此人。亚当是圣经中人类的始祖，是上帝创造的第一个人，在希伯来文中意为"人类、被造者"。在《旧约·创世纪》中，他是上帝所创造的第一个人，本居伊甸乐园，一日被蛇诱惑，食上帝智慧之果，遂被逐出，堕入人间受苦。在伊斯兰教中，"亚当"被译为"亚丹"或"阿丹"；在天主教和基督教中，均译为"亚当"。夏娃亦为圣经人物。在犹太教、基督宗教和伊斯兰教中，均有此人。她是人类始祖亚当的配偶，是上帝用亚当的肋骨所造，其希伯来文 Hawwah 的意思是"生命"。在伊斯兰教中，"夏娃"被译为"哈娃"；在天主教中，译为"厄娃"；在基督教中，译为"夏娃"。

本词的汉译演变过程可以以《新约·提摩太前书》第 2 章第 13 节为例（和合官话译本：因为先造的是亚当，后造的是夏娃）。

明清天主教文献对此二人的译名，大约有 4 种。（1）在第一本用汉字写成的天主教文献《天主圣教实录》中，耶稣会士罗明坚将其译成"亚当"和"阨袜"（次成一男。名曰亚当。后成一女。名曰阨袜。使之配偶。此二人者。乃普世

①　舒新城等主编：《辞海》，中华书局 1936 年初版，1937 年再版，第 1082 页。

②　舒新城等主编：《辞海》，中华书局 1936 年初版，1937 年再版，第 322 页。

③　"基督"，见罗竹风主编：《汉语大词典》第 2 册，汉语大词典出版社 1988 年版，第 1112 页；"耶稣"，见罗竹风主编：《汉语大词典》第 8 册，汉语大词典出版社 1991 年版，第 655 页。

④　《现代汉语词典》，商务印书馆 1978 年版，第 511 页。

自祖)①。另一刊印本写为"哑哨"和"也嘛"(次成一男。名曰哑哨。后成一女。名曰也嘛。使之配偶。此二人者。乃普世自祖)②。(2)耶稣会士阳玛诺将其音译为"亚党"和"阨袜"(即造一男人。名亚党。乃复投以熟寐。取一肋骨。造成一女名阨袜)③。(3)耶稣会士苏若望将其音译为"亚党"和"厄娃"(天主初生万物。先开辟天地。化生物类之诸宗。然后化生一男一女。男名亚党。女名厄娃。即此二人为万民之元祖)④。(4)一本不著者名的天主教文献将其译为"亚当"和"厄娃"(天主将亚当、厄娃安置在地堂)。⑤

马士曼译本对这两个人物的译名并不统一，在旧约和新约中分别将其译成了"阿当"和"厄袜"(阿当其妻曰厄袜)⑥，"亚大麦"和"以法"(盖亚大麦先受造、而后以法)⑦。马礼逊译本则译为"亚大麦"和"以法"(神既造亚大麦及以法。置之于园中)⑧。

1839 年出版的郭士立译本，仍然采用的音译方法，选用了另外两个词"亚坍"和"夏娃"(盖亚坍先见造、后夏娃焉)⑨。1853 年出版的委办译本，首次使用了"亚当"和"夏娃"(受造时、亚当在先、夏娃在后)⑩。之后，基督教圣经译本全部使用了"亚当"和"夏娃"。例如，裨治文译本(盖亚当受造在前、

---

①　罗明坚：《天主圣教实录》，见吴相湘主编：《天主教东传文献续编》第 2 册，学生书局 1986 年版，第 786 页。

②　钟鸣旦、杜鼎克编：《耶稣会罗马档案馆明清天主教文献》第 1 册，台北利氏学社 2002 年版，第 23 页。

③　阳玛诺：《圣经直解》卷 2，见吴相湘主编：《天主教东传文献三编》第 4 册，学生书局 1986 年版，第 1657 页。

④　苏若望：《天主圣教约言》(初刊于 1610 年)，见钟鸣旦、杜鼎克编：《耶稣会罗马档案馆明清天主教文献》第 2 册，台北利氏学社 2002 年版，第 286 页。

⑤　佚名：《古新圣经问答》(初刊于 1862 年)，涂宗涛点校，天津社会科学院出版社 1992 年版，第 11 页。

⑥　马士曼译本：《神造万物书》第 3 章 20 节，1822 年版。

⑦　马士曼译本：《使徒保罗与弟摩氏第一书》第 2 章第 13 节，1822 年版。

⑧　马礼逊：《问答浅注耶稣教法》(1812 年)，广州，第 3 页上。

⑨　郭士立译本：《保罗寄提摩太首书》第 2 章第 13 节，《救世主耶稣新遗诏书》，坚夏书院藏板 1839 年版。

⑩　委办译本：《使徒保罗达提摩太前书》第 2 章第 13 节，《新约全书》，英华书院活板 1854 年版。

夏娃在后)①，北京官话译本(因为先造的是亚当、后造的是夏娃)②，施约瑟浅文理译本(盖亚当先受造、夏娃后受造)③，一直到 1906 年出版的和合深文理译本(盖亚当受造在先、夏娃在后)④，和合官话译本(因为先造的是亚当、后造的是夏娃)⑤。

20 世纪后的新教华人圣经学者在翻译圣经时，也无一例外地采用了"亚当"和"夏娃"的译名。例如，王元德译本(因为先造是的亚当，后造的是夏娃)⑥、朱宝惠译本(因为先造的是亚当，在后的是夏娃)⑦；吕振中译本(因为是亚当先被塑造、然后才夏娃)⑧。

20 世纪后，天主教对其有两种译法。吴经熊继承了基督教的译法"亚当"和"夏娃"(盖受造时亚当在先，夏娃在后)⑨，思高译本则修订了明末清初天主教的"厄袜"为"厄娃"(因为亚当是先受造的，以后才是厄娃)⑩。

中国传统文献中没有"亚当""夏娃"二词。对外来文献中的人名和地名，翻译者基本上都采用了音译的方法，这也是沿用至今的翻译定律。基督宗教

---

① 神治文译本：《使徒保罗达提摩太前书》第 2 章第 13 节，《新约全书》，大美国圣经会 1855 年版。

② 北京官话译本：《使徒保罗达提摩太前书》第 2 章第 13 节，《新约全书》，京都美华书馆 1872 年版。

③ 施约瑟浅文理译本：《使徒保罗达提摩太前书》第 2 章第 13 节，《新约全书》，秀英罕舍 1898 年版。

④ 和合深文理译本：《保罗达提摩太前书》第 2 章第 13 节，《新约圣书》，大美国圣经会 1906 年版。

⑤ 和合官话译本：《提摩太前书》第 2 章第 13 节，《新约圣经》，大美国圣经会 1906 年版。

⑥ 王元德译本：《提摩太前书》第 2 章第 13 节，《新式标点新约全书》，中华基督教会 1933 年版。

⑦ 朱宝惠译本：《提摩太前书》第 2 章第 13 节，《重译新约全书》，竞新印书馆 1936 年版。

⑧ 吕振中译本：《致提摩太书第一卷》第 2 章第 13 节，《吕译新约初稿》，燕京大学宗教学院 1946 年版。

⑨ 吴经熊译本：《保罗前与提摩太箴函》第 2 章 13 节，《新经全集》，香港天主教真理学会 1949 年初版，辅仁大学出版社 1980 年第 3 版。

⑩ 思高译本：《弟茂德前书》第 2 章第 13 节，《新约全书》，香港思高圣经学会 1968 年版。

传入中国后，作为圣经故事中的人类始祖，此名称得到极大的宣传。亚当、夏娃应该是圣经中百余名人物中，最为人们所熟知的人物。魏源的《海国图志·天主教》在介绍天主教的情况时，采用的是"亚当"和"厄娃"（男女各一，男名亚当，女名厄娃，以为人类之初祖）①。《老残游记》第十回："亚当孙子，横被摧残。"鲁迅《坟·摩罗诗力说》："旧约记神既以七日造天地，终乃抟埴为男子，名曰亚当，已而病其寂也，复抽其肋为女子，是名夏娃，皆居伊甸。"在以后的文学作品，尤其五四新文学作用中，用"亚当夏娃"作为形容词来比喻某人某事的现象非常多，此不赘述。

1915 年出版的《辞源》收录了"亚当"，释为："犹太神话"②。1936 年出版的《辞海》，也收录了"亚当"，释为："原义为赤土，犹太神话云上帝用土造人，名曰亚当，为最初之男。"③1986 年出版的《汉语大词典》也收录了"亚当"一词，并进行了更深入客观的解释："希伯来文，意为被造者、人。圣经故事中的人类始祖。"④

1915 年出版的《辞源》收录了"夏娃"，释为："犹太神话谓为人类始祖。亚当之妻。上帝拆亚当肋骨所成者也。犹太教基督教回教皆宗其说。夏娃者。生命之义。"⑤1936 年出版的《辞海》，对"夏娃"仅有基督宗教的释义："原字义为'生命'，在犹太神话中谓为人类始祖亚当之妻，上帝取亚当肋骨所成者也。见旧约创世纪。"⑥未提及伊斯兰教也有此人物。1953 年出版的《新名词词典》，将"亚当夏娃"收为一词进行解释。⑦ 1986 年出版的《汉语大词典》，亦收录"夏娃"，释为："希伯来文 Hawwah 的音译，一译厄娃。圣经故事片中人类始祖亚当之妻。"该解释还包括了天主教的译名，即"一译厄娃"，但没有收录伊斯兰教的译名"哈娃"⑧。

---

① 魏源：《海国图志》卷 27，《魏源全集》第 5 册，岳麓书社 2004 年版，第 811 页。
② 《辞源》，商务印书馆 1915 年第 1 版，商务印书馆 1999 年影印，第 133 页。
③ 舒新城等主编：《辞海》，中华书局 1936 年初版，1937 年再版，第 73 页。
④ 罗竹风主编：《汉语大词典》第 1 册，汉语大词典出版社 1986 年版，第 543 页。
⑤ 《辞源》，商务印书馆 1915 年第 1 版，商务印书馆 1999 年影印，第 599 页。
⑥ 舒新城等主编：《辞海》，中华书局 1936 年初版，1937 年再版，第 335 页。
⑦ 《新名词辞典》，春明出版社 1953 年版，第 5034 页。
⑧ 罗竹风主编：《汉语大词典》第 3 册，汉语大词典出版社 1989 年版，第 1202 页。

摩西（Moses）

摩西乃圣经人物。他是以色列民族最伟大的领袖，被视为先知和律法的颁布者，也是旧约《出埃及记》至《申命记》中最主要的人物。他带领以色列人离开埃及，迈向了应许之地。

本词的汉译演变过程可以以《新约·约翰福音》第 1 章第 17 节为例（和合官话译本：律法本是借着摩西传的；恩典和真理都是由耶稣基督来的）。

唐景教文献根据叙利亚语，将其音译为"牟世"（已上三身同归一体。……明泰法王。牟世法王。多惠法王）①。

在明末清初天主教文献中，耶稣会士艾儒略根据拉丁文将其音译为"梅瑟"（梅瑟古圣。及诸先知所预言救世之主）②。巴黎外方传教会士白日升也采用了音译方法，译为"每瑟"（盖报律以每瑟而授。宠及真以耶稣基利斯督而成也）③。

马士曼和马礼逊的新约圣经翻译，深度参考了白日升的圣经译本。对于该词，他们采用的仍然是音译方法，将其修订为"摩西"（马士曼译本：盖律见施以摩西惟宠也真也来以耶稣基利士督④。马礼逊译本：盖例即以摩西而已施、乃宠也真也以耶稣基督而来矣⑤）。此后，所有的基督教圣经译本，均采用了此译法。例如，郭士立译本（律例由摩西而来、惟恩典、真道被耶稣基督设立也）⑥，委办译本（例授自摩西、恩宠真理、则由耶稣基督）⑦，裨治文译

---

① 翁绍军：《尊经》，《汉语景教文典诠释》，汉语基督教文化研究所 1995 年版，第 200 页。

② 艾儒略：《天主降生言行纪略》卷 2，见王美秀、任延黎主编：《东传福音》第 4 卷，黄山书社 2005 年版，第 5 页。

③ 白日升译本：《四史攸编耶稣基利斯督福音之汇编》，第 16 叶。大英图书馆亚非部藏，编号 Solane MS ♯3599。

④ 马士曼译本：《若望传福音之书》第 1 章第 17 节，1822 年版。

⑤ 马礼逊译本：《圣若翰传福音之书》第 1 章第 17 节，《救世我主耶稣新遗》，1823 年版。

⑥ 郭士立译本：《约翰传福音书》第 1 章第 17 节，《救世主耶稣新遗诏书》，坚夏书院藏板 1839 年版。

⑦ 委办译本：《约翰福音传》第 1 章第 17 节，《新约全书》，英华书院活板 1854 年版。

本(盖律法授自摩西。恩宠与真理、则由耶稣基督)①，高德译本(盖律例由摩西而授。恩慈真实则由耶稣基督也)②，北京官话译本(律法是借着摩西传的、恩典真理、都是从耶稣基督来的)③，施约瑟浅文理译本(盖律法授自摩西、恩宠及真理则由耶稣基督)④，直到和合深文理译本(夫律由摩西而授、恩宠真理、则由耶稣基督而来)⑤，和合官话译本(律法本是借着摩西传的。恩典和真理都是由耶稣基督来的)⑥。

20 世纪后的新教华人圣经学者在翻译圣经时，也无一例外地采用了"摩西"的译名。例如，王元德译本(为律法是藉着摩西传的：恩典真理，是从耶稣基督来的)⑦，朱宝惠译本(因为法律是凭摩西赐下来的，恩惠和真实，乃是凭基督耶稣而成就的)⑧，吕振中译本(因为律法是藉着摩西而颁赐；恩典与真实乃是藉着耶稣基督而来的)⑨。

直到 20 世纪上半叶，天主教圣经学者吴经熊在翻译新约时，也采用了"摩西"(盖摩西所授者律法耳，至妙宠真谛，则由耶稣基督而溥施)⑩。1968年出版的天主教思高译本，继承了明末天主教的翻译传统，仍然采用了"梅

---

① 裨治文译本：《约翰传福音书》第 1 章第 17 节，《新约全书》，大美国圣经会 1855 年版。

② 高德译本：《约翰福音传》第 1 章第 17 节，《圣经新遗诏全书》，宁波真神堂 1853 年版。

③ 北京官话译本：《约翰福音》第 1 章第 17 节，《新约全书》，京都美华书馆 1872 年版。

④ 施约瑟浅文理译本：《约翰福音》第 1 章第 17 节，《新约全书》，秀英罕舍 1898 年版。

⑤ 和合深文理译本：《约翰福音》第 1 章第 17 节，《新约圣书》，大美国圣经会 1906 年版。

⑥ 和合官话译本：《约翰福音》第 1 章第 17 节，《新约全书》，《新约圣书》，大美国圣经会 1906 年版。

⑦ 王元德译本：《约翰福音》第 1 章第 17 节，《新式标点新约全书》，中华基督教会 1933 年版。

⑧ 朱宝惠译本：《约翰福音》第 1 章第 17 节，《重译新约全书》，竞新印书馆 1936 年版。

⑨ 吕振中译本：《按圣约翰所记的佳音》第 1 章第 17 节，《吕译新约初稿》，燕京大学宗教学院 1946 年版。

⑩ 吴经熊译本：《福音若望传》第 1 章第 17 节，《新经全集》，《新经全集》，香港天主教真理学会 1949 年初版，辅仁大学出版社 1980 年第 3 版。

瑟"（因为法律是藉梅瑟传授的，恩宠和真理却是由耶稣基督而来的）①。旧约五经也被称为"梅瑟五书"。

中国传统文献中，没有"摩西"或"梅瑟"一词。魏源的《海国图志·天主教考》在介绍天主教时，用的是"摩西"（事天神始于摩西，时在有商之初，沃丁年间）。②

1915 年出版的《辞源》，收录了基督教的译法——摩西，并对其生平进行了解释："摩西率之出埃及。至西奈之野。传上帝之律法以约束部众。欲引众入迦南。不果而卒。其后约书亚卒成其志。建犹太国。旧约圣经中有出埃及记。即记其事。"③1936 年出版的《辞海》也收录了该词："摩西率之归巴勒斯坦，路经西奈山，登山传上帝之命，创为十诫，为后世犹太教所遵。"④1990 年出版的《汉语大词典》则没有收录"摩西"⑤。《辞源》《辞海》等词典均未收录天主教采用的"梅瑟"一词。

耶路撒冷（Jerusalem）

耶路撒冷为圣经地名。它是以色列的古城，位于迦南山区。大卫攻取此地之后，以之为首都，取名为"大卫城"或"锡安"。这个城现今是犹太教、伊斯兰教、基督宗教的圣城。在圣经原文中，这个犹太民族圣殿所在地的名称，其希腊文有两种拼写形式，在拉丁文圣经中也有两种拼写形式。

"耶路撒冷"一词的汉译过程可以以《新约·马太福音》第 2 章第 1 节为例（和合官话译本：当希律王的时候，耶稣生在犹太的伯利恒。有几个博士从东方来到耶路撒冷）。

明清天主教传教士据拉丁文 Hierosolyma，将其音译为"协露撒稜"（如德亚国京都。曰协露撒稜）⑥，依据 Ierosalem，则将其音译为"日路撒冷"（日路

---

① 思高译本：《若望福音》第 1 章第 17 节，《新约全书》，香港思高圣经学会 1968 年版。

② 魏源：《海国图志》卷 27，《魏源全集》第 5 册，岳麓书社 2004 年版，第 814 页。

③ 《辞源》，商务印书馆 1915 年第 1 版，商务印书馆 1999 年影印，第 1095 页。

④ 舒新城等主编：《辞海》，中华书局 1936 年初版，1937 年再版，第 589 页。

⑤ 罗竹风主编：《汉语大词典》第 6 册，汉语大词典出版社 1990 年版，第 826 页。

⑥ 艾儒略：《天主降生言行纪略》，见王美秀、任延黎主编：《东传福音》第 4 卷，黄山书社 2005 年版，第 5 页。

撒冷府的大堂是他修盖的)①，等等。

白日升简略地将其译为三音节词"柔撒冷"（且如达人自柔撒冷遣铎德与勒微辈问若翰。尔为谁)②。马礼逊继承了这种音译的翻译方式，修改为"耶路撒冷"（却有或吗哂自东边来至耶路撒冷)③。马士曼在没有接触到白日升译本之前，曾将此词意译为"意嘞哂唥"（意嘞哂唥。并咤吔哑一国俱往于他)④；在参考了白日升译本后，修改为"耶路撒冷"（却有哲人从东方来至耶路撒冷曰)⑤。此后，所有的基督教圣经译本都延用此译法。例如，郭士立译本（却有贤人、自东方、至耶路撒冷京云)⑥，委办译本（有博士数人、自东方至耶路撒冷)、高德译本（却有博士自东方来。至耶路撒冷)⑦，裨治文译本（有博士数人、自东方来、至耶路撒冷)⑧，北京官话译本（有几个博士从东方来到耶路撒冷)⑨，施约瑟浅文理译本（有博士数人、自东方至耶路撒冷)⑩，一直到和合深文理译本（有博士数人、自东方至耶路撒冷)⑪，和合官话译本（有几个博士从东方来到耶路撒冷)⑫。

---

① 佚名：《古新圣经问答》，涂宗涛校点，天津社会科学院出版社 1992 年版，第 40 页；阳玛诺：《圣经直解》卷 1（初刊于 1636 年，明崇祯九年），见吴相湘主编《天主教东传文献三编》第 4 册，学生书局 1986 年版，第 1601 页。

② 白日升译本：《四史攸编耶稣基利斯督福音之会编》（1702—1707 年）（手写稿），第 15 叶。大英图书馆亚非部藏，编号 Solane MS ＃3599。

③ 马礼逊译本：《圣马宝传福音书》第 2 章第 1 节，《救世我主耶稣新遗诏》，1823 年版。

④ 马士曼：《此嘉音由呀嘞所著》，未具名出版地点、时间。英国牛津大学安格斯图书馆藏。

⑤ 马士曼译本：《使徒马宝传福音书》第 2 章第 1 节，1822 年版。

⑥ 郭士立译本：《马太传福音书》第 2 章第 1 节，《救世主耶稣新遗诏书》，坚夏书院藏板 1839 年版。

⑦ 委办译本：《马太福音传》第 2 章第 1 节，《新约全书》，英华书院活板 1854 年版。

⑧ 裨治文译本：《马太传福音书》第 2 章第 1 节，《新约全书》，大美国圣经会 1855 年版。

⑨ 北京官话译本：《马太传福音书》第 2 章第 1 节，《新约全书》，京都美华书馆 1872 年版。

⑩ 施约瑟浅文理译本：《马太福音》第 2 章第 1 节，《新约全书》，秀英罕舍 1898 年版。

⑪ 和合本深文理译本：《马太福音》第 2 章第 1 节，《新约圣书》，大美国圣经会 1906 年版。

⑫ 和合官话译本：《马太福音》第 2 章第 1 节，《新约圣经》，大美国圣经会 1906 年版。

20 世纪后的新教华人圣经学者在翻译圣经时，也无一例外地采用了"耶路撒冷"的译名。例如，王元德译本（有几个博士，从东方来到耶路撒冷）①，朱宝惠译本（忽然有几位星士，从东方来到耶路撒冷）②，吕振中译本（有几个占星家从东方来到耶路撒冷）③。

20 世纪后，天主教放弃了明清天主教传教士的译名，采用了"耶路撒冷"。例如，吴经熊译本（有哲士数人，自东方来至耶路撒冷而访）④，思高译本（有贤士从东方来到耶路撒冷）⑤。

中国传统文献中没有该词。耶路撒冷作为一个有特殊意义的新地名，在1915 年出版的《辞海》和 1936 年出版的《辞源》中，均有收录。⑥ 1986 年出版的《汉语大词典》，则没有收录该词。

3. 音译＋含义汉字：犹太人、伊甸园

犹太人（Jew）

犹太人为圣经民族，原指公元前 922 年以色列联合王国分裂后南国的犹太人民，到了被掳之后和新约时代，又指那些从巴从伦回归者的后裔和散居在各地的以色列人。

本词的汉译演变过程可以以《新约·马太福音》第 2 章第 2 节为例（和合官话译本：那生下来作犹太人之王的在那里）。

唐景教文献称这个民族为"石忽人"（有石忽人，初从起手，向死预前三

①　王元德译本：《马太福音》第 2 章第 1 节，《新式标点新约全书》，中华基督教会1933 年版。

②　朱宝惠译本：《马太福音》第 2 章第 1 节，《重译新约全书》，竞新印书馆 1936 年版。

③　吕振中译本：《按圣马太所记的佳音》第 2 章第 1 节，《吕译新约初稿》，燕京大学宗教学院 1946 年版。

④　吴经熊译本：《福音马窦传》第 2 章第 1 节，《新经全集》，香港天主教真理学会1949 年初版，辅仁大学出版社，1980 年第 3 版。

⑤　思高译本：《玛窦福音》第 2 章第 1 节，《新约全书》，香港思高圣经学会 1968 年版。

⑥　《辞源》，商务印书馆 1915 年第 1 版，商务印书馆 1999 年影印，第 2018 页；舒新城等主编：《辞海》，中华书局 1936 年初版，1937 年再版，第 1082 页。

日，早约束竟)①或"石忽缘人"(石忽缘人使持更守掌，亦语弥师诃有如此言)②。元代史书据新波斯语 djuhud，将其音译为"术忽"(僧、道、也里可温、术忽、答失蛮为商者，仍旧制纳税)和"朱灰""珠赫""主吾""主鹘"③等。

明末清初的天主教耶稣会文献一般都音译为"如德亚国人"(玛窦则取如德亚本国文……论如德亚国人被掳以后之事)④，或译为"如德亚人"(我辈先祖。尝于此山之阴。瞻礼天主。乃如德亚人)⑤。

巴黎外方传教会传教士白日升将其音译为"如达人"(且如达人自柔撒冷遣铎德与勒微辈问若翰)⑥。马礼逊译本借鉴白日升译本，将其改为"如大人"(曰彼生如大辈之王者何在)⑦，同时在其他著述中还用过"如氏亚人""如地亚国人"等词语。马士曼则将其译为"如大"(生如大辈之王者何在)⑧。当时，有的基督教传教士还将其译为"如底亚人""犹大人"等。

1836 年，郭士立译本中出现了"犹太人"(所生之犹太人之王者、安在)⑨，并逐渐被其他圣经译本所采用。例如，高德译本(彼生为犹太人之王者何在)⑩，委办译本(曰、生而为犹太人王者安在)⑪，裨治文译本(曰、生而为犹

①　翁绍军：《一神论》，《汉语景教文典诠释》，汉语基督教文化研究所 1995 年版，第 137 页。

②　翁绍军：《一神论》，《汉语景教文典诠释》，汉语基督教文化研究所 1995 年版，第 139 页。

③　张绥：《犹太教与中国开封犹太人》，上海三联书店 1990 年版，第 43—47 页。

④　佚名：《古新圣经问答》，涂宗涛点校，天津社会科学院出版社 1992 年版，第 48 页。

⑤　艾儒略：《天主降生言行纪略》卷 2，见王美秀、任延黎主编：《东传福音》第 4 卷，黄山书社 2005 年版，第 9 页。

⑥　白日升译本：《四史攸编耶稣基利斯督福音之会编》(1702—1707 年)(手写稿)，第 15 叶。大英图书馆亚非部藏，编号 Solane MS ♯3599。

⑦　马礼逊译本：《圣马宝传福音书》第 2 章第 2 节，《救世我主耶稣新遗诏书》，1823 年版。

⑧　马士曼译本：《使徒马宝传福音书》第 2 章第 2 节，1822 年版。

⑨　郭士立译本：《马太传福音书》第 2 章第 2 节，《救世主耶稣新遗诏书》，坚夏书院藏板 1839 年版。

⑩　高德译本：《马太福音传》第 2 章第 2 节，《圣经新遗诏全书》，宁波真神堂 1853 年版。

⑪　委办译本：《马太福音传》第 2 章第 2 节，《新约全书》，英华书院活板 1854 年版。

太人之王者安在）①，北京官话译本（那刚诞生的<u>犹太人</u>的王在那里）②，施约瑟浅文理译本（曰甫生<u>犹太人</u>之王何在）③，直至 1906 年的和合深文理译本（生而为<u>犹太人</u>王者安在）④，和合官话译本（那生下来作<u>犹太人</u>之王的在那里）⑤，均采用了该词，使其成为沿用至今的词语。

　　20 世纪后的新教华人圣经学者在翻译圣经时，也无一例外地采用了"犹太人"的译名。例如，王元德译本（那刚诞生的<u>犹太人</u>的王在那里）⑥，朱宝惠译本（那诞生的<u>犹太</u>国王在那里呢）⑦，吕振中译本（那生下来做<u>犹太人</u>的王的在哪里）⑧。

　　20 世纪后，天主教吴经熊译本（适生<u>犹太人</u>之王何在）⑨、1968 年出版的思高译本（那生下来做<u>犹太人</u>的王的在哪里）⑩，也都采用了"犹太人"的译法。

　　中国传统文献中没有"犹太人"一词。1915 年出版的《辞源》没有收录"犹太人"一词，但收入了"犹太"和"犹太教"⑪。1936 年出版的《辞海》中，收录了"犹太"，释为"种族名"和"地名"，称"人民散居四方，多经商致富，且产生伟大人物，如耶稣基督、马克斯、爱因斯坦等"⑫。1953 年出版的《新名词辞典》，收录了"犹太人"⑬。1986 年出版的《汉语大词典》，收录了"犹太教"，而

---

①　神治文译本：《马太传福音书》第 2 章第 2 节，《新约全书》，大美国圣经会 1855年版。

②　北京官话译本：《马太传福音书》第 2 章 2 节，《新约全书》，京都美华书馆 1872 年版。

③　施约瑟浅文理译本：《马太福音》第 2 章第 2 节，《新约全书》，秀英舍 1898 年版。

④　和合深文理译本：《马太福音》第 2 章第 2 节，《新约圣书》，大美国圣经会 1906年版。

⑤　和合官话译本：《马太福音》第 2 章第 2 节，《新约圣经》，大美国圣经会 1906 年版。

⑥　王元德译本：《马太福音》第 2 章第 17 节，《新式标点新约全书》，中华基督教会 1933 年版。

⑦　朱宝惠译本：《马太福音》第 2 章第 2 节，《重译新约全书》，竞新印书馆 1936 年版。

⑧　吕振中译本：《按圣马太所记的佳音》第 2 章第 2 节，《吕译新约初稿》，燕京大学宗教学院 1946 年版。

⑨　吴经熊译本：《福音马窦传》第 2 章 2 节，《新经全集》，香港天主教真理学会 1949年初版，辅仁大学出版社 1980 年第 3 版。

⑩　思高译本：《玛窦福音》第 2 章第 2 节，《新约全书》，香港思高圣经学会 1968 年版。

⑪　《辞源》，商务印书馆 1915 年第 1 版，商务印书馆 1999 年影印。

⑫　舒新城等主编：《辞海》，中华书局 1936 年初版，1937 年再版，第 878 页。

⑬　《新名词辞典》，春明出版社 1953 年版，第 5028 页。

无"犹太人"。

伊甸园（The Garden of Eden；Paradise）

伊甸园为圣经地名。在《旧约·创世纪》中，伊甸园是上帝为亚当和夏娃预备的生活乐园，但犯罪之后，他们便被上帝逐出了伊甸园。伊甸园在圣经的原文中含有乐园的意思。

"伊甸园"一词的汉译演变过程可以以《旧约·创世纪》第 2 章第 15 节为例（和合官话译本：耶和华神将那人安置在伊甸园，使他修理看守）。

白日升没有翻译《旧约》，马士曼和马礼逊无法借鉴他的翻译，便只好分别创造了自己的译词。马士曼将其音译为"依顿"（神主带人置于依顿、令其守理园内）①，马礼逊则音译为"希但"，并根据具体情况增加了相应的汉字，形成了"希但之园"或"希但园"（且神主将其人而置之于希但之园。以便备守之）②。郭士立译本将其音译为"以田园"（夫上主皇上帝带人、而置之在以田园、为耕守之）③，委办译本译为"埃田圃"（耶和华上帝挈其人、置埃田圃、使之栽植、使之防守）④，裨治文译本则译为"埃田园"（耶和华神挈其人、置于埃田园、以耕守之）⑤。

1872 年出版的北京官话译本，首次创造了"伊甸园"一词⑥。此后，基督教或天主教圣经译本，全部都采用了这种译法。例如，施约瑟浅文理译本（主上帝挈其人、置于伊甸园、使其培而守之）⑦，和合深文理译本（耶和华上帝挈其人置伊甸圃、使之治理监守）⑧，和合官话译本（耶和华神将那人安置在伊甸园、使他修理看守）⑨。

20 世纪后的华人圣经学者的圣经译本，如新教的王元德译本、朱宝惠译

---

① 　马士曼译本：《神造万物书》第 2 章第 15 节，1822 年版。

② 　马礼逊译本：《创世历代传》第 2 章第 15 节，《救世我主耶稣旧遗诏》，1823 年版。

③ 　郭士立译本：《创世传》第 2 章第 15 节，《旧遗诏圣书》，1839 年版。

④ 　委办译本：《创世纪》第 2 章第 15 节，《旧约全书》，（宁波）花华圣经书房 1853 年版。

⑤ 　裨治文译本：《创世纪》第 2 章第 15 节，《旧约全书》，沪邑美华书馆活字板 1863 年版。

⑥ 　北京官话译本：《创世纪》第 2 章第 15 节，《旧约全书》，京都美华书馆 1872 年版。

⑦ 　施约瑟浅文理译本：《摩西一书创世纪》第 2 章第 15 节，《旧约圣经》，秀英罕舍 1898 年版。

⑧ 　和合深文理译本：《创世纪》第 2 章第 15 节，《新约圣书》，大美国圣经会 1906 年版。

⑨ 　和合官话译本：《创世纪》第 2 章第 15 节，《新约圣经》，大美国圣经会 1906 年版。

本，天主教的吴经熊译本，因无旧约部分，因此没有该译词。吕振中译本（永恒主上帝将那人安置在伊甸园里、去耕种、去看守）①，天主教思高译本（上主天主将人安置在伊甸的乐园内，叫他耕种，看守乐园）②仍选用此词。

中国传统文献中没有"伊甸园"一词。圣经翻译在遇到地名时，一般采用音译，有时还根据地名的地理属性，再增加地名通名，如河、山、谷等。伊甸园就采用了这种翻译方法，这种译法也一直持续到今天。1915 年出版的《辞源》，没有收录该词。1936 年出版的《辞海》收录了该词，认为这是"犹太神话"，并将其与其他宗教进行了对比："人类祖先亚当夏娃所信之极乐境也。超脱人间一切烦恼，与佛教之西天、净土等同义。"③1986 年出版的《汉语大词典》收录该词，释为："源于希伯来文，犹太教、基督教圣经故事中人类始祖居住的乐园，被誉为地上的天堂。"④

4. 纯意译词：福音

福音（gospel，evangel）

福音在希腊文中是"好消息"的意思，指上帝赐给人类的好消息，即耶稣宣讲的天国福音，以及耶稣再次复活，为人类成就救恩的好消息。因此，福音是基督教教义最基本真理的内容。基督教徒谓耶稣说教以拯救世人，故凡耶稣所说及其门弟子传布其教义者，皆谓福音。《新约全书》有马太、马可、路加、约翰所作四传，谓之《四福音书》。

"福音"一词的汉译演变过程可以以《新约·马太福音》第 4 章第 23 节为例（和合官话译本：耶稣走遍加利利，在各会堂里教训人，传天国的福音）。

唐朝景教文献将其意译为"妙乐"（我今一切念慈恩，叹彼妙乐照此国）⑤。该译词有浓重的佛教气息。这是景教文献的特点，也是景教汉译还没有独立成型的表现。

---

① 吕振中译本：《创世纪》第 2 章第 15 节，《吕译新约初稿》，燕京大学宗教学院 1946 年版。

② 思高译本：《创世纪》第 2 章第 15 节，《旧约全书》，香港思高圣经学会 1968 年版。

③ 《辞源》，商务印书馆 1915 年第 1 版，商务印书馆 1999 年影印，第 91 页。

④ 罗竹风主编：《汉语大词典》第 1 册，汉语大词典出版社 1986 年版，第 1217 页。

⑤ 翁绍军：《三威蒙度赞》，《汉语景教文典诠释》，汉语基督教文化研究所 1995 年版，第 193 页。

在明清天主教文献中，艾儒略首次创造性地将其意译为"福音"〔新经乃天主降生后宗徒与并时圣人记录者。中云万日略（译言好报福音）经。即四圣纪吾主耶稣降生。在世三十二年。救世赎人〕①这一术语。之后，几乎所有天主教传教士均用了此译名。白日升也将其译为"福音"（使语伊等曰。毋惊我乃报知尔等。福音将乐众民）②。

马礼逊圣经译本也沿用了"福音"（耶稣走加利利四方、在公所教训、而宣神王之福音）③这个译名。马士曼在接触白日升译本之前，将此词意译为"嘉音"（嘉音之始。乃从意嚇呢喇咘喥神之子也）④，在参考了白日升译本后，则修改为"福音"（耶稣遍游加利利在公所教训、而宣神王之福音）⑤。以后，无论天主教还是基督教，所有圣经译本均采用此译名，没有争议，一直沿用至今。例如，委办译本（耶稣周流加利利、在诸会堂教诲传天国福音）⑥，裨治文译本（耶稣周流加利利四方、在诸会堂教诲、宣天国之福音）⑦，北京官话译本（耶稣走遍加利利、在各处会堂教训人、宣讲天国的福音）⑧，施约瑟浅文理译本（耶稣遍行迦利利、在其诸会堂教诲、宣天国之福音）⑨，并一直延续到1906年出版的和合深文理译本（耶稣周行加利利、在诸会堂训诲、宣天

---

① 艾儒略：《万日略经说》《天主降生言行纪略》，见王美秀、任延黎主编：《东传福音》第4卷，黄山书社2005年版，第1页。

② 白日升译本：《四史攸编耶稣基利斯督福音之会编》（手写稿）（1702—1707年），第8叶。大英图书馆亚非部藏，编号Solane MS♯3599。

③ 马礼逊译本：《马窦传福音之书》第4章第23节，《救世我主耶稣新遗诏》，1823年版。

④ 马士曼译本：《此嘉音由呀嘞所著》，未具名出版地点、时间。英国牛津大学安格斯图书馆收藏。

⑤ 马士曼译本：《使徒马宝传福音书》第4章第23节，1822年版。

⑥ 委办译本：《马太福音传》第4章第23节，《新约全书》，英华书院活板1854年版。

⑦ 裨治文译本：《马太传福音书》第4章第23节，《新约全书》，大美国圣经会1855年版。

⑧ 北京官话译本：《马太传福音书》第4章第23节，《新约全书》，京都美华书馆1872年版。

⑨ 施约瑟浅文理译本：《马太福音》第4章第23节，《新约全书》，秀英罕舍1898年版。

国福音）①，和合官话译本（耶稣走遍加利利、在各会堂里教训人、传天国的福音）②。

　　20世纪后的新教华人圣经学者在翻译圣经时，也无一例外地采用了"福音"的译名。例如，王元德译本（耶稣走遍加利利，在各会堂里教训人，宣传天国的福音）③，朱宝惠译本（耶稣走偏了加利利，在他们的会堂里教训人，传天国的福音）④，吕振中译本（耶稣在全加利利周游着、在他们的会堂里教训人、宣传天国的福音）⑤。

　　20世纪后，天主教的吴经熊译本（耶稣遍游加利利，施训会堂中，讲天国福音）⑥和1968年出版的思高译本（耶稣走遍了全加里肋亚，在他们的会堂内施教，宣讲天国的福音），都采用了"福音"一词。

　　中国古代文献中没有"福音"这个词汇，它是个完全的外来词。"福"是中国文化中最让人们向往和追求的，基督宗教则尤其强调能够"听"到上帝对人类救赎的好消息。传教士将两者进行了非常完美恰当的结合，形成了一个双音节新词语。随着基督宗教文化的发展，后来还出现了源于该词的与基督宗教紧密相关的其他新词语，如"福音堂""福音书""福音派""福音运动"等。魏源的《海国图志·天主教考》在介绍天主教时使用了该词："其经当即欧罗巴所传之圣书福音。"⑦在晚清小说中，李伯元的《官场现形记》也已见使用（信送呈胡大人勋启，下面只写着"魏绒"两个字，还有"守候福音"四个小字）⑧。

---

　　①　和合深文理译本：《马太福音》第4章第23节，《新约圣书》，大美国圣经会1906年版。

　　②　和合官话译本：《马太福音》第4章第23节，《新约圣经》，大美国圣经会1906年版。

　　③　王元德译本：《马太福音》第4章第23节，《新式标点新约全书》，中华基督教会1933年版。

　　④　朱宝惠译本：《马太福音》第4章第23节，《重译新约全书》，竞新印书馆1936年版。

　　⑤　吕振中译本：《按圣马太所记的佳音》第4章第23节，《吕译新约初稿》，燕京大学宗教学院1946年版。

　　⑥　吴经熊译本：《福音马窦传》第4章第23节，《新经全集》，香港天主教真理学会1949年初版，辅仁大学出版社1980年第3版。

　　⑦　魏源：《海国图志》卷27，《魏源全集》第5册，岳麓书社2004年版，第815页。

　　⑧　李伯元：《官场现形记》，人民文学出版社1978年版，第267页。

1915 年出版的《辞源》收录了福音，释为："基督教徒称新约书为福音。谓此书宣说所到。福即随之也。"①1936 年出版的《辞海》，也收录该词，释为："基督教徒谓耶稣说教以拯救世人，故凡耶稣所说及其门弟子传布其教义者，皆谓之福音。"②《汉语大词典》出收录了该词，释为："基督教徒称耶稣所说的话及其门徒所付传布的教义。"③《现代汉语词典》也收录了该词，释为："基督教徒称耶稣所说的话及其门徒所传布的教义。"④随着时间的流逝，"福音"一词含义已经进一步扩大，超出了基督宗教的教义，有时泛指有益的言论或有利于公众的好消息，出现了"育儿福音""财富福音""投资福音"等修饰性用法，使用范围非常广泛。

5. 意译词＋含义汉字：十字架、五旬节、安息日

十字架（Cross）

十字架本是古代罗马帝国的极刑刑具。当时，人们会把犯人钉死在横直木之十字架上。一般来说，十字架是用来处死奴隶或没有罗马公民权的人的。耶稣为世人赎罪，死在十字架上，基督徒则认为十字架有受难或死亡的象征，也有复活得救的意义，故此十字架成为基督宗教的最重要标志。

"十字架"一词的汉译演变过程可以以《新约·马太福音》第 10 章 38 节为例（和合官话译本：不背着他的十字架跟从我的，也不配作我的门徒）。

唐景教文献将该词意译为"十字"（判十字以定四方，鼓元风而生二气）⑤。

明末清初天主教文献将其译为"十字架"。1584 年（明万历十二年），天主教第一本汉语著述《天主圣教实录》出版时，耶稣会士罗明坚就采用了"十字架"（耶稣到三十三岁之时。自愿在于十字架上。被钉而死）⑥的译名。艾儒略

①　《辞源》，商务印书馆 1915 年第 1 版，商务印书馆 1999 年影印，第 1838 页。

②　舒新城等主编：《辞海》，中华书局 1936 年初版，1937 年再版，第 983 页。

③　罗竹风主编：《汉语大词典》第 7 册，汉语大词典出版社 1991 年版，第 942 页。

④　《现代汉语词典》，商务印书馆 1978 年版，第 335 页。

⑤　翁绍军：《大秦景教流行中国碑颂》，《汉语景教文典诠释》，汉语基督教文化研究所 1995 年版，第 45 页。

⑥　罗明坚：《天主圣教实录》，见吴相湘主编：《天主教东传文献续编》第 2 册，学生书局 1986 年版，第 819 页。

也将其意译为"十字架"（预指吾主耶稣受难。钉死十字架上）①，白日升也采用了"十字架"的译法②。

马礼逊和马士曼均继承了白日升的译法，继续将其译作"十字架"。例如，马士曼译为："又弗带起十字架而隋我者、则不堪属我也。"③此后，所有基督教和天主教的圣经译本，在此词语的翻译问题上没有异议，均译为"十字架"。例如，委办译本（不任十字架而从我者、亦不宜乎我也）④，北京官话译本（不背著十字架跟从我的、也不配作我的门徒）⑤，郭士立译本（不肯负十字架隋我者、我亦不堪取也）⑥，施约瑟浅文理译本（不负其十字架而从我者、不堪为我徒）⑦，并直到和合深文理译本（不负其十架而从我者、亦不宜乎我也）⑧，和合官话译本（不背着他的十字架跟从我的、也不配作我的门徒）⑨。

20 世纪后的新教华人圣经学者在翻译圣经时，也无一例外地采用了"十字架"一词。例如，王元德译本（不背着十字架跟从我的，也不配作我的门徒）⑩、朱宝惠译本（不背着他的十字架跟从我的，也不配做我的门徒）⑪，吕

---

① 艾儒略：《天主降生言行纪略》卷 2，见王美秀、任延黎主编：《东传福音》第 4 卷，黄山书社 2005 年版，第 7 页。

② 白日升译本：《四史攸编耶稣基利斯督福音之会编》（1702—1707 年）（手写稿），第 14 叶。大英图书馆亚非部藏，编号 Solane MS ♯3599。

③ 马士曼译本：《使徒马宝传福音书》第 10 章第 38 节，1822 年版。

④ 委办译本：《马太福音传》第 10 章第 38 节，《新约全书》，英华书院活板 1854 年版。

⑤ 北京官话译本：《马太传福音书》第 10 章第 38 节，《新约全书》，京都美华书馆 1872 年版。

⑥ 郭士立译本：《马太传福音书》第 10 章第 38 节，《救世主耶稣新遗诏书》，坚夏书院藏板 1839 年版。

⑦ 施约瑟浅文理译本：《马太福音》第 10 章第 38 节，《新约全书》，秀英罕舍 1898 年版。

⑧ 和合深文理译本：《马太福音》第 10 章第 38 节，《新约圣书》，大美国圣经会 1906 年版。

⑨ 和合官话译本：《马太福音》第 10 章第 38 节，《新约圣经》，大美国圣经会 1906 年版。

⑩ 王元德译本：《马太福音》第 10 章第 38 节，《新式标点新约全书》，中华基督教会 1933 年版。

⑪ 朱宝惠译本：《马太福音》第 10 章第 38 节，《重译新约全书》，竞新印书馆 1936 年版。

振中译本(不拿着自己的十字架来跟从我的、是配不起我的)①。

20 世纪后，天主教的吴经熊译本(不负其十字架，而追踵于我者，非吾徒也)②和思高译本(谁不背起自己的十字架跟随我，不配是我的)③也都采用了"十字架"的译法。

中国传统文献中有"十字架"一词，但为南极恒星的名称，与基督宗教中的含义完全不同，因此"十字架"亦可被视为新词语。魏源在《海国图志·天主教考》中，介绍天主教时曾使用此词："耶稣裸体张十字架上者，耶稣以他事被杀。"④

《辞源》和《辞海》均收录了该词，其中《辞源》提及了南极恒星名称的含义和在基督宗教中的含义，后者为："耶稣遇害时钉于十字架。故基督教以为表号。"⑤《辞海》仅提及十字架在基督宗教中的含义，释为："自耶稣基督被钉死于十字架上后，其信徒反认十字架有复活得救之光荣，故用为一种表号。"⑥1953 年出版的《新名词辞典》，还将"十字架"作为新名词列入，释为："为基督教的特别符号……自耶稣被钉死于十字架上后，基督教的信徒们反认十字有复活得救的光荣，故用为一种标识。"⑦1986 年出版的《汉语大词典》收录了该词⑧。《现代汉语词典》收录了"十字架"一词，释为："耶稣被钉死在十字架上。因此基督徒就把十字架看作受难或死亡的象征。"⑨这些都说明该词的传播范围很大。

随着基督教传入中国，在晚清的世俗文献中，"十字架"一词便在中国文

①　吕振中译本：《按圣马太所记的佳音》第 10 章第 38 节，《吕译新约初稿》，燕京大学宗教学院 1946 年版。

②　吴经熊译本：《福音马窦传》第 10 章第 38 节，《新经全集》，香港天主教真理学会 1949 年初版，辅仁大学出版社 1980 年第 3 版。

③　思高译本：《玛窦福音》第 10 章第 38 节，《新约全书》，香港思高圣经学会 1968 年版。

④　魏源：《海国图志》卷 27，《魏源全集》第 5 册，岳麓书社 2004 年版，第 809 页。

⑤　《辞源》，商务印书馆 1915 年第 1 版，商务印书馆 1999 年影印，第 373 页。

⑥　舒新城等主编：《辞海》，中华书局 1936 年初版，1937 年再版，第 210 页。

⑦　《新名词辞典》，春明出版社 1953 年版，第 5035 页。

⑧　罗竹风主编：《汉语大词典》第 1 册，汉语大词典出版社 1986 年版，第 820 页。

⑨　《现代汉语词典》，商务印书馆 1978 年版，第 1028 页。

献中随处可见了。例如，清俞正燮《癸已类稿·天主教论》："天主教则言耶苏行教，国王磔之<u>十字架</u>上。"清平步青《霞外屑·英吉利考》："今英吉利辟天主教，不供<u>十字架</u>。"在"五四"新文学中，"十字架"得到了更多的使用，"被钉死在十字架上"这类的形容语句，很是常见。

五旬节（pentecost）

"五旬节"乃犹太宗教节日，希伯来原文为"第五十"。旧约时代的古老希伯来节日，当时称为七七节，是以色列人庆丰收的节日。由于它是在逾越节后第50天举行的，又称五旬节。新约时代，五旬节也是圣灵降临之日。耶稣复活后第50日派遣圣灵降临，教会将向全人类传布福音，故此基督教教会圣灵降临节也在这一天，具有重要的神学意义。因此，以五旬节为名称，人们还成立了众多基督教机构或教派，如"五旬节圣洁会""五旬节派"等。

五旬节一词的汉译演变过程可以以《新约·使徒行传》第2章第1节为例（和合官话译本：<u>五旬节</u>到了，门徒都聚集在一处）。

明清天主教文献对此词有两种译法，音译为"般德各斯得"（如德亚国人每年做一大瞻礼，名"<u>般德各斯得</u>"）[1]，或意译为"五旬期"（<u>五旬</u>期已满。众徒聚原处）[2]，或"五旬"[3]。

晚清基督教圣经译本分别沿用了白日升译本的意译。马士曼译本将其意译为"五旬"（<u>五旬</u>既满诸徒协心集在一所）[4]，马礼逊译本也译为"五旬"（且<u>五旬日</u>满时诸徒合心在一所）[5]。郭士立译本译为"五十日节期"（<u>五十日节期</u>既满、诸门生齐心共在一起）[6]。1839年，郭士立在《犹太国史》里使用了平易、明确、无歧意的"五旬节"，很快这个词就为基督教传教士所接受[7]。1855年，

---

① 佚名：《古新圣经问答》，涂宗涛点校，天津社会科学院出版社1992年版，第79页。

② 冯秉正：《圣经广益》下卷（初刊于约1734年，清雍正十二年），见钟鸣旦、杜鼎克、蒙曦等编：《法国国家图书馆明清天主教文献》第14册，台北利氏学社2009年版，第371页。

③ 白日升译本：《四史攸编耶稣基利斯督福音之会编》（1702—1707年）（手写稿），第15叶。大英图书馆亚非部藏，编号Solane MS♯3599。

④ 马士曼译本：《使徒行传》第2章第1节，1822年版。

⑤ 马礼逊译本：《使徒行传》第2章第1节，《救世我主耶稣新遗诏》，1823年版。

⑥ 郭士立译本：《使徒行传》第2章第1节，《救世主耶稣新遗诏书》，坚夏书院藏板1839年版。

⑦ 怜为仁译本：《马太传福音书注释》，《规例》，第1叶。

委办译本采用了"五旬节"(时维五旬节、门徒感集、惟一心)①一词，从此之后，所有的圣经译本都采用了"五旬节"一词。例如，裨治文译本(五旬节既至、门徒皆一心同在)②，北京官话译本(五旬节到了、门徒都同心合意的聚集在一处)，施约瑟浅文理译本(五旬节既至、门徒同心集于一处)③，和合深文理译本(五旬节既至、众咸集一处)④，和合官话译本(五旬节到了、门徒都聚集在一处)⑤。

20世纪后的新教华人圣经学者在翻译圣经时，也无一例外地采用了"五旬节"的译名。例如，王元德译本(五旬节到了，他们都聚集在一处)⑥，朱宝惠译本(正逢五旬节，大众都齐集一处)⑦，吕振中译本(五旬节日到了，众人都同在一处)⑧。

甚至天主教的吴经熊译本(五旬节届，同人咸集，坐于一室)⑨和思高译本(五旬节日一到，众人都聚集一处)⑩)，也都采用了此词。

"五旬节"在犹太教或基督教、天主教中有重要的宗教意义，但在世俗社会并没有引起其他反应。《辞源》、《辞海》、《辞海》修订本、《现代汉语词典》、《汉语大词典》都没有录入此词。

安息日(Sabbath day)

安息日的希伯来语有"休息，停止工作"之意。圣经记载上帝用六日创造天地，第七日安息。在犹太教中，安息日是从星期五的日落开始，到星期六的日

---

① 委办译本：《使徒行传》第2章第1节，《新约全书》，英华书院活板1854年版。

② 裨治文译本：《使徒行传》第2章第1节，《新约全书》，大美国圣经会1855年版。

③ 施约瑟浅文理译本：《使徒行传》第2章第1节，《新约全书》，秀英罕舍1898年版。

④ 和合深文理译本：《使徒行传》第2章第1节，《新约圣书》，大美国圣经会1906年版。

⑤ 和合官话译本：《使徒行传》第2章第1节，《新约圣经》，大美国圣经会1906年版。

⑥ 王元德译本：《使徒行传》第2章第1节，《新式标点新约全书》，中华基督教会1933年版。

⑦ 朱宝惠译本：《使徒行传》第2章第1节，《重译新约全书》，竞新印书馆1936年版。

⑧ 吕振中译本：《使徒行传》第2章第1节，《吕译新约初稿》，燕京大学宗教学院1946年版。

⑨ 吴经熊译本：《宗徒大事录》第2章第1节，《新经全集》，香港天主教真理学会1949年初版，辅仁大学出版社1980年第3版。

⑩ 思高译本：《宗徒大事录》第2章第1节，《新约全书》，香港思高圣经学会1968年版。

落为止。基督教新教大多根据耶稣是在星期天复活，故以星期天为礼拜天。

安息日一词的汉译演变过程可以以《新约·使徒行传》第 1 章第 12 节为例（和合官话译本：有一座山，名叫橄榄山，离耶路撒冷不远，约有安息日可走的路径）。

唐景教文献根据波斯语 Yak－Shanbah 将其音译为"耀森文日"（大唐建中二年岁在作噩太簇月七日，大耀森文日建立时法主僧宁恕知东方之景众也）①。

在明清天主教文献中，耶稣会士都将其意译为"礼拜之日"②，或"瞻礼之日"③，或"瞻礼日"（在葛发翁城。每瞻礼日期。入堂诲众）④，后来最终定为"瞻礼日"。这一词语在天主教内一直沿用至今。

巴黎外方传教会士白日升据希伯来文，将其音译为"撒罢日"（撒罢日乃出城门到河边）⑤、"撒罢"（各撒罢在会堂辩论兼提吾主耶稣之名）⑥。

马士曼沿用了白日升的音译译法，但在每个音译字前加了"口"字旁，形成了"嘶咟日"（伊等自山名阿利瓦离耶路撒冷嘶咟日路者、旋耶路撒冷）⑦。马礼逊沿袭白日升的译法，也根据希伯来文译作"嘶咟"（次嘶咟大约邑众都集会听神之言）⑧，或"嘶咟日"（伊等自山名阿利瓦、离耶路撒冷嘶咟日路者、归耶

---

① 翁绍军：《大秦景教流行中国碑颂》，《汉语景教文典诠释》，汉语基督教文化研究所 1995 年版，第 75 页。

② 《祖传天主十诫》，见钟鸣旦、杜鼎克等编：《耶稣会罗马档案馆明清天主教文献》第 1 册，台北利氏学社 2002 年版，第 82 页。

③ ［意］利玛窦等：《圣经约录》，见钟鸣旦、杜鼎克等编：《耶稣会罗马档案馆明清天主教文献》第 1 册，台北利氏学社 2002 年版，第 93 页；王丰肃：《教要解略》（初刊于 1626 年，明天启六年），见钟鸣旦、杜鼎克等编：《耶稣会罗马档案馆明清天主教文献》第 1 册，台北利氏学社 2002 年版，第 147 页。

④ 艾儒略：《天主降生言行纪略》卷 2，见王美秀、任延黎主编：《东传福音》第 4 卷，黄山书社 2005 年版，第 14 页。

⑤ 白日升译本：《四史攸编耶稣基利斯督福音之会编》（1702—1707 年）（手写稿），第 197 叶。大英图书馆亚非部藏，编号 Solane MS ♯3599。

⑥ 白日升译本：《四史攸编耶稣基利斯督福音之会编》（1702—1707 年）（手写稿），第 202 叶。大英图书馆亚非部藏，编号 Solane MS ♯3599。

⑦ 马士曼译本：《使徒行传》第 1 章第 12 节，1822 年版。

⑧ 马礼逊译本：《使徒行传》第 13 章第 44 节，《救世我主耶稣新遗诏》，1823 年版。

路撒冷)①，或"嘁吧日"(记忆嘁吧日、以守之圣然)②，但他自己也并不满意这个译法。几年后，即在马礼逊译本的后期，他研究探讨出一个意义精确的意译词，即"安息日"(尔曾轻忽我各圣物，并亵我各安息日也)③。几年后，这个词独占鳌头，为基督教传教士所普遍采用，并沿用至今。

1855 年出版的委办译本已经采用了"安息日"(此人不守安息日、非出版在上帝也)④的译法，之后，所有的圣经译本都采用了该词。例如，裨治文译本(斯人非由神、以其不守安息日也)⑤，施约瑟浅文理译本(其人不守安息日、非由上帝者)⑥，和合深文理译本(斯人不守安息日、非由上帝也)⑦，和合官话译本(那个人不守安息日、断不是从上帝那里来的)⑧。

20 世纪后的新教华人圣经学者在翻译圣经时，也无一例外地采用了"安息日"的译名。例如，王元德译本(这个人不是从上帝来的，因为祂不守安息日)⑨，朱宝惠译本(那个人不守安息日，他不是从上帝来的)⑩，吕振中译本(这人不是从上帝来的，因为祂不守安息日)⑪。

---

①　马礼逊译本：《使徒行传》第 1 章第 12 节，《救世我主耶稣新遗诏》，1823 年版。

②　马礼逊译本：《出以至比多地传》第 20 章第 8 节，《救世我主耶稣新遗诏》，1823 年版。

③　马礼逊译本：《先知依西其理书》第 22 章第 8 节，《救世我主耶稣新遗诏》，1823 年版。

④　委办译本：《约翰福音》第 9 章第 16 节，《新约全书》，英华书院活板 1854 年版。

⑤　裨治文译本：《约翰传福音书》第 9 章第 16 节，《新约全书》，大美国圣经会 1855 年版。

⑥　施约瑟浅文理译本：《约翰福音》第 9 章第 16 节，《新约全书》，秀英罕舍 1898 年版。

⑦　和合深文理译本：《约翰福音》第 9 章第 16 节，《新约圣书》，大美国圣经会 1906 年版。

⑧　和合官话译本：《约翰福音》第 9 章第 16 节，《新约圣经》，大美国圣经会 1906 年版。

⑨　王元德译本：《约翰福音》第 9 章第 16 节，《新式标点新约全书》，中华基督教会 1933 年版。

⑩　朱宝惠译本：《约翰福音》第 9 章第 16 节，《重译新约全书》，竞新印书馆 1936 年版。

⑪　吕振中译本：《约翰福音》第 9 章第 16 节，《吕译新约初稿》，燕京大学宗教学院 1946 年版。

　　直至 20 世纪后的天主教吴经熊译本（此人不守安息日，决非自天主来者）①、思高译本（这人不是从天主来的，因为他不遵守安息日）②，其内部在这个新词语的使用上也没有任何争论，意见是完全一致的。

　　"安息日"并不是中国传统中的词汇，因历史上中国人没有这样的概念和认识。但它是犹太教、基督教、天主教、伊斯兰教多种宗教中，最为重要的神学概念，均有一周休息一日的概念和现实生活中的做法，只是休息的日期不同。基督教以一周的第一日（星期天）休息，犹太教以一周的第七日（星期六）休息，伊斯兰教以一周的第六日（星期五）休息。

　　这一新词语在《辞源》（1915 年）和《辞海》（1936 年）中均有收录，并有详细的基于各种宗教教义的解释，说明外来宗教已经进入并丰富了中国文化概念。《辞源》将其释为："犹太人以一周之第七日（即土曜日）为安息日。谓上帝以六日之间，创造天地万物。至第七日而休息。故遵行之。其后基督教以一周之第一日（即日曜日）为安息日。今多为各国所通用。回教亦七日一安息。但其安息日为金曜日。"③《辞海》释为："犹太以一周之第七日为安息日，除礼拜外，不作一事，按创世纪上帝创造天地万物，需时六日，至第七日而休息。基督教则以一周之第一日、回教以一周之第六日为休息日。"④1953 年出版的《新名词辞典》收录了此词，仅以犹太教为例进行了解释："犹太人称星期天为安息日。每逢安息日，废除凡百俗事，奉行宗教仪式。"⑤《汉语大词典》也收录了"安息日"一词，进行了基于宗教概念的解释："犹太教、基督教每周一次的圣日，教徒在该日停止工作，礼拜上帝。犹太教以星期六为安息日，基督教则以星期日为安息日。"⑥

　　①　吴经熊译本：《福音若望传》第 9 章第 16 节，《新经全集》，香港天主教真理学会 1949 年初版，辅仁大学出版社 1980 年第 3 版。

　　②　思高译本：《若望福音》第 9 章第 16 节，《新约全书》，香港思高圣经学会 1968 年版。

　　③　《辞源》，商务印书馆 1915 年第 1 版，商务印书馆 1999 年影印，第 729 页。

　　④　舒新城等主编：《辞海》，中华书局 1936 年初版，1937 年再版，第 408 页。

　　⑤　《新名词辞典》，春明出版社 1953 年版，第 5035 页。

　　⑥　罗竹风主编：《汉语大词典》第 3 册，汉语大词典出版社 1989 年版，第 1322 页。

6. 意译兼顾汉字含义：洗礼

洗礼（baptize）

"洗礼"为基督宗教最重要圣礼。它源自希腊文，指奉圣父、圣子及圣灵之名以水洒于受洗者（或受洗者浸于水中），表示赦免入教者的"原罪"和"本罪"，并赋予"恩宠"和"印号"，使其成为基督徒。中国基督教会大多用"洗礼"称之，浸信宗因遵行浸没领受者的仪式，故此通常称"浸礼"。

"洗礼"一词的汉译演变过程可以以《新约·路加福音》第 3 章第 3 节为例（和合官话译本：他就来到约但河一带地方，宣讲悔改的洗礼，使罪得赦）。

唐景教文献将其意译为"法浴"（法浴水风，涤浮华而洁虚白）①。

在明清天主教文献中，耶稣会士艾儒略将其意译为"洗"（若翰巡游若而当河滨。即以水洗之。令其悔过自新）②，阳玛诺也译为"洗"（曷授洗于人。答曰。予惟以水洗人）③，巴黎外方传教会士白日升也将其译为"洗"（我素不识之。而特来付水之洗。著之于依腊尔焉）④，都与水有关。

马士曼和马礼逊分别继承了白日升的新约翻译本。但是，伦敦会传教士马礼逊继承使用了"洗"⑤；浸礼会传教士马士曼在这个译词上则进行本质性改变，译为"蘸"（其来遍若耳但诸方宣悔之蘸、以致罪赦）⑥。"蘸""洗"是浸礼会与新教其他差会之间在神学上的最基本和最本质的差异。根据浸礼宗的教义，洗礼只可以浸礼的方式施行，并认为这是希腊文原文的唯一意义。这是浸礼会与其他宗派最本质的差异。后来的浸礼会译经者高德则采纳了"浸"字，今天浸礼会仍普遍使用后者的译名，出版与其他宗派不同的"浸"字版《圣经》。

----

① 翁绍军：《大秦景教流行中国碑颂》，《汉语景教文典诠释》，汉语基督教文化研究所 1995 年版，第 52 页。

② 艾儒略：《天主降生言行纪略》卷 2，见王美秀、任延黎主编：《东传福音》第 4 卷，黄山书社 2005 年版，第 1 页。

③ 阳玛诺：《圣经直解》卷 1，见吴相湘主编：《天主教东传文献三编》第 4 册，学生书局 1986 年版，第 1604 页。

④ 白日升译本：《四史攸编耶稣基利斯督福音之会编》（1702—1707 年）（手写稿），第 17 叶。大英图书馆亚非部藏，编号 Solane MS ♯3599。

⑤ 马礼逊译本：《圣路加传福音书》第 3 章第 3 节，《救世我主耶稣新遗诏》，1823 年版。

⑥ 马士曼译本：《路加传福音之书》第 3 章第 3 节，1822 年版。

之后，其他基督教和天主教圣经译本采用的都是与"洗"字有关的译词。1839 年出版的郭士立译本首次采用了"洗礼"（巡沿约耳但河四方、教人悔罪、受洗礼致获赦罪）①，强调了"洗"是基督教重要的"礼仪"成分，使译词更加完备丰富。之后的圣经译本，都采用了"洗礼"或"洗"字，没有更多的争议。例如，委办译本（乃来约但四方、传悔改之洗礼、俾得罪赦）②，裨治文译本（乃来约但四方、传悔改之洗礼、俾得罪赦）③，北京官话译本（他就来到约但河各地方、宣讲悔改的洗礼、使罪得赦）④，施约瑟浅文理译本（乃至约但河一带之地、传悔改之洗礼、使罪得赦）⑤，并直至 1906 年出版的和合深文理译本（遂至约但四境、宣改悔之洗礼、俾罪得赦）⑥，和合官话译本（他就来到约但河一带地方，宣讲悔改的洗礼，使罪得赦）⑦。

20 世纪后的新教华人圣经学者在翻译圣经时，也无一例外地采用了"洗礼"的译名。例如，王元德译本（他就来到约但河一带地方，宣讲悔改的洗礼，使罪得赦）⑧，朱宝惠译本（就来会约但河一带地方；传悔改的洗礼，使罪得赦）⑨，吕振中译本（约翰就来到约但河全周围地区、宣传悔改以得罪赦的洗礼）⑩。

20 世纪后，在天主教译本中，吴经熊译本有时沿用"洗"（出游约但一带，

---

① 郭士立译本：《路加传福音书》第 3 章第 3 节，《救世主耶稣新遗诏书》，坚夏书院藏板 1839 年版。

② 委办译本：《路加传福音书》第 3 章第 3 节，《新约全书》，英华书院活板 1854 年版。

③ 裨治文译本：《路加传福音书》第 3 章第 3 节，《新约全书》，大美国圣经会 1855 年版。

④ 北京官话译本：《路加福音》第 3 章第 3 节，《新约全书》，京都美华书馆 1872 年版。

⑤ 施约瑟浅文理译本：《路加福音》第 3 章第 3 节，《新约全书》，秀英罕舍 1898 年版。

⑥ 和合深文理译本：《路加福音》第 3 章第 3 节，《新约圣书》，大美国圣经会 1906 年版。

⑦ 和合官话译本：《路加福音》第 3 章第 3 节，《新约圣经》，大美国圣经会 1906 年版。

⑧ 王元德译本：《路加福音》第 3 章第 3 节，《新式标点新约全书》，中华基督教会 1933 年版。

⑨ 朱宝惠译本：《路加福音》第 3 章第 3 节，《重译新约全书》，竞新印书馆 1936 年版。

⑩ 吕振中译本：《按圣路加所记的佳音》第 3 章第 3 节，《吕译新约初稿》，燕京大学宗教学院 1946 年版。

传悔悔之洗，用涤宿秽）①，有时沿用"洗礼"（有如望者施洗于旷野，而传悔悔之洗礼，用涤宿罪）②。思高译本则采用了"洗礼"（他遂来走遍约旦河一带地方，宣讲悔改的洗礼，为得罪之赦）③。

中国传统文献中没有"洗礼"一词。1915 年出版的《辞源》收录了"洗礼"，并解释为："凡奉基督教者。必行洗礼。谓之受洗。"④1936 年出版的《辞海》收录了"洗礼"和"浸礼"两词："凡奉基督教者，于入教时必由牧师以水洗涤其身，以示洁净，为之受洗，其仪式称洗礼。"⑤这说明著述者阅读和知识范围的宽广。1953 年出版的《新名词辞典》，不但对基督教教义的"洗礼"进行了解释，而且收录了该词的引申含义和比喻："后人用以喻接受特殊的熏陶，如受革命的洗礼。"⑥1979 年的《辞海》修订版，除将其解释为基督教圣礼外，也增加了"洗礼"一词的比喻性："比喻经受锻炼。如经过无产阶级文化大革命的战斗洗礼。"⑦《现代汉语词典》也收录该词，并有基督教含义和比喻锻炼考验的两点解释。⑧ 1990 年出版的《汉语大词典》收录该词，有基督教含义、比喻教育熏陶和锻炼考验的三点解释。⑨ 从"洗礼"的演变历史和在汉语词典中的解释，我们可以看出该词在汉语词意中有所扩大和丰富。

7. 音译词＋音译词的含义解释：阿们、弥赛亚、撒但、以马内利

阿们（amen）

"阿们"是希伯来语的音译，意思是"真实可信"，在礼拜和祷告时表示同意或肯定的意思。它是犹太教徒、基督教徒祈祷结束时的常用语，表示"心愿

---

① 吴经熊译本：《福音露稼传》第 3 章第 3 节，《新经全集》，香港天主教真理学会 1949 年初版，辅仁大学出版社 1980 年第 3 版。

② 吴经熊译本：《福音马尔谷传》第 1 章第 4 节，《新经全集》，香港天主教真理学会 1949 年初版，辅仁大学出版社 1980 年第 3 版。

③ 思高译本：《路加福音》第 3 章第 3 节，《新约全书》，香港思高圣经学会 1968 年版。

④ 《辞源》，商务印书馆 1915 年第 1 版，商务印书馆 1999 年影印，第 1451 页。

⑤ 《辞源》，商务印书馆 1915 年第 1 版，商务印书馆 1999 年影印，第 799 页；舒新城等主编：《辞海》，中华书局 1936 年初版，1937 年再版，第 786 页。

⑥ 《新名词辞典》，春明出版社 1953 年版，第 5035 页。

⑦ 《辞海》，上海辞书出版社 1979 年版，第 985 页。

⑧ 《现代汉语词典》，商务印书馆 1978 年版，第 1222 页。

⑨ 罗竹风主编：《汉语大词典》第 5 册，汉语大词典出版社 1990 年版，第 1157 页。

如此""诚心所愿"之意。伊斯兰教中也有此宗教用语，而且还很常用。

"阿们"一词的汉译演变过程可以以《新约·马太福音》第 6 章第 13 节为例（和合官话译本：因为国度，权柄，荣耀，全是你的，直到永远，阿们）。

在明清天主教文献中，耶稣会士艾儒略根据拉丁语音将其译为"亚孟"（如我亦免负我债者。又不我许陷于诱惑。乃我于凶恶。亚孟）①。

马士曼和马礼逊的圣经译本都继承了白日升的翻译，但都在每个字前加上了"口字旁"，马士曼的译文是"哑吅"（故荣光归之于世世。哑吅）②，马礼逊的译文是"哑吅"（权者、荣者、于世世。哑吅）③。1839 年出版的郭士立译本，采用了意译的方式，将其译为"心诚所愿也"（盖国者。权者。荣者。皆归天父、至世世焉。心诚所愿也）④。1853 年出版的高德译本也采用了意译的方法，译作"固所愿也"（因国也权也荣也皆属尔。至于世世。固所愿也）。1864 年出版的裨治文译本，同样采用了音译方式，选用了天主教的译词"亚孟"（盖国也、权也、荣也、皆归于尔、爱及世世、亚孟）⑤。委办译本也沿用了意译"固所愿也"（以国、权、荣皆尔所有、爱及世世、固所愿也）⑥。

1872 年出版的北京官话译本首次采用了"阿们"（因为国度权柄荣耀、全是你的、世世无穷、阿们）⑦一词。之后的基督教圣经译本绝大多数都采用了"阿们"，如施约瑟浅文理译本（盖国与权与荣、皆尔所有、至于世世、阿

---

① 艾儒略：《天主降生言行纪略》，见王美秀、任延黎主编：《东传福音》第 4 卷，黄山书社 2005 年版，第 5 页。

② 马士曼译本：《使徒马宝传福音书》第 6 章第 13 节，1822 年版。

③ 马礼逊译本：《圣马宝传福音书》第 6 章第 13 节，《救世我主耶稣新遗诏》，1823 年版。

④ 郭士立：《马太传福音书》第 6 章第 13 节，《救世主耶稣新遗诏书》，坚夏书院藏板 1839 年版。

⑤ 裨治文译本：《马太传福音书》第 6 章第 13 节，《新约全书》，大美国圣经会 1855 年版。

⑥ 委办译本：《马太福音传》第 6 章第 13 节，《新约全书》，英华书院活板 1854 年版。

⑦ 北京官话译本：《马太传福音书》第 6 章第 13 节，《新约全书》，京都美华书馆 1872 年版。

们)①，和合官话译本(因为国度、权柄、荣耀，全是你的、直到永远、阿
们)②，仅和合深文理译本(以国权荣皆尔所有及世世诚所愿也)有例外③。

20世纪后的新教华人圣经学者在翻译圣经时，也无一例外地采用了"阿
们"的译名。例如，王元德译本(因为国度，权柄，荣耀，全是你的，直到永
远，阿们)④、朱宝惠译本(因为国度，权柄，荣耀，全是你的，直到永远。
亚们)⑤。

20世纪后，天主教圣经学者吴经熊继承了意译的翻译方法，将其译作
"心所愿也"(于是二十四老及四灵物，俯伏肃拜御极之天主曰：心所愿也！普
天同庆!)⑥。1968年出版的天主教思高译本，也采用了"阿们"(因为他们将虚
妄变作天主的真理，去崇拜事奉受造物，以代替造物主——他是永远可赞美
的，阿们!)⑦一词。

1915年出版的《辞源》没有收录该词，1936年出版的《辞海》收录了"阿们"
一词，释为："基督教徒于祈祷终了时，恒缀以此语，为心愿如是之意。"⑧
1978年出版的《现代汉语词典》，收录了该词，释为："基督教祈祷的结束语，
'但愿如此'的意思。"⑨1986出版的《汉语大词典》都收录了"阿们"一词，还提
及它的其他译法，如"亚孟"："希伯来语的音译。或译为'亚孟、阿们'，意为

---

①　施约瑟浅文理译本：《马太福音》第6章第13节，《新约全书》，秀英罕舍1898
年版。

②　和合官话译本：《马太福音》第6章第13节，《新约圣经》，大美国圣经会1906
年版。

③　和合深文理译本：《马太福音》第6章第13节，《新约圣书》，大美国圣经会1906
年版。

④　王元德译本：《马太福音》第6章第13节，《新式标点新约全书》，中华基督教会
1933年版。

⑤　朱宝惠译本：《马太福音》第6第17节，《重译新约全书》，竞新印书馆1936年版。

⑥　吴经熊译本：《启示录》第19章第4节，《新经全集》，香港天主教真理学会1949年
初版，辅仁大学出版社1980年第3版。

⑦　思高译本：《罗马人书》第1章第25节，《新约全书》，香港思高圣经学会1968
年版。

⑧　舒新城等主编：《辞海》，中华书局1936年初版，1937年再版，第1416页。

⑨　《现代汉语词典》，商务印书馆1978年版，第1页。

'真诚'。犹太教徒和基督教徒祈祷结束时的常用语，表示'心愿如此'。"①在现实生活中，人们还常见"阿门"的写法。

弥赛亚（Messiah）

在希伯来语中，旧约预言大卫家要出一位伟大的"弥赛亚"，即"受膏者"，而他将统治并赐福给全世界。在远古犹太人中，德高望重的首领在选定的祭司、先知或君王额头上涂抹被奉为圣物的膏油，示意此人乃由神选立，具备了担任某种圣职的资格，将得到神的护佑。对弥赛亚的盼望和解说散布在圣经旧约的不少篇章中。在旧约中，弥赛亚可以指先知、君王等，因为他们在就职仪式中要使用油膏。新约则认为弥赛亚就是耶稣基督，是上帝最终的受膏者，完成了上帝救赎的旨意。耶稣的追随者被称为"基督徒"，用犹太术语表达，即可称为"弥赛亚主义者"。

"弥赛亚"一词的汉译演变过程可以以《新约·约翰福音》第1章第41节为例（和合官话译本：我们遇见<u>弥赛亚</u>了，<u>弥赛亚</u>翻出来，就是基督）。

唐景教文献依据叙利亚语，将此音译为"弥师诃"（于是我三一分身景尊弥<u>施诃</u>隐真威，同人出代）②。

在明清天主教文献中，艾儒略根据拉丁文将其音译为"弥施亚"③和"弥施诃"（主教之宗主。而被满圣神诸德也。一曰<u>弥施诃</u>）④。冯秉正也根据拉丁文，将其音译为"默西亚"（请看如德亚人。以圣若翰为先知。或为<u>默西亚</u>）⑤。一本佚名的天主教文献，也将其译为"默西亚"（论达未并讲基利斯督、<u>默西亚</u>）⑥。

---

①　罗竹风主编：《汉语大词典》第1册，汉语大词典出版社1986年版，第542页。

②　翁绍军：《大秦景教流行中国碑颂》，《汉语景教文典诠释》，汉语基督教文化研究所1995年版，第49页。

③　艾儒略：《天主降生言行纪略》卷1，见王美秀、任延黎主编：《东传福音》第4卷，黄山书社2005年版，第6页。

④　艾儒略：《天主降生言行纪略》卷1，见王美秀、任延黎主编：《东传福音》第4卷，黄山书社2005年版，第6页。

⑤　冯秉正：《圣经广益》下卷（初刊于约1734年，清雍正十二年），见钟鸣旦、杜鼎克、蒙曦等编：《法国国家图书馆明清天主教文献》第14册，台北利氏学社2009年版，第538页。

⑥　佚名：《古新圣经问答》，涂宗涛校点，天津社会科学院出版社1992年版，第35页。

白日升根据希腊文，将其音译为"基利斯督"。

马礼逊的译本创造了音译词"弥赛亚"（我辈已遇弥赛亚、即译言基利士督）一词①。马士曼在翻译新约时，参考了马礼逊译本，也使用"弥赛亚"（我们已遇难者弥赛亚。译即言基利士督）②一词。此后，绝大部分基督教的圣经译本，如委办译本（我侪遇弥赛亚、译即基督）③，北京官话译本（我们遇到弥赛亚了、弥赛亚翻出来、就是基督）④，和合深文理译本（我侪已遇弥赛亚、译即基督）⑤，和合官话译本（我们遇见了弥赛亚、弥赛亚翻出来、就是基督）⑥，都采用了"弥赛亚"一词。仅施约瑟浅文理译本仍用音译方式，但略有差异，音译为"弥西亚"（我侪已遇弥西亚、译即基督）⑦。

20 世纪后的新教华人圣经学者在翻译圣经时，也无一例外地采用了"弥赛亚"的译名。例如，王元德译本（我们遇见弥赛亚了，弥赛亚翻出来，就是基督）⑧、朱宝惠译本（我们遇见弥赛亚了，就是基督）⑨，吕振中译本（我们遇见了弥赛亚了、弥赛亚译出来就是上帝所膏立者基督）⑩。

天主教吴经熊译本采用了意译的方式，将其译为"美使"（吾侪已遇美使。美使之为言，基督也）⑪。思高译本则继承了明末天主教传教士冯秉正的音译

---

① 马礼逊译本：《圣若翰传福音书》第 1 章第 41 节，《救世我主耶稣新遗诏》，1823 年版。

② 马士曼译本：《圣若翰传福音书》第 1 章第 41 节，1822 年版。

③ 委办译本：《约翰福音书》第 1 章第 41 节，《新约圣书》，英华书院活板 1854 年版。

④ 北京官话译本：《约翰传福音书》第 1 章第 41 节，《新约全书》，京都美华书馆 1872 年版。

⑤ 和合深文理译本：《约翰福音》第 1 章第 41 节，《新约圣书》，大美国圣经会 1906 年版。

⑥ 和合官话译本：《约翰福音》第 1 章第 41 节，《新约圣经》，大美国圣经会 1906 年版。

⑦ 施约瑟浅文理译本：《约翰福音》第 1 章第 41 节，《新约全书》，秀英罕舍 1898 年版。

⑧ 王元德译本：《约翰福音》第 1 章第 41 节，《新式标点新约全书》，中华基督教会 1933 年版。

⑨ 朱宝惠译本：《约翰福音》第 1 章第 41 节，《重译新约全书》，竞新印书馆 1936 年版。

⑩ 吕振中译本：《按圣约翰所记的佳音》第 1 章第 41 节，《吕译新约初稿》，燕京大学宗教学院 1946 年版。

⑪ 吴经熊译本：《福音若望传》第 1 章第 41 节，《新经全集》，香港天主教真理学会 1949 年初版，辅仁大学出版社 1980 年第 3 版。

词"默西亚"（我们找到了默西亚。意即基督）①。

中国传统文献中没有这个词汇，"弥赛亚"是真正完全意义上的新形成的外来词。《辞源》和《辞海》中都收录了该词，并对此词的含义和来源进行了解释。《辞源》释为："即基督。基督为希腊语。弥赛亚为希伯来语。上古埃及诸国。凡帝王受命。祭师注膏油于其首。以表示神惠。弥赛亚。即受膏者之意也。谓上帝注圣膏于其首。使为世界之救主也。"②《辞海》释为："希伯来语，与希腊语之基督相当。原义为受膏者，古代希伯来人，凡国君即位，祭师必涂膏其首，以为典礼；后虽不涂膏，仍用受膏者一语，以指负荷神命降世救世主民之人，即希伯来人所希望之救世主也。"③这说明该词已经正式进入汉语词汇中。1953 年出版的《新名词辞典》、1986 年出版的《汉语大辞典》、1978 年出版的《现代汉语辞典》，均没有收录该词。

从"弥赛亚"一词的演变形成过程中，我们可以看出一个外来音译词汇形成的复杂程度。基督宗教的复杂的传播历史和分派，让译者依据自己所信仰宗教使用的多种不同的源语言进行翻译。他们可能采用了圣经最初形成版本的希伯来文，也可能采用了翻译形成的希腊文；可能采用东方基督教所使用的叙利亚文，也可能采用天主教所使用的拉丁文。而汉语又是多字一音、音字分离，与印欧语言相差太大的特殊语言，致使一个新词语的产生和形成会出现完全不同的面貌，读者甚至会将其理解为一个完全不同的词汇，产生出许多误解和歧义。

撒但（Satan）

"撒但"是圣经中的魔鬼首领，原词为希伯来语，含义是"仇敌"。也就是说，他是上帝和上帝的百姓的对头。在犹太教或基督教的圣经中用作魔王的专称，说他时常诱惑人类犯罪作恶，专跟神和人类为敌。

"撒但"一词的汉译演变过程可以以《新约·马太福音》第 4 章第 10 节为例（和合官话译本：耶稣说，撒但退去吧。因为经上记着说，当拜主你的神，单

---

①　思高译本：《若望福音》第 1 章第 41 节，《新约全书》，香港思高圣经学会 1968 年版。

②　《辞源》，商务印书馆 1915 年第 1 版，商务印书馆 1999 年影印，第 934 页。

③　舒新城等主编：《辞海》，中华书局 1936 年初版，1937 年再版，第 506 页。

要事奉他）。

唐景教文献中的《一神论》，据叙利亚文"satana"，对其有多个音译词，或译为"娑多那"（亦出离众善眷属，因即名恶魔鬼，改名娑多那）①，或译为"参怒"（然其下处恶中，最大号名参怒，自外次第为鬼也）②，或译为"娑殚"（洎乎娑殚施妄，钿饰纯精）③。

在明清天主教文献中，有的传教士继续使用"娑殚"（耶稣始叱之曰。娑殚译言欺罔人之邪魔也）④一词，或根据拉丁文新音译了"沙殚"⑤和"撒胆"（祈求依靠圣祐。同耶稣曰。退去撒胆）⑥等双音节词。阳玛诺将其意译为"魔鬼"或"魔"（魔鬼偕入解日。魔窥人心）⑦，白日升则音译为"撒探"⑧。

马礼逊在继承白日升圣经译本的基础上，在音译词汇中加上了"口"字旁，将此词修改为"嘬呾"（耶稣答之曰、嘬呾即退去）⑨。这是马礼逊译本音译词汇常见的翻译方法。马士曼译本也和马礼逊一样，加上了"口"字旁，译成了"嘬呾"（耶稣答之曰、嘬呾离此去）⑩，1839年出版的郭士立译本仍然采用了

————————

① 翁绍军：《一神论》，《汉语景教文典诠释》，汉语基督教文化研究所1995年版，第130页。

② 翁绍军：《一神论》，《汉语景教文典诠释》，汉语基督教文化研究所1995年版，第130页。

③ 翁绍军：《大秦景教流行中国碑颂》，《汉语景教文典诠释》，汉语基督教文化研究所1995年版，第47页。

④ 艾儒略：《天主降生言行纪略》卷2，见王美秀、任延黎主编：《东传福音》第4卷，黄山书社2005年版，第2页。

⑤ 陆希言：《周年瞻礼口铎》（初刊于1690年，清康熙二十九年），见钟鸣旦、杜鼎克、蒙曦等编：《法国国家图书馆明清天主教文献》第10册，台北利氏学社2009年版，第151页。

⑥ 无名氏：《天堂直路》，见钟鸣旦、杜鼎克、蒙曦等编：《法国国家图书馆明清天主教文献》第24册，台北利氏学社2009年版，第371页。

⑦ 阳玛诺：《圣经直解》卷7（初刊于1636年，明崇祯九年），见吴相湘主编：《天主教东传文献三编》第4册，学生书局1986年版，第1671页。

⑧ 白日升译本：《使徒行》第5章第3节，《四史攸编耶稣基利斯督福音之会编》（1702—1707年）（手写稿），第15叶。大英图书馆亚非部藏，编号Solane MS ♯3599。

⑨ 马礼逊译本：《圣马宝传福音书》第4章第10节，《救世我主耶稣新遗诏》，1823年版。

⑩ 马士曼译本：《使徒马宝传福音书》第4章第10节，1822年版。

"魔"的译法(惟耶稣曰、怪魔退去)①。

1853年出版的委办译本，首次将其音译为"撒但"(耶稣曰、撒但退、记有之)②。此后，所有基督教圣经译本，均译作"撒但"，包括1853年的裨治文译本(耶稣遂谓之曰、撒但退)③，1872年的北京官话译本(耶稣说、撒但退下去)④，1898年施约瑟浅文理译本(耶稣曰、撒但退)⑤，一直到1906年出版的和合深文理译本(耶稣曰、撒但退、记有之)⑥，和合官话译本(耶稣说、撒但退去吧)⑦。

20世纪后的新教华人圣经学者在翻译圣经时，也无一例外地采用了"撒但"的译名。例如，王元德译本(耶稣对地说，撒但退去罢)⑧，朱宝惠译本(耶稣说：撒但去你的罢)⑨。

20世纪天主教一直沿用明清天主教士的译法，这可从吴经熊译本的"沙殚"(耶稣曰：沙殚，去无留！)⑩和思高译本的"撒殚"(耶稣就对他说：去吧！撒殚！)⑪中看出来。

中国传统文献中没有"撒但"一词，但有"魔鬼"的概念。1915年出版的

---

① 郭士立译本：《马太传福音书》第4章第10节，《救世主耶稣新遗诏书》，坚夏书院藏板1839年版。

② 委办译本：《马太福音传》第4章第10节，《新约全书》，英华书院活板1854年版。

③ 裨治文译本：《马太福音传》第4章第10节，《新约全书》，英华书院活板1854年版。

④ 北京官话译本：《马太传福音书》第4章第10节，《新约全书》，京都美华书馆1872年版。

⑤ 施约瑟浅文理译本：《马太福音》第4章第10节，《新约全书》，秀英罕舍1898年版。

⑥ 和合深文理译本：《马太福音》第4章第10节，《新约圣书》，大美国圣经会1906年版。

⑦ 和合官话译本：《马太福音》第4章第1节，《新约圣经》，大美国圣经会1906年版。

⑧ 王元德译本：《约翰福音》第4章第10节，《新式标点新约全书》，中华基督教会1933年版。

⑨ 朱宝惠译本：《马太福音》第4章第10节，《重译新约全书》，竞新印书馆1936年版。

⑩ 吴经熊译本：《福音马窦传》第4章第10节，《新经全集》，香港天主教真理学会1949年初版，辅仁大学出版社1980年第3版。

⑪ 思高译本：《玛窦福音》第4章第1节，《新约全书》，香港思高圣经学会1968年版。

《辞源》和 1936 年出版的《辞海》，均收录该词。《辞源》释为："魔鬼之名。见新旧约圣书。惟说法不一。或以为蛇。或以为龙。或指为欺诳之邪魔。或谓为居于空中总握诸权之魔鬼。总之彼与上帝为敌者也。"①《辞海》释为："基督教传说中之魔鬼。原名为希伯来文，敌人之义；谓彼与神及间为敌，常降灾难于人，诱人作恶者。"②《现代汉语词典》和《汉语大词典》也收录了该词，都有"基督教用语，指魔鬼"意，但都写成了"撒旦"③。

以马内利（Emmannuel Immanuel）

希伯来文音译字，意为"上帝与我们同在"，源自旧约以赛亚的预言。"以马内利"是犹太教和基督教信徒的问安语。

"以马内利"一词的汉译演变过程可以以《新约·马太福音》第 1 章第 23 节为例（和合官话译本：必有童女，怀孕生子，人要称他的名为以马内利。以马内利翻出来，就是上帝与我们同在）。

明清天主教文献均采用音译，这与该词直至今天仍采用的翻译方法，没有本质性变化。艾儒略将其译为"玛奴厄尔"（一曰玛奴厄尔。译言天主与我偕）④，白日升则译为"厄慢尔"（道童贞将怀孕生子、称名厄慢尔译言神偕我等）⑤。

马礼逊翻译圣经时，在深度参考天主教白日升译本的基础上，努力地通过音译创建新教的话语词汇体系，选择了另外词汇，后面大致相同的修改都建基于马礼逊的翻译。马礼逊译本译为"以马奴耳"（童身者将受孕而生子、将名之以马奴耳、即是译言、神偕我们）⑥，之后的马士曼译本（却童身者将受

①　《辞源》，商务印书馆 1915 年第 1 版，商务印书馆 1999 年影印，第 1100 页。

②　舒新城等主编：《辞海》，中华书局 1936 年初版，1937 年再版，第 591 页。

③　《现代汉语词典》，商务印书馆 1978 年第 1 版，第 970 页；罗竹风主编：《汉语大词典》第 6 册，汉语大词典出版社 1990 年版，第 854 页。

④　艾儒略：《天主降生言行纪略》卷 1，见王美秀、任延黎主编：《东传福音》第 4 卷，黄山书社 2005 年版，第 2 页。

⑤　白日升译本：《使徒行》第 5 章第 3 节，《四史攸编耶稣基利斯督福音之会编》（1702—1707 年）（手写稿），第 15 叶。大英图书馆亚非部藏，编号 Solane MS♯3599。

⑥　马礼逊译本：《圣马宝传福音书》第 1 章第 23 节，《救世我主耶稣新遗诏》，1823 年版。

孕而生子、将名之<u>以马奴耳</u>、即译言、神偕我等)①，郭士立译本(童女将怀孕生子、名称<u>以马俹耳</u>等语、此名译出、意以上帝与我共在也)②，高德译本(处女将怀孕生子。名称<u>以马奴里</u>。译言神偕我等也)③均参照了马礼逊译本。1854 年出版的委办译本，首次使用了"以马内利"(处女孕而生子、人称其名<u>以马内利</u>、译即上帝偕我焉)④，并被之后译本广泛继承，如裨治文译本(视哉、将有一处女、怀孕而生子、人必称其名曰<u>以马内利</u>。译即神偕同我侪)⑤，北京官话译本(他说、童女将要怀孕生子、人将称他的名为<u>以马内利</u>、译出来就是天主在我们中间的意思)⑥，和合深文理译本(将有处女孕而生子、人称其名、曰<u>以马内利</u>、译即上帝偕我侪也)⑦。仅施约瑟浅文理译本(童女将怀孕生子、人将称其名为<u>以玛内利</u>、译即天主偕我焉)⑧略有细微选词差异。

20 世纪后的新教华人圣经学者在翻译圣经时，也采用了"以马内利"的音译译名。例如，王元德译本(必有童女怀孕生子，人将称祂的名为<u>以马内利</u>；以马内利翻出来，就是上帝与我们同在)⑨，吕振中译本(看吧，那童女必怀孕生子；人必给他起名叫"<u>以马内利</u>"；以马内利译出来就是"上帝与我们同

---

① 马士曼译本：《使徒马宝传福音书》第 1 章第 23 节，1822 年版。

② 郭士立译本：《马太传福音书》第 1 章第 23 节，《救世主耶稣新遗诏书》，坚夏书院藏板 1839 年版。

③ 高德译本：《马太福音传》第 1 章第 23 节，《圣经新遗诏全书》，宁波真神堂 1853 年版。

④ 委办译本：《马太福音传》第 1 章第 23 节，《新约全书》，英华书院活板 1854 年版。

⑤ 裨治文译本：《马太传福音书》第 1 章第 23 节，《新约全书》，大美国圣经会 1855 年版。

⑥ 北京官话译本：《马太传福音书》第 1 章第 23 节，《新约全书》，京都东交民巷耶稣堂藏板，美华书馆 1872 年版。

⑦ 和合深文理译本：《马太福音》第 1 章第 23 节，《新约圣书》，大美国圣经会 1906 年版。

⑧ 施约瑟浅文理译本：《马太福音》第 1 章第 23 节，《新约全书》，秀英罕舍 1898 年版。

⑨ 王元德译本：《马太福音》第 1 章第 23 节，《新式标点新约全书》，中华基督教会 1933 年版。

在")①。仅朱宝惠译本(有一处女，将怀胎生子，人要称他为以玛内利；翻出来，就是上帝和我们同在)略有差异，但仍沿用了音译和基本字。

20世纪后，天主教仍沿用音译方式，采用的词汇差异较大。例如，吴经熊译本(淑哉贞女，怀孕诞子，人将呼之，爱玛努尔。爱玛努尔者，主与我偕之谓也)②，萧静山译本(有一位童贞女要怀孕生子；人称其名为埃玛厄尔，解说"天主偕同我们")③，思高译本(看，一位贞女，将怀孕生子，人将称他的名字为厄玛奴耳，意思是"天主与我们同在")④。

中国传统文献中没有这个宗教概念，也没有表达这个概念的词汇，"以马内利"可被认为是纯粹的新词语。1915年出版的《辞源》、1936年出版的《辞海》、1953年出版的《新名词辞典》、1979年出版的《辞海》修订版、1978年出版的《现代汉语词典》、1986年出版的《汉语大词典》均没有收录该词。在基督教中，这是一个非常常见的词汇，已经成为教堂内最常见的标示、宣传语和信徒之间的最基本问候和祝福语。这可说明该词在中国并没有进入一般世俗社会。

四、汉语外来词：丰富语言文化

对新词语做历史考析，从而引出科学结论的，首推王国维。许多年前，他曾概括道：

> 言语者，思想之代表也。故新思想之输入，即新言语输入之意味也……讲一学、治一艺，则非增新语不可。故我国学术而欲进步系虽在闭关独立之时代，犹不得不造新名。况西洋之学术骎骎而入中国，则言语之不足用，固自然之势也。⑤

---

① 吕振中译本：《按圣马太所记的佳音》第1章第23节，《吕译新约初稿》，燕京大学宗教学院1946年版。

② 吴经熊译本：《福音马窦传》第1章第23节，《新经全集》，香港天主教真理学会1949年初版，辅仁大学出版社1980年第3版。

③ 萧静山译本：《圣玛宝福音》第1章第23节，《新经全集》，光启出版社1956年版。

④ 思高译本：《玛窦福音》第1章第23节，《新约全书》，香港思高圣经学会1968年版。

⑤ 王国维：《论新学语之输入》(原载《教育世界》1905年第96号)，见方麟选编：《王国维文存》，江苏人民出版社2014年版，第683页。

也就是说，社会的变动需要与之相适应的语言对其进行描述、记录、诠释，因此，一定时期的语言，尤其是词汇，常常打上了变动的时代烙印。一个新词语如何产生及如何变化都是与一定的社会环境相联系的；一个新词语被赋予这种含义的原因、被接受和传播的内容都与人们的思想观念相关。社会的变动"要求语言用工作上需要的新的词和新的语来充实它的词汇"①。

圣经新词语的多样性和复杂性，是由圣经版本本身的多语言背景造成的。千余年来，圣经中译涉及了多种母本。或从新约圣经的原始版本希腊文翻译，或依据旧约圣经的原始版本希伯来文翻译；或是天主教传教士依据天主教会所遵从的拉丁文译本翻译；或是景教所遵从的叙利亚文译本翻译；基督教传教士或从希伯来文翻译，或从希腊文翻译，或从英文翻译，这就自然产生出了名目繁多的译本。我们知道，同一种版本都会形成不同的译本，何况源自不同母本的翻译，自然更使圣经的中译本呈现出纷繁多种的面貌，使圣经译名呈现出多样的形式。这些传教士译者自身的母语也是多种多样的。天主教传教士的母语多为西班牙语、意大利语、法语，基督教传教士基本上为英语，虽然都属于印欧语系，但对圣经的中译来讲，他们的母语也会产生一些潜在的影响。

从景教到天主教，再到基督教的圣经翻译，所有这些具有新词语潜质的词语，千余年来走过了一条由纷繁的译写和译名方式开始，而逐渐统一的道路，最终基本形成了以天主教和基督教为两大分类的结局。而在这两大分类中，虽然一定数量的词汇是不同的，但许多名称还是相同的。

1. 沿用至今：音译人名和地名

圣经文本大量采用的是叙述性文体，其中有大量的地名，尤其以中东地区的地名为多。这些地名不但在圣经文本中出现，而且还沿用至今。例如，埃及、耶路撒冷、伯利恒、巴比伦、雅典、以色列等。文本中还有大量的人名，这些人名随着基督教的传播和发展，也一直使用到今天。例如，约翰（约翰·肯尼迪）、亚伯拉罕（亚伯拉罕·林肯）、保罗（保罗·克鲁格曼）、约瑟夫（约瑟夫·奈）、提摩太等。这些名字也被信仰基督教的中国人所沿用，如清华大学

---

① 　王力：《汉语史稿》，中华书局1980年版，第517页。

著名体育教授马约翰，编纂《普通百科新大词典》的学者黄摩西，著名音乐指挥家马革顺等。这说明这些基督教名字也已经进入了中国的寻常生活中。

圣经中众多的人名地名，基本上都采取音译的方式，而且是依据圣经文本的原文献，即希伯来文译写，而这种音译人名地名的翻译方式一直沿用至今。今天我们在采用音译方式时，也会采用"名从主人"的方式，即依据人名地名的来源语言进行音译。这点已经成为名称翻译的公论。在音译的过程中，逐渐适应汉语是以单音节、双音节为主的发展规律，音译词采取了略音的方法，即逐渐省略音节，使之更符合汉语的语言特点。

2. 从音译向意译：汉语融合和稳定的力量

在圣经翻译的复音词再利用和创造过程中，除人名和地名外，大量含有基督宗教特殊含义的词汇都基本上采用的是意译的方式，并且比重不断增加。基督教和佛教的传入都促进了汉语口语化的发展，加速了汉语双音节词汇的发展，丰富了汉语词汇的构造方式。

从语言学角度来讲，意译的胜利也表现了汉语内在结构的稳固性：宁愿利用原有的词作为词素来创造新词，也不轻易接受音译。一个词语能否被选择，被使用，被接纳，需要人在社会环境中加以验证，也需要人的认识和观念的转变。通过意译这种方式，汉语言文字在遭遇几近颠覆性的挑战时，以其包容、融化的本质特色，仍然能保持本身的语言特性，保存了以汉语为载体的汉文化。

3. 意译中移译词占多数

从历时的角度来看，汉语外来词上古时期以音译词为主，中古时期以来以意译为主，近代汉语的外来词则更是以意译词为主。在差异的语言环境中成长、发展的基督教，要在另一完全异质的文化语境中得到充分表述与阐释，涉及语言上的适应与转移。首先，是尽量利用汉语中已有的词汇，对这些词汇赋予新的内涵。其次，是用已有词汇为词干，在其前、后加上词缀，构建成复合词。最后，是在没有适当的已有词汇时，依据汉字的字义及汉语的构词规则，创建新的词语。

面对大量的基督宗教概念的特殊词汇，圣经译者走过了一条从音译到意译的道路。早在唐景教文献中，音译神学词语就极为常见。到明末清初天主教翻译时，有人用音译进行翻译，有人用意译进行翻译，或用音译翻译后，再进行意译的解释。这也是适合汉语言特点的道路。汉语是与印欧语言完全不同的语言体系，是以重表意、轻表音为突出特点的超发音的语言体系。如果大量使用音译，中文文本会出现多处音译词语，多处多音节、长音节的音译词，致使中文阅读不顺畅，而且也会出现中文阅读者不能明白其含义的现象，阻隔了宗教文化在新的地区的传播，最终致使基督教无法在新的地区传播和扎根。关于译名导致的宗教传播不畅，天主教传教士应该是有深切体会和认识的。

在这条意译的道路上，译者更多采用的是移译方式，即赋予中国传统文化中的词语，甚至包括佛教词语以基督宗教的新含义、新概念，将其基督教化。这扩大了汉语词语的含义，使其成为汉语词汇中的新词语。这条道路与佛经翻译也是很相似的。

在基督教文献翻译过程中，以汉语固有构词法创制的双音节意译新词，完全取代了多音节音译词，基督教义名词所承载的西洋文化和西洋语言已基本完成汉化的过程，汉语双音节化以及汉语本身强大的生命力均在其中起着制约和修正的作用。

4. 圣经词汇进入世俗社会

基督宗教既然是外来宗教，它所带来的肯定是中国历史文化中没有的思想和概念，也就带来了中国之前没有的新词语。我们对圣经新词语的产生和演变的考察，可以为作为广义西方文化的基督宗教在中国的影响和演变，以及其影响范围和程度的广狭提供一种衡量和诠释。

圣经翻译最终形成了天主教和基督教两套词语系统，除各自在自己的宗教里使用外，进入中国世俗社会的基本是基督教圣经词语。这与基督教更注重利用技术进行印刷宣传有关，也与天主教的圣经翻译策略和方法有关。虽然天主教从明末就开始翻译圣经片段和撰写宗教小册子，但第一本同时也是唯一的一本天主教圣经全译本，迟至1968年才完全刊印出来。而且它最初还是在香港印刷，较大范围地传入内地已经是20世纪80年代以后的事情。这时，基督教已经基本上占领了这个外来宗教的新词语领域了。

1919年，外国传教士主导翻译的和合官话译本最终刊印了新、旧约合编本(1906年已经出版了《新约全书》)，这是传教士翻译的众多圣经译本中最后的一本，也是中国基督教会沿用至今的译本。之后虽然还有华人圣经学者，如王元德、朱宝惠、吕振中等人，以一已之力投入圣经中译中，但王元德和朱宝惠的译本仅有《新约全书》，吕振中圣经全译本迟至 1970 年才出版。他们的圣经翻译在翻译细节、语气、流畅性，以及标点符号等方面进行了修订，而对于这些已经形成多年的圣经特殊专名，则基本沿用了以前的译法，没有什么变化。

在基督教和合官话圣经译本出版之前，多本圣经译本已经基本确定了这些专名的译法，这从 1915 年商务印书馆出版的《辞源》中可以看出。1915 年的《辞源》和 1936 年的《辞海》所收录的基督宗教新词语，采用的全部都是基督教的译名。这些基督宗教词语进入世俗社会，不但加强了基督教的宣传，而且对将基督教作为西方文化引入"五四"以后的新文学作品中起到了极大的推广宣传作用。

新词语的产生，绝不仅仅是一种本源语（source language）和译体语（target language）之间语际沟通实践的结果，它更是各种语言文化交流、冲撞、交融的结晶。正如刘禾所指出的：当译者在各种语际间进行翻译实践活动时，新词语的使用其实是在不同的词语及其意义之间建立假设的等值关系（hypothetical equivalences），而译者"以什么样的思想权威或者知识权威的名义，在各种不同文化之间从事翻译"，就创造出不同的译词。因此，这些基于不同理论而构成的译词就出现了"一种文化经验服从于（subjecting）另一种文化表述、翻译或者诠释"的现象，特别是"当人们从西方跨向东方，或者从东方跨向西方时"，这种情形尤其尖锐。①

---

① 刘禾：《跨语际实践：文学、民族文化与被译介的现代性》，宋伟杰等译，生活·读书·新知三联书店 2002 年版，"序言"，第 1 页；正文，第 2 页。

第 八 章

创制文字：西南民族圣经译本

文字按其出现的方式可分为两种：一种是自然产生的，可以称为自然文字，如苏美尔文字、埃及文字、赫梯文字和汉字；另一种是人工创造的，可以称为人工文字，如书写壮语的壮文，书写景颇语的景颇文。而中国的人工文字皆因翻译圣经而开始创制，且都在西南少数民族之中。

一、西南少数民族文字创制之始

中国是个多民族国家，按现代语言学分类，中国地理范围内的少数民族语言可分为 5 个语系、9 个语族、19 个语支。5 个语系，即汉藏语系、阿尔泰语系、南岛语系、南亚语系、印欧语系，均有圣经译本。在 9 个语族中，壮侗语族、藏缅语族、苗瑶语族、突厥语族、蒙古语族、满—通古斯语族、孟—高棉语族、斯拉夫语族 8 个语族有圣经译本。在 19 个语支中，壮傣语支、藏语支、彝语支、景颇语支、缅语支、苗语支、西匈语支、蒙古语支、满语支、佤绷龙语支、东斯拉夫语支 11 个语支有圣经译本。

过去的圣经译本研究，其研究关注点都是汉文圣经译本，很少涉及少数民族语言文字的圣经译本。略有涉及的也是从基督教研究的角度来叙述，鲜有从民族语言文字角度的叙述和研究关注。偶有涉及民族文字圣经译本的著述，错误和纰漏则很多。本章将叙述西南少数民族语言文字的圣经翻译，因北方大多数民族早有文字，如蒙古文、满文、维吾尔文等，传教士不曾为他们专门创制文字，因此这里暂不叙述北方少数民族的圣经翻译。

基督教传入西南地区与当地少数民族文字的创制是有密切关系的。相对北方少数民族而言，西南少数民族众多，但大多数都只有自己的语言，没有形成自己民族的文字。

新中国成立前，共有 21 个民族使用着 24 种文字。① 55 个少数民族中，除回族、满族和大部分土家族、畲族和仡佬族使用汉语外，其他少数民族都操自己的语言。有的还使用一种以上的语言，如瑶族、景颇族、裕固族和高山族等。但只有 21 个少数民族有自己的文字，如蒙古族、朝鲜族、藏族、满族、傣族等。

早期西南地区少数民族中，仅部分民族有文字，即彝族的老彝文（多种方言）和规范彝文，壮族中的方块壮文（古壮文）和芽坡歌书文字，傣族中的德宏傣文（傣那文）、西双版纳傣文（傣仂文）、金平傣文（傣端文）、傣绷文，水族中的水书，白族中的方块白文，瑶族中的方块瑶文等几种，其中以傣文最为丰富和完备。

传教士为了传播福音，面对这样的情况，开始了创制文字的基础性工作。他们先后创制了景颇文、载瓦文、东傈僳文、西傈僳文、柏格里苗文、拉祜文、布依文、佤文、纳西文、独龙文、哈尼文等，这些文字都是传教士根据当地民族语言的发音，以拉丁字母为基础创制的，结束了拉祜、傈僳、景颇、载瓦、苗、佤、布依、哈尼、纳西等族没有文字的历史，其中西傈僳文、柏格里苗文、景颇文、拉祜文等至今仍有较广泛的应用。在利用拉丁字母所长的同时，传教士还利用了 20 世纪初期兴盛的汉语国语注音字母，修改后拼写少数民族的语言，创制了胡致中苗文、新平花腰傣文。

1. 柏格里字母的创制

1904 年（清光绪三十年）春，英国循道公会（United Methodist Mission）传教士柏格里（Samuel Pollard）从云南昭通率领李斯提反（李国钧）、钟焕然、王玉洁、傅正中、刘中五等汉族传教士到贵州威宁县石门坎传教，因 1904 年系农历龙年，故苗族称此为"龙年得道"。在苗族知识分子杨雅各②、张武、张

① 中国大百科全书出版社编辑部：《中国大百科全书·民族卷》，中国大百科全书出版社 2004 年版，第 549—554 页。

② 杨雅各（1882—1946），威宁石门乡人。得知柏格里尊重和保护苗族后，他到云南昭通找到柏格里，与其交往密切。次年柏格里来威宁传教，他协助柏格里创制了苗文。参见彭钢总编：《贵州省志·宗教志》，贵州人民出版社 2007 年版，第 515 页。

约翰、王道源等人的协助下，柏格里在川滇黔三省交界的苗族地区做了大量的语音调查和词汇收集工作，为这一地区的苗族创制了一种拼音文字。该拼音文字以石门坎地区的苗语为主，约于 1907 年以前制订了方案，并着力进行推广，因此在川滇黔苗族中传播甚广。①

柏格里字母以云南省东北部和贵州省威宁县、赫章县一带的苗语滇东北次方言为基础，用拉丁大写字母并参照苗族服饰花纹图案变体形成，有 24 个辅音字母，15 个元音字母，声调则用元音字母写在辅音字母旁的不同位置来表示。

一般认为，柏格里字母在创制上，受到了 1840 年英国传教士埃文斯为加拿大爱斯基摩人基督徒创制的文字的启发和影响，因为柏格里字母与此字母有 11 个字母完全相同。柏格里字母属自创字母与其他字母混合的拼音文字，每一个音节由一个大字母和一个小字母组成：大字母为声母，构成文字的主体，小字母为韵母，写在大字母的上方、右上角、右侧、右下角。② 在创制过程中，他们还吸收了苗族妇女服饰上某些图案和符号，改编成了苗文字母。它特别适用于贵州省的威宁、赫章、水城、紫云等县和云南的彝良、大关、永善、寻甸、楚雄等州县和昆明市近郊区等地。操这种苗语的苗族约有 25 万人，熟悉这种苗文的苗族约有 5 万人。

从语言分类来讲，石门坎地区的苗语属苗语川黔滇方言的滇东北次方言，与其他地区的苗语方言互不相通。1956 年，在贵阳召开的"苗族语言文字问题科学讨论会"上，根据苗语方言区的分类情况，专家们又创制了川黔滇苗文、黔东苗文、湘西苗文、滇东北苗文，分别适用于苗语川黔滇方言区、苗语黔东方言区、苗语湘西方言区、苗语滇东北次方言区，均为拉丁字母形式的拼音文字，采用了 26 个字母③，并于 1957 年经中央民族事务委员会批准试验。其中，滇东北苗族的拉丁字母苗文是在修正柏格里字母的基础上形成的，所以人们一般又把"柏格里字母"称为"滇东北老苗文"。因当时教会主要在威

---

① 伍新福、龙伯亚：《苗族史》，四川民族出版社 1992 年版，第 623 页。

② 中国社会科学院民族研究所、国家民族事务委员会文化宣传司：《中国少数民族文字》，中国藏学出版社 1992 年版，第 181 页。

③ 王辅世主编：《苗语简志》，李云兵修订，民族出版社 2009 年版，第 95 页。

宁县石门坎，故也有称"石门坎苗文"的。还有人把它叫作"柏格里苗文"。还有人以柏格里名字的音译，将其称为"波拉德文字""坡拉字母苗文"等①。从语言文字的角度来讲，将其称为"柏格里字母"最为科学，因为它作为一种文字拼写方式，一种音素文字，除运用于苗语圣经翻译外，还运用到了其他少数民族圣经翻译中，如彝语诺苏话和葛波话、哈尼语碧卡方言等。

　　柏格里字母除被用来翻译过《圣经》《赞美诗》和《颂主诗歌》(循道公会和内地会分别采用不同的诗歌)等宗教读物外，还被用来编印过《花苗新课本》《苗文基础》《苗文原始读本》《平民夜读课本》等教材②，为当地民众的读书扫盲起到过很大作用。虽然这种文字一般仅在信教群众中使用，但由于这一带的苗族信教人数较多，因此还是有相当的广泛性。此外还有用柏格里字母创作或整理的苗族迁徙古歌、故事传说及苗族诗人的创作等。云南安宁县还搜集整理了滇东北《苗族芦笙组曲集》。这些资料都是用这种苗文记录、创作和整理的。

　　2. 胡致中注音字母的创制

　　20 世纪 20 年代，内地会传教士、澳大利亚人胡致中 (Maurice H. Hutton，一译胡托、胡志宗)与当地的苗族教徒合作，根据贵州东南的炉山县旁海镇(现属凯里市)的苗语发音设计了另一种苗文，向黔东一带的黑苗宣传耶稣基督。他以 1918 年北洋政府颁布的国语注音字母③为基础，但可能因为苗语有些独特的语音是注音字母不能表达，胡致中又加入了两个新字母，来表示旁海苗语特有的声母。因此有些声母用两个字母表示，一个音节最少仅一个字母，最多的有四个字母，由上而下竖写，从右到左提行。早期的文字不标声调，后来声调用圆点儿表示，有的是一个点儿，有的是两个点儿，

---

　　①　中国社会科学院民族研究所、国家民族事务委员会文化宣传司：《中国少数民族文字》，中国藏学出版社 1992 年版，第 155—188 页。

　　②　王明道、李朝阳：《基督教传入威宁、赫章彝苗族地区的经过》，《贵州文史资料选辑》1986 年第 22 辑，第 206—224 页。

　　③　注音字母是我国最早经政府正式公布的统一读音用的音标。1913 年由中国读音统一会制定，1918 年 11 月 23 日，北洋政府教育部正式公布，共计 39 个注音字母，后增加 1 个，共计 40 个。1930 年，中华民国政府把注音字母改称为"注音符号"。"注音符号"目前仍为台湾地区汉字的主要拼读工具之一，为小学语文教育初期必学内容。大陆地区自 1958 年推行汉语拼音方案以后，停止推广使用注音字母。

分别加于音节的四个角。①

　　人们一般称这套字母为"胡托苗文""胡致中苗文""注音字母苗文"，又因黔东南苗族多为黑苗，此文字又被称为"黑苗文"。不过，最科学合理的称谓应为"胡致中注音字母"。以往关于胡致中苗文的记录多有误，如称他"在凯里旁海用汉字创造了苗文"②，其实他用的是汉字注音字母，而非汉字。

　　3. 框格式傈僳文（东傈僳文）的创制

　　傈僳族是在中国、缅甸、印度和泰国等多个国家跨界而居的少数民族，在中国主要分布于云南和贵州。

　　傈僳族现今可分为南、北两群，南、北傈僳语也有些差异，其在中国境内的人口约有 73 万。北群为白傈僳和黑傈僳，主要聚居于云南西部的怒江傈僳族自治州等地；南群主要为花傈僳，聚居在德宏傣族景颇族自治州。傈僳族主要分布在云南省的三个区域：衣着花纹服饰的"花傈僳"多居住在云南西部怒江州地区；穿青衣的"黑傈僳"多居住在云南西北维西、永胜、丽江地区；"黑傈僳"也有一部分居住在云南北部禄劝县、武定县一带，因其相对其他两个傈僳族居住区更偏东部，又称"东傈僳"（居住在这一带的傈僳人数很少）。

　　傈僳族有自己的语言，属汉藏语系藏缅语族彝语支。一般认为，1913 年缅甸克伦族传教士巴叔从缅甸至云南腾冲再到怒江，为基督教传入傈僳族的开始。在基督教传入之前，傈僳族未有过属于本民族语言的文字。传教士在云南创制推广的傈僳文共有两种，分别称东傈僳文和西傈僳文。傈僳族先后使用过四种文字，两种是西方传教士创制的拼音文字，再一种是云南维西县农民汪忍波创造的没有字母的音节符号，还有一种是新中国成立以后新创制的拉丁字母形式文字。

　　傈僳族是我国受基督教影响较大的少数民族，大部分傈僳人信仰基督教和传统的万物有灵原始宗教，少数信天主教和藏传佛教。

　　1880 年（清光绪六年），美国浸礼会传教士在缅甸克钦邦密支那传教时接触到傈僳族。1902 年，密支那马肯村的一对傈僳族夫妇受洗，缅甸傈僳族由此开始信教。大致在 20 世纪初，东傈僳与滇北苗族居住在同一地区，民国初

---

① 马学良主编：《汉藏语概论》，北京大学出版社 1991 年版，第 605 页。
② 彭钢总编：《贵州省志·宗教志》，贵州人民出版社 2007 年版，第 12 页。

年，苗族皈依基督教时，东傈僳族也受到影响，开始接受基督教①。

最早来到东傈僳族地区传教的是内地会（China Inland Mission）传教士、澳大利亚人王怀仁（G. E. Metcalf，一译梅怀仁，1879—1956）。他于1907年（清光绪三十三年）来到这里。在柏格里字母的影响下，王怀仁根据云南武定、禄劝等地的傈僳方言，创制了一种与苗文字母相仿的"框格式"傈僳族拼音文字，又称"东傈僳文"（Easter Lisu），在当地的傈僳族教会中推行。② 另一种说法是，它是以武定县滔谷村傈朴话的语音为基础创制的，使用范围不大，后来还传播到四川凉山州的会东县。框格式傈僳文字母分大小，大字母为声母，小字母为韵母，小字母写在大字母的上面、右上角、右下角，表示不同的声调。每个音节组成一个方框格式，所以称"框格式"③。

4. 富能仁字母的创制

由传教士创制的傈僳文还有一种，主要在云南怒江州和德宏州的傈僳族中使用，相对"东傈僳"而言，它在云南的西部，又称"西傈僳文"。因这里主要居住着花傈僳人，故又称"花傈僳文"（Hwa Lisu）。由于新中国成立后还创制了新傈僳文，因此它还被称为"老傈僳文"。因其常年只在基督教会里使用，在不信教的群众中基本无人识读，故又称"圣经文字"或"上帝书"④。

1912—1914年，缅甸克伦族基督教传教士巴托（Rev. Bathow，又译巴托、巴多、巴夺）以印刷体大写的拉丁字母为基础，改变了形状而创制了傈僳文，后经内地会传教士、英国人富能仁（James Outram Fraser，又译傅能仁、傅雷仁）进一步完善，因此在教会里，又称其为"富能仁字母"（Fraser Syllabic Script）。这是一种以印刷体大写的拉丁字母为基础，由其正反、颠倒形式组成的拼音字母，组成声母、韵母，拼写傈僳语。这种文字共有40个字母，其中30个辅音大写字母（20个正写，10个反写或倒写），10个元音大写字母（5

---

① 韩军学：《基督教与云南少数民族》，云南人民出版社2000年版，第38页。

② 云南省地方志编纂委员会：《云南省志·民族志》，云南人民出版社2003年版，第244页。

③ 周有光：《世界文字发展史》，上海教育出版社2003年版，第148页。

④ 中国社会科学院民族研究所、国家民族事务委员会文化宣传司：《老傈僳文》，《中国少数民族文字》，中国藏学出版社1992年版，第110页。

个正写，5 个反写或倒写），6 个声调符号（用标点符号），4 个特定标点。① 从语言文字角度来讲，称其为"富能仁字母"最合适。传教士还用它来拼写翻译过纳西语的圣经译本。

富能仁 1886 年出生于英国伦敦，1910 年（清宣统二年）来中国，先在上海的内地会学校学习了 6 个月的汉文，然后来到云南腾冲傈僳族中传教。他在滇西怒江州地区传教长达 25 年，领导的滇西傈僳族教会向北延伸到泸水、碧江和福贡，向南发展到腾越、潞西，纵横数百里，成为云南境内最大的少数民族教会，也是导致基督教成为傈僳族主体信仰的最重要原因，他亦被称为"傈僳族的使徒"（the Apostle of Lisu People）。

新中国成立前，老傈僳文基本上只通行于基督教徒中间，由于傈僳族信仰基督教的人数较多，因此在傈僳族地区有广泛的群众基础，认识此文字的人达几万人之多②。在怒江州的傈僳族中，信仰基督教的约为 1/3，有的县份甚至达到或超过了一半。③ 他们用它书信来往、说经讲道、记账记事、颁布通令等，一直沿用至今。新中国成立后，政府有意识地用老傈僳文进行扫盲工作，出版过宣传政策或农村技术方面的书籍，使老傈僳文得以继续使用。1956—1985 年，云南民族出版社还用老傈僳文出版了政治、经济、文化教育、民族传统文化等方面的书籍，如《怒江报》《丽江报》《维西报》和德宏《团结报》，并出版了《宪法》《党章》《团章》和众多的文学诗歌和翻译作品。④ 为了信教群众的宗教需要，出版社还出版了《圣经》和《赞美诗》等。在怒江州，怒族和独龙族的基督教徒也使用老傈僳文。除《圣经》外，还用此文字出版过《福音问答》《福音精华》《卫生课本》《赞美诗》等书籍⑤。

在继续使用老傈僳文的同时，政府和专家还于 1957 年创制了新傈僳文。

---

① 周有光：《世界文字发展史》，上海教育出版社 2003 年版，第 149 页。

② 中央访问团第二分团：《怒江区概况》，《云南民族情况汇集》（上），云南民族出版社 1986 年版，第 3 页。

③ 韩军学：《基督教与云南少数民族》，云南人民出版社 2000 年版，第 40—41 页。

④ 云南省地方志编纂委员会：《云南省志·民族志》，云南人民出版社 2003 年版，第 243 页。

⑤ 中央访问团第二分团：《福贡县简况》，《云南民族情况汇集》（上），云南民族出版社 1986 年版，第 29 页。

它是以拉丁字母为基础，并吸收一部分斯拉夫字母形成。现在傈僳族地区，实行新旧傈僳文并用。老傈僳文在信教群众中，仍然很有影响。

5. 拉祜文字的创制

1885 年（清光绪十一年），英国吞并缅甸后，美国基督教浸礼会在中缅边界的缅甸一侧的景栋等地建立了传教点。20 世纪初期，基督教由缅甸进入云南澜沧县糯福地区①。1905 年（清光绪三十一年），美国浸礼会真神堂传教士、英国人永伟理（William M. Young），首次从缅甸景栋到云南境内拉祜族、佤族居住区传教的时候，就带来了好几百本圣经单行本，都是在缅甸的美国浸礼会传教士库森翻译的傣语圣经译本。20 世纪初，缅甸克伦族传教士巴托参照景颇文的形式设计了一套拉丁字母形式的文字，并根据拉祜纳方言的语音，创制了拉祜拼音文字。20 世纪 20 年代，拉祜族语汇的拉丁拼音字词汇表由美国浸礼会真神堂传教士提伯（H. H. Tilbe）编成。

传教士首先在孟艮城郊的班崴（现属缅甸）教会学校中，试行了这套文字。1925 年，传教士由缅甸进入云南澜沧糯福传教时，也将这套文字传入我国拉祜族地区。② 直到 1949 年，澜沧、双江、耿马、临沧、孟连等地的拉祜族和佤族基督徒还在普遍使用这一文字。直到今天，居住在缅甸、泰国、老挝等国的拉祜族仍在继续使用这套文字，并出版了一些书刊和诗歌等。③

除了翻译《圣经》外，传教士还用此文字出版过《赞美诗》《识字课本》《拉祜语手册》《英拉对照词字典》等。这些书籍为拉祜族的平民教育和扫盲运动做出了一些贡献。泰国清迈还出版有《拉祜文杂志》。

这套文字习惯上被称作"老文字"或"老拉祜文"。新中国成立前，这套文字仅限于基督教会内部的信教群众中，使用面较窄④，并未被我国广大拉祜

① 云南少数民族社会历史调查组编：《拉祜族简史简志合编》（初稿），中国科学院民族研究所 1963 年版，第 21 页。

② 中国社会科学院民族研究所、国家民族事务委员会文化宣传司：《中国少数民族文字》，中国藏学出版社 1992 年版，第 134 页。

③ 云南省地方志编纂委员会：《云南省志·民族志》，云南人民出版社 2003 年版，第 282 页。

④ 中国科学院民族研究所云南民族调查组、云南省民族研究所编：《云南省拉祜族社会历史调查资料》（非正式出版物），1963 年版，第 127 页。

族群众掌握。我国拉祜族现在使用的文字称"新文字"，是专家学者以《拉祜族文方案》为基础，在 1957 年对"老拉祜文字"进行改革修正后创制的拉丁字母形式的拼音文字。

老拉祜文不但在云南拉祜族基督教内部使用，20 世纪 90 年代之后，中国基督教会还在南京印制了老拉祜文的圣经和唱诗本。在周边的缅甸、泰国信仰基督教的拉祜族地区，这种文字也在被使用。到 2006 年，澜沧县拉祜族地区就有教堂 38 个，信教人数 1 万多人。据不完全统计，熟悉老拉祜文拼音文字的拉祜族教徒和群众达 2 万余人。①

6. 景颇文字(克钦)的创制

景颇文是一种以拉丁字母为基础的拼音文字，共 23 个字母，使用者主要分布在云南德宏傣族景颇族自治州的潞西、陇川、瑞丽、盈江等地，以及缅甸的掸邦和克钦邦。此外，在印度阿萨姆邦的景颇族中也有使用者。20 世纪初期，中印缅三国约有 45 万人使用景颇文。1990 年，中国进行人口普查时，有 11 万人使用景颇文。

景颇文的创制与基督教的传播有关密切关系。1807 年(清嘉庆十二年)，英国传教士马登(Mardon)和查特(Chater)从印度进入缅甸。1857 年(清咸丰七年)，基督教传教士进入了缅甸克钦邦。该邦与我国云南德宏土地相连，在那里居住的克钦族与我国景颇族是跨界而居的同一民族。他们的文化生活习俗相同，并使用同一种语言(景颇语在缅甸称克钦语)。从缅甸边境向德宏景颇族开展传教工作的是美国浸礼真神堂(American Baptist Missionary Union)，一个美国的基督教派。它逐渐向临近地区扩张势力，在云南的陇川、盈江、潞西均发展了景颇族信徒。最早到云南景颇族传教的是缅甸克钦族传教士德毛冬。他于 1907 年到达瑞丽景颇族居住区进行传教。1914 年，景颇文传入我国。1914 年秋，瑞丽县弄岛乡等夏村教会开办了第一所景颇文学校，其后又在陇川县的磨水、广山、盈江县的龙盆等村寨陆续开办了景颇文

---

① 刘劲荣：《云南拉祜族文字使用的历史与现状》，《云南师范大学学报(哲学社会科学版)》2008 年第 6 期，第 55 页。

学校。①

文字创制是由美国浸礼会真神堂传教士库森（J. C. Cushang）于 1876 年开始的。他长期在中缅两国交接的景颇（克钦）族地区活动，曾收集了 1000 多个景颇语词语，想用景颇语词语以缅文形式拼音合成景颇文，但由于语音差异较大，许多景颇词语无法用缅文拼写，创制工作遂告失败。

1890 年（清光绪十六年），另一美国浸礼会真神堂传教士欧拉·汉森（Ola Hanson）开始创制景颇文。他把在缅甸八莫地区收集的万余景颇语词语，用拉丁字母拼音方式创制成景颇文。1892 年，汉森编写了第一本景颇文教学课本。1895 年，缅甸英联邦政府当局正式批准公布了这套景颇文字方案，随即在缅甸克钦邦地区的八莫和密支那教会学校推广使用。在缅甸，人们用这套文字出版了《圣经》《赞美诗》《教徒手册》等宗教书籍，印行过小学一至五年级的课本以及报纸杂志等。1906 年，在仰光，人们用这种文字出版了《英景词典》，以及《景颇族之源》《英景缅大词典》等。② 1926 年，还有人还用这种文字在缅甸仰光创办了景颇文报刊。

7. 景颇文字（载瓦）的创制

由于景颇族的载瓦支系与景颇支系的语言分属景颇语支和缅语支，语言差异较大，彼此不能通话，因此还需要创制载瓦文字。载瓦支系主要分布在德宏傣族景颇族自治州。除了在一些古老词汇和语言成分上有同源的关系外，景颇语和载瓦语的基本词汇和语法构造差别明显。据词汇比较，两者约有 80％以上为全异，异源词的数量超过了同源词。③

载瓦文是拉丁字母形式的拼音文字。1887 年④，法国传教士威廉等人，为了在景颇族地区传播基督教，曾在缅甸载瓦人聚居区创制了一种载瓦文。

---

① 云南省地方志编纂委员会：《云南省志·民族志》，云南人民出版社 2003 年版，第 392 页。

② 刘刚、石锐、王皎：《景颇族文化史》，云南民族出版社 2002 年版，第 115 页。

③ 覃诗翠、们发延等：《土家、景颇、普米、独龙、阿昌、珞巴、门巴族文化志》，上海人民出版社 1998 年版，第 90 页。

④ 此年代有两说，一说 1887 年，参见中国社会科学院民族研究所、国家民族事务委员会文化宣传司：《中国少数民族文字》，中国藏学出版社 1992 年版，第 128 页。一说为 1918 年，参见韩军学：《基督教与云南少数民族》，云南人民出版社 2000 年版，第 167 页。

这是一种拉丁拼音字，由正写和倒写的大写拉丁字母组成。他们用这套文字出版了《马可福音》《宗教问答》和一些歌曲、教材、读物，供当地教会学校使用。从1934年起，传教士曾在我国境内的德宏傣族景颇族自治州的潞西县东山区传播过这种文字。它仅在教会中流传，认识的人很少，但至今仍有人使用。①

现行载瓦文是新中国成立后创制的。在中共民族语文政策指引下，民族语文工作者对载瓦语进行了全面调查，于1957年提出载瓦文试行方案。这也是拉丁字母拼写方案，以云南潞西县西山地区龙准方言为基础的载瓦语为标准音。②

8. 佤文字（撒喇文）的创制

佤族主要分布在云南省西南部，即澜沧江和怒江之间、哀牢山脉南段的"阿佤山区"，与汉、傣、布朗、德昂、傈僳、拉祜等民族交错杂居。我国的佤族与缅甸的佤族是跨界而居的同一民族。

佤语属南亚语系孟—高棉语族佤绷龙语支。佤族有自己的语言，但没有文字。旧时的佤文是外国传教士为传播基督教而编制的。佤族人以信仰原始宗教为主，少数人信仰基督教和佛教，信仰基督教的佤族人基本在都在云南澜沧县、沧源县一带。

美国浸礼会真神堂驻缅甸的传教士永伟理（William M. Young）的次子永文生（Vincent Young）出生于缅甸景栋，一个多民族聚居的地区。他从小就学会了傣语、拉祜语和佤语。1917年，永伟理、永文生等到沧源永和地区传教，基督教逐渐传入了佤族人居住区。③ 大约在20世纪30年代初期，永文生以云南澜沧、沧源两县毗邻的安康、岩帅一带的佤语为基础，设计了一套用拉丁字母的拼音文字，群众称它为"撒喇文""撒拉文"。"撒喇"是佤语的译音，

---

① 云南省地方志编纂委员会：《云南省志·民族志》，云南人民出版社2003年版，第481页。

② 云南省地方志编纂委员会：《云南省志·民族志》，云南人民出版社2003年版，第481页。

③ 云南少数民族社会历史调查组编：《佤族简史简志合编》（初稿，非正式出版物），中国科学院民族研究所1963年版，第42页。

意思是"牧师"。① "撒喇文"虽然已有几十年的历史，然而除了被阿佤山的部分村寨信教群众用来传教或写信外，它并没有被广泛使用，未能成为全民族通用的文字。但它毕竟结束了佤族人民"结绳记事"的历史。撒喇文字通常有36个辅音音位、9个元音音位、52个声母，以及160个左右的韵母。

新中国成立后，在政府和专家的帮助下，为佤族设计了以云南巴饶方言为基础、以沧源佤族自治县岩帅镇语音为标准的拉丁字母组成的拼音文字，于1957年形成了《卡瓦文字方案》(当时佤族尚称卡瓦)，因此，这套传教士设计的文字又被称为"老佤文"。1958年又进行了修改，修改后的佤文有字母26个、辅音52个、元音18个、辅音韵尾8个、韵母162个。②

综述以上创制文字，从语言学上可分为拉丁字母或变体拉丁字母、柏格里字母、汉语国语注音字母等几种，其中以拉丁字母及变体最为主要。

拉丁字母及变体：直接采用拉丁字母或变体来记录少数民族语言是开创创制民族文字的主要方式。因为传教士多为欧美人士，母语是以拉丁字母为基础的，所以创制文字时也首先考虑和利用了自己的语言优势。他们不仅用拉丁字母拼音少数民族语言，也用拉丁字母来拼写汉语。早在明朝末年，意大利耶稣会传教士利玛窦的《西字奇迹》和法国耶稣会传教士金尼阁的《西儒耳目资》采用的就是拉丁字母拼音形式。这已经成了为西来传教士记录、创制的一个传统。以拉丁字母及变体创制的文字有景颇文、老傈僳文、拉祜文、佤文、纳西文、独龙文、哈尼文。

柏格里字母及变体：柏格里字母创制后，对其他传教士起到了很大的鼓舞作用。作为一种拼音式的音素文字，创制的字母也被用到其它民族文字中。先后使用这种字母符号来拼写自己民族文字的有苗族、彝族、傈僳族等四个民族。这四个民族的语言分别属于汉藏语系的苗瑶语族、藏缅语族，不同民族的语言却能使用一种共同的文字符号系统。

汉语国语注音字母：采用汉语国语注音字母创制少数民族文字的拼音文

① 中国社会科学院民族研究所、国家民族事务委员会文化宣传司：《中国少数民族文字》，中国藏学出版社1992年版，第200页。

② 云南省地方志编纂委员会：《云南省志·民族志》，云南人民出版社2003年版，第363页。

字，有胡致中苗文和花腰傣文。

二、柏格里字母及变体书写的圣经译本

1. 汉藏语系苗瑶语族苗语支圣经译本

本节主要叙述汉藏语系苗瑶语族苗语支的 26 种圣经译本。苗瑶语族分为苗语支和瑶语支，主要分布在贵州、湖南、广西、云南、广东等省，其中仅苗语支有圣经译本。

苗族是分布很广、人口众多的少数民族，与生活在泰国、老挝、越南的苗族是跨界而居的同一民族。历史上，人们经常根据其衣着颜色而分为黑苗、花苗、白苗（川苗）、青苗和红苗，后来多按现代科学，用不同苗语方言来划分它的不同分支。

苗族绝大部分信仰万物有灵的原始宗教，少部分信仰基督教和天主教，信仰佛教和道教的极少。信仰基督教的苗族大多居住在滇东北、黔西、川南交界地区，尤其在滇东北和黔西北一带。苗族基督教信仰曾经势头强盛，影响很大。

苗族有自己的语言，属汉藏语系苗瑶语族苗语支。苗语分三大方言：湘西方言（东部方言）、黔东方言（中部方言）、川滇黔方言（西部方言），各方言又分一些次方言或土语，各个方言及次方言内部还有土语之分。三大方言及次方言之间差异较大，基本上不能用各自的苗语通话。

湘西方言分布在湘西自治州、川东南、鄂西南、黔东北等地区，大约有110 万苗族人使用。黔东方言使用人数大约为 210 万人，分布在黔东南自治州、黔南自治州东部、湖南西南部、广西融水和三江等县的苗族中。川滇黔方言是苗语三个方言中内部差别最为复杂、分布地域最为宽广、使用人数最多的一个。该方言有 7 个次方言，分别是川黔滇次方言、滇东北次方言、贵阳次方言、惠水次方言、麻山次方言、罗泊河次方言、重安江次方言，使用人数在 250 万人以上，分布在贵州省除了黔东以外的所有地区、川南、桂西北及云南各地。因生活区域与汉族或其他少数民族交织，苗族大部分兼通汉语，有些地区的苗族还兼通布依语或彝语等。

（1）苗语滇东北次方言圣经译本

历史上，苗族因其服饰的色彩有花苗、黑苗、白苗、红苗等称谓，与基督教苗语圣经翻译有关的是花苗地区，因此过去常称这一带的圣经译本为"花

苗圣经译本"（Hwa Miao Version）。从地理位置来讲，花苗多在贵州西北、西部和云南东北部，即贵州的威宁、赫章、六盘水、安顺、纳雍、织金、普安、贵定和云南的昭通、彝良、宣威、武定、禄劝、曲靖等地。从语言分类来讲，其语言属于苗语川黔滇方言的滇东北次方言、川黔滇次方言、罗泊河次方言、贵阳次方言，语言之间互相差异不大。接受基督教信仰的苗族多居住在滇东北和黔西北地区，从方言上属于滇东北次方言区。这里也是英国循道公会传教士柏格里和内地会传教士党居仁（J. R. Adams）、郭秀峰（A. G. Nicholls）、张尔昌（Gladstone Charlstone Charles F. Porteous，1874—1944，澳大利亚人）、王树德（W. H. Hudspeth）的主要活动地区。

　　1907 年（清光绪三十三年），柏格里翻译出版了第一本苗语圣经《马可福音》。这是由滇东北方言译成，用柏格里字母进行拼写。1908、1910 年，在上海的英国圣经会出版了柏格里翻译的《约翰福音》和《马可福音》。1910、1911 年，在台州的苏格兰圣经会出版了党居仁翻译的《约翰三书》《马太福音》《约翰福音》《罗马人书》《哥林多前书》《哥林多后书》《加拉太书》。1912 年，在上海的英国圣经会出版了郭秀峰翻译、张尔昌修改的《马太福音》。1915 年，在台州的苏格兰圣经会出版了郭秀峰等翻译的《使徒行传》。1917 年，苏格兰圣经会出版了柏格里、党居仁、郭秀峰等众人翻译的《新约全书》，1936 年又出版了修订版。①

　　（2）苗语川黔滇次方言第一土语圣经译本

　　白苗又称川苗，因其大部分生活在四川南部，有部分向南延伸到贵州，因此其圣经译本又被称为"川苗圣经译本"（Chuan Miao Version）。从地理位置上讲，白苗多居住在四川的古蔺、叙永、兴文、珙县、合江等县，和贵州的望谟、安龙、毕节、大方、清镇、平坝等县，以及云南的广南、邱北等县。从语言分类来讲，该地几乎全部属于苗语川黔滇方言川黔滇次方言第一土语区。虽然都处在川黔滇方言范围内，但现在分别叙述，只是想为苗语分类研究提供更多更细致的资料。

　　川苗话的圣经译本仅两种，即 1922 年在云南的英国圣经会出版的《马可

---

　　①　Hubert W. Spillett ed.，*A Catalogue of Scriptures in the Languages of China and the Republic of China*，Hong Kong：British and Foreign Bible Society，1975，pp. 223-228.

福音》，由英国循道公会传教士张道惠（H. Parsons）翻译。1938 年，上海的中华圣经会出版了花苗老师杨光一（Yang K'uan-I，音译）修订的《马可福音》①。两种圣经译本都是用柏格里字母拼写的。②

2. 汉藏语系藏缅语族彝语支圣经译本

彝族是一个历史悠久的民族，也是我国人口数量较多的少数民族，有诺苏、纳苏、罗武、米撒泼、撒尼、阿西等不同的自称。彝族主要居住在中国、越南、缅甸、老挝、泰国等国家。在中国，彝族主要居住在西南的云南、四川、贵州以及广西西北部。经过长期发展，这些地方形成比较多的彝族支系。目前较大的几个支系是阿细、撒尼、阿哲、罗婺、土苏、诺苏、聂苏、改苏、车苏、阿罗、阿扎、阿武、撒马、腊鲁、腊米、腊罗、里泼、葛泼、纳若等。

彝族有自己的文字。彝语属于汉藏语系藏缅语族彝语支，是一种音节文字，也是中国最早的音节文字，形成于 13 世纪，通称"老彝文"。现存的老彝文有一万多个。彝字中比较通用的有 1 000 多个。1957 年通过的彝文规范方案，确定了 819 个规范彝字，并开始在彝族地区试行。③

彝族分布较广，居住上具有大分散、小聚居的特点，即许多地区与其他各民族交错杂居，故其宗教信仰也较为复杂。彝族的主要宗教信仰是原始宗教万物有灵的自然崇拜、祖先崇拜和鬼神崇拜，极少部分信仰佛教、道教、基督教和天主教。

彝语方言虽然差别较大，基本上很难相互通话和交际，但都有明显的共同历史渊源和一定数量的汉语借鉴痕迹。彝语可分为六大方言区，方言下面的土语共有 25 种。六大方言为东部方言、北部方言、南部方言、西部方言、东南部方言、中部方言。④ 圣经翻译与其中的东部方言和北部方言有关。

---

① Eugene A. Nida ed. , *The Book of A Thousand Tongues*, New York：United Bible Societies，1972，p. 294.

② Hubert W. Spillett ed. , *A Catalogue of Scriptures in the Languages of China and the Republic of China*, Hong Kong：British and Foreign Bible Society，1975，pp. 223-228.

③ 中国社会科学院民族研究所、国家民族事务委员会文化宣传司：《中国少数民族文字》，中国藏学出版社 1992 年版，第 104 页。

④ 戴庆厦：《彝语词汇学》，中央民族大学出版社 1998 年版，第 4 页。

（1）彝语东部方言滇东北次方言葛泼土语圣经译本

彝语东部方言分三个次方言：滇黔次方言、盘县次方言、滇东北次方言。从地理位置上讲，东至贵州黔西、关岭、广西隆林，南至云南师宗，与彝语东南部方言区接界；西至云南安宁、元谋，分别与彝语南部方言区、中部方言区接界；北至云南永善、巧家、昭通，与彝语北部方言区接界。滇东北次方言区有五种土语：黑彝土语、甘彝土语、红彝土语、葛泼土语（在过去叙述圣经翻译的著述中，多将"Kopu"误音译为"柯波"①）、昆安土语。其中讲葛泼土语的地区是云南的寻甸、禄劝、会泽、嵩明、泸西、师宗、罗平、弥勒，而这些地区非常靠近柏格里和党居仁等传教士传教的贵州威宁。这里的彝族与苗族杂居而处，受到滇东北地区苗族的影响，有些彝族人信仰了基督教。

葛泼土语的圣经译本仅一本，是 1913 年在日本横滨的英国圣经会出版的《马可福音》，由内地会传教士郭秀峰（A. G. Nicholls）和英国循道公会的易理藩（A. Evans）翻译，采用了柏格里字母拼写。②

（2）彝语北部方言诺苏话圣经译本

操北部方言的彝族多数，尤其四川凉山等地的彝族自称"诺苏"。北部方言主要分布在四川省凉山彝族自治州，少部分分布在云南省。北部方言大体分布是：东至云南永善、巧家与东部方言区接界；南至云南禄劝、永仁、剑川，分别与东部方言区、中部方言区、西部方言区接界；西至四川木里；北至四川汉源、泸定。在传教士翻译圣经的年代，约有 3 万人讲这种语言。③

用彝族诺苏话翻译的圣经译本共 3 本，均用柏格里字母拼写。1923 年出版《路加福音》，1926 年出版《使徒行传》，1948 年出版《新约全书》，全部都由内地会传教士、澳大利亚人张尔昌（G. Porteus）翻译，由在上海的英国圣经会

---

① 萧霁虹：《圣经版本在云南》，《云南宗教研究》1993 年第 1 期；［英］海恩波：《道在神州：圣经在中国的翻译与流传》，蔡锦图译，国际圣经协会 2000 年版，第 128 页。

② Eugene A. Nida ed. , *The Book of A Thousand Tongues*，New York：United Bible Societies，1972，p. 235.

③ Eugene A. Nida ed. , *The Book of A Thousand Tongues*，New York：United Bible Societies，1972，p. 329.

出版。①

（3）哈尼语碧卡方言卡多土语圣经译本

哈尼族是居住在云南中南部的一个少数民族，主要分布在与老挝接壤的云南红河、思茅地区以及云南内地的玉溪地区，是西南地区几个人口上百万的少数民族之一。哈尼族有多种自称，以哈尼、卡多、雅尼、豪尼、碧约、布都、白宏等自称的人数较多。

哈尼语属汉藏语系藏缅语族彝语支。哈尼语内部分为哈雅、碧卡和豪白三种方言，方言的区分与不同自称的哈尼人的分布有着密切的关系。自称碧卡和卡多的人说碧卡方言，碧卡方言内部分碧约、卡多、峨努三种土语，主要分布在云南的墨江哈尼族自治县和江城哈尼族彝族自治县、普洱、镇沅等地。② 哈尼语方言差别较大，使用不同方言的哈尼人不能互相通话，方言内部一般可以通话，特别是自称相同的哈尼人说的话，即使是分布在不同的地方，差别却很小。③ 哈尼族没有自己本民族语言的文字书写。1957 年，政府委托专家创制了拉丁字母形式的《哈尼文字方案》，包括哈雅方言文字和碧卡方言文字两种。④

基督教在哈尼族地区的传教，主要集中在云南墨江和江城一带，以碧卡和卡多支系为主。约在 20 世纪前 10 年，基督教传播到这里。

1914 年，在江城县彝族中工作的内地会传教士富力敦（John D. Fullerton），到哈尼族地区进行传教，以后内地会在哈尼族的传教区域向北扩展到了红河地区。因为此地哈尼族与越南接壤，语言相通，所以富力敦向当地哈尼族中传教时，曾使用一种以汉语拼音字翻译的安南（越南）语圣经译本，试图用这种办法让哈尼族信徒过渡到识汉字，结果并不成功。1939 年，德国路德宗温兹堡差会

---

① Eric M. North ed. , *The Book of A Thousand Tongues*, *Being Some Account of the Translation and Publication of All or Part of The Holy Scriptures into More Than a Thousand Languages and Dialects with Over 1100 Examples from the Text*, The American Bible Society, 1938, p. 256; Eugene A. Nida ed. , *The Book of A Thousand Tongues*, New York: United Bible Societies, 1972, p. 329.

② 《哈尼族简史》编写组：《哈尼族简史》，云南人民出版社 1984 年版，第 4 页。

③ 王尔松：《哈尼族文化研究》，中央民族大学出版社 1994 年版，第 46 页。

④ 中国社会科学院民族研究所、国家民族事务委员会文化宣传司：《中国少数民族文字》，中国藏学出版社 1992 年版，第 208 页。

(Vandsburger Mission)传教士蒲赖恩(Bertha Preisinger)，用柏格理字母翻译了哈尼语卡多话的《路加福音》分卷译本。但另一文献认为，是一名称 Chi 的傈僳人翻译了该书。① 大概在 1940 年，蒲赖恩又翻译出版了《罗马书》分卷译本。②

三、拉丁字母及变体书写的圣经译本

1. 景颇文：汉藏语系藏缅语族景颇语支圣经译本

景颇族主要分布在云南德宏傣族景颇族自治州，大多信仰万物有灵原始宗教，少部分信仰基督教。景颇族包括五个主要支系：景颇、载瓦、勒期、浪俄和波拉。景颇支系的语言属汉藏语系藏缅语族景颇语支，载瓦、勒期等四个支系的语言比较接近，同属藏缅语族缅语支，两个语支的语言差异较大，通话困难。景颇族历史上没有形成自己的文字，现有的景颇文（克钦语）和载瓦文两种，都是在基督教传教士的创制或启发下，以拉丁字母为基础创制的拼音文字，景颇文创制于 19 世纪末，载瓦文创制于 1957 年。③

欧拉·汉森的景颇文圣经翻译由此开始。1895 年（清光绪二十一年），景颇文《约翰福音》出版。它不仅是景颇文的第一本圣经，而且还是第一本西南少数民族语言文字圣经。1896 年，《路加福音》出版。1897 年，《创世纪》出版。1898 年，《出埃及记》出版。1899 年，《俄巴底亚书》至《约拿书》出版。1901年，《诗篇》出版。1902 年，《使徒行传》出版。1903 年，《马太福音》和《马可福音》出版。1912 年，《新约全书》出版。1927 年，《圣经全书》出版。全部圣经译本都由传教士欧拉·汉森翻译，都由在缅甸仰光的美国浸礼会真神堂出版。④

1915 年，英国人英若(Imram)在汉森译本的基础上编写了一套四册的教学课本，经缅甸政府审定后正式推广使用，初在缅甸景颇族地区推广。1936年后，随着基督教势力在云南景颇族、克伦族地区的扩展，景颇文也通过教

---

① Hubert W. Spillett ed., *A Catalogue of Scriptures in the Languages of China and the Republic of China*, Hong Kong：British and Foreign Bible Society，1975，p. 216.

② Eugene A. Nida ed.，*The Book of A Thousand Tongues*，New York：United Bible Societies，1972，p. 212.

③ 载瓦文创制于 1957 年，使用于中国云南省德宏傣族景颇族自治州自称为"载瓦"的景颇族地区。这种拼音文字以云南省潞西县西山地区的载瓦语龙准话为标准音，有 26 个拉丁字母，音位用单字母和双字母表示。

④ Eugene A. Nida ed.，*The Book of A Thousand Tongues*，New York：United Bible Societies，1972，p. 212.

会学校在教徒中推广开来。① 其实，文字本身是没有宗教性的，作为一种用于交流的文化工具，民族文字的建立也便于传播文化知识。

新中国成立后，政府组织专家学者对这套文字进行了改进。1958 年后，政府用这套改进后文字在景颇族地区的小学进行教学和在社会上进行扫盲，其使用面不断扩大，现在已经基本规范化，深受景颇族人民的欢迎。目前，景颇文得到了更好的使用和发展：云南民族学院民语系、德宏州民族师范学校开设了景颇文班，德宏州办有景颇文版报刊《团结报》和景颇文杂志《文崩》；出版发行了景颇文的政治、文艺、科技、图书、教材和儿童读物，创作了景颇文小说，编辑出版了《汉景辞典》《景汉辞典》和《景颇成语》等工具书。德宏州民族出版社自 1981 年创建以来，用景颇文出版了各类图书、挂历、教材等数百种出版物达 10 万册。② 缅甸也用这套文字出版过词典、报纸、教科书等。

2. 富能仁字母

(1)汉藏语系藏缅语族彝语支西傈僳文圣经译本

1921 年，富能仁翻译的《马可福音》由在上海的英国圣经会出版。这是第一本西傈僳语圣经译本。由于云南西部信仰基督教的人数远多于东部，因此，西傈僳语圣经的影响重要很多。1923 年，出富能仁翻译的《约翰福音》出版，后于 1930、1932 年，分别出版了内地会传教士高曼夫妇(C. G. Gowman and Mrs Gowman)翻译的《路加福音》和《马可福音》。1933 年，富能仁翻译的《马太福音》《路加福音》《约翰福音》出版。1938 年，富能仁和内地会传教士、加拿大人杨恩慧夫妇(Allyn B. Cooke and Leila Cooke，傈僳名阿一单、阿子单)合作翻译的《新约全书》出版。除西方传教士外，参与翻译的人还有缅甸克伦族传教士巴托、傈僳族人摩星和傈僳族人汪吾用必。③

---

① 刘扬武：《景颇族中的基督教》，《云南文史资料选辑》1986 年第 28 辑，第 290 页。

② 李向前：《走向文明进步的重大历史转折：纪念景颇文创制 100 周年》，见祁德川主编：《一个世纪的追求：景颇文创制 100 周年文集》，云南民族出版社 1999 年版，第 6 页。

③ 约秀口述、胡正生整理：《二十七本傈僳文圣经书的翻译经过》，《福贡文史资料选辑》1988 年第 1 辑，第 125 页。Eugene A. Nida ed., *The Book of A Thousand Tongues*, New York: United Bible Societies, 1972, p.57; Hubert W. Spillett ed., *A Catalogue of Scriptures in the Languages of China and the Republic of China*, Hong Kong: British and Foreign Bible Society, 1975, pp. 220-222.

1950 年，中国香港的中华圣经会出版了多人翻译的附《诗篇》的《新约全书》。1968 年，缅甸仰光的缅甸圣经公会出版了西傈僳文的《圣经全书》。

（2）汉藏语系藏缅语族彝语支纳西语圣经译本

纳西族主要聚居于云南省西部，在四川和西藏也有散居。纳西语属于汉藏语系藏缅语族彝族支，云南西北部大约有 15 万人讲此语言。纳西族早已形成了自己的两种传统文字：象形文字东巴文和音节文字哥巴文。但文字主要为宗教祭师阶层所垄断，普通百姓无缘以识。纳西族普遍信仰东巴教、藏传佛教等，极少数人信仰基督教。

1932 年，位于上海的英国圣经会出版了纳西语《马可福音》。这是第一本也是唯一一本纳西语圣经译本。它是由荷兰五旬节会（Dutch Pentecostal Mission Society）的女传教士斯淑添（Elsie Scharten，一译苏淑添）翻译的①。一直以来，语言界都认为其所用文字是改造后的柏格里字母②，但经过仔细比较，我觉得用的应该是经过改造的富能仁字母。

3. 老拉祜文字：汉藏语系藏缅语族彝语支拉祜文圣经译本

拉祜族主要分布在云南澜沧江两岸的思茅、临沧两个地区，与生活在缅甸、泰国、越南、老挝的拉祜族是跨界而居的同一民族。

拉祜族自称"拉祜"，有拉祜纳（黑拉祜）、拉祜西（黄拉祜）、拉祜普（白拉祜）等支系，宗教信仰有原始宗教、佛教、基督教和天主教。拉祜族有自己的语言，属汉藏语系藏缅语族彝族支，分拉祜纳、拉祜西、拉祜普三大方言。彼此方言之间是有差别的，但仍可以相通。因与彝族等民族杂居，故不少词汇与哈尼族、彝族相同或近似。在传教士到来之前，拉祜族只有语言而没有文字。③

---

① Eric M. North ed. , *The Book of A Thousand Tongues*, *Being Some Account of the Translation and Publication of All or Part of The Holy Scriptures into More Than a Thousand Languages and Dialects with Over 1100 Examples from the Text*, The American Bible Society, 1938, p. 246.《纳西族社会历史调查》（三），中国少数民族社会历史调查资料丛刊，云南民族出版社 1988 年版，第 126 页。

② Eugene A. Nida ed. , *The Book of A Thousand Tongues*, New York：United Bible Societies, 1972, p. 315.

③ 中央民族学院少数民族语言研究所：《中国少数民族语言》，四川民族出版社 1987 年版，第 106 页。

1907 年，《马可福音》译本出版。1924 年，真神堂另一位传教士托福（J. H. Telford）按照提伯所编译的拉祜语词汇表翻译出版了《马可福音》，由美国圣经公会在缅甸仰光印刷出版。1932 年，托福翻译的拉祜语《新约全书》在缅甸仰光印刷出版。1924 年，美国浸礼会真神堂传教士 J. 哈克斯顿（J. Haxton）翻译的《马可福音》出版。1925 年，Duang Dee 翻译的《马可福音》和《赞美诗歌集》出版。1932 年，J. 哈克斯顿（J. Haxton）翻译的《新约全书》出版。1938、1939 年，《马可福音》修订版和《诗篇》出版。以上这些圣经译本均由在缅甸仰光的美国浸礼会真神堂出版。1950、1951 年，《马可福音》和《约翰福音》出版。1959 年，永伟理之子永文生在美国完成了整本拉祜语《新旧约全书》的翻译出版工作，在中国台湾地区印行。1962 年，英国圣经会在缅甸仰光出版了美国浸礼会真神堂保罗·刘易斯（Paul Lewis）夫妇翻译的《四福音书》和《新约全书》。《新旧约全书》可以被称为拉祜族历史上篇幅最长、内容最丰富的拉祜语书面语。

永伟理、永亨乐和永文生父子在这里传教数十年，在许多寨子里设立了教堂，使绝大部分人都信仰了基督教。① 在圣经翻译中，他们吸取了拉祜族传统宗教信仰元素。例如，佛教把释迦牟尼尊为厄莎，基督教则把上帝译为"阿马厄莎耶稣"，把圣父上帝亦称为厄莎。②

4. 撒喇文字：南亚语系孟—高棉语族佤绷龙语支佤语圣经译本

缅甸仰光的美国浸礼会真神堂出版了佤文圣经译本（1934 年出版了《约翰福音》，1935 年出版了《马太福音》，1938 年出版了《新约全书》），均由永文生翻译。与此同时，基督教会还出版了《经文问答》和《赞美诗》等宗教书籍，但发行量都很少。

5. 框格式傈僳文字：汉藏语系藏缅语族彝语支东傈僳文圣经译本

1912 年出版的《马太福音》，是东傈僳语的第一本圣经，也是傈僳族的第一本圣经；后又有 1917 年出版的《路加福音》，1928 年出版的《使徒行传》和 1936 年出版的《约翰福音》。这四本圣经译本均由在上海的英国圣经会出版。

---

① 李元春等：《澜沧县糯福区糯福寨拉祜族社会调查》，《拉祜族社会历史调查》（一），中国少数民族社会历史调查资料丛刊，云南人民出版社 1982 年版，第 33—34 页。

② 王育珊：《世界上最早的佤文圣经》，《世界宗教文化》2002 年第 1 期。

1951 年，香港的中华圣经会出版了《新约全书》。以上圣经译本，除《马太福音》是由内地会传教士、澳大利亚人郭秀峰（A. G. Nicholls）和王怀仁合作翻译外，其他均由王怀仁翻译。

在云南武定、禄劝等地，凡信仰基督教的群众都懂得东傈僳文。但它仅在教会内部使用，没能成为傈僳族的通用文字，影响面很小。[①]

四、汉语国语注音字母书写的圣经译本

1928 年，英国圣经会出版了胡致中翻译的《马太福音》；1932 年，出版《马太福音》修订本、《马可福音》、《路加福音》、《约翰福音》和《使徒行传》；1934 年，出版《新约全书》；1935 年，出版《罗马人书》。这些圣经译本全部由在上海的英国圣经会出版，都是胡致中以贵州炉山旁海（今凯里）一带苗语发音为基础翻译，采用汉语国语注音字母书写而成的，属于汉藏语系苗瑶语族苗语支苗语黔东方言圣经译本。而这一带是黑苗的主要居住区，因此，这些圣经译本又称"黑苗话圣经译本"（Heh Miao Version）。当地教徒还用此文字翻译创作了《赞美诗》《苗族诗歌》和其他一些宗教读物。[②]

五、意义和启示

综上所述，西南少数民族的圣经译本共有 96 种。其中，出版了圣经新旧约全书 4 种，新约全书 13 种，旧约全书 1 种，其他分卷 78 种。从语言来看，圣经译本涉及汉藏语系和南亚语系，其中汉藏语系苗瑶语族苗语支 26 种圣经译本，汉藏语系壮侗语族壮傣语支 18 种圣经译本，汉藏语系藏缅语族彝语支 35 种圣经译本，汉藏语系藏缅语族景颇语支 12 种圣经译本，汉藏语系藏缅语族缅语支 2 种圣经译本，南亚语系孟高棉语族佤崩龙语支 3 种圣经译本。

传教士入华后"苦于风土人情之不谙，语言文字之隔膜"，因此深入民族地区传教时，多数都先学习当地语言。有些传教士对当地语言掌握得非常娴熟，有些还编撰了一些词典工具书。他们留下的有关这些民族语言文字的资料，可以说是中国最早的民族语言文字的调查。

---

① 中央访问团第二分团：《基督教在武定区的情况》，《云南民族情况汇集》（下），云南民族出版社 1986 年版，第 17 页。

② Hubert W. Spillett ed. , *A Catalogue of Scriptures in the Languages of China and the Republic of China* , Hong Kong：British and Foreign Bible Society, 1975，pp. 223-228.

虽然直至 20 世纪中叶他们离开中国时，仍然未能改变这些地区的传统阶层化社会的基本性质，但他们使得整个原存社会文化产生了前所未有的变迁和分化。他们帮忙创制民族文字，开展文化和宗教教育，改变了人们长期以来代代口传历史、刻木结绳记事的落后状况；增强了民族文化意识以及民族的自尊心和凝聚力；培养了一大批少数民族传教人员，并使基督教在云南众多的少数民族中具有了深刻而长远的影响。他们的传教突破了云南少数民族社会传统像家庭教育和民族生活教育这种自发的、经验教育的模式，开启了现代教育制度化模式的雏形；同时使云南少数民族的日常生活不仅在观念上，而且在生活方式上都发生了较大的变化。

1. 创制少数民族文字

西南少数民族文字圣经译本涉及汉藏语系和南亚语系。除傣族的傣那文和傣仂文是原有文字外，其他文字均为传教士所创制。从文字来看，传教士创制了景颇文、载瓦文、东傈僳文、西傈僳文、柏格里苗文、拉祜文、布依文、佤文、纳西文、独龙文、哈尼文等多种文字。这些文字都是传教士根据当地语言发音，以拉丁字母为基础创制的，结束了拉祜、傈僳、景颇、载瓦、苗、佤、布依、哈尼、纳西等族没有文字的历史。其中，西傈僳文、柏格里苗文、景颇文、老拉祜文至今仍然在被使用，而且不仅是在基督教会内部使用。他们还利用汉语国语注音字母来拼写少数民族的语言，创制了胡致中苗文（黑苗）、新平花腰傣文 2 种文字。这些文字，还有一部分至今都在被人们使用着。

20 世纪 90 年代，中国基督教会还印刷出版了众多西南少数民族文字的《圣经》，如老拉祜文 40 000 本、西傈僳文（富能仁字母）120 000 本、东傈僳文（框格式傈僳文）10 000 本、景颇文 15 000 本、傣文 2 000 本、柏格里苗文50 000 本、诺苏文 20 000 本、佤文 10 000 本。①

从语言文字的角度来看，除部分民族外，我国西南地区少数民族大多都仅有语言，而没有本民族文字，在日常生活与文化交流中必须使用汉字。部分民族原有文字，如传统彝文、傣文、东巴文等，多在宗教领域使用，日常使用领域较为有限。但与没有文字民族相比较，他们还是更多地记录了本民

---

① 数据由南京爱德印刷厂张逊提供。

族的文化发展过程与成果。有些民族对自身民族的认同都还没有达到统一的程度，需要新中国派出专家帮助其进行大量的民族识别和民族归类的工作。传教士们则利用自己拉丁母语的优势，结合当地少数民族语言的发音，创制了几种文字，为这些民族结束了没有文字的历史。

文字的创制意味着这些民族从此结束了千百年来口耳相传、结绳记事的原始文化状态，本身就具有重大的历史文化意义。对这些少数民族来讲，《圣经》译本是用他们本民族文字编写出版的第一本书，所以在很长一段时间里，阅读《圣经》与学习保存本民族语言文字具有相同的含义。它至少保留了这些民族现在最早使用本民族语言的文献资料。直到今天，这些《圣经》译本都成为了这些民族最重要的文化读本。例如，对傈僳族、拉祜族、黔东苗族来讲，这些《圣经》译本都是这些民族篇幅最大、内容最广泛的本民族文字的书籍。在大多数场景中，传教士创制的文字是一种宗教文字，主要在宗教领域使用。但是这些文字在基督教传播过程中的意义却不可低估，如老傈僳文、老拉祜文、佤文等。"上帝的话"被翻译为这些民族的语言，并用文字记录下来，成为这些民族信众接受、坚定信仰的重要心理动因。教会机构使用这些文字翻译、编写了的传教手册、赞美诗等，也为这些教徒开启了一道认识外界的窗口。

2. 提高民族文化水平

传教士为部分没有文字民族所创制的文字，虽然创制初衷是为了宗教传播的需要。但客观上也为民族文化的传承与发展，提高民族文化发展程度起到了重要的作用。以景颇文为例，这种文字已经成为景颇族（包括境外克钦人）重要的文化承载工具，特别是在文学领域。人们使用景颇文记录整理了大量景颇族历史、文化、文学文献，创作了包括小说、诗歌、散文在内的文学作品。这些使用景颇文创作的现代文学已经成为中国文学的一部分。对景颇文的学习，大大降低了景颇族人民的文盲率，也促进了双语或多语学习的开展。

再如柏格理苗文。自从有了该文字后，柏格理等人边传教，边办学。他们针对苗族大众不懂汉语和对自己语言文字具有特殊感情的实际，推行苗文教育，扫除文盲，开展苗汉双语言教学，采取"以苗推苗"，推广实用技术，吸引苗族民众读书等，使苗族在 20 世纪初到 1949 年近 50 年的时间中，文化教育发生了很大的变化。

虽然这套文字不够科学完整，但在20世纪初，能为一个有史以来从未有过文字的民族创立一种文字，而又以此文字传播该民族的文化和先进的科学文化知识，不能不说是创举。苗文创立后，柏格理主持翻译了一些苗文课本，如《苗族原始读本》，其内容一部分为苗族文化，如苗族的历史传说、诗歌、故事等，另一部分是一些普通的科学知识和日常生活常识。以石门坎为中心的基督教教育系统在40多年办学历程中（截至1950年），发展成为有52所小学、一所中学的教育体系，先后培养小学结业生以千计，中学毕业生200余人，其中3人获得博士学位。

3. 开创西南民族文字的拉丁字母方向

传教士用拉丁字母创制民族文字直接影响到了新中国成立后无文字民族的创制文字或需要改进文字的民族的文字改革。

1954年，《中华人民共和国宪法》第3条明确规定："各民族都有使用和发展自己的语言文字的自由。"宪法的规定，为少数民族文字的创制、改革和推广提供了最基本的保障。

1956—1959年，新中国政府组织700多人参加的7个民族语言调查工作队，在16个省、自治区先后对42个民族的语言进行了大规模的普查工作。①在语言调查的基础上，根据少数民族"自愿自择"的原则和"创制、改革、选择"的方针，政府为南方少数民族创制和改进了多种拉丁字母文字。到1958年8月，国家先后为壮、布依、彝、苗、侗、黎、纳西、傈僳、佤、景颇（载瓦支系）等少数民族创制了14种以拉丁字母为基础的拼音文字，即壮文（1955年）、布依文（1956年）、彝文（1956年）、黔东苗文（1956年）、湘西苗文（1956年）、川黔滇苗文（1956年）、新傈僳文（1957年）、哈雅方言哈尼文（1957年）、碧卡方言哈尼文（1957年）、纳西文（1957年）、佤文（1957年）、黎文（1957年）、载文瓦（1957年）、侗文（1958年），还改革和改进了已有的傣、苗、景颇、拉祜、维吾尔、哈萨克等少数民族文字。20世纪70年代，政府对凉山地区的传统彝文进行了整理和规范，并为土族创制了拉丁字母的土

---

① 傅懋勣：《我国已有十个少数民族在汉语拼音方案的基础上创制了文字》，《语文建设》1959年第18期，第12页。

文。20世纪90年代，政府又为羌族等少数民族创制拉丁字母新文字方案。在这些新创文字中，只有新创壮文于1957年11月获国务院批准正式推行，其他新创文字大多获国家民族事务委员会批准试验推行。

我们可以注意到的是，新中国创制的文字都是以拉丁字母为基础的。创制文字的基础不是设计字母，而是创制文字民族的语言结构。1957年国务院批准的《关于少数民族文字方案中设计字母的几项原则》规定，第一条即少数民族创制文字应该以拉丁字母为基础，原有文字进行改革，采用新的字母系统的时候，也应该尽可能以拉丁字母为基础。"对基督教传教师制造的文字，应加以改进，对只有简单文字，或没有文字的民族，应根据其民族语言，创造新的文字。"①

这些新创制或改进的文字全部都是基于本民族语言发音而采用拉丁字母来拼写，说明传教士用拉丁字母为西南少数民族创制文字的方法，对新中国的民族识别和文字创制起到了相当大的启发和借鉴作用，开创了中国少数民族语言文字发展的另一条道路，也为丰富中华民族这个大家庭的语言起到了促进作用。

---

① 《民族政策文献汇编》，人民出版社1953年版，第46—47页。

第 九 章

圣经中译本的传播：以美国圣经会为中心

百余年来，世界各国圣经的翻译、印刷与发行都是由各国圣经会专营，形成了自身专门的工作机构、工作方式。早期因国家和基督教差会背景不同，在中国的各种圣经译本翻译、修订、出版、发行工作，分别主要有英国圣经会（British and Foreign Bible Society）、苏格兰圣经会（National Bible Society of Scotland）和美国圣经会（American Bible Society）①负责。

美国圣经总会1816年成立于纽约，会址几经搬迁，今天位于纽约曼哈顿岛百老汇街（Broadway）1865号。其图书馆收藏着世界上各种语言出版的《圣经》及《圣经》分卷约52 000种。它刚一成立，就十分注意中国这一传教区域，1949年以前曾在上海、北京、福州、汉口、九江、重庆、成都、长沙等设有分会，其中最早建立、工作量最大、范围最广的当数位于上海外滩边圆明园路23号的美国圣经会。

一、1833—1874 年：传教士代理时期

1806年（清嘉庆十一年），在出生于澳门的亚美尼亚人拉沙（Joannes Lassar）的协助下，从未到过中国本土的英国浸礼会传教士约书亚·马士曼在遥远的印度，开始了《圣经》的中文翻译工作。1820年，仅仅成立4年的美国圣经总会通过威廉·华德（William Ward）牧师，向马士曼赠送该会出版的《圣

---

① American Bible Society 的汉文译名有多种，如美国圣经会、大美国圣经会、美国圣经公会等。

经》，并向在广州的英国伦敦会传教士马礼逊和马六甲的英国伦敦会传教士米怜致意问好。① 1822 年，马士曼在印度塞兰坡出版《圣经全书》。这是世界上第一本汉语全本《圣经》，也是最早的深文理译本。

1822 年 3 月，马礼逊将清政府禁止《圣经》流传的情况回信给美国圣经总会，所以资助没有实现。由于种种原因，美国圣经总会对汉文圣经历史上最早的马士曼译本和马礼逊译本，仅仅表示了关注，对其翻译和出版均未提供经费支持。② 直到 1832 年，美国圣经总会在中国境外东南亚一带向华侨销售发行了《圣经全书》二种、《新约全书》三种、《诗篇》四种，约 12 000 至15 000 册。③

1830 年，美国公理会传教士裨治文来到中国。他是第一个来华的美国传教士。1832 年，裨治文向美国圣经总会申请翻译流通《圣经》的经费。他写道："长期以来中国一直被忽视在基督教世界以外，这是一个可悲的事实。它将基督徒打入了深深的羞辱中。这么多世纪以来，没有任何一个上帝的文字被翻译成为这个如此之大的人类大家庭。完全可以肯定，直到 1819 年，还没有任何一部《圣经》被翻译成中文④。"⑤

1832 年⑥（一说 1833 年⑦），美国圣经总会第一次为《圣经》在中国的翻译

---

① John R. Hykes，*The American Bible Society in China*，New York：American Bible Society，1916，p. 3.

② John R. Hykes，*The American Bible Society in China*，New York：American Bible Society，1916，p. 6.

③ 《英美苏三圣经会在华销书表》，中华续行委办会：《中华基督教会年鉴》1915 年；力宣德：《美国圣经会在华百华事业的大势》，《美国圣经会百年纪念专刊》，美国圣经会1933 年版，上海档案馆 U125－0－15，第 32 页。

④ 此言不正确，马士曼于 1810 年出版了《马太福音》《马可福音》，1811 年出版《新约全书》。

⑤ John R. Hykes，*The American Bible Society in China*，New York：American Bible Society，1916，p. 6；力宣德：《美国圣经会在华百华事业的大势》，《美国圣经会百年纪念专刊》，美国圣经会 1933 年版，上海档案馆 U125－0－15，第 29 页。

⑥ John R. Hykes，*The American Bible Society in China*，New York：American Bible Society，1916，p. 6.

⑦ 力宣德：《美国圣经会在华百华事业的大势》，《美国圣经会百年纪念专刊》，美国圣经会 1933 年版，上海档案馆 U125－0－15，第 29 页。

提供经费：向正在从事《圣经》翻译工作的裨治文提供了 3 千美元资助。1833 年，美国圣经会向马礼逊、德国传教士郭实士(Karl Friedrich Gutzlaff)和在中国经商的美国商人金(King)提供了经费。这时美国圣经总会得知，梁发正在广州向参加科举考试的考生分发《圣经》，非常高兴地说道："马礼逊到中国 26 年之后，我们才开始向中国本土散发《圣经》。这表明这个帝国的大门正缓缓打开……中国再也无法关闭《圣经》的通道了。"①

《南京条约》使在五口通商地区的传教合法化，为基督宗教传播开辟了新局面，英美传教士再次感到翻译《圣经》的重要性和必要性。1843 年 8 月 22 日至 9 月 4 日，他们在香港开会，形成了几个差会组成的"委办译本委员会"，包括裨治文、娄礼华、文惠廉、施敦力、克陛存、理雅各、麦都思，及米怜之子美魏茶(William Charles Milne)等 12 人。

在翻译过程中，"委员会"发生了译名争执：一是对宇宙主宰"God"究竟应该译为"神"还是"上帝"无法达成一致；二是浸礼会和其他差会对"Baptism"如何汉译有不同意见。首先退出翻译委员会的是浸礼会传教士，接着公理会传教士也退出，并决定出版《新约》时，出版机构可以自行选择。1852 年出版《新约全书》时，美国圣经会采用了"神"字，英国圣经会采用了"上帝"二字。

美国圣经总会还资助退出委员会的裨治文和克陛存完成了以"神""圣灵"为译名的《圣经》翻译，1859 年出版的《新约圣经》、1862 年出版的《旧约全书》和 1864 年出版《新旧约全书》，史称"裨治文译本"(Bridgman's Version)。它是美国圣经总会全力支持翻译和出版发行的第一部《圣经》，以"译笔忠实"②著称。

起初，美国圣经会没有专职干事，领取经费、经营管理、巡回散发、销售、撰写工作报告等都靠美国传教士代理③，因而工作效率很低。美国圣经总会没有给这些代为帮助的传教士任何等同工资的经费，"所有给中国的钱，

---

① John R. Hykes, *The American Bible Society in China*, New York：American Bible Society, 1916, p. 5.

② ［英］贾立言：《汉文圣经译本小史》，冯雪冰译，华文印刷局 1944 年版，第 40 页。

③ John R. Hykes, *The American Bible Society in China*, New York：American Bible Society, 1916, p. 16.

都用在了翻译和出版方面了"①。

1866 年，"天津教案"发生，排外之风日胜，《圣经》的流通发散大幅下降②，美国圣经总会不得不通过传教士雇用华人售经员来开展工作，中国教区开始将经费用于人员雇佣③。但 1874 年以前，美国圣经会一直都没有专职的美国干事。

表 9-1　传教士代理时期的《圣经》印刷、发行量及经费表④

1833—1874 年	新、旧约全书	新约全书	圣经分卷	总计
印刷	18 324	104 584	1 471 910	1 594 818
发行	9 726	79 867	1 210 907	1 300 500
美国圣经总会支助经费	215 280.93 美元			

二、1875—1893 年：古烈和裴来尔时期

圣经工作急需专职干事。1875 年，美国圣经总会派古烈（Luther H. Gulick，？—1891）来到东亚，管理中国和日本有关圣经的工作。他非常富有传教经验，更长于商业经营，是美国圣经会的最佳人选。他于 1875 年 1 月离开旧金山，1 月 29 日到达横滨，1876 年正式在上海建立了美国圣经会。

1878 年，美国圣经会雇用了第一个外国售经员约翰·索恩（John Thorne）。据说他是个非常富于传奇色彩的人物。他于 1849 年到美国加利福尼亚，在那里挣了大钱，但旋即失去。他计划从中国回到他自己的祖国英国，在新加坡时，听说上海已经被太平天国占领，敏锐的商业头脑使他来到了上海。1873 年，他是被称为"上海的商业王子"的巨富。1877 年，他再度失去了一切财富。于是他开始学习中文，希望能从事传教事业。为了销售散发《圣

---

① John R. Hykes, *The American Bible Society in China*, New York：American Bible Society，1916，p. 13.

② 力宣德：《美国圣经会在华百华事业的大势》，《美国圣经会百年纪念专刊》，美国圣经会 1933 年版，上海档案馆 U125－0－15，第 32 页。

③ Samuel Couling, *The Encyclopedia Sinica*, Shanghai：Kelly and Walsh，Limited，1917，p. 15.

④ John R. Hykes, *The American Bible Society in China*, New York：American Bible Society，1916，p. 16.

经》，他到过安徽、湖北、江西、广东、山西、陕西、江苏，甚至当时极为偏远的四川和甘肃地区。1887 年他退休回美时，美国圣经会已有 52 个售经员，销售量达 252 875 册，是有史以来最多的一年①。

1889 年 4 月，古烈因健康原因离开中国，后于 1891 年 4 月 8 日去世。离任期间，其助手詹姆斯·达尔泽尔（James Dalziel）代理工作。任职的 14 年期间，古烈积极推进了《圣经》的汉字版本、方言汉字版本和方言罗马字版本的翻译和修订工作，修订了广州土白本《四福音》《使徒行传》《赞美诗》，上海土白本《新约》；翻译了《罗马书》《创世记》《出埃及记》和《民数记》，福州土白《圣经全书》；首次翻译了《创世记》《出埃及记》《申命记》《赞美诗》《以赛亚书》和《但以理书》，宁波土白本《约伯记》《以赛亚书》。

1890 年 10 月，美国美以美会传教士裴来尔（L. N. Wheeler，1839—1893）来到上海，成为第二任总干事。他是一名专职从事基督教文字事业的著名人物，曾创办了长达百年的著名基督教刊物——《教务杂志》（Chinese Recorder）。1891 年，美国圣经会有 5 名外国售经员和 45 名华人售经员。1892 年，外国人增加到 9 人，华人增加到 52 人。

1890 年是《圣经》在华历史中非常重要的一年。5 月 7 日至 20 日，在华外国传教士在上海博物院路（今虎丘路）的兰心剧院，举行了有 445 名传教士出席的第二次在华外国传教士全国大会。大会共有 17 个专题报告，其中 5 个与《圣经》的翻译出版问题有关。为了消除各种译本中差会宗派观点的分歧，使《圣经》的翻译更加趋向统一，大会对当时流行的深文理译本（High Wenli Version）、浅文理译本（Easy Wenli Version，Sample Wenli Version）和官话译本（Mandarin Version）都成立了特别委员会，以英文修正译本（English Revised Version）为底本，提出了"圣经唯一，译本则三"（One Bible in Three Versions）的原则②，即根据深文理、浅文理和官话三种汉语文体，分别出版一本大家都认同的"和合译本"（Union Version）。经费由美国圣经会、英国圣经会

---

①　John R. Hykes, *The American Bible Society in China*, New York：American Bible Society，1916，p. 19.

②　Marshall Broomhall, *The Bible in China*, London：British and Foreign Bible Society，1934，p. 89.

各承担 2/5，苏格兰圣经会承担 1/5，完稿的译本必须归圣经会。这种共同协议、分工合作的方式，最大限度地消除和避免了《圣经》翻译中的杂乱现象。对于中文《圣经》的翻译工作，大会取得了一些一致的意见。这些被认为是"大会的最大成功"。

表 9-2　古烈和裴来尔时期(1875—1893 年)《圣经》印刷、发行量及经费表①

1875—1893 年	新、旧约全书	新约全书	圣经分卷	总计
印刷	6 768	131 765	3 079 327	3 217 860
发行	11 192	118 655	2 922 841	3 052 688
美国圣经总会支助经费	311 430.71 美元			

三、1894—1920 年：海格思时期

正当美国圣经会接受传教士大会的委托准备联合翻译出版和合本《圣经》时，裴来尔突然于 1893 年 4 月 23 日去世，圣经会的工作由他的助手 J. E. 卡德维尔(J. E. Cardwell)代理。

1893 年 11 月 1 日，美国美以美会传教士海格思(John R. Hykes，1852—1921)来到上海，成为美国圣经会的第三任总干事。他于 1873 年来华，一直在江西九江一带传教。海格思是在上海的美国圣经会任期最长的总干事。除 1903 年 11 月底至 1905 年 3 月 15 日，海格思回美国休假，工作由其助手 H. V. S. 迈尔斯(H. V. S. Myers)代理②外，他在任长达 27 年，工作成绩非常突出。

他在主持圣经会期间，坚持了美国圣经会对施约瑟翻译《圣经》的支持，促成全国范围内统一的深文理和合译本、浅文理和合译本和官话和合译本《圣经》的全部完成。《圣经》发行销售量以及经费较前两任总干事时期有大幅度增加，还建立了《圣经》销售全国分区制度，取得了《圣经》进入清朝宫廷等多项成绩。

施约瑟(Samuel I. Schereschewsky，1831—1908)是《圣经》汉译历史上的著名人物，从 1862 年开始，直到 1908 年去世，他用了 40 多年时间为美国圣

---

① John R. Hykes, *The American Bible Society in China*, New York：American Bible Society，1916，p. 50.

② John R. Hykes, *The American Bible Society in China*, New York：American Bible Society，1916，p. 40.

经会翻译《圣经》。施约瑟是出生在立陶宛的犹太人，熟悉希伯来文，这为他翻译《圣经》奠定了语言基础。移民美国后，他改信基督教，1859 年作为美国圣公会最早来华的传教士之一来到上海。1862 年，他来北京开辟圣公会教区，不久就开始了《圣经》翻译。1866 年①，由艾约瑟、丁韪良、施约瑟、包约翰（John S. Burdon）、白汉理（Henry Blodget）5 人翻译的官话本（Mandarin Version）《新约全书》出版。1872 年，三大圣经会均出版了修订版。1874 年②，施约瑟独立完成的《旧约全书》由美国圣经会出版。这一译本价值极高，不但忠实于原文，而且译文流畅，是《旧约全书》无可争议的最优版本。③ 1878 年，由官话本《新约》和施约瑟的《旧约》合并后出版的《圣经全书》，"曾通行全中国达40 余年之久"④，成为和合官话本出版前最为通行的圣经版本。1908 年，圣经会出版了施约瑟编官话本《圣经全书》的串珠本和浅文理《圣经全书》串珠本。

1881 年，施约瑟因中风瘫痪，1886 年回美国休养。期间，他一面修订官话本《新旧约全书》，一面靠两手尚能活动的各一只手指，在打字机上以罗马拼音逐字译出浅文理《新旧约全书》，历时 7 年。1895 年，他再次来到上海，用两年时间将拼音译稿写成汉语，1902 年由美国圣经会印行。这就是施约瑟浅文理译本（Schereschewsky Wenli Version），施约瑟自谑为"二指译本"。

在第二次全国大会上，和合译本委员会选出 3 个执行委员会，各由 5 名委员分头进行工作。深文理委员会由湛约翰（John Chalmers）、艾约瑟、惠志

① 关于官话《新约全书》的出版有多种说法，一为1866 年，参见杨森富：《中国基督教史》，台湾商务印书馆1968 年版，第381 页；一为1867 年，参见顾长声：《传教士与近代中国》，上海人民出版社1991 年版，第436 页；一为1870 年，参见 Eric M. North ed. , *The Book of A Thousand Tongues, Being Some Account of the Translation and Publication of All or Part of The Holy Scriptures into More Than a Thousand Languages and Dialects with Over 1100 Examples from the Text*, New York: The American Bible Society, 1938, p. 88。

② 杨森富：《中国基督教史》，台湾商务印书馆1968 年版，第381 页；另一说为1868 年，参见顾长声：《传教士与近代中国》，上海人民出版社1991 年版，第434 页。

③ John R. Hykes, *The American Bible Society in China*, New York: American Bible Society, 1916, p. 42.

④ 杨森富：《中国基督教史》，台湾商务印书馆1968 年版，第 379 页；John R. Hykes, *The American Bible Society in China*, New York: American Bible Society, 1916, p. 42；［英］贾立言：《汉文圣经译本小史》，冯雪冰译，华文印刷局1944 年版，第67 页。

道(John Wherry，一译惠志德)、谢卫楼(Devello Zelotos Shelffield)、韶泼(M. Schaub)负责，于1906年出版《新约全书》。浅文理委员会由白汉理、包约翰、纪好弼(R. H. Graves)、叶道胜(J. Genähr)和汲约翰(J. C. Gibson)负责，于1902年出版《新约全书》。1907年4月25日至5月7日，在华外国传教士在上海召开了基督教传入中国百年纪念大会，意识到随着报纸、杂志和新式教育的改革，浅文理正逐渐成为社会最广泛使用的语言①，没有必要再翻译两种文理译本的旧约圣经②。于是，深文理和浅文理两个委员会合并，选出5人共译《旧约》，并于1919年出版了文理和合译本《新旧约全书》。官话委员会由狄考文(Calvin Wilson Mateer)、富善(Chauncey Goodrich)、鲍康宁(Federick William Baller)、文书田(George Owen)和鹿依士(Spence Lewis)负责。1906年，美国圣经会出版《新约全书》。1919年，它又出版了《圣经全书》，有"神"与"上帝"两种版本。官话和合译本是中国基督教新教沿用至今的《圣经》版本，也是出版发行量最大、时间最长的版本，其他两种和合本都已停止使用。

为了便于《圣经》的发行和销售，海格思将中国划为数区，1915年时已有8个分区，分别是：广州区，辖广东和广西，干事为阿尔弗雷德·阿尔弗(Alfred Alf)；南京区，辖江苏和安徽，干事为詹姆斯·莫伊斯(James Moyes)；九江区，辖江西和湖北东南部，干事为F. C. 克劳斯(F. C. Crouse)；汉口区，辖湖北和河南南部，干事为戈弗雷·赫斯特(Godfrey Hirst)；长沙区，辖湖南，干事为W. S. 埃利奥特(W. S. Elliott)；重庆区，辖四川东部，干事为W. C. 胡克(W. C. Hooker)；成都区，辖四川北部，干事为T. 托兰斯(T. Torrance)；北京区，辖直隶、山东、山西、陕西和河南北部，干事为W. S. 斯特朗(W. S. Strong)。③ 他还极力扩大受薪售经员和义务售经员，1916年时，已有176名受薪售经员和62名义务售经员。他们用了42 694天

① *Records of China Century Missionary Conference*，Shanghai：Methodist Publishing House，1907，p. 271.

② John R. Hykes，*The American Bible Society in China*，New York：American Bible Society，1916，p. 41.

③ John R. Hykes，*The American Bible Society in China*，New York：American Bible Society，1916，p. 49.

的时间，一共旅行了 225 258 千米，访问了 28 453 个城镇和乡村。①

在古烈和裴来尔主持的 18 年间，美国圣经会共印刷了 321 万本《圣经》。海格思接任的头 20 年内，即印刷了 1527 万本《圣经》，增长近 5 倍；经费也从 311 430.71 美元增至 809 939.64 美元，增长近 3 倍。② 在他任期的 27 年间，共销行《圣经》多至 24 086 472 本，其中《新旧约全书》及《新约全书》合计 1 094 773本，圣书分卷 22 991 699 本。③

表 9-3　1833—1914 年美国圣经会在中国的《圣经》印刷、发行情况表④

	年代	新、旧约全书	新约全书	圣书分卷	总计
印刷	1833—1874 传教士代管时期	18 324	104 584	1 471 910	1 594 818
	1875—1893 古烈和裴来尔时期	6 768	131 765	3 079 327	3 217 860
	1894—1914 海格思时期	164 635	688 248	14 423 175	15 276 058
	1833—1914　总计	189 727	924 597	18 974 412	20 088 736
发行	1833—1874 传教士代管时期	9 726	79 867	1 210 907	1 300 500
	1875—1893 古烈和裴来尔时期	11 192	118 655	2 922 841	3 052 688
	1894—1914 海格思时期	136 927	614 576	13 566 624	14 318 127
	1894—1920 海格思时期⑤	1 094 773	22 991 699	24 086 472	48 172 944
	1833—1914 总计 （不含力宣德的数据）	157 845	813 098	17 700 372	18 671 315

① 检之：《为了爱护圣经，必须反对帝国主义》，《天风》第 465 号，1955 年 5 月，第 4 页。

② John R. Hykes, *The American Bible Society in China*, New York：American Bible Society，1916，p. 50.

③ 力宣德：《美国圣经会在华百华事业的大势》，《美国圣经会百年纪念专刊》，美国圣经会 1933 年版，上海档案馆 U125－0－15，第 32 页。

④ John R. Hykes, *The American Bible Society in China*, New York：American Bible Society，1916，p. 50.

⑤ 力宣德：《美国圣经会在华百华事业的大势》，《美国圣经会百年纪念专刊》，美国圣经会 1933 年版，上海档案馆 U125－0－15，第 32 页。

表 9-4　1833—1914 年美国圣经总会支助经费表①

1833—1874　传教士代管时期	215 280 93 美元
1875—1893　古烈和裴来尔时期	311 430.71 美元
1894—1914　海格思时期	809 939.64 美元
总计	1 336 651.28 美元

海格思还长于应酬官场之事，促成了《圣经》第一次进入清廷皇宫。他深知："也许没有一个国家像在中国一样，政治动态与传教工作之间有如此密切的联系。"②1894 年，美国圣经会发动全国妇女信徒捐款，特别用 2 号宋体活字直排方式印制了一册精美的特大《新约全书》，名为《救世圣经》，11 月 7 日由中国牧师俞宗周作为寿礼北上奉献给慈禧太后，恭贺慈禧太后 60 大寿。虽然慈禧太后并没有特别留意这部圣经，但几天后，传教士惊喜地看到光绪皇帝对圣经发生了兴趣。他不仅在北京的美国圣经会采购圣经及基督教书籍，而且向上海订购了多本基督教书刊。宣统皇帝登基后，1910 年，美国传教士又在全国发动捐款，共得 1 400 两银子，由上海美华书馆按 1894 年版本重印了四本，分别献给宣统皇帝、隆裕太后、摄政王及醇王福晋。

四、1921—1936 年：力宣德时期

1921 年，力宣德(Carleton Lacy)作为美国圣经总会第四位总干事来到上海。他自幼生长在中国福州，会说中国话，还参加过国民党的江西复兴计划。在他任总干事的 16 年间，《圣经》的销售量远远超过海格思任期的 27 年，销售新、旧约圣经 1 331 289 本，圣经分卷 49 026 764 本，共 50 358 053 本。仅非基督教运动刚刚结束时的 1929 年，《圣经》销售量就达 5 325 293 本，是美国圣经会最初 64 年销售之和③。

---

①　John R. Hykes，*The American Bible Society in China*，New York：American Bible Society，1916，p. 50.

②　John R. Hykes，*The American Bible Society in China*，New York：American Bible Society，1916，p. 42.

③　力宣德：《美国圣经会在华百华事业的大势》，《美国圣经会百年纪念专刊》，美国圣经会 1933 年版，上海档案馆 U125－0－15，第 32 页。

表 9-5 力宣德时期(1921—1936)的《圣经》发行销售量表(及与前一时期的比较)

年代	新、旧约全书	新约全书	圣经分卷	总计
1894—1920 海格思时期①	1 094 773		22 991 699	24 086 472
1921—1936 力宣德时期	1 331 289		49 026 764	50 358 053
1894—1936 总计	494 126	1 931 936	72 018 463	74 444 525

1926 年，张之江将军在西北任上时，捐钱 2 万元，专门印刷新旧约及新约全书 15 800 部，送给军政商学各界友人。此本《圣经》印刷精美，封面印有张之江手题的"此乃天下之大经也"的金字，卷首还有张之江撰写的《读经感言》。1930 年，张将军又捐钱 5 000 元，印刷新旧约 1 000 部，新约 2 500 部。1927—1930 年，美国、加拿大和英国捐钱，为医院、监狱和孤儿院等地捐献百余万册《圣经》。

1933 年，英国圣经会、美国圣经会和苏格兰圣经会合办圣经公会报，并且共同负责报纸上的广告。在华中地区，英国圣经会与美国圣经会联合成立了华中圣经发行所。

1933 年是美国圣经会 100 周年纪念，它在中国 13 个省 30 个大城市均召开了百年纪念大会②，陈列不同版本、方言、语种的《圣经》，展览多种有关《圣经》的表格和统计数据，表演宗教戏剧以示《圣经》的来历，也趁机向当地政府及地方领导赠送《圣经》。

五、1937—1949 年：中华圣经会时期

力宣德为适应当时基督教的合一潮流，竭力主张在华的英国圣经会、苏格兰圣经会和美国圣经会进行合并。1932 年 7 月，三个圣经会在伦敦开会，讨论如何促成中华全国圣经总会。会议决定由每个圣经会派 6 名代表合组顾问委员会。1936 年 1 月 3 日至 4 日，圣经顾问委员会在上海召开了讨论圣经会合一的专门事工会议。此外，上海、广州、香港、济南、天津、北京、太原等地的分教会也派人参加。会议起草了中华全国圣经会宪章，分别送三大

---

① 力宣德：《美国圣经会在华百华事业的大势》，《美国圣经会百年纪念专刊》，美国圣经会 1933 年版，上海档案馆 U125－0－15，第 32 页。

② 力宣德：《圣经会在华的情况》，《美国圣经会百年纪念专刊》，美国圣经会 1933 年版，上海档案馆 U125－0－15，第 168 页。

圣经会和各地方会审阅。

1937 年 5 月，中华圣经会终于在上海成立了，力宣德任中华圣经会第一任总干事，诚静怡为主席，高德斯主教为副主席，俞恩嗣为事务委办。1944 年，因力宣德任卫理公会会督，慕天恩（R. Mortensen）8 月在重庆接替为中华圣经会第二任总干事。直到 1949 年，中华圣经会的实权一直掌握在美国人的手中。1939 年，中华圣经会总部由上海迁到重庆，直到 1946 年迁回上海。1948 年初，由于局势发生变化，中华圣经会决定廉价倾销《圣经》，并在香港设立了办事处，又将上海所存各种《圣经》版本和纸型运往香港保存。

这个时期，《圣经》的销售更为上升。1941 至 1950 年的 10 年间，新旧约全书销售了 544 012 本，新约全书 618 491 本，圣书分卷 12 908 111 本，总计 14 070 614 本。

表 9-6　1941—1950 年中华圣经会销售数量统计表①

年代	新、旧约全书	新约全书	圣书分卷	总计
1941	81 302	62 596	2 862 130	3 006 028
1942	16 334	16 783	1 181 493	1 214 610
1943	48 980	69 896	1 460 969	1 579 845
1944	17 416	14 292	159 843	191 551
1945	7 598	22 040	226 671	256 309
1946	45 096	51 827	315 231	412 154
1947	88 898	104 674	583 830	777 402
1948	94 842	111 686	2 726 154	2 932 682
1949	67 791	84 125	1 945 810	2 097 726
1950	75 755	80 572	1 445 980	1 602 307
总计	544 012	618 491	12 908 111	14 070 614

到 1950 年，三大圣经会基本上结束了在中国的《圣经》翻译、出版和发行工作。英国圣经会、美国圣经会、苏格兰圣经会分别于 1814 年、1833 年和 1861 年开始了在中国的圣经工作。其工作方式，在早期均重视圣经的翻译，翻译了包括文言、白话、方言的许多种汉字和罗马字版本，仅方言圣经就近

①　汤因：《中国基督教圣经事业史料简编》，《协进》1953 年第 9 期，第 48 页。

30 种；后期则注重发行，且发行量越来越大。三大圣经会中，美国圣经会来华时间为第二，出版发行量也居第二。

表 9-7　三大圣经会《圣经》中译本销售数量统计比较①

会别	年代	新、旧约全书	新约全书	圣书分卷	总计
英国圣经会	1814—1936	1 014 024	3 511 309	105 844 626	110 369 959
美国圣经会	1833—1936	494 126	1 931 936	72 018 463	74 444 525
圣经公会（英美两会）	1937—1940	370 069	356 809	15 523 988	16 250 866
苏格兰圣经会	1861—1940	125 012	810 740	77 350 650	78 286 402
总计		20 003 231	6 610 794	270 737 727	279 351 752

表 9-8　美国圣经会翻译的《圣经》版本②

语言	经名	出版地	出版年	译本
深文理译本	《圣经全书》	宁波	1855	裨治文和克陛存译本
浅文理译本	《新约全书》	北京	1866	白汉理和包约翰译本
浅文理译本	《圣经全书》	上海	1902	施约瑟译本
浅文理译本	《圣经全书》串珠本			施约瑟译本
官话译本	《旧约全书》	上海	1874	施约瑟译本
官话译本	《圣经全书》串珠本	上海	1908	施约瑟译本
北京方言	《约翰福音》罗马字本		1895	鲁宾·劳里（Reuben Lowrie）夫人译
山东土白	《路加福音》《约翰福音》罗马字本	上海	1892	祝名扬（C. H. Judd）译
山东土白	《马太福音》罗马字本	上海	1894	祝名扬（C. H. Judd）译
盲文官话本	《赞美诗》			雷振华（G. A. Clayton）译

---

① 汤因：《中国基督教圣经事业史料简编》，《协进》1953 年第 9 期，第 48 页。

② John R. Hykes，*The American Bible Society in China*，New York：American Bible Society，1916，p. 51.

续表

语言	经名	出版地	出版年	译本
广州土白	《圣经全书》	上海	1894	那夏礼（Henry V. Noyes）、香便文（B. C. Henry）译
福州土白	《圣经全书》汉字本	福州	1884	麦利和（Robert S. Maclay）、摩怜（C. C. Baldwin）、伍定（S. E. Woodin）、保灵（Stephen L. Baldwin）、弼来满（L. B. Peet）译
兴化土白	《圣经全书》罗马字本		1912	蒲鲁士（W. N. Brewster）从福州土白转译
上海土白	《圣经全书》汉字本	上海	1908	潘慎文（Alvin P. Parker）、惠雅各（James Ware）、范约翰（John M. W. Farnbam）、汤姆生（A. Thomson）、台物史（D. H. Davis）、包克私（Ernest Box）、薛思培（John A. Silsby）译
上海土白	《新约全书》罗马字本	上海	1871	潘慎文、惠雅各、范约翰、汤姆生、台物史、包克私、薛思培译
苏州土白	《圣经全书》			从上海土白译写
三江土白（三江在广东西北部连州境内）	《马太福音》《路加福音》《约翰福音》			车以纶（Eleanor Chestnut）女士译
宁波土白	《新约》罗马字本		1868	宁波主日会传教士译
宁波土白	《创世记》《出埃及记》《利未记》《申命记》《诗篇》《以赛亚书》《约伯记》《箴言记》罗马字本		1852—1880	宁波主日会传教士译

第 十 章

结 语

本研究在国际前沿语言文化交流和语言变迁的理念和方法的启发下，在鉴国内外研究成果的基础上，通过深入细致地挖掘各方面和角度的史料，努力呈现中国语言文字现代转型的历史经验，讲好中国叙事，并努力与国际学术界展开对话。

随着 20 世纪西方语言研究的转向和深入，语言文字不再被仅仅看作一种交流沟通的工具，而更是一种认知方式、一种视界的深远图景。人类用语言给事物和概念命名，通过语言文字的交流和定位来认知世界。世界上的每一种语言文字都凝结了这个民族在漫长历史进程中认知世界的经验和积累。从这种意义上讲，对另外一种语言文字的借用或转化就意味着吸收一种新的认知图景和知识体系，尤其是引入不同语系的语言和文字表达方式，更是扩大和调整了自己的认知角度和思维方式。作为饱含西方文化经典精华的圣经，作为可借鉴的"域外资源"的圣经中译本，其长达百余年的不同文体、不同文字表达形式等，对晚清时期恰逢转型的汉语言文字的"语言运动"，颇具影响。

一、"通约"与"域外资源"的译介

就研究方法而言，本书从历史学考辩和语言学入手，在历史叙述的基础上展现语言历史发展的脉络，即所谓"以事实说话"。这些事实源于各种圣经中译版本、工作报告、教会宣传等，同时结合了近代社会的语言转型和社会需求的中文资料。所有这些史料的实证叙述所展现的历史发展脉络，都是建立在一个基点，即一个主观预设上：不同文化之间是"可通约的"，不同语言文化之间是可以力图实现"对等的",虽然这种"力图寻找"的历史过程如同西西弗斯神话那样既令人感到振奋又让人感到绝望。

近代翻译大家严复先生最著名的经典翻译观——"信达雅",将对"信"的追求放在了首位。人类历史上所有翻译中对"信"的追求,都是基于对不同语言文化之间"可通约"的认同。基督宗教传入中国,扩展了中国语言文化的概念。在这个扩展概念和语言文化再创造的过程中,转借原词并赋予新意,创制新词以表达新意,是很常见的现象。语言之间的"可通约性"完全是历史地、人为地"建构"起来的,是"虚拟对等"而不是"透明地互译",且并非能够一次性完成的。① 正是在新的概念框架下,译者在译介中重新阐释固有的词汇,再生出中国式的新概念和新理念,力图创造出基督宗教概念的中西语言对等,创造出基督宗教的中国式话语体系。

翻译是建立在对不同语言之间假定存在对等关系基础上的文化活动,即在共同认可的等值关系的基础上,将一种文化的语言翻译成另一种文化的语言。在开启于晚清时代的含有丰富现代性的译介活动中,欧洲语言作为主方语言,在某种意义上享有一种决定意义的特权。中国本土的任何翻译和引介活动都不再能够轻易地同西方外来语分离开来。如果东西方语言之间的"通约"不能成立,那么跨越东西方的现代性便不能实现。

虽然不同层面的跨文化对话都潜伏着文化相遇中自我与他者的定位问题;虽然我们甚至可以肯定,这个"通约"之间存在的严重不平衡和不对等,必然会引起语言文化之间的浪费、混乱,甚至会引起与原意义完全相违背的"误读误译",然而圣经学者几百年的研究表明,在传统上被认为是浑然一体的圣经文本,是由不同地区、不同时代、不同语言和不同作者的口头与文献,历经千年的结合而最终形成的。《圣经》文本本身反映的各种文化对于神明的参差多端的理解和认知,就是多种文化力图"通约"的结果。

历史告诫我们,除了用自身文化中"对等的"词汇来进行"通约"之外,我们别无选择。或许这就是相遇相知交流过程中,一种语言文化想要启示或扎根于另一种语言文化,所必须追求的"本土化"。只有脱胎于原来语言文化,

---

① 黄兴涛:《"话语"分析与中国近代思想文化史研究》,《历史研究》2007 年第 2 期,第 158 页。

超越原来语言文化，附丽新语言文化的新因素、新需要，才能包容包括语言在内的各国本土文化的差异性和表现语言的非终极性，才形成了适应现实世界和发展未来世界的语言文化。

我们今天感知和认识到的概念、词语、含义，都来自历史上跨越语言的政治、文化、语境的相遇和巧合，都可以被称为一定程度上"通约"的结果。这种联系一旦建立起来，文本"通译性"的意义和实践便建立了。由不同语言文化的接触而引发的跨文化和跨语际的联系和实践一旦建立，便面临着如何在本土文化背景下被认同的过程，即如何启发、丰富本土文化的过程。

作为以传教为主要特征的世界性宗教，基督宗教几乎从一开始就越出本民族的范围进行传教活动。"巴别塔"不但象征着由于语言文化多样性而产生的对译介不可能征服的渴望，对宗教者来讲，也开创了历久弥新的弥赛亚式的追求。正如郭沫若所说的那样：

> 我知道翻译工作决不是轻松的事体，而翻译的文体对于一国国语或文学的铸造也决不是无足轻重的因素。让我们想到佛经的翻译对于隋唐以来的我们中国的语言文学上的影响吧，更让我们想到《新旧约全书》和近代西方文学作品的翻译对于现行的中国的语言文学上的影响吧。[①]

作为一种自然形成的历史悠久的语言文字，一种有表音成分的语素文字，汉语言文字具有非凡的奇妙性。它甚至同时具有超空间性和超时间性的两重特点。汉语的超空间性最为特殊的体现是在超方言性上。无论语音有怎样的差异，它在文字上体现了基本一致性和可沟通性。正因为是语素文字，汉字又在相当程度上体现了超时间性、超语言性，使我们后来人略加学习便可以直接进入古代汉语的文字和文化氛围中。汉字的这些超越性特点可以使我们这些后人直接面对古代文化，使古老的观念更易于进入每个现代人的心灵深处。

汉字使高度浓缩的文化从遥远的象形文字时代延续至今，成为世界上绝无仅有的文化传承。古巴比伦文化、古埃及文化、古印度文化、古希腊文化都不像汉文化那样经久不衰，其中语言文字是最重要的因素之一。在现代文

---

① 郭沫若：《沫若文集》第 10 卷，人民文学出版社 1959 年版，第 56 页。

明的背后，我们总能感受到一股由传统中华文化汇成的潜流，它显现在我们的遗传密码中。汉字是祖先给我们留下的最美好的礼物！

正因为汉语言文字的众多独特性，中国与西方语言文字的现代化道路也呈现出不同的路径和方法，甚至与欧洲截然相反。

欧洲现代国家语言的诞生，是在欧洲各个区域民族主义的努力下，以挣脱古老的神圣语言——拉丁文——的束缚，挣脱一种普遍使用的共同语，逐渐向地方方言靠拢和发展，并通过现代印刷语言实现了欧洲地方语的恢复与发展。在欧洲各个现代民族国家语言诞生和发展的历史过程中，圣经翻译起到了直接或间接的引导和推进作用。

中国现代民族共同语言的产生之路，则与欧洲完全不同。它是通过推倒占据知识垄断地位的士大夫阶层的艰深晦涩的古典文言文体，在古白话的基础上，吸收印欧语言的词汇和语法、结构、语序等，重新构建"言文一致"的现代白话书面语言的书写体系而达成的。与此同时，这一过程使存在分歧和差异的区域性方言向共同的民族统一语靠拢，以达到"国语统一"的目的，尤其是语言文字的读音统一目的。

二、晚清语言文字现代化的途径

从晚清开始，中国语言文字经历了一个由传统到现代的历程。这是一个非常复杂的过程。本书试图通过对众多圣经中译过程的梳理和分析，来考察晚清时期中国语言文字转型和改革的过程，努力开拓一种有助于进一步解读中国语言文字现代化历程的新途径或新方法。

作为广义西学的组成部分，作为"域外资源"的重要组成部分，圣经中译及其传播为处于巨变期的中国语言文字和整个文化思想，在一定程度上提供了走出自我封闭、拓展自身的新机运、新参照和新内容，提供了饱含现代意义的语言文字变革途径。

圣经中译本最兴盛活跃的时期，即19世纪60年代至20世纪20年代，这也是汉语言文字变化最为剧烈的时期。这从《圣经》中译本有文言文、白话文、方言汉字、方言罗马字、少数民族文字众多译本的事实中，可以得到最好的印证。同时，它也对汉语汉字的变革和少数民族语言文字的创制发展提供了借鉴，并产生了一定的影响。概而言之，这种影响至少表现为以下三方面。

第一，开启晚清汉语言变迁，成为改革传统汉语的重要域外资源。

深文理、浅文理和方言白话三种圣经汉译语体，体现了在华传教士面向雅俗不同社会阶层读者传播宗教的策略，也是针对古代汉语系统文白分离的特点而制定的翻译策略。文言和白话构成了古代汉语书面语系统。文言是以先秦时代口语为基础形成的书面语，注重简洁、优雅、规范，是古代诗文的标准语体。白话是以北方话为基础、与口语接近的书面语，产生于唐宋时期，并与时俱进，有新鲜活泼的民间品格，多用于通俗文学。浅近文言则介于两者之间，出现明清时期。圣经汉译活动作为中西语言交流的重要途径，与清末民初的切音字运动、白话文运动和国语运动相呼应，使晚清白话文有了西方的参照系，得以从中西比较的角度总结汉语得失，为汉语现代转型提供了新的路径。

罗马字横排标点符号的先行，教会方言罗马字、欧化白话文的创建和逐渐被采纳，汉语拼音方案的提出和早期实践，等等，均成为晚清社会汉语言文字改革的先声，对以言文一致、国语统一、汉字拼音化、汉字改革、挽救危亡为目的的晚清国语运动，起到不容忽视的启发和示范作用。

通过对圣经中译的考察，我们可以发现，从 1857 年教会在上海出版第一本白话文《圣经》译本起，1872—1916 年它们出版了多种白话文圣经译本。白话文圣经比后来的白话文作品更接近自然口语，打破了现代白话文是"五四"新文化运动以后才开始的结论。

1853 年的上海方言罗马字《约翰福音》已采用横排和标点符号，19 世纪后半期还出版了多版本、多方言的教会方言罗马字圣经，推翻了语文学界新式标点符号是 20 世纪初年才见于国内出版物的结论。

汉字罗马化、方言汉字罗马化也开始于西洋传教士的《圣经》翻译工作。虽然明代来华的天主教传教士早已出版研究官话拼音的著作，即意大利传教士利玛窦于 1605 年出版的《西字奇迹》，但为方言创制罗马字拼音，晚至 19 世纪 40 年代才开始。其动力来自基督教传教士大量翻译和出版《圣经》，以便于在不识字的平民百姓中传教。直到 20 世纪 50 年代汉语拼音方案公布时，汉语罗马拼音已有千余种方案。汉语罗马化也是 20 世纪汉语改革的重要方法之一。

第二，丰富创新了汉语词汇和语法、语句，加速且加强了语法、语句的欧化。

"周秦之言语，至翻译佛典之时代而苦其不足；近时之言语至翻译西典时，而又苦其不足。"[①]王国维的名言讲述了在吸收引进新文化时，人们在语言学方面遇到的困难和需要做出的突破，同时也是文化发展需要做出的突破。要表述中国传统文化中从来没有的概念，建立起汉语基督宗教的话语系统，必定要创造、借用、转化汉语词汇，促使汉语和少数民族语言新词汇的出现。一种是对传统词汇赋予新的含义，如"上帝""神"；另一种是创造传统词汇中没有的词汇，如"原罪""洗礼""基督""圣灵""三位一体"等。圣经翻译的中国化话语体系逐渐进入了中国的语言、词汇、概念和思想等，起到了极大的丰富和拓展的作用。这些新词汇，经过"五四"新文化运动，尤其"五四"新文学运动，许多已进入世俗社会，为丰富汉语词汇和实现汉文化在近代的转型输入了新鲜血液。

晚清以来，汉语言最显著的变化特点就是一定程度的欧化。这是现代汉语形成的标志之一。在西方各类思想和实践都逐步进入中国的同时，在中国书面语言力图摆脱传统束缚之时，我们必须建立起与古代汉语语法不同的现代汉语语法体系，以满足中国书面语言之发展变化，使中国书面语言向科学性、严谨性的方向发展。没有欧化的词汇、句式和语序，近代中国向西方交流学习后产生的、带有西化冲击和印记的语言文化思想就无法被表达，也就无所谓中国传统文化的现代转型了。它是在传承与延续本土传统、并接受西方文化的大背景下，历经了与古白话的对峙、交融、衍生等环节，最终整合而成的。欧化为现代汉语提供了有价值的资源，使汉民族的知识体系得以调整，使汉民族快速革新思想的表达成为可能，使复杂社会文化现象及文学经验的表达成为可能。这些都决定了在当时背景下产生欧化白话的历史必然性。

圣经中译在转换成汉语白话的过程中，必然带有自身词法、句法等特征的欧州语言，在与汉语本土白话交汇、交锋后，会逐渐生成一种既不同于欧洲白话也不同于古代白话，而是拥有中西结合特色的欧化白话。汉语的欧化并不仅仅是被动反应的结果，还是外在冲击和内在主动诉求共同作用下的接

---

① 　王国维：《论新学语之输入》，《教育世界》第 96 期，1905 年 4 月。

触、影响、变异和互动的产物。大量欧化词语和西语的语法的引入，改变了文言的语句逻辑结构，对封建社会长期形成的文言语言结构产生了巨大的冲击力。

第三，对少数民族文字创制的贡献。

文字的出现方式有两种：一种是自然产生的，可以称为自然文字，如苏美尔文字、埃及文字、赫梯文字和汉字；另一种是人工创造的，可以称为人工文字，如书写壮语的壮文，书写景颇语的景颇文。今天中国使用的文字，既有自然文字，也有人工文字，后者皆因翻译圣经而被创制。

与多数北方少数民族拥有自己民族的文字不同，西南大多数少数民族都仅有民族语言而没有自己民族的文字。传教士利用自己拉丁母语的拼音优势，结合当地少数民族语言的发音，创制了景颇文、载瓦文、东傈僳文、西傈僳文、柏格里苗文、胡致中苗文、拉祜文、布依文、佤文、纳西文、花腰傣文、黑彝文12种文字，结束了这些民族没有文字的历史。其中，西傈僳文、东傈僳文、柏格里苗文、景颇文、拉祜文、布依文、佤文使用至今。西南少数民族的圣经译本涉及汉藏语系和南亚语系两个语系：其中汉藏语系中的5个语支有圣经译本，即苗瑶语族苗语支，壮侗语族壮傣语支，藏缅语族彝语支、景颇语支、缅语支；南亚语系中的孟—高棉语族佤绷龙语支有圣经译本。新中国成立后，政府为西南地区少数民族创制了多种文字。这些新创制的文字全部都是基于语言发音的拉丁字母。传教士用拉丁字母为西南少数民族创制文字的方法，对新中国的民族识别和文字创制起到了相当大的启发和借鉴作用。

语言文字的多元共存是中国文化现代转型的重要标志。在晚清这个充满了革命气息的时代，传教士、革命者、启蒙者都争先恐后地利用语言传达各自的知识理念，试图建立新的文化秩序。中国的官方语言文字也因此受到前所未有的挑战，语言文字的改变酝酿着时代本身秩序的改变。正是在这种跨文化、跨传统、跨阶层、跨地域的碰撞与竞争中，汉语逐渐摆脱了文言文占主流地位的传统、罗马字的偏激和方言的局限性，最终形成了最具现代性的、使用更广的白话文，结束了众声喧哗的时代。

诸多《圣经》翻译活动汇集成了一条"域外资源"之河，进而与中国古代白话文所提供的"本土民间资源"等一起，在经历了晚清时期的变革、选择、淘汰后，共同交汇成了"五四"白话文运动的源头，促成了这场波澜壮阔的运动。

附　录

31 个圣经版本原文摘录：《约翰福音》第 1 章第 1—20 节

深文理译本

白日升译本：《若翰攸编耶稣基督福音》

1 当始已有言。而言在神怀。且言为神。2 当始有此于神怀也。3 万有以之得作。且几受作。万有以之得作。且几受作者。无不以之而作焉。4 生命已在于其内。而生命乃人类之光。5 夫光。辉耀于暗。而弗识之矣。6 有神攸使之人。名若翰者。7 其来特为证。以证指光。俾众以之得信。8 其非光。惟来以证指光也。9 已有其光。照耀来世之人者。10 已在世。几乃受其作。世且弗之认。11 其临本所。而厥人弗人受。12 几受之者。赐之以能为神之子。即以厥名而信之辈也。13 伊等得生。非由血。非由肉欲非由人欲。乃由神也。

14 且言成为肉。而居于吾间。吾辈已见其荣光。若由父之独子之荣光。满有宠真者也。15 若翰证指之号曰。此乃吾素所云。将来于我后者。已得有于我前也。盖先我在。16 且吾众自其盈满。而已受矣恩亦代恩。17 盖报律以每瑟而授。宠及真以耶稣基利斯督而成也。18 从来无人得见神。独子在父怀者。其乃已述也。且曰其先我已在。19 且如达人自柔撒冷遣铎德与勒微辈问若翰。尔为谁。20 其出此证词。且认而不讳。认曰。我非基利斯督者。

《四史攸编耶稣基利斯督福音之会编》，大英图书馆亚非部藏，编号 Solane MS ♯3599，手写稿。原稿无章节无句读。

马礼逊译本：《圣若翰传福音之书》

1 当始已有言而其言偕神、又其言为神、2 此者当始偕神也、3 万物以之而得作、又凡受作者无不以之而作焉。4 生命在于其内而其生命乃人类之光。5 夫光辉耀于暗而暗弗认之矣。6 有神所使之人名若翰者、7 来特为证以证指光、俾众以之得信。8 其非彼光、惟来以证指彼光也。9 为真光照凡来世之人也。10 其在世而世乃受其作、尚且弗认之。11 其临本所而厥人弗之受。12 凡受之者赐之能为神之子、即以厥名而信之辈也。13 伊等得生非由血、非由肉欲、非由人欲、乃由神也。

14 其言变为肉而居吾辈之中、且吾辈见厥荣、夫荣如父之独生、而以宠以真得满矣、15 若翰证指之呼曰、此乃彼余所说及者、其后余而来者、即荐先我、盖其本先我、16 又由其之满我众受宠于宠焉、17 盖例即以摩西而已施、乃宠也真也以耶稣基督而来矣、18 无人何时而见神、惟独生之子在父怀其述知之也。19 且此为若翰之证、如大人自耶路撒冷既遣祭者与唎味辈问之尔为谁、20 其即认而不讳乃认曰、我非弥赛亚者。

《神天圣书》，道光七年吗𠺥呷英华书院藏板（1827 年）。

马士曼译本：《若望传福音之书》

1 原始已有言。而其言偕神。又其言为神。2 其言原始已偕神也。3 万物以之而受作、又凡受作者靡不以之而作焉。4 生命在于之。而其生命为人类之光。5 无光照耀于暗而暗弗认之。6 有神所遣之人名若翰者。7 其来特为证以证及光。俾众由之得信。8 其非彼光。乃来以证及彼光也。9 彼为真光。照凡入世之人者。10 其在世间。而世以之得作。然弗认之。11 其临本所而厥人弗接之。12 凡拉之者其赐之能以为神之子。即赐信于厥名者辈。13 伊等受生非由血。非由肉欲。非由人欲。乃由神也。

14 其言变为肉而居我等之中。且我等观厥荣。夫荣如父之独生得满以宠以真矣。15 若翰证及之呼曰。此即我。我所道及的。其后我而来者已荐先我。盖其本先我。16 又由其之满我众受宠于宠焉。17 盖律见施以摩西惟宠也真也来以耶稣基利士督。18 无人何时而见神。惟独生之子在父怀其述知之也。19 且此为若翰之证。时如大人自耶路撒冷使祭者与利未辈问之尔为谁。20 其认而不讳。乃认曰。我非其基利士督。

《圣经》，1822 年印度赛兰坡刊印。

郭士立译本：《约翰传福音书》

1 元始有道、其道与上帝永在、道者即上帝也。2 是道当始共上帝在也。3 万物以道而造、及凡被造者、无不以道而造作矣。4 在道有生、且生也者、人类之光也。5 夫光辉耀于暗、而居于暗者弗识之矣。6 有上帝所遣之人名约翰。7 其来为光作证。令众得信也。8 约翰非光、乃为光作证也。9 真光也者、照各出世之人也。10 光在世间、而光亦造世惟世弗认之矣。11 彼来本处、而本人弗接之矣。12 但凡接之、即信其名者、赐之权能为上帝之子类。13 凡所得再生非由血脉、非循私欲、非循人意者、乃循上帝也。

14 夫道成肉身、而居吾中间、可以看其荣仪、即天父独生子之荣、以恩典真实得满也。15 且约翰论道作证、呼云、此吾所指者、虽后我而来、然前我而在、因原本先我、16 由其盛德吾咸受恩典矣。17 律例由摩西而来、惟恩典、真道被耶稣基督设立也。18 无人见上帝、然独生神子、尚在天父之怀者、表明上帝也。19 此乃约翰之证。夫犹太人遣祭司、同利未族人由耶路撒冷而来、问约翰曰、尔为谁。20 约翰即认真不敢推诿乃自认曰吾非基督也。

《救世主耶稣新遗诏书》，道光十九年新嘉坡坚夏书院藏板（1839 年）。

委办译本：《约翰福音传》

1 元始有道、道与上帝共在、道即上帝。2 是道、元始与上帝共在也。3 万物以道而造、凡受造者、无不以之而造。4 生在道中、生也者、人之光、5 光照于暗、暗者弗识之。6 有上帝所遣者名约翰、7 其至为光作证、使众以之而信、8 约翰非光、特为光证耳、9 真光者、临世照万人者也、10 其在世、世以之而创、世不识之、11 其至已地、人不受之、12 受即信其名者、赐之权、为上帝子、13 是非由血气、非由情欲、非由人意而生、乃由上帝也。

14 夫道成人身、居于我侪之间、我侪见其荣、诚天父独生子之荣、以恩宠真理而满也。15 约翰为之证、呼曰、我言后来而先我在、以其本先我者、即斯人也。16 由其盛而我众受恩宠、恩宠益增。17 例授自摩西、恩宠真理、则由耶稣基督。18 未有人见上帝、惟独生子、在父怀者、彰明之。19 约翰之证如左、犹太人自耶路撒冷遣祭司及利未人、问约翰曰、尔为谁。20 约翰承而不讳、其承曰、我非基督。

《新约全书》，咸丰四年香港英华书院活板（1854 年）。

高德译本：《约翰福音传》

1 元始有道。道偕神。道即神也。2 彼于元始偕神。3 万特有彼而造。被造者无一不由彼而造焉。4 在彼有生。且生为人类之光。5 光耀于暗。但暗者不识之。6 有神所遣之人名约翰。7 其来为证。以证光。致众可由之而信焉。8 此人非光。特为光作证耳。9 彼为真光。降世而照诸人者。10 彼在于世。世由彼造。而世弗认之。11 彼至己地。而己之人不接之。12 有接之者。即信其名者。则赐以可为神之子类。13 非由血脉。非由情欲。非由人意。乃由神而生者也。

14 夫道成肉身。居于我间。致我等见其荣。如父独生者之荣。满以恩慈真实也。15 约翰为之作证。呼曰。此即我所言。后我来者。前我而在。因其先于我也。16 由其所满者。我皆受之。即恩上加恩矣。17 盖律例由摩西而授。恩慈真实则由耶稣基督也。18 从未有人见神。惟独生之子在父怀者。表明之。19 约翰之证如左。时犹太人自耶路撒冷。遣祭司与利未族间之日。尔为谁。20 乃认而不讳。认曰。我非基督。

《圣经新遗诏全书》，咸丰二年宁波真神堂藏板（1852 年）。

裨治文译本：《约翰传福音书》

1 元始有道、道偕神、道即神。2 是道元始偕神也。3 万物为道所造。凡受造者、无不由之而造焉。4 在道有生、生也者乃人之光。5 光照于暗、而暗弗识之。6 有神所遣之人名约翰。7 彼来作证、即为光作证、俾众可因之而信。8 彼非此光、惟为光作证耳。9 斯乃临世之真光、照万人者也。10 彼尝在世、世为其所造、而世不识之。11 彼至属己者、而属己者不受之。12 凡受之者、即凡信其名者、彼赐之权为神之子。13 此众非由血气、非情欲、非由人意而生、乃由神也。

14 夫道成肉身、居我侪之间。我侪见其荣、犹天父独生之荣、以恩宠以真理充满矣。15 约翰为之作证、呼曰、我言后我来而先我在、以其本先于我者、即斯人也。16 且由其充满、而我侪皆受恩宠、加恩宠焉。17 盖律法授自摩西、恩宠与真理、则由耶稣基督。18 从未有人见神。惟独生之子、在父怀者、曾彰明之。19 约翰之证、如左。当时、犹太人自耶路撒冷、遣祭司与利未人问之曰、尔为谁。20 约翰承而不讳。其承曰、我非基督。

《新约全书》，咸丰五年大美国圣经会（1855 年）。

和合深文理译本：《约翰福音》

1 元始有道、道偕上帝、道即上帝也、2 是道元始与上帝偕也、3 万有由之而造、凡受造者、无不由之而造焉、4 生在其中、生者人之光也、5 光烛于暗、而暗弗识之、6 有上帝所遣者、名早约翰、7 彼来作证、即为光作证、俾众由之而信、8 斯人非光、特为光作证耳、9 是乃真光、普照凡入世之人、10 其在世也、世由之而造、而世弗识之、11 其至已所属、而属己者弗受也、12 受之者、即信其名者、则赐之权、为上帝子、13 其生也、非由血气、非由情欲、非由人意、乃由上帝也。

14 夫道成人身、寓我侪中、充以恩宠真理、我侪见其荣、如天父独生子之荣焉、15 约翰为之证、呼曰、我言后我来者、乃为我先、以其先我而在、即斯人也、16 由其所充者、我侪皆有所受、即恩之有加无已矣、17 夫律由摩西而授、恩宠真理、则由耶稣基督而来、18 从未有见上帝者、惟在父怀之独生子表彰之、19 约翰之证如左、犹太人自耶路撒冷遣祭司及利未人、问之曰、尔谁也、20 约翰承而不讳、曰、我非基督。

《新约全书》，大美国圣经会 1913 年刊印。

吴经熊译本：《福音若望传》

1 太初有道。与天主偕。道即天主。2 自始与偕。3 微道无物。物因道生。天地万有。资道以成。4 斯道之内。蕴有生命。生命即光。5 生灵所禀。光照冥冥。冥冥不领。6 天主遣使。名曰如望。7 如望之来。惟以证光。俾我元元。藉以起信。8 渠非真光。真光之证。9 惟彼真光。普照生灵。凡生于世。资之以明。10 道弥六合。缔造乾坤。茫茫尘世。不识真君。11 降临领域。见拒属民。12 凡纳之者。厥名是信。授以权能。超凡入圣。天主儿女。13 卓哉身分。若辈之生。非缘血气。惟自天主。无与人意。

14 道成人身。居我侪中。吾侪亲睹。孔德之容。惟一圣子。无上光荣。妙宠真谛。充溢厥躬。15 如望扬声为之作证曰："予向所言：有一后我而来、居我之上、原在我先者、即斯人矣！"16 吾侪承蒙恩上加恩、莫不饱沾其无穷之蕴。17 盖摩西所授者律法耳、至妙宠真谛、则由耶稣基督而溥施。18 人未有见天主者、惟圣父怀中之惟一圣子、实已表而出之矣。19 犹太人尝自耶路撒冷遣司祭与理昧数人。来问如望曰。尔是谁耶。20 如望当为之证。坦白不讳而告之曰。予非基督。

《新经全集》，1949 年香港初版，（台湾）辅仁大学出版社 1980 年再版。

浅文理译本

白汉理、包约翰译本：《圣约翰福音》

1 元始有道、道或作言下同、道与神同在、道即神。2 元始与神同在。3 万物乃藉道创造者、凡创造者、无一非藉道而创造。4 生命在道中、生命者人之光也。5 光照于黑暗、黑暗竟不识光。6 有一人乃神差遣者、名约翰。7 彼来作证、即为光作证、使众人因之而信。8 彼非光、但为光作证。9 光乃真光、普照凡生于世之人。10 彼在世界、世界乃藉彼而创造、世界之人、竟不识彼、11 彼临至己之民、己之民、反不接待之。12 凡接待之者、即信其名之人、彼即赐之以权、作神之子女。13 如此之人、非从血气而生、非从情欲而生、从人意而生、乃从神生者。

14 道成人身、居于我等之中、充满恩宠真理、我等曾见其荣光、正如父之独生子之荣光。15 约翰为彼作证、大声曰、我曾言有一人、后我而来、反在我以前、因其本在我以前、所言者即此人。16 我等从彼充满者之中、皆蒙恩宠、又恩复加恩。17 律法、乃藉摩西而传、恩宠与真理、皆由耶稣基督而来。18 未有人见神、惟常在父怀之独生子、表明之。19 约翰之证、记于下。犹太人从耶路撒冷遣祭司与利未人、就约翰问之曰、尔为谁。20 彼即明言、并不隐瞒、明言我非基督。

《新约圣经》，福州美华书局活板，光绪二十一年（1895 年），大美国圣经会印发。

施约瑟译本：《约翰福音》

1 太初有道、道与天主同在、道即是天主、2 是道、太初与天主同在、3 万物以道而造、凡受造者、无一非以之而造、4 生命在道中、生命者人之光也、5 光照于暗、而暗弗识之。6 有天主所遣之人、名约翰、7 彼来作证、即为光作证、使众因之而信、8 约翰非其光、特为光作证、9 是为真光、普照凡生于世之人者也、10 彼在世、世以之而造、而世不识之、11 彼临属己之地、而属己之民不受之、12 儿受之者、即信其名者、赐之权为天主之子、13 若是者非由血气、非由情欲、非由人意而生、乃由天主而生。

14 夫道成肉躯、居于我侪间、我侪见其荣、诚如父独子之荣、充满恩宠真理、15 约翰为之证、呼曰、我曾言有人后我来、而先我在、以其本先于我、所言者即其人也、16 由其充满、而我侪皆受恩宠、恩宠复加恩宠、17 盖律法授自摩西、恩宠及真理则由耶稣基督、18 从未有人见天主、惟独生子、在父怀者、彰明之。19 约翰之证如此、犹太人自耶路撒冷、遣祭司及利未人、问约翰曰、尔为谁、20 约翰承而不讳、明言曰我非基督。

《新约全书》，1898 年日本东京秀英罕舍印刷。

和合浅文理译本：《约翰福音》

1 元始有道、道与上帝共在、道即上帝也、2 道元始与上帝共在、3 万物以道而造、凡受造者、无一不以之而造焉、4 在彼有生、且此生乃人之光也、5 光照于暗、而暗不纳之。6 有一人为上帝所遣、名约翰、7 斯人来为证、俾为光作证、使众由之而信、8 斯人非光、但为光作证耳、9 有光之真者、乃照凡人世之人也、10 彼在世、世亦由之而造、而世不识之、11 彼至属己者、而己之人不接之、12 凡接之者、即信乎其名者、彼赐之权、成为上帝之子女、13 彼之生也、非由血气、非由肉之意、非由人之意、乃由上帝也。

14 夫道成为肉体、居于我侪之中、充满恩宠真理、且我侪会观其荣光如父独生者之荣焉、15 约翰为之作证、呼曰、此即我所言后我而来者、乃为我之先、因其先我而在也、16 且由其充满、我侪皆有受、即恩上加恩矣、17 盖律法乃由摩西而授、恩宠真理、则由耶稣基督而至也、18 从未有人见上帝、惟独生之子、即在父怀者、乃表彰之、19 约翰之证如左、犹太人自耶稣撒冷遣祭司与利未人问之曰、尔为谁、20 时约翰认而不讳、其认曰、我非基督。

《新约全书》，大美国圣经会 1912 年。

杨格非浅文理译本：《新约全书》

1 元始有道、道与上帝同在、道即上帝。2 此道、元始与上帝同在。3 万物以道而造、凡受造者、无不以之而造、4 生命在道中、生命乃人之光、5 光照于暗、而暗不识之、6 有一人来、乃上帝所遣、名约翰、7 其来作证、即为光作证、使众因之而信、8 约翰非此光、特为此光作证、9 此光乃真光、临世照众者也、10 彼在世、世亦以之造、而世不识之、11 彼至己地、而己之人不接之、12 凡接之者、即信其名者、乃赐之权、得为上帝子女、13 此非由血气生、非由情欲生、非由人意生、乃由上帝而生者也。

14 道成人身、成于我等之间、恩宠真理充满、我等曾见其荣光、诚如天父独生子之荣光也、15 约翰为之作证、呼曰、我曾言后我来而已为我选者、因其本在我先、即此人也、16 我众由其丰盛得恩、又恩上加恩、17 律法藉摩西而传、恩宠真理、则藉耶稣基督而至也、18 从未有人见上帝、惟独生子、在父怀者、会显明之、19 约翰之证如左、犹太人自耶路撒冷、遣祭司及利未人、问约翰曰、尔为谁、20 约翰承认无隐、曰、我非基督。

《新约全书》，苏格兰圣书会 1898 年。

方言汉字本

吴方言译本

上海话汉字本：《约翰传福音书》

1 起初有道、是搭上帝一淘拉、道就是上帝。2 第个道、起初是搭上帝一淘拉。3 万物是靠道咾造个、凡系受造个、无一样勿靠伊咾造个。4 在于伊、有生命、第个生命就是人个光。5 光照拉暗里、暗倒勿受。6 有一个人、是上帝差来个、名头叫约翰。7 第个人来做干证、就是为之光咾做干证、以致众人从伊咾相信。8 约翰勿是第个光、不过为之光咾做干证。9 伊个真个光、到世界上来照亮拢总人。10 伊垃拉世界上、世界上是从伊咾造个、世界上倒勿认得伊。11 伊到自家个地方、自家个人倒勿接待伊。12 凡系接待伊个末、就是相信伊名头个人、伊赐权柄拨伊拉、做个上帝个儿女。13 伊拉养末、勿是从血气、勿是人个意思、是从上帝也。

14 道成功之肉身、住拉伲当中、充满之恩典咾真理、伲看见伊个荣耀、像天爷独养儿子个荣耀。15 约翰对伊做干证、喊咾话、第个就是我所话个人、拉我以后来个、拉我个前头、为之伊本来是拉我前头个。16 从伊个充满、伲全受著个、就是恩典。17 因为律法是从摩西传下来个。恩典咾真理、是从耶稣基督来个。18 从勿曾有人看见上帝、不过拉爷胸膛头个独养儿子、曾经表明伊。19 约翰个干证写拉下底。当时、犹太人从耶路撒冷差祭司咾利未人人来、问约翰咾话、侬是啥。20 伊承认咾勿隐瞒承认话、我勿是基督。

《旧新约圣经》，上海土白，美国圣经会 1924 年印。

苏州话汉字本：《约翰传福音书》

1 起初有道、道搭神一淘个、道就是神。2 个个道起初搭神一淘个。3 万物是俚造个、道勿造末、受造个无不。4 拉道里向有生命、并且生命是人个光。5 光照拉暗里、暗倒勿觉着。6 有一个人、名叫约翰、是神差来个。7 俚来做见证、就是为之光咾做见证、以致众人可以从俚咾相信。8 约翰勿是光、不过为之光咾做见证、9 个个是真个光、降到世界上咾照亮拢总人个。10 俚拉世界上、世界上是俚造个、世界上倒勿认得俚。11 俚到自家个地方来、自家个人倒勿接待俚。12 凡系接待俚个末、就是相信俚名字个、俚拨权柄拉俚笃、做神个儿女。13 个等人勿从血气、勿从情欲、勿从人个意思、是从神咾养个。

14 道成功之肉身、住拉伲当中、恩典咾真实充满俚、伲看见之俚个荣耀、像爷独养儿子个荣耀。15 约翰替俚做见证、喊咾说、我说歇、拉我以后来个、倒拉我以前、为之俚本来拉我以前个、就是个个人。16 因为伲从俚个全得着恩典、就是恩上加恩。17 因为律法、是从摩西传下来个、独是恩典咾真道是从耶稣基督来个。18 从勿有人看见神、然而常常拉爷胸脯头个独养儿子、曾经表明俚。19 约翰个干证写拉下底。个个时候、犹太人从耶路撒冷差祭司咾利未人人来问约翰咾话、倷是啥人。20 约翰承认咾勿推辞、俚承认咾说、我勿是基督。

《新约全书》，美国圣经会 1922 年印。

闽方言译本

福州话汉字本：《约翰福音》

1 元始务道、道共上帝齐着礼、道就是上帝。2 者道元始共上帝齐着礼。3 诸毛都是藉者道创造其、凡所创造其毛、毛喇怀是藉者道创造其。4 生命是着道礼、生命就是伊光。5 者光照着暗、暗其仅怀伊伊。6 务喇伊是上帝所差遣、名约翰。7 伊来做证见、是替者光做证见、使众伊因伊就僬信。8 伊怀是者光、[伊]伊来、是替者光做证见。9 者光是真其光、降临世间照众伊。10 伊着世间、世间是藉伊创造其、世间伊仅怀伊伊。11 伊来自家其地、自家其伊仅怀接伊。12 凡伊接伊、就是信伊其名、伊就赐者伊务权柄、僬做上帝其仔。13 只一等其伊怀是由血气、怀是由性情、也怀是由人人其意思生其、[伊]是由上帝礼生其。

14 者道成喇伊、居住我伊中间、我伊务看见伊其荣耀、真是天父独生子其蓉耀、伊务恩惠共真理充满。15 约翰替伊做证见、呼讲、者伊就是我前日讲其、务喇伊后我来、故先去我就着礼了、因伊本来是先去我。16 由伊满足、我伊都务受恩上加恩。17 律法是由摩西传落来、那恩惠真理是由耶稣基督礼来。18 昧务伊看见上帝、那独生子着天父胸前其、务表明伊。19 约翰其证见是将换、当时犹太人伊自耶路撒冷、使祭司共利未伊来问伊讲、汝是俤伊、20 约翰也怀遮瞒、就承认讲、我怀是基督。

《新约全书》，美国圣经会 1937 年印。

粤方言译本

广州话汉字本：《约翰传福音书》

1 太初有道、道同埋上帝、道即系上帝、2 呢个道太初同埋上帝呀、3 万物被佢创造、但凡受造嘅、有一样唔系由佢所造、4 生命系在道中、而且个的生命系人嘅光、5 个光照在黑暗之中、但黑暗唔认识佢。6 有个人由神打发嘅、名叫做约翰。7 佢嚟做见证、即系为个光做见证、令众人因佢致信。8 佢唔系个光、独系为个光做见证唓。9 呢个系临世嘅真光、嚟照尷人嘅呀。10 佢口[係]世界处、世界系佢造嘅、但世界唔识佢。11 佢到属自己之所、但个的属自己嘅人唔接佢。12 但凡接佢嘅、即系依赖佢名嘅、佢就赐权过佢哋、做神嘅仔女。13 佢哋唔系由血气、唔系由情欲、唔系由人意、乃系由神生出呀。

14 道成为肉身、住在我哋之中、我哋之中、我口地之中、我口地见佢蓉光、犹如父独生之子嘅荣光、充满恩典真理呀、15 约翰为佢做证、嘤话、我讲有个后过我口黎先过我在嘅、因为佢本来先过我、即系呢个人呀、16 而且由佢嘅丰盛、我哋大家受晓、又恩上加恩呀、17 因为律法系托摩西所赐、恩典共真理、系托耶稣基督、18 向来未有人见过上帝、单系在父胸怀嘅独生子、将佢显明唓、19 约翰嘅见证系噉样、犹太人从耶路撒冷打发祭司共利未人问佢之时、话、你系乜谁、20 佢就认唔隐讳、佢认话、我唔系个基督。

《新约全书》，大英圣书会 1906 年。

客家方言译本

客家话汉字本：《约翰福音书》

1 当初有道、道与上帝共在、道又系上帝、2 这佢当初同上帝共在、3 万物都系用佢来造倒、凡有造倒嘅、冇一件唔系用佢来造倒、4 生命系在其内肚、生命又系人嘅光、5 光在暗里照紧、暗都唔佢、6 有人在上帝嗟着发来、名为约翰、7 佢来做证即系同光做证、等尽都好因佢来信、8 佢唔系该光、佢竟系爱同光做证、9 照紧各人该真光、系来紧哩世间、10 佢原来在世间、世间系用佢来造倒嘅、世间又唔会认识佢、11 佢到其自己嘅地方、其自己人都唔会接佢、12 但系凡有接哩佢侪、即系信其名个、佢就界倒权佢、来做上帝嘅子女、13 佢等唔系由血气、唔由情欲、唔由人意、系由上帝生倒来。

14 道成哩肉身、在吾等中住过、吾等又看倒其荣光、系象亚爸独生子嘅荣光、满哩恩典同真理、15 约翰同佢做证、暗话、吾讲过话、紧我尾来侪、系先过吾来哩、因为佢先过吾在个、就系讲这个人、16 在其丰足里、吾等齐家都接倒恩上加恩、17 因致律法系藉摩西传倒、恩典同真理、就系由耶稣基督来嘅、18 自都冇人看过上帝、在亚爸胸怀里该独生子、佢就表明佢、19 约翰嘅证就系咁样、犹太人在耶路撒冷、着发等祭司利未人为、问约翰话、汝系那侪、佢就承出来、冇隐藏、佢承出、话、吾唔系基督。

《新约圣经》，上海大英圣书公会 1923 年。

官话方言汉字本

南京官话汉字本：《约翰传福音》

1 起头有道、这道和上帝同在、道就是上帝。2 这道起头和上帝同在、3 万样的东西、被道造成、凡受造的东西、没有一个不是道造成功的。4 生命在道里面、生命就是人的光。5 这光照着黑暗、黑暗的人却不晓得他。6 有上帝差遣的人、名叫约翰。7 他来替光做见证、叫人信他、8 约翰并不是这光、只是替这光做见证、9 真光就是降下世界照万人的哟。10 这光在世界、世界是他造的、世界的人倒不晓得他。11 他到自己的地方来、自己的人不接待他。12 凡接待他的、就是信他的、可以得着权柄、做上帝的儿子。13 不是从血气生的、也不是从私欲生的、又不是从人意生的、是从上帝生出来的哟。

14 这道成了个人身、住在我们当中、我们看见他的荣耀、果然是天父独生子的荣耀、用恩宠真理装满的呵。15 约翰替他做见证、喊着说道、我说在我以后来的、反在我先、因为本来先我的、就是这个人。16 我们众人藉他的丰盛、得了恩宠、恩宠越发的多。17 律例是摩西传下来的、恩宠真理、从耶稣基督出的。18 没有人看见上帝、只是独生的子常在天父的怀里、把上帝的事表明出来。19 约翰做见证的事、是有来历的、犹太人从耶路撒冷打发列位祭司、和利未人来问约翰道、你是什么人。20 约翰承认、并不隐瞒、说道、21 我不是基督。

《新约全书》，美华书馆 1857 年。

北京官话汉字本：《约翰福音》

1 太初有道、道与神同在、道就是神。2 这道太初与神同在、3 万物是藉著道创造的、凡创造的、没有一样不是藉著道创造的。4 生命在道中、这生命就是人的光。5 光照在黑暗里、黑暗却不认识光。6 有一个介上帝差来的、名叫约翰。7 他来作见证、就是为光作见证、叫众人因著他可以信。8 约翰不是那光、只为光作见证。9 那光是真光、普照凡生在世上的人。10 他在世界上、世界是藉着他创造的、世界的人却不认识他。11 他到自己的地方来、自己的人倒不接待他。12 凡接待他的、就是信他名的人、他就赐他们权柄、作上帝的儿女。13 这样人、不是从血气生的、不是从情欲生的、不是从人意生的、乃是从上帝生的。

14 道成了人身、住在我们中间、充充满满的恩典、有真理、我们看见过他的荣光、正是父的独生子的荣光。15 约翰为他作见证、大声说、我曾说有一个人比我后来、反在我以前、因为他本来在我以前、所说的就是这个人。16 我们从他充满的恩典里、都得了恩、又恩上加恩。17 律法是借着摩西传的、恩典真理、都是从耶稣基督来的。18 神没有人看见过、只有常在父怀里的独生子将他表明出来。19 约翰如何作见证记在下面。犹太人从耶路撒冷差祭司和利未人到约翰那里、问他说、你是谁。20 他就明说、并不隐瞒、明说我不是基督。

《新约全书》，京都东交民巷耶稣堂藏板，京都美华书馆 1872 年。

汉口官话汉字本：《约翰福音》

1 太初有道、道与上帝同在、道就是上帝、2 这道、太初与上帝同在、3 万物是藉着道造的、凡受造的、没有一样不是藉着道造的、4 生命在道中、生命就是人的光、5 光照在黑暗里、黑暗却不认识他、6 有一个人来、是上帝所差遣的、名叫约翰、7 他来作见证、就是为光作见证、使众人因他可以信、8 约翰不是这光、只为这光作见证、9 这光是真光、临世照众人、10 他尝在世界、世界也是藉着他造的、世界的人却不认识他、11 他到自己的地方来、自己的人倒不接待他、12 凡接待他的、就是信他名的人、他赐给他们权柄、得作上帝的儿女、13 这样人、不是从血气生的、不是从情欲生的、不是从人意生的、乃是从上帝生的。

14 道成了人身、住在我们中间、恩宠真理、充充满满的、我们会看见他的荣光、正如天父独生子的荣光、15 约翰为他作见证、喊叫说、我曾说后我来、已经为我先的、因为他本来在我先、就是这个人、16 我们众人、从他的丰盛得恩、又恩上加恩、17 律法是藉着摩西传的、恩宠真理、是藉着耶稣基督来的、18 从来没有人看见上帝、只有独生子、在父怀里的、曾将他显明出来、19 约翰的见证、记在下面、那时候、犹太人从耶路撒冷、差遣父祭司和利未人、来问约翰说、你是谁、20 约翰承认、并不隐瞒、说、我不是基督。

《新约圣书》，1886 年苏格兰圣书会刊印。

和合官话译本：《约翰福音》

1 太初有道，道与上帝同在，道就是上帝。2 这道太初与上帝同在。3 万物是借着他造的；凡被造的，没有一样不是借着他造的。4 生命在他里头，这生命就是人的光。5 光照在黑暗里，黑暗却不接受光。6 有一个人，是从上帝那里差来的，名叫约翰。7 这人来，为要作见证，就是为光作见证，叫众人因他可信。8 他不是那光，乃是要为光作见证。9 那光是真光，照亮一切生在世上的人。10 他在世界，世界也是藉着他造的，世界却不认识他。11 他到自己的地方来，自己的人倒不接待他。12 凡接待他的，就是信他名的人，他就赐他们权柄，作上帝的儿女。13 这等人不是从血气生的，不是从情欲生的，也不是从人意生的，乃是从上帝生的。

14 道成了肉身，住在我们中间，充充满满地有恩典有真理。我们也见过他的荣光，正是父独生子的荣光。15 约翰为他作见证，喊着说："这就是我曾说：'那在我以后来的，反成了在我以前的，因他本来在我以前。'"16 从他丰满的恩典里，我们都领受了，而且恩上加恩。17 律法本是借着摩西传的；恩典和真理都是由耶稣基督来的。18 从来没有人看见上帝，只有在父怀里的独生子将他表明出来。19 约翰所作的见证记在下面：犹太人从耶路撒冷差祭司和利未人到约翰那里，问他："你是谁？"20 他就明说，并不隐瞒；明说："我不是基督。"

国语译本

朱宝惠译本：《约翰福音》

1 原初是道，道与上帝并在，道就是上帝。2 这道原初与上帝并在。3 万物凭他而成；除他所成，无一成就。4 生命在他里头；这生命是人的光。5 光照在黑暗里；而黑暗不接受地。6 有了一人，名叫约翰，是上帝差来的。7 他来要作见证，就是为这光作见证，要使众人凭他可以相信。8 那人不是这光，只是要为这光作见证。9 这光是真是，牠来到世界照亮一切的人。10 他在世界，这世界是凭他而成的，世界竟不认识他。11 他来到自己的那里，自己的人，倒不接待他。12 凡接待他的，他就赐权柄给他们，成为上帝的子女。13 这等人既不是出于血性；也不是出于肉体的意志；也不是出于男子的意志；乃是出于上帝所生的。

14 这道成了肉身，就张幕在我们中间，充满了恩惠和真实。我们瞻望过他的荣耀，正像天父独生子的荣耀。15 约翰为他作见证，喊叫说：这人就是我所说过的那一位，在我以后来的，他比我大：因为他本来在我以先。16 从他满足的恩惠里，我们众人都领受了；并且恩上加恩。17 因为法律是凭摩西赐下来的，恩惠和真实，乃是凭基督耶稣而成就的。18 上帝是从来没有人看见过，只有独生的神子；就是靠在父怀里的那一位，他已经表现出来了。19 约翰的见证如下：犹太人从耶路撒冷差祭司和利未人到约翰那里，问他说："你是那一位？"20 他就直言不讳，明明的说："我不是基督。"

《重译新约全书》，上海竞新印书馆 1936 年。

王元德译本：《约翰福音》

1 太初有道，道与上帝同在，道就是上帝。2 这道太初与上帝同在。3 万物是藉着牠造的；凡被造的，没有一样不是藉着牠造的。4 生命在牠里头；这生命就是人的光。5 光照在黑暗里；黑暗却不接受光。6 有一个人，是从上帝那里差来的，名叫约翰。7 这个人来，为要作见证，就是为光作见证，叫众人因着他可以信。8 他不是那光，乃是要为光作见证。9 那是真光，照亮一切生在世上的人。10 牠在世界、世界是藉着牠造的、世界却不认识他。11 牠到自己的地方来，自己的人倒不接待牠。12 凡接待牠的，就是信牠名的人，牠就赐他们权柄，作上帝的儿女：13 这等人，不是从血气生的，不是从情欲生的，也不是从人意生的，乃是从上帝生的。

14 道成了肉身，住在我们中间，充充满满的，有恩典，有真理。我们看见过牠的荣光，正是父独生子的荣光。15 约翰为牠作见证，喊叫说，这就是我曾说过，那在我以后来的，反成了在我以前的：因为牠本来在我以前。16 牠的丰满里，我们都领受了，并且恩上加恩。17 因为律法是藉着摩西传的：

恩典真理，是从耶稣基督来的。18 从来没有人看见过上帝；只有在父怀里的独生子将祂表明出来。19 约翰所作的见证，记在下面，犹太人从耶路撒冷差祭司和利未人到他那里，问他说，你是谁？20 他就明说，并不隐瞒；明说，我不是基督。

《新约全书》，青岛中华基督教会 1933 年。

吕振中译本：《约翰福音》

1 起初有道，道与上帝同在，道是上帝之真体。2 这道起初与上帝同在；3 万物藉着他而被造；凡被造的、没有一物在他以外而被造。4 生命在他里面（有古卷作：万物藉着他而被造；没有一物是在他以外而被造的。凡已被造的，有生命在他里面）；这生命就是人的光。5 光在暗中照耀着，暗却没有胜过光。6 有一个人，是从上帝差遣来的，他名叫约翰。7 这个人来作见证，是要为光作见证，叫众人藉着他而信，8 他不是那光，他是要为光作见证。9 那照亮万人的真光，当时正到世界上来。10 他在世界上，世界藉着他而被造，而世界不认识他。11 他到自己的地方来，而自己的人不接纳他。12 凡接受他的，就是信他名的人，13 也不是由于人底意思，乃是由于上帝，而生的。

14 道成了肉身，住在我们中间，我们见过他的荣光，正是个独生者由父而来的荣光，丰丰满满地有恩典有真实。15 约翰为耶稣作见证，喊着说："这一位就是我所说到：那在我以后来的、位在我前头，因为他本是比我先的。"16 从他的丰满里我们都领受了，而且恩上加恩。17 因为律法是藉着摩西而颁赐；恩典与真实乃是藉着耶稣基督而来的。18 从来没有人见过上帝；惟有在父怀里的独生子（有古卷作：独生者；或独生者上帝）将他表彰出来。

《新约新译修稿》，（香港）圣书公会 1952 年。

思高译本：《若望福音》

1 在起初已有圣言，圣言与天主同在，圣言就是天主。2 圣言在起初就与天主同在。3 万有是藉着他而造成的；凡受造的，没有一样不是由他而造成的。4 在他内有生命，这生命是人的光。5 光在黑暗中照耀，黑暗决不能胜过他。6 曾有一人，是由天主派遣来的，名叫若翰。7 这人来，是为作证，为给光作证，为使众人藉他而信。8 他不是那光，只是为给那光作证。9 那普照每人的真光，正在进入这世界；10 他已在世界上；世界原是藉他造成的；但世界却不认识他。11 他来到了自己的领域，自己的人却没有接受他。12 但是，凡接受他的，他给他们，即给那些信他名字的人权能，好成为天主的子女。13 他们不是由血气，也不是由肉欲，也不是由男欲，而是由天主生的。

14 于是，圣言成了血肉，寄居在我们中间；我们见了他的光荣，正如父独生者的光荣，满溢恩宠和真理。15 若翰为他作证呼喊说："这就是我所说的：那在我以后来的，成了在我以前的，因他原先我而有。"16 从他的满盈中，我们都领受了恩宠，而且恩宠上加恩宠。17 因为法律是藉梅瑟传授的，恩宠和真理却是由耶稣基督而来的。18 从来没有人见过天主，只有那在父怀里的独生者，身为天主的，他给我们详述了。19 这是若翰所作的见证：当时，犹太人从耶路撒冷派遣了司祭和肋未人，到他那里问他说："你是谁？"20 他明明承认，并没有否认；他明认说："我不是默西亚。"

《圣经》，香港思高圣经学会 1968 年。

萧铁笛译本：《圣约翰福音》

1 太初有道，道与神同在，道即是神。2 这道最初即是与神同在；3 万物都是从道而来的，没有祂就一无所有。4 道有生命，那生命即人们的光。5 光在黑暗中照耀着，黑暗却不能抵制它。6 会有一人，名约翰，是神差遣来的。7 他专为作见证而来，要为光作证，好让世人因他致信。8 他并不是光，但他是奉命为那光提供证据的人。9 那是真光，要照明所有投到世界来的人。10 祂会降临这世界，这世界也是因祂而有，可以这世界不认识祂。11 祂虽然来到自己的地方，自己的人反不欢迎祂。12 凡欢迎祂的人，纵令是企慕其名的人，祂就赐权让他们成为神的儿女；13 这种人，非从血液而生，亦非依照肉体或人的意志而生，实乃从神出生。

14 道成了肉身，帐幕在我们中间，我们看见祂的光荣，那种光荣，正是天父的独生子的光荣，充满着恩惠与真理，15 约翰为祂作见证，喊着说："这就是我讲过的人，后我而为反居我之前，因为祂自始即在我以前。"16 我们都从祂的富有中受了惠，而且是神惠继神惠，17 因为法律是通过摩西颁下的，神惠和真理却是通过耶稣基督而来。18 从来没有人看见过神，现在天父怀里的独生子自己出来表扬神。19 这是约翰的证言——当犹太人从耶路撒冷派出祭司和利未人访问约翰，20 要知道他是谁，他据实承认而不隐讳，但申明自己不是基督。

《新译新约全集》，香港灵粮出版社 1967 年。

现代中文译本：《约翰福音》

1 宇宙被造以前，道已经存在。道与上帝同在；道是上帝。2 在太初，道就与上帝同在。3 上帝藉着他创造万有；在整个创造中，没有一样不是藉着他造的。4 道就是生命的根源，这生命把光赐给人类。5 光照射黑暗，黑暗从没有胜过光。6 有一个人，名叫约翰，是上帝所差遣的使者。7 他来为那光作证，为要使大家听见他的信息而信。8 他本身不是那光，而是要为光作证。9 那光是真光，来到世上照亮全人类。10 道在世上，上帝藉着他创造世界，而世人竟不认识他。11 他来到自己的地方，自己人的人却不接受他。12 然而，凡接受他的，就是信他的人，他就赐给他们特权作上帝的儿女。13 这样的人不是由血统关系，不是由人的性欲，也不是由男人的意愿生的，而是由上帝生的。

14 道成为人，住在我们当中，充满着恩典和真理。我们看见了他的荣耀，这荣耀正是父亲的独生子所当得的。15 约翰为他作证，呼喊说："关于他，我曾经说过：'他在我以后来，却比我伟大；因为我出生以前，他已经存在。'"16 从他的丰盛里，我们领受了恩典，而且恩上加恩。17 上帝借着摩西颁布法律，但恩典和真理是借着耶稣基督来的。18 没有人见过上帝，只有独生子，就是跟父亲最亲密的那一位，他把启示出来。19 以下是约翰的见证。当时，耶路撒冷的犹太人派遣祭司和利未人去见约翰，问他："你是谁?"20 约翰没有拒绝回答，却坦白承认说："我并不是基督。"

《新约圣经》，台湾圣经公会 1975 年。

萧静山译本：《圣若望福音》

1 圣言，起初就有，圣言在天主，圣言就是天主。2 这圣言起初在天主。3 万物就是用他造成的；凡受造的，没有一样不是用他造成的。4 他是生命之所在；那生命就是人的光。5 那光，照在黑暗中，黑暗却不受他照。6 有从天主打发来的一个人，名叫若翰。7 他来是为作证，为光作证，叫众人因着他好信从。8 他不是那光，但是给那光作证的。9 那就是真实的光；凡来到这世界的人，他都照临。10 他本就是在世界，世界也是用他造成的；世界却不认识他。11 他来到自己本地；自己的人，也没有接待他。12 凡接待他，信他的名字的，他就赐给他们权能，得成天主的子女。13 这子女不是从血气生的，也不是从肉欲生的，也不是从人意生的；但是从天主生的。

14 圣言降生成人，居住了在我们当中；我们见了他的光荣，正如父惟一子的光荣，充满圣宠和真理。15 若翰给他作证，呼号，说："这就是我说过的那一位，以我以后来的，成了在我以前的，因为以我以前就有他。16 从他所充满的，我们都领受了，而且恩宠上加恩宠。17 因为法律，是由梅瑟颁给的；圣宠及真理，却是从耶稣基督来的。18 从来没有见过天主：是在父怀里的惟一子，把天主发明了。"19 若翰作证如下：当时犹太人，从耶路撒冷派了几个司祭，及辅祭人到若翰那里，问他说："你是谁?"若翰就明言不讳，明说："我不是基督。"

《新经全集》，（台湾）光启出版社 1963 年。

恢复本：《约翰福音》

1 太初有话，话与神同在，话就是神。2 这话太初与神同在。3 万物是藉着祂成的；凡已成的，没有一样不是藉着祂成的。4 生命在祂里面，这生命就是人的光。5 光照在黑暗里，黑暗未曾胜过光。6 有一个人，是从神那里差来的，名叫约翰。7 这人来，为要作见证，就是为光作见证，叫众人藉着他可以信。8 他不是那光，乃是要为那光作见证。9 那光是真光，来到世上，要照亮每一个人。10 祂在世界，世界也是藉着祂成的，世界却不认识祂。11 祂到自己的地方来，自己的人却不接受祂。12 凡接受祂的，就是信入祂名的人，祂就赐他们权柄，成为神的儿女。13 这等人不是从生的，不是从肉体的意思生的，也不是从人的意思生的，乃是从神生的。

14 话成了肉体，支搭帐幕在我们中间，丰丰满满的有恩典，有实际。我们也见过祂的荣耀，正是从父而来独生子的荣耀。15 约翰为祂作见证，喊着说，这就是我曾说，那在我以后来的，成了在我以前的，因祂原是比我先的。16 从祂的丰满里我们都领受了，而且恩上加恩；17 因为律法是藉着摩西赐的，恩典和实际都是藉着耶稣基督来的。18 从来没有人看见神，只有在父怀里的独生子，将祂表明出来。19 以下是约翰所作的见证：犹太人从耶路撒冷差祭司和利未人到他那里，问他说，你是谁？20 他就承认，并不否认，承认说，我不是基督。

《新约圣经》，台湾福音书房 1987 年。

新译本：《约翰福音》

1 太初有道，道与神同在，道就是神。2 这道太初与神同在。3 万有是借着他造的；凡被造的，没有一样不是借着他造的。4 在他里面有生命，（有些抄本第 3、4 节或译："万有是借着他造的，没有一样不是借着他造的；凡被造的，都在他里面有生命……"）这生命就是人的光。5 光照在黑暗中，黑暗不能胜过光。6 有一个人，名叫约翰，是神所差来的。7 他来是要作见证，就是为光作见证，使众人借着他可以相信。8 他不是那光，而是要为那光作见证。9 那光来到世界，是普照世人的真光。10 他在世界，世界也是借着他造的，世界却不认识他。11 他到自己的地方来，自己的人却不接受他。12 凡接受他的，就是信他名的人，他就赐给他们权利，成为神的儿女。13 他们不是从血统生的，不是从肉身的意思生的，也不是从人意生的，而是从神生的。

14 道成了肉身，住在我们中间，满有恩典和真理。我们见过他的荣光，正是从父而来的独生子的荣光。15 约翰为他作见证，大声说："这一位就是我所说的：'那在我以后来的，位分比我高，因为他本来是在我以前的。'"16 从他的丰盛里我们都领受了，而且恩上加恩。17 律法是借着摩西颁布的，恩典和真理却是借着耶稣基督而来的。18 从来没有人见过神，只有在父怀里的独生子把他彰显出来。19 以下是约翰的见证：犹太人从耶路撒冷派祭司和利未人到约翰那里，问他："你是谁？"20 约翰并不否认，坦白地承认说："我不是基督。"

《新约全书》，环球圣经公会 1976 年。

中国社会科学院图书馆收藏的圣经译本

（以出版时间为序）

1	北京官话译本	《新约全书》，1899 年，清光绪二十五年，大美国圣经会
2	委办译本	《旧约全书》，1899 年，大美国圣经会刷印，福州美华书局活板
3	北京官话译本	《新旧约全书》，圣书公会，出版地不详，1899 年
4	苏州方言译本	《新约全书》，1908 年
5	广东方言译本	《新约全书》，上海：大英圣书公会，1920 年。上帝版
6	上海方言译本	《新约全书》，上海：美华圣经会，1928 年。上帝版
7	和合官话译本	《新约全书》，美国圣经会，无年。上帝版
8	和合官话译本	《新约全书》，上海：美华圣经会，上帝版
9	广东方言译本	《新旧约全书》，1935 年
10	和合官话译本	《新约全书》，圣经公会，1935 年。上帝版
11	和合官话译本	《新约全书》，圣经公会，1935 年，串珠。上帝版。英国圣经会、美国圣经会印刷
12	客家方言译本	《新约圣经》，圣经公会，1937 年
13	广东方言译本	《新约全书》，圣经公会，1939 年。上帝版
14	和合官话译本	《新约全书》，圣经公会，1939 年
15	和合官话译本	《新约全书》，中华圣经会，1939 年，中英文对照
16	福州方言译本	《新旧约全书》，中华圣经公会，1940 年
17	福州方言译本	《新约全书》，中华圣经公会，1940 年。上帝版
18	和合官话译本	《新旧约全书》，中华圣经公会，1940 年。神版
19	和合官话译本	《新旧约全书》，苏格兰圣经会，1940 年
20	和合官话译本	《新旧约全书》第二卷，撒母耳记至诗篇，1941 年
21	和合官话译本	《新旧约全书》，中华圣经公会，1941 年
22	和合官话译本	《新旧约全书》，中华圣经公会，1941 年。神版
23	和合官话译本	《新旧约全书》，中华圣经公会，1942 年。上帝版
24	吴经熊译本	《圣咏译义初稿》，商务印书馆，1946 年
25	和合官话译本	《新约全书》，中英文对照，中文横版。上帝版

续表

26	和合官话译本	《新旧约全书》，中华圣经公会，1948 年。上帝版
27	和合官话译本	《新约全书》，中华圣经公会，1948 年。神版
28	和合官话译本	《新约全书》，中华圣经公会，1949 年。上帝版
29	和合官话译本	《新约全书》，上海：美华圣经会，1949 年。上帝版
30	和合官话译本	《新旧约全书》，中华圣经公会，1949 年
31	和合官话译本	《新旧约全书》，中华圣经公会 1950 年。神版
32	和合官话译本	《圣经》，香港圣经会，1988 年。串珠，注译本
33	和合官话译本	《新约全书》，1999 年

台湾"中研院"收藏圣经译本

（以出版时间为序）

1	花苗语译本	《花苗福音诗歌》，无出版时间，无出版机构
2	上海方言译本	《旧新约圣经》，上海：美国圣经会，无出版时间
3	和合浅文理译本	《旧约全书》，上海：美华书馆摆印，未写版本名称，1908 年
4	和合官话译本	《新约全书》，上海：大英圣书公会，王照官话注音字母，1921 年
5	苏州方言译本	《新约全书》，上海：大美国圣经会，1922 年
6	和合官话译本	《使徒行传》，上海：大英圣书公会，王照官话注音字母，1922 年
7	和合官话译本	《路加福音》，上海：大英圣书公会，王照官话注音字母，1922 年
8	和合官话译本	《约翰福音》，上海：大英圣书公会，王照官话注音字母，1924 年。
9	广东方言译本	《旧新约全书》，上海：美国圣经会，神版，1924 年
10	广东方言译本	《旧新约全书》，上海：圣书公会，上帝版，1925 年
11	福州方言译本	《旧新约全书》，上海：美国圣经会，上帝版，1926 年
12	委办译本	《旧新约全书》，上海：美国圣经会，1927 年
13	花苗语译本	《新约全书》，上海：圣书公会，1936 年
14	苗语译本	《约翰福音》，上海：圣书公会，1936 年
15	和合官话译本	《新约全书》，汉英对照，1936 年
16	和合官话译本	《圣经》附引得，上帝版，香港圣经公会，1964 年
17	厦门方言译本	《新约圣经》，台北：台北语文学院编，罗马字英文对照，1969 年
18	阿美语译本	《圣经》，台北：圣经公会，阿美语国语对照，1972 年
19	阿美语译本	《阿美新约圣经》，台北：圣经公会，阿美语国语对照，1972 年
20	国际基甸会译	《新约圣经》，台北：国际基甸会中国总会，1975 年
21	雅美语译本	《新约圣经单行本》，雅美现代中文译本对照，1980 年

续表

22	阿美语译本	《圣经》，中华民国圣经公会，阿美语国语对照，1981 年
23	国际基甸会译	《新约圣经》，台北：国际基甸会中华民国总会，1981 年
24	思高圣经学会译	《圣经》，台北：思高圣经学会出版社，1984 年
25	现代中文译本	《新约圣经》，现代中文译本闽南语罗马注音，汉字罗马字对照，台北：中华民国圣经公会，1987 年
26	太鲁阁语译本	《旧约圣经选摘翻译本》，台北：中华民国圣经公会，太鲁阁语国语对照，1988 年
27	太鲁阁语译本	《圣经》，太鲁阁语国语对照，1990 年
28	排湾语译本	《排湾语圣经》，罗马字母，1993 年
29	客家方言译本	《客语圣经》，现代台湾客语译本，圣经公会，汉字罗马字对照，1993 年
30	雅美语译本	《雅美语圣经新约》，台北：中华民国圣经公会，1994 年
31	厦门方言译本	《圣经》，台语汉字本，根据巴克礼牧师厦门音罗马字圣经 (1933)改写成汉字。台湾圣经公会，1996 年
32	阿美语译本	《阿美语圣经》，译自现代中文译本，阿美语
33	冯象译本	《新约》，香港：牛津大学出版社，2010 年

美国哈佛燕京图书馆收藏的圣经译本

　　哈佛大学图书馆是美国收藏书籍最多的图书馆之一，它的中文书籍收藏始于 1879 年。1928 年，哈佛大学正式设立了"汉和图书馆"(Chinese-Japanese Library)，开始有系统的收集工作，范围大都限于传统汉学的中日文书刊。第二次世界大战后，哈佛大学增设有关近现代东亚的课程，对社会科学资料的收集亦随之扩大，1965 年改称"哈佛燕京图书馆"(Harvard-Yenching Library)。哈佛燕京图书馆的中文书籍收藏量为全美第二，仅次于国会图书馆(Congress Library)，善本珍品图书珍藏尤其多。其中，它收藏的 19 世纪西方基督新教传教士进入中国后，在广东、澳门、福州、上海、宁波等地出版的翻译成中文或用中文撰写的基督新教著作，可以说是对早期中文基督教书籍最集中的收藏。

　　1810 年，美国公理宗牧师联合会成立了美国历史第一个海外传道部——美国公理会海外传道部(American Board of Commissioners of Foreign Missions，ABCFM)，中文译为"美部会""公理会"或"纲纪慎会"。从 19 世纪末到 20 世纪 20 年代，公理会搜集了大量由基督新教传教士撰写和翻译的中文著作，并将它们运回在波士顿的办事处。1949 年和 1962 年，机构将文献两次捐献给哈佛大学，手稿和中文图书分别由候顿图书馆(Houghton Rare Book Library)和哈佛燕京学社保存，图书出版时间大约在 1810 年至 1927 年之间。

　　从 20 世纪 60 年代起，哈佛大学著名的"中国通"费正清(John King Fairbank)教授就非常支持整理这些资料，曾在哈佛大学工作的刘广京教授也确定了每本书的作者和出版的详细资料。1975 年，哈佛燕京图书馆开始整理这些书籍，赖永祥先生将全部图书进行了编目。荷兰国际文献公司(Inter Documentation Company，IDC)还将全部收藏做成了 1750 张缩微平片。现在，全部书稿存放于燕京图书馆的善本书室(Rare Books)，只能阅读，不能外借，也不能复印。燕京图书馆还将所有书名的目录卡复印成书，名为《新教传教士的中文著作目录》(*Catalog of Protestant Missionary Works in Chinese*)，索书号为 Ref BR 1285/Z99/H37/1980x。

　　哈佛燕京图书馆收藏的基督教中文文献共 708 种，其中圣经全本和圣经选本共 169 种。除马士曼译本外，其收藏包括深文理译本、浅文理译本、和合译本和方言译本等各类《圣经》译本。方言译本不包含苏州方言译本、杭州方言译本、金华方言译本、温州方言译本、汕头方言译本、建阳方言译本、邵武方言译本、海南方言译本、建宁方言译本、汀州方言译本、汉口方言译本、山东方言译本、河北方言译本、南京方言译本。本文所介绍的收藏大部分为汉字本，个别为教会方言罗马字本。书籍信息中，TA 为燕京图书馆为这些特设的索书号，T 代表丰富内容的收藏(treasure room items)，A 代表美国公理会(ABCFM)。

《圣经》在中国的翻译，从语言角度可分为汉语和少数民族语言两大类。汉语译本从语体角度又可以分为三类：(1)文言译本，即深文理译本；(2)半文半白译本，即浅文理译本；(3)口语体译本，包括官话译本(又称白话文译本)和方言译本(又称土白译本)。从文字角度包括汉字译本、国语注音字母译本、由传教士创造的教会方言罗马字本、王照注音字母本及中外文对照本。此外，还印刷过盲文版汉语《圣经》。就版本而言，圣经中译本有单卷本、多卷本和《旧约全书》《新约全书》《新约附诗篇》《旧新约全书》等，总数达千种以上。本文旨介绍哈佛燕京图书馆收藏的汉文基督教《圣经》，不涉及少数民族语言《圣经》译本。

(1)深文理译本包括马士曼译本、马礼逊译本、郭士利译本、委办译本(或代表译本)、裨治文译本、高德译本。

(2)浅文理译本包括杨格非译本、包约翰和白汉理译本、施约瑟浅文理译本。

(3)和合译本包括深文理和合译本、浅文理和合译本、官话和合译本。

(4)中国是个多方言国家，《圣经》方言译本于是应运而生。方言译本大致可分为官话方言、吴方言、闽方言、粤方言、赣方言和客家方言六大类。其中，官话方言有南京方言译本、北京方言译本、汉口方言译本、山东方言译本、天津方言译本、胶东方言译本、河北方言译本。吴方言有上海方言译本、宁波方言译本、苏州方言译本、杭州方言译本、金华方言译本、台州方言译本、温州方言译本。闽方言有福州方言译本、厦门方言译本、汕头方言译本、兴化方言译本、建阳方言译本、邵武方言译本、海南方言译本。粤方言有广州方言译本。赣方言有建宁方言译本。

燕京图书馆收藏的深文理马礼逊译本有 9 种，均为汉字本。

1.《神诗书》，马礼逊译，1830 年，155 叶，17cm。汉字本。TA1977.32/C1850。

2.《神天圣书：新遗诏书》，《救世我主耶稣新遗诏书》，4 册。汉字本。原书无索书号。

3.《耶稣基利士督我主救者新遗诏书》，马礼逊从希腊文译出，1813—1814 年广州，8 卷，623 叶，26.5cm，有目录。汉字本。TA1977.5/C1813。

4.《旧遗诏书》第一章，马礼逊译，1814 年，3 页。汉字本。TA1977.21/C1814。

5.《古时如民亚国历代略传》，马礼逊译，1815 年，9 叶，26.5cm。汉字本。TA1977.08/56。

6.《利未氏古传书》，马礼逊译，1823 年，吗呔呷英华书院，77 叶，17cm。汉字本。TA1977.231/C1823。

7.《新增圣经节解》卷一，博爱者纂（米怜），1825 年吗呔呷英华书院，41 叶，27cm。汉字本。TA1977.75/C1825。

8. 马礼逊、米怜合译《神天圣书：旧遗诏书》，1827 年吗呔呷英华书院藏板，17 本，28cm。原书无索书号。

《神天上帝启示旧遗诏书》，17 本：(1)《创世历代传》；(2)《出以至比多地传》；(3)《利未氏古传》；(4)《民数传》；(5)《复讲法律传》(以上为摩西五经)；(6)《若书来传》《审司书传》；(7)《路得氏撒母以勒》上下；(8)《列主传》上下；(9)《历代史记》上；(10)《历代史记》下；(11)《以士拉传》《尼西米亚传》《以士得尔传》《若百书传》；(12)《神诗书传》；(13)《谚语书传》《宣道书传》《所罗门之歌传》；(14)《以赛亚书传》；(15)《耶利米亚传》《耶利米亚悲欢书传》；(16)《依西其理书传》；(17)《但以理书传》；《十二先知传》《何西亚书》《若以利书》《亚摩士书》《阿巴氏亚书》《若拿书》《米加书》《拿户马书》《夏巴古书》《洗法尼亚书》《夏哀书》《洗革利亚书》《马拉基书》。

《神天上帝启示新遗诏书》，4 本：(1)《马宝书》《马耳可书》；(2)《路加书》《若翰书》；(3)《使徒行书》、《与罗马辈书》、《可林多辈》第一书、《可林多辈》第二书；(4)《厄拉氏亚辈书》、《以弗所辈书》、《腓利比辈书》、《可罗所书》、《弟撒罗尼亚》第一书、《弟撒罗尼亚》第二书、《弟摩氏》第一书、《弟摩氏》第二书、《弟多书》、《腓利门书》、《希比留书》、《者米士书》、《彼多罗》第一书、《彼多罗》第二书、《若翰》第一书、《若翰》第二书、《如大书》、《若翰现示书》。汉字本。

9.《圣书日课初学便用》，米怜，1831年广州，2卷，26.5cm，有目录。汉字本。TA1977.095/55。

燕京图书馆收藏的深文理郭士利译本有7种，均为汉字本。

10.《神天之十条诫注明》，尚德者纂（麦都思），1832年吗六呷英华书院；2卷，86叶，25cm。汉字本。TA1977.227/C1832。

11.《福音调和》，麦都思，1834年巴塔维亚刷印；8卷，200页，27cm。汉字本。TA1977.6/38。

12.《圣马耳可传福音书》，麦都思译，1837年巴塔维亚；45叶，17.5cm。汉字本。TA1977.63/C1837。

13.《圣者注疏》，郭士利译，1839年新嘉坡坚夏书院；89叶，26.5cm。汉字本。TA1977.095/35。

14.《救世主耶稣新遗诏书》，郭士利等译，1839年新嘉坡坚夏书院藏板；2卷，16cm，上册收《四福音书》，下册收《圣差言行传》至《圣人约翰天启之传》。汉字本。TA1977.5/C1836。

15.《救世主耶稣新遗诏书》，郭士利等译，1839年新嘉坡坚夏书字藏板；344叶，23.5cm。汉字本。TA1977.5/C1836。

16.《旧遗诏圣书新遗诏圣书》样本，1853年（太平天国癸好三年），原书系"伦敦不列颠博物院东方部"所藏，录样本，加跋记，萧一山辑《太平天国丛书》第一辑第一册，国立编译馆1936年刊本。有《旧遗诏圣书》（包括封面）三叶，《新遗诏圣书》（包括封面）二叶，《钦定旧遗诏圣书》（封面）一叶，《钦定新遗诏书》（封面）一叶，《旨准领行书总目》二叶，附萧一山跋记三叶。汉字本。

燕京图书馆收藏的深文理委办译本有4种，均为汉字本。

17.《民数纪略》，1854年上海，依希伯来文翻译；47叶，25cm。汉字本。

TA1977.24/C1854。

18.《利未记》，1854 年，依希伯来文译出；32 叶，25cm。汉字本。TA1977.23/C1854。

19.《新约串珠》，1865 年；280 页，20.5cm。汉字本。TA1977.5/C1865.1。

20.《新约全书》，1894 年上海美华书馆活板；766 页，31cm，曾是送给慈禧的 60 岁生日礼物，有目录。汉字本。TA1977.5/C1894。

燕京图书馆收藏的深文理高德译本有 3 种，均为汉字本。

21.《元始传》，高德译，1849 年宁波福音殿藏板；11 叶，16.5cm。汉字本。TA1977.21/C1849。

22.《圣经新遗诏马太福音传》，高德参订，1852 年，宁波真神堂藏板；31 叶，24cm。汉字本。TA1977.62/C1852。

23.《圣经新遗诏全书》，高德从希腊文翻译，1853 年，宁波真神堂敬送；25 叶，24.5cm。汉字本。TA1977.5/C1853。

燕京图书馆收藏的深文理裨治文译本有 4 种，均为汉字本。

24.《新约全书》，裨治文译，包括《马太福音》《马可福音》《路加福音》《约翰福音》《使徒行传全书》，1855 年；234 叶，26cm。汉字本。TA1977.6/C1855。

25.《旧约全书》，裨治文、克陛存合译，1863 年上海；4 卷，24cm。汉字本。TA1977.1/C1863。

26.《新约全书》，裨治文译，1863 年苏松上海美华书院藏板；253 叶，28cm，是 1851 年裨治文对委办本的修订。汉字本。TA1977.5/C1863。

27.《旧约全书》，裨治文、克陛存合译，1865 年上海美华书馆藏板；3 卷，1352 页，14cm，1 卷《创世纪》至《士师记》（卷 1—7）；2 卷《路得民记》至《雅歌》（卷 8—22）；3 卷《以赛亚》至《马拉基》（卷 23—29）。汉字本。TA1977.1/C1865。

燕京图书馆收藏的浅文理译本 2 种，均为汉字本。

28.《新约圣经》，包约翰、白汉理，1889 年福州美华书局活板；248 叶，22cm，是依据北京官话本重译而成，有目录。汉字本。TA1977.5/C1889。

29.《旧新约圣经》，施约瑟从希伯来和希腊文译出，1902 年上海大美国圣经会；《旧约》1134 页；《新约》346 页，有目录，Fukuin Printing Company 在日本横滨印刷。汉字本。TA1977/C1902。

燕京图书馆收藏的官话方言译本 23 种，其中汉字本 22 种，罗马字本 1 种。

30.《使徒保罗达歌林多人前书》，白汉理译，1867 年？27 叶，26.5cm。汉字本。TA1977.72/CM1867。

31.《圣差言行传》，184？年，58 叶，26cm。汉字本。TA1977.67/C1845。

32.《路加传福音书》，1865 年上海京都敬译，美华书馆藏板；29 叶，23cm。汉字本。TA1977.4/CM1865。

33.《创世纪》（1 章至 9 章 19 节），1866 年北京美华书馆刷印；82 叶，17cm。汉字本。TA1977.21/CM1872。

34.《约翰福音书》，1868 年上海美华书馆；41 叶，15.5cm。汉字本。TA1977.65/CM1868。

35.《真神十诫救世要言》主祷文，187？年北京美华书院刷印。汉字本。TA1977.227/CM1875。

36.《新约全书》，1872 年京都美华书院刷印；"神"版，447 页，25cm。汉字本。TA1977.5/CM1872。

37.《马可福音》，1873 年京都灯市口美华书院刷印，"天主"版。同一版本的《路加福音》1873 年，《约翰福音》1874 年，《使徒行传》1874 年。汉字本。TA1977.63/CM1873。

38.《路加福音》，1873 年京都灯市口美华书院刷印；71 叶，20cm，"天主"版。汉字本。TA1977.64/CM1873。

39.《约翰福音》，1874 年京都灯市口美华书院刷印；31 叶，20.5cm。汉字本。TA1977.65/CM1874。

40.《使徒行传》，1874 年京都灯市口美华书院刷印；71 叶，20cm。汉字本。TA1977.67/CM1874。

41.《旧约全书》，施约瑟从希伯来文译出，1874 年京都美华书院刷印；1042 页，27cm。TA1977.1/CM1874。

42.《旧约圣诗》，1874 年京都美华书院刷印；642 页至 720 页，27cm，施约瑟译本的部分章节。汉字本。TA1977.32/C1874。

43.《上主创世》(1 章至 2 章 4 节)，1875 年京都灯市口美华书院刷印，6页，16cm。汉字本。TA1980.2/03。

44.《使徒保罗达歌林多人前书》，包约翰、白汉理合译，1886 年京都灯市口美华书院。15 叶，20cm。汉字本。TA1977.72/C1886。

45.《使徒保罗达罗马人书》，1886 年京都灯市口美华书院印。汉字本。TA1977.71/C1886。

46.《新约全书》，1889 年上海美华书馆铅版，大美国圣经会托印；610页，19cm。汉字本。TA1977.5/CM1889。

47.《圣经全书》，1891 年上海大美国圣经会；《新约》406 页，《旧约》1207页，22cm。汉字本。TA1997/CM1891。

48.《新旧约全书》，1899 年上海圣书会印发；《旧约》1225 页，《新约》408页，21cm。汉字本。TA1977/CM1899。

49.《旧约诗篇》，1900 年大美国圣经会印发；45 叶，22.5cm。汉字本。TA1977.32/C1900。

50.《新约全书》，1904 年大美国圣经会印发，The Fukuin Printing 在日本横滨印刷；664 页，21.5cm，中西对照（英语/官话）。汉字本。TA1977.5/EM1904。

51.《使徒保罗达罗马人书》，即《罗马书》，白汉理译，1867 年？27 叶，25cm，官话，文本从耶稣基督之仆奉如为使徒开始。汉字本。TA1977.71/CM1867。

52.《Yueh－Han Fu Yin Shu》(《约翰福音书》)，1895 年上海美国圣经会印行，罗马字本。TA1977.65/CM1895。

燕京图书馆收藏的和合官话译本 5 种，其中汉字本 4 种，国语注音字母本 1 种。

53.《约翰福音》(略解)，1910 年汉口苏格兰圣经会，汉镇英汉书馆铜板印；64 页，20cm。汉字本。TA1977.65/CM1910。

54.《使徒行传》(略解)，1910 年汉口苏格兰圣经会，汉镇英汉书馆铜板印；82 页，20cm。汉字本。TA1977.67/CM1910。

55.《路加福音》(略解)，1910 年汉口苏格兰圣经会，汉镇英华书馆铜板印。汉字本。TA1977.64/CM1910。

56.《新约全书》，1921 年上海大美国圣经会印发；744 页，19cm，国语注音字母(National Phonetic Script)。汉字本。TA1977.5/CP1921。

57.《福音书》，1924 年；332 页，19cm，和合官话译本，附注音字母。注音字母与汉字对照本。TA1977.6/CP1924。

燕京图书馆收藏的上海方言译本 6 种，其中汉字本 5 种，罗马字本 1 种。

58.《路加传福音书》，1886 年上海修文书馆镌，大美国圣经会托印；43 叶，19cm。汉字本。TA1977.64/CS1886。

59.《马太传福音书》，1895 年上海美华书馆印，大美国圣经会托印；124 页，24cm。汉字本。TA1977.62/CS1895。

60.《使徒保罗达歌林多人前书》，1858 年上海墨海书馆印；62 叶，21cm。汉字本。TA1977.72/C1858。

61.《旧约诗篇》，慕维廉(W. Muirhead)译，1882 年？上海；108 叶，23cm×12.5cm。汉字本。TA1977.32/CS1882。

62.《旧约全书》，1886 年上海美华书馆活版，大美国圣经会托印；2 卷，1846 页，19cm，有目录。汉字本。TA1977.1/CM1886。

63.Mo－T'a(《马太》)，吉牧师(Clevenland Keith)译，1861 年？195 页，24.5cm，罗马字本。TA1977.62/CS1861。

燕京图书馆收藏的宁波方言译本 11 种，其中汉字本 1 种，罗马字本 10 种。

64.《Lu－Kyüô Djün Foh Ing Shü》(《路加传福音书》)，1853 年长老会印刷处印刷；170 页，26cm，罗马字本。TA1977.64/CN1853。

65.《Sing S》(《圣诗》)，丁韪良译，1857 年大美国圣经会；2 页，23cm，罗马字本。TA1977.32/CN1857。

66.《Ming Su Kyi Liah》(《民数纪略》)，慕德译、高德审订出版，1895 年上海大英国圣经会；128 页，22cm，罗马字本。TA1977.24/CN1895。

67.《Sing Iah Shǔ》(《新约书》)，1898 年上海大英国圣经会；395 页，

23.5cm，串珠本，罗马字修订本。TA1977.5/CN1898。

68.《Ts'ông Shü Kyi》(《创世纪》)，1899 年大英国圣经会；70 页，24cm，罗马字本。TA1977.21/CN1899。

69.《C'ih Yiae－Gyiu Kyi》(《出埃及记》)，1899 年宁波大英国圣经会；70至 126 页，24cm，串珠本，罗马字本。TA1977.22/CN1899。

70.《Iah－Shü－Üô Kyi》(《约书亚记》)，1899 年上海大英国圣经会；36页，24cm，罗马字本。TA1977.26/CN1899。

71.《Sah－Meo－R Kyi》(《撒母耳纪》)，1900 年；88 页，24cm，罗马字本。TA1977.276/CN1900。

72.《Lih Wong Kyi Liah》(《列王纪略》)，1900 年上海大英国圣经会；79页，24cm，罗马字本。TA1977.28/CN1900。

73.《Z S Kyi》(《士师纪》)，1900 年上海大英国圣经会；37 页，24cm，罗马字本。TA1977.27/CN1900。

74.《圣经外传》，1898 年上海大美国圣公会订；47 叶，25cm，中文节译本。汉字本。收有《多必书》第 13 章；《巴录书》4 章 19 节至末节；《智训》1章，3 章 1 至 9 节，4 章 7 至末节，5 章、6 章 1 至 2 节，7 章 15 至末节，8 章 1 至 18 节，9 章，13 章，16 章 1 至 13，19 章；《格言》1 至 2 章，3 章 1－23节，4 至 5 章，6 章 18 节至末节，7 章 1 至 10 节，9 章 15 至末节，10 章 1 至18 节，15 章，16 章 26 至末节，17 章 1 至 15 节，18 章 1 至 13 节，15 至末节，21 章 1 至 14 节，22 章 23 至末节，23 章 1 至 9 节，24 章 1 至 17 节，30章 21 至末节，31 章 1 至 11 节，34 章 13 至末节，35 章，38 章至末节，39 章1 至 11 节，13 至末节，41 章 1 至 13 节，42 章 17 至末节，43 章 1 至 10 节，44 章，47 章 1 至 11 节，50 章 1 至 24 节，51 章。TA1977.91/1898。

燕京图书馆收藏的台州方言译本 4 种，均为罗马字本。

75.《Iak－Na Tsụ》(《约拿书》)，汲约翰译，1888 年汕头印刷；9 页，23.5cm，罗马字本。TA1977.492/CW1888。

76.《Tshàng Sì Kì》(《创世纪》)，迪弗斯（W. Duffus）、汲约翰译，1888年由汕头福音印刷处印刷；229 页，23.5cm，罗马字本。TA1977.21/CW1888。

77.《Má－Thài Hok Im Tsu》(《马太福音书》)，迪弗斯(Williams Duffs)、汲约翰译，1889 年；90 页，19cm，罗马字本。TA1977.62/CW1889。

78.《Hap－Ki，Sat－Ka－L・－A》(《哈该，撒迦利亚》)，汲约翰译，1895 年 汕 头 英 国 长 老 会；65 页，23.5cm，罗 马 字 本。TA1977.497/CW1895。

燕京图书馆收藏的福州方言译本 35 种，其中汉字本 22 种，罗马字本 13 种。

79.《耶稣上山传道》，1862 年福州南台救主堂藏板；8 叶，21cm，《马太福音传》第 5 章、第 6 章、第 7 章。汉字本。TA1977.66/CF1862。

80.《创世传》，弼来满(Lyman B. Peet)，1863 年；76 叶，21cm。汉字本。TA1977.21/1863。

81.《马太传福音书》，夏查理(Charles Hartwell)译，1863 年福建美国公理会印刷；43 页，22cm。汉字本。TA1977.62/CF1863。

82.《圣经新约全书》，1863 年福州美华书局；377 叶，24.5cm，有目录。汉字本。TA1977.5/CF1863。

83.《新约全书》，1866 年福州美华书局；301 叶＋131 叶＋156 叶，22.5cm。上册《福音四书》(卷首有犹太地图)；中册《使徒行传》至《腓立比》；下册《哥罗西》至《默示录》。汉字本。TA1977.5/CF1866。

84.《约伯记略》，麦利和译，1866 年福州美华书局；62 叶，20.5cm。汉字本。TA1977.31/CF1866。

85.《上帝圣诫翻译》，1866 年? 福州城内金栗山；29cm×33cm，2 页，为《出埃及记》1 章至 17 章。汉字本。TA1977.227/CF1866。

86.《诗篇全书》，伍定(S. E. Woodin)翻译第 1 首至 115 首；伯特・波特・莱曼(Birt Peet Lyman)翻译 116 首至 150 首，1868 年福州美华书局；132 叶，24.5cm。汉字本。TA1977.32/CF1868。

87.《箴言全书》，保灵(Stephen Livingston Baldwin)译，1868 年福州美华书局印；39 叶，24cm。汉字本。TA1977.37/CF1868。

88.《耶稣上山教训》，夏查理(Charles Hartwell)译，《马太福音传》第五章至第七章，1868 年福州美华书局印；9 叶，20.5cm。汉字本。

TA1977.66/CF1868。

89.《撒母耳前书》，1875 年福州美华书局；65 叶，24cm。汉字本。TA1977.276/CF1875。

90.《撒母耳后书》，1878 年福州美华书局；53 页，23cm。汉字本。TA1977.276/CF1878。

91.《列王纪略》上卷，伍定（S. E. Woodin）译，1879 年福州美华书局活板；62 叶，23cm。汉字本。TA1977.281/CF1879。

92.《十条圣诫（十诫诠释）》，《出埃及记》1 节至 17 节，1879 年福州南台霞浦街福音堂印；19 叶，12.5cm。汉字本。TA1977.227/C1879。

93.《列王纪略》下卷，1880 年福州美华书局印；62 叶，23cm。汉字本。TA1977.28/CF1880。

94.《历代志略》上卷，1881 年福州美华书局大美国圣经会镌；61 叶，23cm。汉字本。TA1977.29/CF1881。

95.《历代志略》下卷，1882 年福州美华书局；71 叶，23cm。汉字本。TA1977.29/CF1882。

96.《以赛亚书》，1882 年福州美华书局活板；71 叶，18cm。汉字本。TA1977.41/CF1882。

97.《以西结书》，1883 年福州美华书局活板；70 叶，18cm。汉字本。TA1977.44/CF1883。

98.《旧新约全书》，1898 年福州美华书局活板，大美国圣经会印发；1268 页，25.5cm，有目录。汉字本。TA1977/CF1898。

99.《牧长诗歌》，唐意雅（Frederick Brotherton Meyer）译，1900 年福州闽北圣书会印发，福州美发书局活板；38 叶，16cm。汉字本。TA1977.2/57。

100.《创世纪》，摩怜（Cabeb Cook Baldwin）译，1875 年福州美华书局印；96 叶，24cm。汉字本。TA1977.21/CF1875。

101. Iok－Hang Tiong Hok Ing Chu（《约翰圣福音书》），1881 年大英国圣经会福州美华书局；66 页，20.5cm，由罗为霖（Llewellyn Lloyd）根据福州方言翻译为罗马字。TA1977.65/CF1881。

102.《Cing Ngiog》（《箴言》），1892 年；62 页，21.5cm，罗马字本。

TA1977.37/CF1892。

103.《Sǐ Piěng》(《诗篇》)，1892 年福州大英国圣经会；194＋62 页，罗马字修订本。TA1977.32/CF1892。

104.《Cháung Sié Gé》(《创世纪》)，1892 年大英国圣经会福州美华书局；132 页，21.5cm，罗马字。TA1977.21/CF892。

105.《Chók Aì－Gǐk Ge》(《出埃及记》)，1893 年福州；108 页，21.5cm，罗马字本。TA1977.22/CF1893。

106.《Sǐng Iók Cǔ》(《新约书》)，1900 年大英国圣经会福州圣书公会；354 页，22cm，罗马字本，有目录。TA1977.5/CF1900。

107.《Chók Aì－Gǐk》(《出埃及》)，1902 年大英国圣经会出版，美国公理会印刷；88 页，22.5cm，罗马字。TA1977.22/CF1902。

108.《Sǐ Piěng》(《诗篇》)，1902 年大英国圣经会；127 页，22.5cm，罗马字。TA1977.32/CE1902。

109.《Iók Cǔ Ǎ》(《约书亚》)，1904 年美国公理会；37 页，22.5cm，罗马字本。TA1977.26/CF1904。

110.《Cǐng Ngǐog》(《箴言》)，1904 年大英国圣经会；42 页，22.5cm，罗马字本。TA1977.37/CF1904。

111.《Sǐng Iók Cǔ》(《新约书》)，1904 年福州美国公理会；377 页，22.5cm，有目录，罗马字本。TA1977.5/CF1904。

112.《Gô Iók Ciòng Cǔ》(《旧约全书》)，1906 年大英国圣经会；1132 页，22cm，罗马字本，有目录。TA1977.1/CF1906。

113.《Séng Gǐng Dǔ Siǒk Kie Múng》(《圣经图说启蒙》)，1890 年；116 页，21.5cm，80 幅图画，罗马字本。TA1977.03/81。

燕京图书馆收藏的厦门方言译本 2 种，均为罗马字本。

114.《Kū Iok Ê Sèng Keng》(《旧约圣经》)，从深文理委办本译出，1894 年；1 卷，17cm，罗马字本。TA1977.1/CA1994。

115.《Sin Kū Iok Ê Sèng Keng》(《新旧约圣经》)，1921 年上海大英国圣经公会；302 页，22cm，5 张地图，罗马字本。TA1977/CA1921。

燕京图书馆收藏的兴化方言译本 2 种，其中汉字本 1 种，罗马字本 1 种。

116.《新约圣书》附诗篇，蒲鲁士（W. N. Brewster）译，1912 年大美国圣经会，兴化实业教会出版社印刷（Hinghwa Industrial Mission Press）；777页，24cm，罗马字本。TA1977.5/CH1912。

117.《旧约六经新解》，夏礼贤（George W. Hollister）著、郑天嘉译述，1927 年上海协和书局铅印；579 页，22cm，有目录，由福建兴化罗马字翻译为汉字，兴化圣经学校的教本。汉字本。TA1977.1/0821。

燕京图书馆收藏的客家方言译本 1 种，为汉字本。

118.《马可福音传》，毕安（Charles Piton）译，1883 年广州；43 叶，20cm。汉字本。TA1977.63/CK1883。

燕京图书馆收藏的广州方言译本 6 种，其中汉字本 4 种，罗马字本 2 种。

119.《路加福音》，1924 年上海大美国圣经会印发；78 页，19cm，"上帝"版。汉字本。TA1977.64/CC1924。

120.《旧新约全书》，1913 年上海大美国圣经会；2 卷，《旧约》1308 页，《新约》400 页，22cm，有目录。汉字本。TA1977/CC1913。

121.《新约全书》，1900 年上海大美国圣经会；246 页，19.5cm。汉字本。TA1977.5/CC1900。

122.《新约全书》，1908 年大美国圣经会；664 页，21.5cm，英语广东方言对照，The Fukuin Printing 在横滨印刷。汉字本。TA1977.5/EC1908。

123.《Ma－Hok Ch'uen Fuk Yam Shue》（《马可传福音书》），尹嘉士（O. F. Wisner）等译，1894 年大英圣书公会印刷；75 页，22.5cm，罗马字本。TA1977.63/CC1894。

124.《Sheng Keng》（《圣经》），1905—1907 年大美国圣经会，2 卷，20.5cm，无页码，北海福音印刷处；1 卷《创世纪》1905 年；2 卷《箴言》到《启示录》1907 年。罗马字本。TA1977/CC1907。

以下为类别尚不明确的《圣经》40 种。

125.《新纂圣经释义》，种德者（David Collie）译，1825 年吗𠺕呷印，1830

年新加坡重版；27 页，24cm。TA1977.091/14.1。

126.《圣书凭据总论》，种德者（David Collie）译，1827 年吗呔呷英华书院；3 卷，184 页，20.5cm。TA1977.09/14。

127.《新纂圣道备全》，种德者（David Collie）译，1828 年；64 页，20.5cm。TA1997.095/14。

128.《救世主坐山教训》，1834 年波士顿；10 叶，18.5cm，波士顿地区第一本中文读物。TA1977.65/C1834。

129.《路加传福音书》，1836 年新嘉坡坚夏书院藏板；45 叶，24cm。TA1977.64/C1836。

130.《圣差保罗信》上中下书，1836 年新嘉坡坚夏书院藏板，3 卷，23.5cm。上书《圣差保罗寄罗马人书》；中书《圣差保罗寄哥林多人书》；下书《圣差保罗寄加拉太人书至保罗寄希伯来人书》。TA1937.7/C1836。

131.《马太传福音书》，1836 年新嘉坡坚夏书院藏板；43 叶，24cm。TA1977.62/C1836。

132.《上帝之命》，叔未士（John Lewis Shuck）译，1841 年花旗国叔订；3 叶，18.5cm。TA1977.227/C1841。

133.《约翰传福音书》，1845 年，45 叶，26cm，"神"版。TA1977.65/C1845。

134.《路加传福音书》，1845 年，英番圣书公会藏板。132 页，17cm。TA1977.64/C1845。

135.《路加传福音书》，184? 年，59 叶，25cm。TA1977.64/C1844。

136.《马太传福音书》，1851 年香港英华书院；20 页，26cm。TA1977.62/C1851。

137.《马太福音》，1851 年？4 叶，25.5cm。TA1977.62/C1851.1。

138.《神十诫其注释》，《出埃及记》第 1 章至第 17 章，1853 年福州亚比丝喜美总会镌；10 叶，22cm。TA1977.227/CF1853。

139.《新约全书》，1854 年香港英华书院活板；141 叶，20.5cm。TA1977.5/C1854。

140.《圣经图记》，卦德明（John Winn Quartermon）译，1855 年宁波；39 页，25cm，图画清晰。TA1977.08/73。

141.《新约全书》，1864 年上海美华书馆藏板；384 页，14cm，有目录。TA1977.5/C1864。

142.《创世纪》，1866 年北京；8 叶，25cm，（福州）亚比丝喜美总会镌。TA1977.21/C1866。

143.《约拿书》，1866 年福州亚比丝喜美总会；2 叶，25cm。TA1977.492/C1866。

144.《新约全书》，1868 年；193 叶，17.5cm。TA1977.5/C1868。

145.《新约串珠》，金亚德（Arthur William Cribb）译，1868 年福州美华书院活版；164 叶，24.5cm。TA1977.5/C1868.1。

146.《马太福音传》，1868 年上海美华书馆重刊；48 叶，15.5cm。TA1977.62/CM1868。

147.《圣经择要》，圣经节译，1869 年；67 叶，23cm，有目录。TA1977.03/80。

148.《圣经证据》，何进善撰，1870 年福州太平街福音堂印；9 叶，13cm。TA1977.09/39(1870)。

149.《圣书论略》，威廉姆·阿奇生（William Aitchison）著、白汉理序，1870 年京都灯市口美华书馆刷印；39 页，26cm。TA1977.09/03。

150.《圣经要言》，1871 年北京灯市口美华书馆刷印；30 叶，21cm。TA1977.03/99。

151.《圣书地理》，叶韪良著，1871 年京都灯市口美华书馆刷印；18 叶，26cm，1 张地图。TA1977.083/03。

152.《路得记》，伍定（Simeon Foster Woodin）译，1874 年大美国圣经会福州美华书局；8 页，24cm。TA1977.274/CF1874。

153.《约翰圣经释解》，合信（Benjamin Hobson）、慕德（Arthur Eyans Moule）译，1874 年上海三牌楼圣堂；47 叶，25cm。TA1977.65/39。

154.《耶稣登山宝训》，1875 年京都灯市口美华书院刷印；11 页，16cm。TA1977.66/CM1875。

155.《保罗达提摩太前后书》，1877 年香港小书会板藏；23 叶，24cm。TA1977.784/C1877。

156.《圣经要言》，安美瑞（Mary Elizabeth Andrews）译，1890 年北京华

北书会印发；30 叶，19cm，选取新旧约翻译。TA1977.03/03。

157.《官话经济课》，乔治·米尔顿·加德纳（George Milton Gardner）译，1893 年福州美华书局，20cm。TA1977.05/31。

158.《新约圣经》，1895 年福州美华书局活板，大美国圣经会印发；494 页，21cm，有目录。TA1977.5/C1895。

159.《旧约预表》，埃利诺·舍菲尔德（Eleanor Sherffield）译，1903 年通州文奎斋刷印；208 页，2 卷，25cm。TA1977.09/80。

160.《马太福音》，包约翰、白汉理合译，1886 年京都灯市口美华书院刷印；31 叶，20cm。TA1977.62/C1886。

161.《Ging Ca Ond Dak》，1907 年福州；33 页，15cm，罗马字。TA1977.05/29。

162.《Tshàng Sì Kì》（《创世纪》），1888 年大美国圣经会；229 页，罗马字。TA1977.21/CW1888.1。

163.《马太福音（略解）》，1909 年汉口苏格兰圣经会，汉镇英汉书馆铜板印；80 页，20cm，北京官话。TA1977.62/CM1909。

164.《马可福音》（略解），1909 年苏格兰圣经会，汉镇英汉书馆铜板刷；20cm，官话。TA1977.63/CM1909。

燕京图书馆收藏的有关《圣经》的目录书籍 4 种。

165.《大美国圣经会目录》，力宣德编，1921 年上海大美国圣经会；27 页，14.5×22cm，英文，美国圣经会中国分会书目。TA1977.04/03（1921）。

166.《圣书公会目录》，文显理（George Henry Bondfield）编，1921 年上海圣书公会；23 页，21.5CM，汉字英文对照，是英国圣书公会的书目和价格表。TA1977.041/02（1929）。

167.《圣经百科全书》（*The International Standard Bible Encyclopedia*），俄珥（James Orr）原著，1976 年台北中华世界资料供应出版社有限公司；4 卷，21cm，有目录插图，初版于 1925 年上海协和书局。本书增加了中文笔划索引，增加彩色新旧约插图，主要基于俄珥的翻译而成，有中国人参与。TA1975.6/66。

168.《中文圣经经文索引大典》，芳泰瑞（Courtenay Hughes Fenn）编，

1977 年台北中华世界资料供应出版社有限公司。926 页，有目录，26.5cm，本书原名《经文汇编》完稿于 1908 年，出版于 1922 年。本书将原来旧式注音改为新式注音。TA1977.06/27(1977)。

参考文献

一、圣经译本

白日升译本:《四史攸编耶稣基利斯督福音之会编》(手写稿),大英图书馆藏。

贺清泰译本:《众王经第二卷》(手写稿),香港思高学会藏。

台湾新港译本:《马太福音传全书》,1660 年初版于荷兰阿姆斯特丹,台湾 1888 年再版。

阳玛诺译本:《圣经直解》,明崇祯九年(1636 年)北京刻本,清乾隆五十五年(1790 年)、1915 年上海慈母堂刻本。

马士曼译本:《此嘉音由吗嘞所著》,未具名出版地点、时间。

马士曼译本:《路加传福音之书》,印度塞兰坡 1822 年版。

马士曼译本:《若望传福音之书》,印度塞兰坡 1822 年版。

马士曼译本:《神造万物书》,印度塞兰坡 1822 年版。

马士曼译本:《圣若翰传福音书》,印度塞兰坡 1822 年版。

马士曼译本:《使徒马宝传福音书》,印度塞兰坡 1822 年版。

马礼逊译本:《救世我主耶稣新遗诏》,马六甲 1823 年版。

马礼逊译本:《神天圣书》,1827 年吗喇甲印刷,英华书院藏板。

马礼逊译本:《新遗诏书》,巴达维亚 1837 年版。

郭士立译本：《旧遗诏圣书》，1839 年版。

郭士立译本：《救世主耶稣新遗诏书》，道光十九年新嘉坡坚夏书院藏板（1839 年）。

四人小组译本：《新遗诏书》，巴达维亚 1837 年版。

裨治文译本：《旧约全书》，同治二年沪邑美华书馆活字板（1863 年）。

裨治文译本：《新约全书》，咸丰四年英华书院活板（1854 年）。

裨治文译本：《新约全书》，咸丰五年大美国圣经会（1855 年）。

太平天国刊印本：《新遗诏圣书》，罗尔纲、王庆成主编：《太平天国》第 1 卷，广西师范大学出版社 2004 年版。

太平天国刊印本：《钦定前遗诏圣书》，罗尔纲、王庆成主编：《太平天国》第 1 卷，广西师范大学出版社 2004 年版。

高德译本：《圣经新遗诏马太福音传》，宁波真神堂藏板 1852 年版。

高德译本：《圣经新遗诏全书》，宁波真神堂藏板 1852 年版。

胡德迈译本：《新约传汇统》，宁波开明山藏板 1867 年版。

怜为仁译本：《马太传福音书注释》，香港裙带地藏板 1848 年。

怜为仁译本：《圣书新遗诏》，1852 年镌。

怜为仁译本：《创世传注释》，1851 年镌。

委办译本：《旧约全书》，花华圣经书房 1853 年版。

委办译本：《新约全书》，香港英华书院活板 1854 年版。

白汉理、包约翰浅文理译本：《新约圣经》，福州美华书局活板，光绪二十一年大美国圣经会印发（1895 年）。

杨格非浅文理译本：《新约全书》，汉镇英汉书馆铅板印 1886 年版。

杨格非浅文理译本：《新约全书》，苏格兰圣书会 1898 年版。

施约瑟浅文理译本：《旧约圣经》，1898 年日本东京秀英罕舍印刷。

施约瑟浅文理译本：《新约全书》，1898 年日本东京秀英罕舍印刷。

吴方言上海话汉字本：《新约全书》，上海浸会堂 1876 年版。

吴方言上海话汉字本：《旧新约圣经》，美国圣经会 1924 年版。

吴方言上海话罗马字本：《YÂ-HÖ ZEN HO SING-VANG》（《约翰传福音书》），伦敦 1853 年版。

吴方言苏州话汉字本：《新约全书略注》，上海美华书馆 1879 年版。

吴方言苏州话汉字本：《新约全书》，美国圣经会 1922 年版。

吴方言宁波话罗马字本：《IAH-'EN DJÜ FOH-ING SHÜ》（《约翰传福音书》），1868 年版。

吴方言温州话罗马字本：《SANG IAH SING SHI：FA ÜE-TSIU-GE T'U-O》（《马太传福音书》），1898 年版。

吴方言台州话罗马字本：《YIA-SU KYI-TOH-KEH SING IAH SHÜ》（《马太传福音书》），1881 年版。

吴方言杭州话罗马字本：《SEN IAH-AH DZUN FOH-IN SÜ》（《圣约翰传福音书》），伦敦 1879 年版。

闽方言福州话汉字本：《创世纪》，福州美华书局 1875 年版。

闽方言福州话汉字本：《马太传福音书》，福州美华书局 1862 年版。

闽方言福州话汉字本：《新约全书》，美国圣经会 1937 年版。

闽方言福州话罗马字本：《MA-TÁI DIÒNG HÓK-ĬNG CÛ》（《马太传福音书》），1904 年版。

闽方言汕头话汉字本：《新约全书》，汕头土白，上海美华书馆 1898 年版。

闽方言兴化话罗马字本：《MA-TAI HOH-ING CU》（《马太福音书》），1902 年版。

粤方言广州话汉字本：《新约全书》，美华圣经会、圣书公会印发，1925 年版。

粤方言广州话汉字本：《新约全书》，大英圣书会 1906 年版。

粤方言广州话汉字本：《新约全书》，美华圣经会、圣书公会印发，1925 年版。

粤方言广州话罗马字本：《MA-HÔH CHUËN FUK-YAM SHUE》（《马可传福音书》），1898 年版。

客家方言粤台分支汉字本：《创世纪》，《新旧约全书》，1931 年版。

客家方言粤台分支汉字本：《新约圣经》，圣书公会 1916 年版。

客家方言粤台分支罗马字本：《MA-THAI TSHON FUK-YIM SU》（《马太传福音书》），大英国圣书会 1866 年版。

客家方言三江话汉字本：《马太福音》，大美国圣经会托印，上海华美书局 1904 年版。

客家方言汀州话罗马字本：《MA-TAHI FÛ-YENG CHHOǑ》(《马太传福音书》)，(汀州)大英圣书会 1919 年版。

客家方言五经富话罗马字本：《MA-THAI FUK-YIM CHHON》，KIU-CHU YA-SU KAI SIN-YOK SHIN-KIN，SAN-THÊU：LI-PÀI-THÓNG FÛNG-SIET-HIEN YIN-FAT，1924 年版。

官话方言北京官话汉字本：《旧约全书》，美华书馆 1878 年版。

官话方言北京官话汉字本：《新约全书》，京都东交民巷耶稣堂藏板，京都美华书馆 1872 年版。

南京官话汉字本：《新约全书》，美华书馆 1857 年版。

官话方言汉口官话汉字本：《新约圣书》，苏格兰圣书会 1886 年版。

官话方言汉口话汉字本：《新约全书》，光绪十五年(1889 年)岁次已丑，英牧师杨格非重译。

官话方言山东官话罗马字本：《MA-TAI Fu-In SHÜ》(《马太福音书》)，美国圣经会 1894 年版。

和合深文理译本：《新约全书》，美国圣经会 1913 年版。

和合浅文理译本：《新约全书》，大美国圣经会 1912 年版。

和合官话译本：《新约圣经》，大美国圣经会 1906 年版。

和合官话译本：《新约全书》，大美国圣经会 1919 年版。

朱宝惠译本：《重译新约全书》，上海竞新印书馆 1936 年版。

吕振中译本：《吕译新约初稿》，北平燕京大学宗教学院 1946 年版。

吕振中译本：《新约新译修稿》，(香港)圣书公会 1952 年版。

王元德译本：《新式标点新约全书》，青岛中华基督教会 1933 年版。

萧铁笛译本：《新译新约全集》，香港灵粮出版社 1967 年版。

萧静山译本：《新经全集》，(台湾)光启出版社 1956 年版。

萧静山译本：《新经全集》，(台湾)光启出版社 1963 年版。

吴经熊译本：《新经全集》，(香港)天主教真理学会 1949 年初版；(台湾)辅仁大学出版社 1980 年第 3 版。

思高译本：《圣经》，(香港)思高圣经学会 1968 年版。

现代中文译本：《新约全书》，台湾圣经公会 1979 年版。

现代中文译本：《新约圣经》，台湾圣经公会 1975 年版。

恢复本：《新约圣经》，台湾福音书房 1987 年版。

新译本：《新约全书》，（香港）环球圣经公会 1976 年版。

二、中文专著

[英]伯克：《语言的文化史：近代早期欧洲的语言和共同体》，李霄翔等译，北京大学出版社 2007 年版。

北京师范学院中文系汉语教研组编：《五四以来汉语书面语言的变迁和发展》，商务印书馆 1959 年版。

陈建华：《革命的现代性：中国革命话语考论》，上海古籍出版社 2000 年版。

陈玉刚：《中国文学翻译史稿》，中国对外翻译出版公司 1992 年版。

戴庆厦：《彝语词汇学》，中央民族大学出版社 1998 年版。

[英]丁韪良：《花甲忆记：一位美国传教士眼中的晚清帝国》，沈弘等译，广西师范大学出版社 2004 年版。

房志荣：《天主教与基督教圣经的异同》，光启社 1987 年版。

[英]费尔南德·莫塞：《英语简史》，水天同等译，外语教学与研究出版社 1990 年版。

冯天瑜：《新语探源》，中华书局 2004 年版。

冯天瑜主编：《语义的文化变迁》，武汉大学出版社 2007 年版。

高名凯、刘正炎：《现代汉语外来词研究》，文字改革出版社 1958 年版。

顾长声：《传教士与近代中国》，上海人民出版社 1991 年版。

[英]海恩波：《道在神州：圣经在中国的翻译与流传》，蔡锦图译，国际圣经协会 2000 年版。

[英]海恩波：《传教伟人马礼逊》，简又文译，香港基督教辅侨出版社 1956 年版。

[英]海恩波：《圣经与中华》，陈翼经译，基督教辅侨出版社 1951 年版。

韩军学：《基督教与云南少数民族》，云南人民出版社 2000 年版。

[美]韩南：《中国白话小说史》，尹慧珉译，浙江古籍出版社 1989 年版。

何绍斌：《越界与想象：晚清新教传教士译介史论》，上海三联书店 2008 年版。

贺阳：《现代汉语欧化语法现象研究》，商务印书馆 2008 年版。

黄文江主编：《王韬与近代世界》，香港教育图书公司 2000 年版。

黄兴涛：《文化史的视野：黄兴涛学术自选集》，福建人民出版社 2000 年版。

黄兴涛：《文化史的追寻：以近世中国为视域》，中国人民大学出版社 2011 年版。

贾保罗编：《圣经汉译论文集》，基督教辅侨出版社 1965 年版。

［英］贾立言：《汉文圣经译本小史》，冯雪冰译，华文印刷局 1944 年版。

简又文：《中国基督教的开山事业》，香港基督教辅侨出版社 1956 年版。

［意］利玛窦、［比］金尼阁：《利玛窦中国札记：传教士利玛窦神父的远征中国史》，何高济等译，广西师范大学出版社 2001 年版。

黎锦熙：《国语运动史纲》（初刊于 1934 年），商务印书馆 2011 年版。

黎锦熙：《汉语规范化论丛》，文字改革出版社 1963 年版。

［德］李博：《汉语中的马克思主义术语的起源与作用》，赵倩等译，中国社会科学出版社 2003 年版。

［韩］李宽淑：《中国基督教史略》，社会科学文献出版社 1998 年版。

李天纲：《中国礼仪之争：历史·文献和意义》，上海古籍出版社 1998 年版。

李如龙：《汉语方言学》，高等教育出版社 2001 年版。

李孝悌：《清末的下层社会启蒙运动：1901—1911》，河北教育出版社 2001 年版。

李志刚：《基督教早期在华传教史》，台湾商务印书馆 1985 年版。

梁晓虹：《佛教词语的构造与汉语词汇的发展》，商务印书馆 1994 年版。

刘刚、石锐、王皎：《景颇族文化史》，云南民族出版社 2002 年版。

刘禾：《语际书写：现代思想史写作批判纲要》，上海三联书店 1999 年版。

刘禾：《跨语际实践：文学、民族文化与被译介的现代性》，宋伟杰等译，生活·读书·新知三联书店 2002 年版。

刘翼凌：《译经论丛》，圣道出版社 1979 年版。

罗光：《利玛窦传》，光启出版社 1960 年版。

罗光：《教廷与中国使节史》，传记文学出版社 1983 年版。

马桂琪编：《德语与德国文化》，湖南教育出版社 1999 年版。

［意］马西尼：《现代汉语词汇的形成：十九世纪汉语外来词研究》，黄河清译，汉语大词典出版社 1997 年版。

马学良主编：《汉藏语概论》，北京大学出版社 1991 年版。

麦金华：《大英圣书公会与官话和合本圣经翻译》，基督教中国宗教文化研究社 2010 年版。

倪海曙：《拉丁化新文字概论》，时代出版社 1949 年版。

倪海曙：《拉丁化新文字运动的始末和编年纪事》，知识出版社 1987 年版。

倪海曙：《清末汉语拼音运动编年史》，上海人民出版社 1959 年版。

聂志军：《唐代景教文献词语研究》，湖南人民出版社 2010 年版。

任东升：《圣经汉译文化研究》，湖北教育出版社 2007 年版。

沈国威：《近代中日词汇交流研究：汉字新词语的创制、容受与共享》，中华书局 2010 年版。

思高圣经学会：《圣经简介》，思高圣经学会 1981 年版。

苏精：《马礼逊与中文印刷出版》，学生书局 2000 年版。

苏精：《上帝的人马》，基督教中国宗教文化研究社 2006 年版。

苏精：《中国，开门！马礼逊及相关人物研究》，基督教中国宗教文化研究社 2005 年版。

孙江主编：《新史学》第 2 卷，中华书局 2008 年版。

孙尚扬、［比］钟鸣旦：《1840 年前的中国基督教》，学苑出版社 2004 年版。

谭彼岸：《晚清的白话文运动》，湖北人民出版社 1956 年版。

谭树林：《马礼逊与中西文化交流》，中国美术学院出版社 2004 年版。

［美］唐德刚：《胡适口述自传》，华东师范大学出版社 1993 年版。

汪晖：《现代中国思想的兴起》，生活·读书·新知三联书店 2008 年版。

王尔松：《哈尼族文化研究》，中央民族大学出版社 1994 年版。

王力：《汉语词汇史》，商务印书馆 1993 年版。

王力:《汉语史稿》,中华书局 1980 年版。

王力:《中国现代语法》,商务印书馆 1945 年版。

王力:《中国语法理论》,商务印书馆 1944 年版。

王治心:《中国基督教史纲》,上海古籍出版社 2004 年版。

文庸:《圣经蠡测》,今日中国出版社 1992 年版。

翁绍军:《汉语景教文典诠释》,汉语基督教文化研究所 1995 年版。

吴义雄:《在宗教与世俗之间:基督新教传教士在华南沿海的早期活动研究》,广东教育出版社 2000 年版。

伍新福、龙伯亚:《苗族史》,四川民族出版社 1992 年版。

萧若瑟:《天主教传行中国考》,献县张家庄天主堂印书馆 1937 年版。

夏春涛:《天国的陨落:太平天国宗教再研究》,中国人民大学出版社 2006 年版。

[法]谢和耐:《中国文化与基督教的冲撞》,于硕等译,辽宁人民出版社 1989 年版。

熊月之:《西学东渐与晚清社会》,上海人民出版社 1994 年版。

徐时仪:《汉语白话发展史》,北京大学出版社 2007 年版。

徐宗泽:《明清耶稣会士译著提要》,上海古籍出版社 2006 年版。

徐宗泽:《中国天主教传教史概论》,上海书店 1990 年版。

杨念群、黄兴涛、毛丹主编:《新史学:多学科对话的图景》,中国人民大学出版社 2003 年版。

杨森富:《中国基督教史》,台湾商务印书馆 1968 年版。

[以色列]伊爱莲等:《圣经与近代中国》,蔡锦图译,汉语圣经协会 2003 年版。

云南省编辑委员会编:《拉祜族社会历史调查》(一),云南人民出版社 1982 年版。

云南省编辑委员会编:《纳西族社会历史调查》(三),云南民族出版社 1988 年版。

詹玮:《吴稚晖与国语运动》,文史哲出版社 1992 年版。

张绥:《犹太教与中国开封犹太人》,上海三联书店 1990 年版。

中共中央马克思恩格斯列宁斯大林著作编译局编:《马克思恩格斯全集人

名索引》，人民出版社 1979 年版。

中国社会科学院世界宗教研究所编：《马克思恩格斯列宁斯大林论宗教》，中国社会科学出版社 1979 年版。

中国科学院民族研究所云南民族调查组、云南省民族研究所编：《云南省拉祜族社会历史调查资料》，非正式出版物，1963 年版。

中国社会科学院民族研究所、国家民族事务委员会文化宣传司编：《中国少数民族文字》，中国藏学出版社 1992 年版。

中央访问团第二分团：《福贡县简况》，《云南民族情况汇集》（上），云南民族出版社 1986 年版。

中央访问团第二分团：《基督教在武定区的情况》，《云南民族情况汇集》（下），云南民族出版社 1986 年版。

中央民族学院少数民族语言研究所编：《中国少数民族语言》，四川民族出版社 1987 年版。

周光庆、刘玮：《汉语与中国新文化启蒙》，东大图书股份有限公司 1996 年版。

周有光：《汉字改革概论》，文字改革出版社 1979 年版。

周有光：《世界文字发展史》，上海教育出版社 2003 年版。

周有光：《中国拼音文字研究》，东方书店出版社 1953 年版。

朱星：《中国语言学史》，洪业文化事业有限公司 1995 年版。

朱一凡：《翻译与现代汉语的变迁》，外语教学与研究出版社 2011 年版。

庄柔玉：《基督教圣经中文译本权威现象研究》，国际圣经协会 2000 年版。

卓南生：《中国近代报业发展史 1815—1874》，正中书局 1998 年版。

赵维本：《译经溯源：现代五大中文圣经翻译史》，中国神学研究院 1993 年版。

朱谦之：《中国景教》，东方出版社 1993 年版。

三、中文论文

蔡锦图：《委办本中文圣经翻译的取向和难题》，香港信义宗神学院，博士论文，2010 年。

蔡锦图：《新教中文圣经的版本编目研究》，《建道学刊》第 1 期，2009 年 1 月。

程小娟：《圣经汉译中"God"的翻译讨论及接受》，河南大学，博士论文，2007 年。

崔宰荣：《唐宋时期被动句的语义色彩》，见林焘主编：《语言学论丛》第 26 辑，商务印书馆 2002 年版。

邓伟：《论晚清白话文运动的文化逻辑》，《东岳论丛》2009 年第 3 期。

方维规：《Intellectual 的中国版本》，《中国社会科学》2006 年第 5 期。

黄克武：《走向翻译之路：北洋水师学堂时期的严复》，《中央研究院近代史研究所集刊》(台湾)第 49 期，2005 年 9 月。

黄兴涛：《"话语"分析与中国近代思想文化史研究》，《历史研究》2007 年第 2 期。

黄一农：《明末清初天主教的"帝天说"及其所引发的论争》，《国际汉学》第 8 辑，大象出版社 2003 年版。

李炽昌、李天纲：《关于严复翻译的〈马可福音〉》，中华文史论丛第 64 辑，上海古籍出版社 2000 年版。

金观涛、刘青峰：《从格物致到科学、生产力：知识体系和文化关系的思想史研究》，《中央研究院近代史研究所集刊》(台湾)第 46 期，2004 年 12 月。

林语堂：《关于中国方言的洋文论著目录》，《歌谣》第 89 号，1925 年 5 月。

马敏：《马希曼、拉沙与早期的圣经中译》，《历史研究》1998 年第 4 期。

马敏：《语法书：马希曼是否抄袭马礼逊？——19 世纪初早期英国传教士之间的一场争论》，见陶飞亚编：《东亚基督教再诠释》，香港中文大学 2004 年版。

戚印平：《"Deus"的汉语译词以及相关问题的考察》，《世界宗教研究》2003 年第 2 期。

沈迪中：《巧合是怎样产生的：中国白话文运动和日本言文一致》，《辽宁大学学报》1985 年第 3 期。

谭树林：《〈圣经〉二马译本关系辨析》，《世界宗教研究》2000 年第 1 期。

汪维藩：《圣经译本在中国》，《世界宗教研究》1992 年第 1 期。

王育珊：《世界上最早的佤文圣经》，《世界宗教文化》2002 年第 1 期。

吴义雄：《译名之争与早期圣经的中译》，《近代史研究》2000 年第 2 期。

夏明方：《一部没有"近代"的中国近代史：从"柯文三论"看"中国中心观"的内在逻辑及其困境》，《近代史研究》2007 年第 1 期。

萧霁虹：《圣经版本在云南》，《云南宗教研究》1993 年第 1 期。

熊月之：《1842—1860 年西学在中国的传播》，《历史研究》1994 年第 4 期。

许牧世：《中文圣经翻译简史》，《景风》第 69 期，1982 年 3 月。

张锡三：《基督教与新世代社会运动》，《生命月刊》第 4 卷 9、10 期合刊，1924 年 6 月。

赵维本：《中文圣经译名争论初探：神乎？帝乎？》，《中国神学研究院期刊》第 24 期，1997 年 7 月。

赵晓阳：《基督教〈圣经〉的汉译历史》，《维真学刊》（加拿大不列颠哥伦比亚大学维真学院）2003 年第 2 期。

赵晓阳：《哈佛燕京图书馆收藏的汉语〈圣经〉译本》，见上海图书馆历史文献研究所编：《历史文献》第 8 辑，2004 年。

赵晓阳：《美华圣经会百年事工的历史概述》，见张庆熊、徐以骅主编：《基督教学术》第 4 辑，上海古籍出版社 2006 年版。

赵晓阳：《二马圣经译本与白日升圣经译本关系考辨》，《近代史研究》2009 年第 4 期。

赵晓阳：《抗战时期的蒋介石与圣经翻译》，《民国档案》2010 年第 3 期。

赵晓阳：《太平天国刊印圣经底本源流考析》，《清史研究》2010 年第 3 期。

赵晓阳：《译介再生中的本土文化和异域宗教：以天主、上帝的汉语译名为视角》，《近代史研究》2010 年第 5 期。

赵晓阳：《汉语闽粤方言圣经译本考述》，《世界宗教研究》2011 年第 3 期。

赵晓阳：《汉语官话方言圣经译本考述》，《世界宗教研究》2013 年第 6 期。

赵晓阳：《圣经中译史研究的学术回顾和展望》，《晋阳学刊》2013 年第 2 期。

赵晓阳：《晚清欧化白话：现代白话起源新论》，《晋阳学刊》2015 年第

2 期。

赵晓阳：《欧化白话与中国现代民族共同语的开始》，《晋阳学刊》2016 年第 6 期。

四、文集、资料汇编

北京大学、北京师范大学等编：《中国现代文学史参考资料》，上海外语教育出版社 1979 年版。

北京大学等主编：《文学运动史料选》第 1 册，上海教育出版社 1979年版。

北京师范大学历史系中国近代史组编：《中国近代史资料选编》，中华书局 1977 年版。

陈增辉：《教案史料编目》，燕京大学 1941 年版。

陈铮编：《黄遵宪全集》，中华书局 2005 年版。

陈独秀：《独秀文存》，安徽人民出版社 1987 年版。

方麟选编：《王国维文存》，江苏人民出版社 2014 年版。

复旦大学语言研究室编：《陈望道语文论集》，上海教育出版社 1980年版。

复旦大学语言研究所编：《陈望道文集》第 3 卷，上海人民出版社 1981年版。

郭沫若：《沫若文集》第 10 卷，人民文学出版社 1959 年版。

翦成文辑：《清末白话文运动资料》，《近代史资料》总 31 号，1963 年第2 期。

黄时鉴整理：《东西洋考每月统记传》(影印本)，中华书局 1997 年版。

洪仁玕：《资政新篇》(初刊于 1859 年)，《太平天国印书》下册，江苏人民出版社 1979 年版。

胡适：《胡适全集》第 9 卷，安徽教育出版社 2003 年版。

胡适：《胡适全集》第 27 卷，安徽教育出版社 2003 年版。

姜义华主编：《胡适学术文集·新文学运动》，中华书局 1993 年版。

孔范今主编：《中国现代文学补遗书系·小说卷八》，明天出版社 1990

年版。

李伯元：《官场现形记》，人民文学出版社 1978 年版。

李炽昌主编：《圣号论衡：晚清〈万国公报〉基督教"圣号论争"文献汇编》，上海古籍出版社 2008 年版。

李炽昌主编：《文本实践与身份辨识：中国基督徒知识分子的中文著述，1583—1949》，上海古籍出版社 2005 年版。

刘侗、于奕正：《帝京景物略》（初刊于 1635 年），北京古籍出版社 1980 年版。

梁廷枏：《海国四说》，中华书局 1993 年版。

鲁迅：《鲁迅全集》第 8 册，人民文学出版社 1998 年版。

罗常培：《罗常培文集》第 3 卷，山东教育出版社 2008 年版。

罗常培：《罗常培语言学论文集》，商务印书馆 2004 年版。

罗尔纲、王庆成主编：《太平天国》，广西师范大学出版社 2004 年版。

马礼逊：《古圣奉神天启示道家训》第 3 册，英华书院 1832 年版。

马礼逊：《问答浅注耶稣教法》，广州 1812 年版。

浦化人：《半生之回顾》，青年协会书局 1921 年版。

［法］荣振华：《在华耶稣会士列传与书目补编》，耿昇译，中华书局 1995 年版。

沈国威编：《六合丛谈》，上海辞书出版社 2006 年版。

［美］司德敷等：《中华归主》，蔡咏春等译，中国社会科学出版社 1985 年版。

汤因：《中国基督教圣经事业史料简编》，《协进》1953 年第 9 期。

王美秀、任延黎主编：《东传福音》，黄山书社 2005 年版。

王明伦编：《反洋教书文揭贴选》，齐鲁书社 1987 年版。

王韬、顾燮光等编：《近代译书目》，北京图书馆出版社 2003 年版。

王韬：《王韬日记》，中华书局 1987 年版。

王元深：《圣道东来考》（写于 1899 年），《景风》第 34 期，1972 年 9 月。

文字改革出版社编：《清末文字改革文集》，文字改革出版社 1958 年版。

吴相湘主编：《天主教东传文献续编》第 2 册，学生书局 1986 年版。

吴相湘主编：《天主教东传文献三编》第 4 册，学生书局 1986 年版。

吴长元：《宸垣记略》(初刊于 1788 年)，北京古籍出版社 1982 年版。

吴趼人：《二十年目睹之怪现状》，人民文学出版社 1959 年版。

吴玉章：《文字改革文集》，中国人民大学出版社 1978 年版。

夏东元编：《郑观应集》，上海人民出版社 1982 年版。

夏燮：《中西纪事》(初刊于 1859 年)，见沈云龙主编：《近代中国史料丛刊》(106)，文海出版社 1967 年版。

佚名：《古新圣经问答》(初刊于 1862 年)，涂宗涛点校，天津社会科学院出版社 1992 年版。

恽代英：《恽代英日记》，中共中央党校出版社 1981 年版。

曾朴：《孽海花》，上海古籍出版社 1980 年版。

郑振铎：《郑振铎全集》第 4 册，花山文艺出版社 1998 年版。

钟鸣旦、杜鼎克、蒙曦等编：《法国国家图书馆明清天主教文献》第 10 册，台北利氏学社 2009 年版。

钟鸣旦、杜鼎克、蒙曦等编：《法国国家图书馆明清天主教文献》第 14 册，台北利氏学社 2009 年版。

钟鸣旦、杜鼎克、蒙曦等编：《法国国家图书馆明清天主教文献》第 24 册，台北利氏学社 2009 年版。

钟鸣旦、杜鼎克等编：《耶稣会罗马档案馆明清天主教文献》第 1 册，台北利氏学社 2002 年版。

钟鸣旦、杜鼎克等编：《耶稣会罗马档案馆明清天主教文献》第 2 册，台北利氏学社 2002 年版。

钟鸣旦、杜鼎克等编：《耶稣会罗马档案馆明清天主教文献》第 4 册，台北利氏学社 2002 年版。

周作人：《艺术与生活》，河北教育出版社 2002 年版。

周作人：《中国新文学的源流》，人文书店 1934 年版。

周作人：《自己的园地》，河北教育出版社 2002 年版。

朱自清：《新诗杂话》，生活·读书·新知三联书店 1984 年版。

朱自清：《朱自清全集》第 3 卷，江苏教育出版社 1996 年版。

方豪编：《马相伯先生文集》，上智编译馆 1947 年版。

［意］利玛窦：《天主实义》上卷，见王美秀主编：《东传福音》第 2 册（影印本），黄山书社 2005 年版。

冯玉祥：《我的生活》，黑龙江人民出版社 1983 年版。

老舍：《二马》，晨光出版公司 1948 年版。

五、文史资料、方志

王明道、李朝阳：《基督教传入威宁、赫章彝苗族地区的经过》，《贵州文史资料选辑》1986 年第 22 辑。

约秀口述、胡正生整理：《二十七本傈僳文圣经书的翻译经过》，《福贡文史资料选辑》1988 年第 1 辑。

蔡理明：《英国传教士在五经富等地的传教活动》，《揭西文史》1988 年第 4 辑。

黄韶声：《清末连州教案始末》，《广东文史资料》1963 年第 8 辑。

李云庄：《基督教巴色会来兴宁活动》，《兴宁文史》1987 年第 8 辑。

刘扬武：《景颇族中的基督教》，《云南文史资料选辑》1986 年第 28 辑。

苏慧廉：《一个传道团在中国》，《温州文史资料》1991 年第 7 辑。

黄德才主编：《广东省志·宗教志》，广东人民出版社 2002 年版。

福建省长汀县地方志编纂委员会编：《长汀县志》，生活·读书·新知三联书店 1993 年版。

哈尼族简史编写组编：《哈尼族简史》，云南人民出版社 1985 年版。

海南省地方史志办公室编：《海南省志》第 3 卷，南海出版公司 1994 年版。

临海市志编纂委员会编：《临海县志》，浙江人民出版社 1989 年版。

柏怀恩主编：《贵州省志·宗教志》，贵州人民出版社 2007 年版。

覃诗翠等：《土家、景颇、羌、普米、独龙、阿昌、珞巴、门巴族文化志》，上海人民出版社 1998 年版。

王辅世主编：《苗语简志》，李云兵修订，民族出版社 2009 年版。

翁忠言主编、莆田县地方志编纂委员会编：《莆田县志》，中华书局 1994 年版。

厦门市地方志编纂委员会编：《厦门市志》第 5 册，方志出版社 2004年版。

云南少数民族社会历史调查组编：《拉祜族简史简志合编》(初稿)，中国科学院民族研究所，非正式出版物，1963 年。

云南少数民族社会历史调查组编：《佤族简史简志合编》(初稿)，中国科学院民族研究所，非正式出版物，1963 年。

云南省地方志编纂委员会总纂：《云南省志·民族志》，云南人民出版社2003 年版。

六、词典、工具书

春明出版社编辑部新名词辞典组编辑：《新名词辞典》，春明出版社 1953年版。

罗竹风主编：《汉语大词典》第 1—8 册，汉语大词典出版社 1986—1991年版。

商务印书馆编：《辞源》，商务印书馆 1999 年版。

上海辞书出版社编：《辞海》(修订本)，上海辞书出版社 1979 年版。

舒新城等主编：《辞海》，中华书局 1936 年初版，1937 年再版。

中国社会科学院语言研究所词典编辑室编：《现代汉语词典》，商务印书馆 1978 年版。

七、英文专著

Broomhall, Marshall, *The Bible in China*, London: British and Foreign Bible Society, 1934.

Broomhall, Marshall, *The Chinese Empire: A General and Missionary Survey*, London: Morgan & Scott, 1907.

Broomhall, Marshall, *Robert Morrison, A Master Builder*, London: Student Christian Movement, 1924.

Canton, William, *A History of the British and Foreign Bible Society*,

London: John Murray, 1904, 1910.

Darlow, T. H. and Moule, H. F., *Historical Catalogue of the Printed Editions of Holy Scripture in the Library of the British and Foreign Bible Society*, *Greek and Hebrew Editions*, London: British and Foreign Bible Society, 1903.

Dwight, Henry O., *The Centennial History of the American Bible Society*, New York: Macmillan, 1916.

Eber, Irene, *The Jewish Bishop and the Chinese Bible: S. I. J. Schereschewsky, 1831-1906*, Leiden, Boston: Brill, 1999.

Garnier, A. J., *Chinese Versions of the Bible*, Shanghai: Christian Literature Society, 1934.

Gutzlaff, Charles, *Journals of Three Voyages along the Coast of China in 1831, 1832 and 1833*, London: Frederick Westley and A. H. Davis, 1834.

Hanan, Patrick, Chinese Christian Literature: The Writing Process, Patrick Hanan edit, *Treasures of the Yenching*, *Seventy-fifth Anniversary of the Harvard-Yenching Library Exhibition Catalogue*, Cambridge: Harvard-Yenching Library, 2003.

Howsam, Leslie, *Cheap Bibles: Nineteenth-Century Publishing and the British and Foreign Bible Society*, Cambridge: Cambridge University Press, 1991.

Hykes, John R., *The American Bible Society in China*, New York: American Bible Society, 1916.

Hykes, John R., *Translations of the Scriptures into the Languages of China and Her Dependencies: Tabulated to December 31, 1915*, New York: American Bible Society, 1916.

Latourette, Kenneth S., *A History of Christian Mission in China*, New York: Macmillan, 1929.

Lindsay, Ride, *Robert Morrison, the Scholar and the Man*, Hong Kong: Hong Kong University Press, 1957.

MacGillivray, Donald, *A Century of Protestant Missions in China 1807-*

1907, Shanghai: American Presbyterian Mission Press, 1907.

Marshman, Joshua, *A Memoir of the Serampore Translations for 1813: to Which Is Added, an Extract of a Letter from Dr. Marshman to Dr. Ryland, Concerning the Chinese*.

Milne, William, *A Retrospect of the First Ten Years of the Protestant Mission to China*, Malacca, 1820.

Morrison, Eliza A., ed., *Memoirs of the Life and Labours of Robert Morrison*, London: Longman, Orme, Brown, Green and Longmans, 1839, Vol. 1.

Morrison, Robert, ed., *Memoirs of the Rev. William Milne, D. D.: Late Missionary to China, and Principal of the Anglo-Chinese College; Compiled from Documents Written by the Deceased; to Which Are Added Occasional Remarks by Robert Morrison, D. D.*, Malacca: Mission Press, 1824.

Nida, Eugene A., ed., *The Book of A Thousand Tongues*, New York: United Bible Societies, 1972.

North, Eric M., ed., *The Book of A Thousand Tongues, Being Some Account of the Translation and Publication of All or Part of The Holy Scriptures into More Than a Thousand Languages and Dialects with Over 1100 Examples from the Text*, New York: The American Bible Society, 1938.

Records of the General Conference of the Protestant Missionaries of China, held at Shanghai, May 2-20, 1890, Shanghai: Presbyterian Mission Press, 1890.

Records: China Century Missionary Conference, held at Shanghai, April 25 to May 8, 1907, Shanghai: Centenary Conference Committee, 1907.

Roe, James M., *A History of the British and Foreign Bible Society, 1900-1954*, London: British and Foreign Bible Society, 1965.

Spillett, Hubert W. ed., *A Catalogue of Scriptures in the Languages of China and the Republic of China*, Hong Kong: British and Foreign Bible

Society，1975.

Strandenales，Thor，*Principles of Chinese Bible Translation as Expressed in Five Selected Versions of the New Testament and Exemplified by Mt 5：1-12 and Col 1*，Ph. D. diss.，Uppsala University，1987.

Williams，Samuel Wells，*The Middle Kingdom，A Survey of the Geography，Government，Literature，Social Life，Arts and History of the Chinese Empire and Its Inhabitants*，London：W. H. Allen & Co.，1883.

Wylie，Alexander，*The Bible in China*，Chinese Researches，first printed in 1898，reprinted by Ch'eng—Wen Publishing Company，Taipei，1966.

Wylie，Alexander，*Memorials of Protestant Missionaries to the Chinese：Giving a List of Their Publications and Obituary Notice of the Deceased with Copies Indexes*，Shanghai：American Presbyterian Mission Press，1867.

Zetzsche，Jost Oliver，*The Bible in China：the History of the Union Version or the Culmination of Protestant Missionary Bible Translation in China*，Sankt Augustin：Monumenta Serica Institute，1999.

八、英文论文

William J. Boone，"An Essay on the Proper Rendering of the Words Elohim and Theos into the Chinese Language"，*Chinese Repository*，Vol. 17，Jan. 1848.

E. C. Bridgman，"Revision of the Chinese Version of the Bible"，*Chinese Repository*，Vol. 15，April 1846.

Bridgman，E. C.，"The Chinese Version of the Bible"，*Chinese Repository*，Vol. 4，1836.

Gutzlaff，Charles，"Revision of the Chinese Version of the Bible"，*Chinese Repository*，Vol. 4，Jan. 1836.

Walter M. Lowrie，"Remarks on the Words and Phrases Best Suited to Express the Names of God in Chinese"，*Chinese Repository*，

Vol. 15，Nov. 1846.

Medhurst，Walter H.，"An Inquiry into Proper Mode of Rendering the Word God in Translating the Scared Scriptures into the Chinese Language"，*Chinese Repository*，Vol. 17，July 1848.

Medhurst，Walter H.，"Philosophical Opinions of Chu Futsz"，*Chinese Repository*，Vol. 13，Oct. 1844.

Medhurst，Walter H.，"Reply to the Essay of Dr. Boone"，*Chinese Repository*，Vol. 17，Nov. 1848.

William Milne，"Some Remarks on the Chinese Terms to Express the Deity"，*Chinese Repository*，Vol. 7，Oct. 1838.

A. C. Moule，"A Manuscript Chinese Version of the New Testament"，*Journal of the Royal Asiatic Society*，Vol. 85，1949.

Sheppard，G. W.，"China and the Bible，Early Translations into Chinese，Lecture before the Royal Asiatic Society，Shanghai，on February 22，1929"，*China Christian Year Book*，No. 17，1929.

Willeke，Rev. Bernward H.，"The Chinese Bible Manuscript in the British Museum"，*Catholic Biblical Quarterly*，No. 7，1945.

Zhao Xiaoyang，"In the Name of God：Translation and Transformation of Chinese Culture，Foreign Religion，and the Reproduction of "*Tianzhu*" and "*Shangdi*"，*Journal of Modern Chinese History*，No. 2 2010，Vol. 4，Routledge：Taylor & Francis Group，2010.

Zhao Xiaoyang，"An Examination of the Relationship among the Marshman，Morrison，and Basset Versions of the Bible"，*Chinese Studies in History*，2012-13 Winter，Vol. 46，No. 2，M. E. Sharpe.

九、英文档案（均藏英国牛津大学安格斯图书馆）

Marshman，Joshua，Letter to Baptist Missionary Society，3 April 1817. Private published.

Marshman，Joshua，*A Memoir of the Serampore Translations for 1813：to*

Which Is Added，*an Extract of a Letter from Dr. Marshman to Dr. Ryland*，*Concerning the Chinese*，Printed by J. G. Fuller，Kettering，1815.

Marshman，Joshua，*A Memoir of the Serampore Translations for 1813*：*to Which Is Added*，*an Extract of a Letter from Dr. Marshman to Dr. Ryland*，*Concerning the Chinese*.

Marshman，Joshua，*Letter to Baptist Society*，13 Dec. 1816. Private published.

Marshman，Joshua，*Letter to F. Ryland respecting Morrison*，13 Dec. 1816.

Marshman，Joshua，*Letter to Baptist Missionary Society*，3 April 1817，Private published.

Marshman，Joshua，*Letter to Baptist Society*，9 Jan. 1817.

索　引

专有名词

A

B

后　记

　　本书是我在中国人民大学清史研究所攻读博士期间的成果，即我的博士论文。那是 2012 年的夏天，48 岁的我，自嘲可得"鼓励奖的老太太"结束了漫长的学校学历教育。也许，取得博士学位是对自己最高学历的肯定；也许，攻读博士还有些现实考虑，但它确实是我自觉自愿的快乐选择。从 1980 年大学班级年龄最小的学生，到 2012 年博士班级年龄最大的学生，我不明白自己接受高等教育的时间为什么拖了如此之长。或可安慰自己的是，有了社会各种经历的我，还没有忘记自己的初心，依然深刻体会到读书求学的乐趣和安心所在。彼时的我，此时的我，此生唯一没有改变的大概就是对阅读乐趣的追求了。

　　1999 年在美国哈佛燕京图书馆，第一次看到众多的方言本、文言本《圣经》时，我绝对没有想到，从来没有读过《圣经》的我，有朝一日会写出一本圣经中译研究的专著。从确定从事圣经中译研究开始，至今已经十年了。撰写过程中，童年和少年时在多个方言区的生活经历，对汉语同一事物有不同方言称谓和表述的特别喜爱和感受，过去工作经历中的知识片断和认知（比如在地名工作中第一次知道了"教会罗马字"），在中英文语言翻译转化过程中对文化差异的感受，似乎都在一一复活，每日显现在思绪中、电脑中，也让我沉浸在千辛万苦中、十分快乐中。

　　本书的完成，首先要感谢导师黄兴涛教授。他不懈的创新思维、开阔的历史视野和敬畏学术的态度，让我受教。尤其是他从语言文化角度探究历史的独特视角，更是开启了我研究圣经的新思路。但愿拙著和我今后的研究，能够不负他的期望。

李文海、夏明方、陈桦、何瑜、郭双林、刘小萌、李长莉、王美秀、曹新宇、朱浒等教授，都曾对我的论文写作提出宝贵意见，也令我受益匪浅。感谢章开沅、马敏、卓新平、吴义雄、刘家峰等教授对我的圣经译本研究的关注和帮助。感谢在漫长的撰写过程中，郑起东老师给予我的谈话鼓励和具体帮助。感谢我供职的中国社会科学院近代史研究所给我提供的宽容的工作和学习环境。

在过去的十年间，家中五位老人都遭遇了"病危通知"，我也经历了与亲人的生离死别。感谢仙逝的张光兰二姨。虽然目不识丁，但她却用一生的实际辛劳，让我认识到自尊好强、勤劳节俭。感谢重病的公公张士欣和仙逝的婆婆佟慧娟对我的支持。因专业不同，他们并不完全明白我的研究内容，但老科学教育工作者爱惜晚辈之心，让他们给予了我最充分的理解和宽容。感谢张照东、孙远征、张文利，他们都尽可能地减少我在具体事务上的消耗。感谢我的先生张志一，他永远耐心热情地倾听我的各种叙述，并以他了解的各种"旁门左道"的知识，为我的研究提供线索和支持。尤其感谢他多年代我为父母看病治疗的操劳，帮我尽到了"亲在子孝"的责任，减少了我作为女儿的内心挣扎和情感压力。

最后，谨以此书呈献给我的父亲赵建业和母亲韩锦秋，感谢他们永不求回报的爱。无论世界如何变化，无论女儿如何执心，他们从来没有要求我与世相同、与他们相同，虽然今天的我与父母最为相同。他们永远给我自由选择的宽容和真切的鼓励，成全我的种种心愿。特别以此书献给抗癌九年的母亲，作为她即将到来的九十岁的生日礼物。

赵晓阳

2016 年 10 月 23 日

［注：向出版社交稿后不到一个月，11 月 26 日，母亲永远离开了我们。正是对母亲家世的好奇，让我逐渐走入了基督教史的相关研究。是母亲培养了我对音乐艺术的爱好，教会了我英语和普通话的正确发音，感谢母亲对我爱好历史的无限宽容和具体支持……］

图书在版编目(CIP)数据

域外资源与晚清语言运动：以《圣经》中译本为中心/赵晓阳著．
—北京：北京师范大学出版社，2019.1

（国家哲学社会科学成果文库）

ISBN 978-7-303-24072-2

Ⅰ.①域… Ⅱ.①赵… Ⅲ.①《圣经》—汉语—翻译—
语言学史—研究 Ⅳ.①B971 ②H159

中国版本图书馆 CIP 数据核字(2018)第 180993 号

营 销 中 心 电 话 010-58805072 58807651
北京师范大学出版社谭徐锋工作室 http://xueda.bnup.com

YUWAI ZIYUAN YU WANQING YUYAN YUNDONG YI
SHENGJINGZHONGYIBEN WEI ZHONGXIN

出版发行：北京师范大学出版社 www.bnup.com
　　　　　北京海淀区新街口外大街 19 号
　　　　　邮政编码：100875
印　　刷：北京盛通印刷股份有限公司
经　　销：全国新华书店
开　　本：787 mm×1092 mm　1/16
印　　张：22.5
字　　数：360 千字
版　　次：2019 年 1 月第 1 版
印　　次：2019 年 1 月第 1 次印刷
定　　价：118.00 元

策划编辑：谭徐锋　　　　责任编辑：王一夫　梁宏宇
美术编辑：王齐云　　　　装帧设计：毛　淳　王齐云
责任校对：李云虎　　　　责任印制：马　洁